Fortschritte der operativen Dermatologie
Band 5

H. Breuninger G. Rassner (Hrsg.)

Operationsplanung und Erfolgskontrolle

Mit 212 Abbildungen und 66 Tabellen

Springer-Verlag Berlin Heidelberg New York
London Paris Tokyo Hong Kong

Dr. med. Helmut Breuninger
Universitäts-Hautklinik
Liebermeisterstraße 25
7400 Tübingen

Prof. Dr. med. Gernot Rassner
Universitäts-Hautklinik
Liebermeisterstraße 25
7400 Tübingen

ISBN 3-540-19322-7 Springer-Verlag Berlin Heidelberg New York
ISBN 0-387-19322-7 Springer-Verlag New York Berlin Heidelberg

CIP-Titelaufnahme der Deutschen Bibliothek

Operationsplanung und Erfolgskontrolle : maligne epitheliale
Hauttumoren ; primäre Varikose / H. Breuninger ; G. Rassner
(Hrsg.). – Berlin ; Heidelberg ; New York ; London ; Paris ;
Tokyo ; Hong Kong : Springer, 1989
  (Fortschritte der operativen Dermatologie ; Bd. 5)
  ISBN 3-540-19322-7 (Berlin ...) brosch.
  ISBN 0-387-19322-7 (New York ...) brosch.
NE: Breuninger, Helmut [Hrsg.]; GT

Druck und Verarbeitung: Druckhaus Beltz, 6944 Hemsbach/Bergstraße
2127/3140/543210 – Gedruckt auf säurefreiem Papier

Geleitwort

Die gekonnte Planung chirurgischer Eingriffe ist auch in der Operativen Dermatologie wichtigste Voraussetzung zur Erzielung optimaler Behandlungsergebnisse. Gesichert und überprüft werden können diese jedoch nur im Rahmen einer effizienten Nachsorge. Deshalb wurde auch die XI. Jahrestagung der VOD in Lindau unter das Leitthema „Operationsplanung und Erfolgskontrolle" gestellt. Der vorliegende Band der „Fortschritte der Operativen Dermatologie" enthält die wichtigsten Beiträge dieser Tagung. Exemplarisch werden darin für die malignen, epithelialen Hauttumore und die chronisch-venöse Insuffizienz operative und alternative Behandlungskonzepte unter Berücksichtigung anaesthesiologischer, hygienischer, juristischer und diagnostischer Aspekte dargestellt. Aktuelle Arbeiten aus dem gesamten Bereich der operativen Dermatologie sind eine gute Ergänzung der Leitthematik.

Den Herausgebern dieses Bandes, den Herren Rassner und Breuninger, die auch als Tagungsleiter zum Gelingen der XI. Jahrestagung der VOD entscheidend beigetragen haben, sei an dieser Stelle ebenso wie den Mitautoren für ihre kompetente Arbeit gedankt. Sie haben wichtige Impulse zur Verdeutlichung des operativen Anspruchs innerhalb der Dermatologie gegeben.

Prof. Dr. med. J. Petres
Präsident der VOD

Vorwort

Die operative Dermatologie ist aus dem heutigen ärztlichen Alltag des Dermatologen in Praxis und Klinik nicht mehr wegzudenken. Die vergangenen 10 Tagungen der Vereinigung für operative Dermatologie belegen den zunehmenden hohen Stand operativer Verfahren und deren wachsende Bedeutung innerhalb der Dermatologie. Nicht zuletzt findet diese Entwicklung ihren Niederschlag in der neu konzipierten Ausbildungsordnung für Dermatologen, in der die operative Tätigkeit einen breiten Raum einnimmt.

Eine sach- und fachgerecht durchgeführte operative Dermatologie besteht aber nicht nur aus der technisch einwandfreien Durchführung des operativen Eingriffs, sondern umfaßt auch die richtige Indikationsstellung und Planung einschließlich der Auswahl der jeweils adäquaten Behandlungsmethode, das richtige perioperative Umfeld und die Erfolgs- bzw. Nachkontrolle.

Es erschien deshalb sinnvoll, diese Aspekte der Qualität operativer Verfahren zu behandeln und zu diskutieren. Daher wurde als Leitthema für die 11. Tagung der Vereinigung für operative Dermatologie in Lindau das Leitthema „Operationsplanung und Erfolgskontrolle" gewählt.

Alle in diesem Band der Fortschritte für operative Dermatologie publizierten Beiträge waren Bestandteil dieser Tagung. Besondere Schwerpunkte bildeten neben dem Anästhesieverfahren und Hygienemaßnahmen insbesondere die malignen epithelialen Tumoren der Haut und die primär chronisch venöse Insuffizienz. Anhand dieser Schwerpunkte wurde mit vielen Aspekten auf das Leitthema eingegangen.

In einem Gastvortrag ging H. Metzner darauf ein, welchen Stellenwert eine umweltbedingte Veränderung des UV-Lichtanteils, der ja einen Kofaktor in der Genese maligner epithelialer Hauttumoren darstellt, nicht nur für uns Dermatologen besitzt. Komplettiert wird die Ausgabe durch ein Kapitel über Operationsmethoden, die zur Basis unseres „Handwerks" gehören sowie einigen aktuellen Beiträgen.

OA Dr. med. H. Breuninger   Prof. Dr. med. G. Rassner

Inhaltsverzeichnis

Operationstechniken

Aktuelles

Mitarbeiterverzeichnis

Dr. med. Istvan Antal
Hautklinik, Städtische Kliniken Kassel, Mönchebergstraße 41–43, D-3500 Kassel

Dr. med. Rüdiger Arndt
Universitäts-Hautklinik, Martinistraße 52, D-2000 Hamburg 20

Dr. med. Heike Audring
Klinik und Poliklinik für Hautkrankheiten des Bereichs Medizin (Charité)
der Humboldt-Universität zu Berlin, Schumannstraße 20/21, DDR-1040 Berlin

Prof. Dr. med. Dr. med. habil. Bernd-Rüdiger Balda
Klinik für Dermatologie und Allergie Zentralklinikum Augsburg,
Stenglinstraße 2, D-8900 Augsburg

Dr. Camillo Bertényi
Dermatologische Klinik der Albert Szent-Györgyi
Medizinischen Universität Szeged
H-6701 Szeged, P.O. Box 480

Dr. med. Holger Biltz
Universitäts-Hautklinik, Sigmund-Freud-Straße 25, D-5300 Bonn

Dr. med. Ulrich Bissinger
Klinik für Anästhesiologie und Transfusionsmedizin Universität Tübingen
Calwer Straße 7, D-7400 Tübingen 1

Dr. med. Sonja Borowka
St. Barbara Hospital, Dermatologische Klinik
Barbarastraße 67, D-4100 Duisburg 11

Prof. Dr. med. Eckhard Wilhelm Breitbart
Universitäts-Hautklinik, Martinistraße 52, D-2000 Hamburg 20

Dr. med. Helmut Breuninger
Universitäts-Hautklinik, Liebermeisterstraße 25, D-7400 Tübingen

Dr. med. ASTRID CARSTENSEN
Universitäts-Hautklinik, Martinistraße 52, D-2000 Hamburg 20

Ass. Dr. BRIGITTA CHARWAT-PESSLER
A.ö. Krankenhaus Wels, Dermatologische Abteilung
Grieskirchnerstraße 42, A-4600 Wels

Dr. med. ELISABIETA DACHÓW-SIWIEC
Hautklinik, Akademie für Medizin Warschau,
Koszykowa 82, Warsaw, Poland

Doz. Dr. EDGAR DIEM
I. Universitäts-Hautklinik, Alserstraße 4, A-1090 Wien

Dr. med. GERD DONHAUSER
Dermatologische Universitäts-Klinik
Frauenlobstraße 9–11, D-8000 München 2

Dr. med. Dr. med. dent. HUBERT DREPPER
Fachklinik Hornheide, Dorbaumstraße 300, D-4400 Münster-Handorf

Dr. med. PIA DÜCKER
Kreiskrankenhaus Lüdenscheid, Paumannshöherstraße 14, D-5880 Lüdenscheid

CHRISTINE EHRKE
Universitäts-Hautklinik, Martinistraße 52, D-2000 Hamburg 20

PD. Dr. med. ALFRED EICHMANN
Dermatologische Klinik, Universitätsspital Zürich
Gloriastraße 31, CH-8091 Zürich

Dr. ALINA FRATILA
Universitäts-Hautklinik Bonn
Sigmund-Freud-Straße 25, D-5300 Bonn 1

Dr. med. ELISABETH GLATT
Zentrum Radiologie der Universität Freiburg,
Hauptstraße 7, D-7800 Freiburg i. Br.

Dr. med. B. GÖTTSCH
Universitäts-Hautklinik, Martinistraße 52, D-2000 Hamburg 20

Dr. ANDREA GROOTENS
Fachklinik Hornheide, Dorbaumstraße 300, D-4400 Münster

Dr. med. WOLFGANG GROTH
Universitäts-Hautklinik, Josef-Stelzmann-Straße 9, D-5000 Köln 41

Dr. med. HENNING HAMM
Universitäts-Hautklinik Münster, Von-Esmarch-Straße 56, D-4400 Münster

Prof. Dr. med. MANFRED HAGEDORN
Hautklinik der Städt. Kliniken Darmstadt
Heidelberger Landstraße 379, D-6100 Darmstadt 13

Dr. med. DIETER HAINA † (März 1989 verstorben)
Gesellschaft für Strahlen- und Umweltforschung mbH,
Abteilung für Angewandte Optik
Ingolstädter Landstraße 1, D-8043 Neuherberg

Prof. Dr. med. ECKART HANEKE
Hautklinik, Ferdinand-Sauerbruch-Klinikum Elberfeld
Arrenberger Straße 20–56, D-5600 Wuppertal 1

Dr. med. WOLFGANG HARTSCHUH
Universitäts-Hautklinik, Voss-Straße 2, D-6900 Heidelberg

Dr. med. PETER HEEG
Hygienebeauftragter des Universitäts-Klinikums
Calwer Straße 7, D-7400 Tübingen

Prof. Dr. med. VOLKER HINGST
Hygieneinstitut der Universität Heidelberg
Im Neuenheimer Feld 324, D-6900 Heidelberg

Dr. med. HARALD HOFER
St. Barbara Hospital, Dermatologische Klinik
Barbarastraße 67, D-4100 Duisburg 11

Dr. med. ULRICH HOHENLEUTNER
Dermatologische Universitäts-Klinik
Frauenlobstraße 9–11, D-8000 München 2

Prof. Dr. MAX HUNDEIKER
Fachklinik Hornheide, Abteilung für Dermatologie, Universität Münster
Dornbaumstraße 300, D-4400 Münster

Dr. med. KARL J. HUNDHAMMER
Klinik für Dermatologie und Allergien, Zentralklinikum Augsburg
Stenglinstraße 2, D-8900 Augsburg

Dr. med. ROLAND KAUFMANN
Universitäts-Hautklinik Ulm
Oberer Eselsberg 40, D-7900 Ulm/Donau

Dr. med. ALTFRID KIRCHHOFF
Hautklinik, Städtische Kliniken Kassel
Mönchebergstraße 41–43, D-3500 Kassel

Dr. med. CHRISTIAN KLESSEN
Anatomisches Institut, Universität Tübingen, D-7400 Tübingen

Dr. med. LUTZ KOWALZICK
Universitäts-Hautklinik, Martinistraße 52, D-2000 Hamburg 20

Prof. Dr. HANS WILHELM KREYSEL
Universitäts-Hautklinik, Sigmund-Freud-Straße 25, D-5300 Bonn

Dr. jur. GERD KRIEGER
Uhlandstraße 9, D-7800 Freiburg i. Br.

Dr. med. JOHANNES KUNZE
Dermatologische Klinik, St. Barbara-Hospital
Barbarastraße 67, D-4100 Duisburg 11

Dr. med. HELMUT LAAF
Pathologisches Institut der Universität, D-7800 Freiburg i. Br.

PD. Dr. med. MICHAEL LANDTHALER
Dermatologische Universitäts-Klinik
Frauenlobstraße 9–11, D-8000 München 2

Dr. WILFRIED LENGEN
Hautklinik d. AK St. Georg, Lohmühlenstraße 5, D-2000 Hamburg 1

Dr. MARGRET LUTZ
Fachklinik Hornheide, Dorbaumstraße 300, D-4400 Münster

Prof. Dr. med. GUSTAV MAHRLE
Universitäts-Hautklinik, Joseph-Stelzmann-Straße 9, D-5000 Köln 41

Professor DR. WILHELM MEIGEL
Hautklinik des AK St. Georg, Lohmühlenstraße 5, D-2000 Hamburg 1

Prof. Dr. rer. nat. HELMLUT METZNER
Institut für chemische Pflanzenphysiologie, Universität Tübingen
D-7400 Tübingen

Dr. med. CHRISTIAN MICHAELSEN
Universitäts-Hautklinik, Liebermeisterstraße 25, D-7400 Tübingen

Dr. XAVIER MILLER
Hautklinik Mannheim, Postfach 100023, D-6800 Mannheim 1

Dr. PAUL MISCHER
Krankenhaus Wels, Dermatologische Abteilung
Grieskirchnerstraße 42, A-4600 Wels

Priv. Doz. Dr. med. habil. R.P.A. MÜLLER
Chefarzt der Dermatologischen Abteilung, Kreiskrankenhaus
Rintelnersstraße 85, D-4920 Lemgo

P.D. Dr. med. ROLAND NIEDNER
Universitäts-Hautklinik, Hauptstraße 7, D-7800 Freiburg i. Br.

ANDREA NÜSSGEN
Universitäts-Hautklinik, Martinistraße 52, D-2000 Hamburg 20

Priv. Doz. Dr. PETER OEHR
Institut für Nuklearmedizin, Universität Bonn, D-5300 Bonn

Dr. MARIA-ELISABETH OLSZEWSKY
Dermatologische Universitäts-Klinik Erlangen
Hartmannstraße 14, D-8520 Erlangen

PD. Dr. RENATO PANIZZON
Dermatologische Klinik, Universitätsspital Zürich
Gloriastraße 31, CH-8091 Zürich

Dr. med. ILKA PETERSEN
Universitäts-Hautklinik, Martinistraße 52, D-2000 Hamburg 20

Prof. Dr. med. JOHANNES PETRES
Hautklinik, Städtische Kliniken Kassel
Mönchebergstraße 41–44, D-3500 Kassel

Dr. med. ROBERT HORST PLEIER
Klinik für Dermatologie und Allergologie, Zentralklinikum Augsburg
Stenglinstraße 2, D-8900 Augsburg

Prof. Dr. HELMUT KONRAD PULLMANN
Kreiskrankenhaus Lüdenscheid, Paulmannshöherstraße 14, D-5880 Lüdenscheid

Dr. med. BETTINA RAHMEL
Universitäts-Hautklinik, Liebermeisterstraße 25, D-7400 Tübingen

Prof. Dr. med. GERNOT RASSNER
Universitäts-Hautklinik, Liebermeisterstraße 25, D-7400 Tübingen

CHRISTIANE RUSS
Universitäts-Hautklinik, Martinistraße 52, D-2000 Hamburg 20

Dr. med. GERHARD SATTLER
Hautklinik der Städtischen Kliniken
Heidelberger Landstraße 379, D-6100 Darmstadt 13

Cand. med. BETTINA SCHLAGENHAUFF
Anatomisches Institut, Universität Tübingen, D-7400 Tübingen

Dr. med. WILFRIED SCHIPPERT
Universitäts-Hautklinik, Liebermeisterstraße 25, D-7400 Tübingen

Dr. med. WILFRIED SCHMELLER
Klinik für Dermatologie und Venerologie der Medizinischen Universität zu Lübeck
Ratzeburger Allee 160, D-2400 Lübeck 1

Med. Pract. KATARINA SCHMID-GANZ
Schäppiweg 12, CH-8006 Zürich

Dr. med. JÜRGEN SCHOEL
Universitäts-Hautklinik, Voss-Straße 2, D-6900 Heidelberg

Prof. Dr. med. ERWIN SCHÖPF
Universitäts-Hautklinik, Hauptstraße 7, D-7800 Freiburg i. Br.

Prof. Dr. med. RUDI SCHORER
Klinik für Anästhesiologie und Transfusionsmedizin Universität Tübingen
Calwer Straße 7, D-7400 Tübingen 1

Dr. med. HANS SCHULZ
Arzt für Dermatologie und Allergologie
Louise-Schröder-Straße 20, D-4709 Bergkamen

Prof. Dr. NIELS SÖNNICHSEN
Klinik und Poliklinik für Hautkrankheiten des Bereichs Medizin
(Charité) der Humboldt-Universität zu Berlin
Schumannstraße 20/21, DDR-1040 Berlin

Dr. med. MARKUS STEINERT
Universitäts-Hautklinik, Liebermeisterstraße 25, D-7400 Tübingen

Dr. med. WOLFGANG STRASSER
Günterstalstraße 54, D-7800 Freiburg i. Br.

Dr. med. HILDE STUTTE
Universitäts-Hautklinik, Liebermeisterstraße 25, D-7400 Tübingen

Dr. med. IRENE TAUSCH
Klinik und Poliklinik für Hautkrankheiten des Bereichs Medizin
(Charité) der Humboldt-Universität zu Berlin
Schumannstraße 20/21, DDR-1040 Berlin

Dr. med. SONJA TEICHMANN-DÖRR
Universitäts-Hautklinik, Liebermeisterstraße 25, D-7400 Tübingen

Dr. med. BEATA TRAUTNER
Dermatologische Klinik und Poliklinik
Frauenlobstraße 9–11, D-8000 München 2

Dr. med. WOLFGANG VANSCHEIDT
Universitäts-Hautklinik, Hauptstraße 7, D-7800 Freiburg i. Br.

Prof. Dr. VOLKER VOIGTLÄNDER
Hautklinik Mannheim, Postfach 100023, D-6800 Mannheim 1

Dr. med. ULRIKE WEYER
Universitäts-Hautklinik, Martinistraße 52, D-2000 Hamburg 20

Prof. Dr. med. HELMUT WINTER
Klinik und Poliklinik für Hautkrankheiten des Bereichs Medizin
(Charité) der Humboldt-Universität zu Berlin
Schumannstraße 20/21, DDR-1040 Berlin

Dr. med. MARTIN WINZER
Klinik für Dermatologie und Venerologie der Med. Universität zu Lübeck
Ratzeburger Allee 160, D-2400 Lübeck 1

Prof. Dr. med. HEINRICH FRANZ WOKALEK
Universitäts-Hautklinik, Hauptstraße 7, D-7800 Freiburg i. Br.

Dipl.-Psych. UTE WURFER
Universitäts-Hautklinik, Liebermeisterstraße 25, D-7400 Tübingen

Gastvortrag

Leben unter schwindendem Ozonschild

H. Metzner

Zusammenfassung

Der Rückgang der stratosphärischen Ozon-Konzentration hat in den letzten Jahren bedrohliche Ausmaße angenommen. Die unausbleibliche Folge dieser Veränderung ist eine verstärkte UV-B-Einstrahlung. Dieser Effekt darf nicht nur unter dem Gesichtspunkt einer Gefährdung der menschlichen Gesundheit betrachtet werden. Stärker noch werden viele Pflanzen und Tiere betroffen, die eine weit größere UV-Empfindlichkeit als der Mensch zeigen.

Der vorliegende Beitrag weist auf die ökologischen Folgen einer UV-bedingten Schädigung natürlicher Ökosysteme hin. Er verknüpft die direkten Wirkungen der steigenden Ultraviolett-Belastung mit der indirekten Konsequenz eines Anstiegs der atmosphärischen CO_2-Konzentration und deren mutmaßlichen Auswirkungen auf das Klimageschehen.

Unsere Erde ist von einer Atmosphäre umgeben, die bis in Höhen von mehreren tausend Kilometern hinaufreicht. Durch eine Fülle chemischer Analysen sind wir über die quantitative Zusammensetzung dieses Gasgemisches, zumindest in dessen unterster Schicht, der etwa 10 Kilometer mächtigen Troposphäre, gut informiert. Daß sich die Anteile der einzelnen Komponenten mit zunehmender Höhe verschieben, kann uns angesichts ihrer sehr unterschiedlichen Atom- bzw. Molekulargewichte nicht überraschen. Auch müssen in der nach oben hin angrenzenden Stratosphäre allein schon wegen der veränderten Temperaturen besondere Reaktionsbedingungen herrschen; mehr noch kommt es dort unter dem Einfluß der ungefiltert auftreffenden Sonnenstrahlung zu photochemischen Reaktionsketten, die in den tieferen Atmosphärenschichten nicht ablaufen können. Messungen mit Ballon- und Raketensonden, neuerdings auch von speziell ausgerüsteten Flugzeugen und Satelliten aus, haben gezeigt, daß die sog. Stratosphäre eine beträchtliche Menge an Ozon und damit Moleküle enthält, die praktisch den gleichen Wellenlängenbereich der Solarstrahlung absorbieren wie die Nukleinsäuren der lebenden Zellen [2].

Die Geophysiker haben gute Gründe für die Annahme, daß die Gashülle, welche die eben erst abgekühlte junge Erde umgab, keinen Sauerstoff enthalten hat. Diese „primäre" Atmosphäre dürfte ähnlich zusammengesetzt gewesen sein wie heute die Vulkangase, mit anderen Worten: abgesehen vom Kohlendioxid dominierten verschiedene Wasserstoffverbindungen. Setzt man eine entsprechende Mischung von Kohlenwasserstoffen, Ammoniak, Wasserdampf und CO_2 ultra-

Veränderte Fassung eines Vortrags anläßlich der 11. Jahrestagung der Vereinigung operativer Dermatologie, Lindau, 10. September 1988

violetter Strahlung aus, so entsteht binnen weniger Stunden eine ganze Reihe von Kohlenstoffverbindungen. Unterstellt man, daß diese Laborexperimente die Verhältnisse in der primären Atmosphäre einigermaßen korrekt simulieren, so können wir davon ausgehen, daß diese photochemisch entstandenen Moleküle mit dem Regen in den Urozean eingewaschen wurden. Hier müßten sie sich im Laufe von Jahrmillionen immer mehr angereichert und schließlich eine Lösung geliefert haben, die der Biologe heute gern die „Ursuppe" nennt. Irgendwann – vor vielleicht 3 Milliarden Jahren – entstanden in dieser „Nährbrühe" die ersten Organismen. Vermutlich haben diese sich ähnlich ernährt wie heute Hefezellen; unter streng anaeroben Bedingungen haben sie die vorgefundenen Kohlenstoffverbindungen zersetzt; mit der aus den Gärungsprozessen gewonnenen Energie konnten sie ihren Stoffwechsel bestreiten.

Hätten die Organismen nie etwas „hinzugelernt", das Leben wäre eine Episode geblieben; denn ohne sonderliche Mühe läßt sich ausrechnen, wann der Vorrat an photochemisch erzeugten organischen Molekülen aufgezehrt sein mußte. Noch bevor dies geschah, muß jedoch eine Zelle entstanden sein, welche die einfallende Sonnenenergie in die Energie chemischer Bindungen umwandeln konnte. Bei dieser Photosynthese entsteht – als Beiprodukt – Sauerstoff. Da dieses Gas nur sehr begrenzt wasserlöslich ist, entwich es aus dem Meerwasser. Es stieg in die höheren Schichten der Atmosphäre auf, wo es sich unter dem Einfluß der ultravioletten Sonnenstrahlung zum dreiatomigen Sauerstoffmolekül, dem Ozon, umlagerte. So entstand in einer Höhe zwischen etwas mehr als 10000 und fast 50000 Metern eine für ultraviolette Strahlung weitgehend undurchlässige „Ozonschicht".

Bis vor wenigen Jahrzehnten haben viele Wissenschaftler Überlegungen über mögliche Veränderungen der Erdatmosphäre für eine müßige Spekulation gehalten. Nur einige wenige Spezialisten machten sich Gedanken darüber, in welchem Umfang anthropogene Verunreinigungen die bodennahen Schichten dieses Gasgemisches verändern könnten. Besorgnis lösten dabei vor allem die Schwefel- und Stickoxide aus, die in ständig steigenden Mengen aus den Kaminen der chemischen Industrie und der Großkraftwerke, aber auch aus den Millionen von Schornsteinen unserer Häuser und aus den Auspuffrohren unserer Kraftfahrzeuge freigesetzt werden. Man mußte sich eingestehen, daß der Regen zunehmend versauerte und daß verschiedene Verbrennungsprodukte der fossilen Energieträger (Kohle, Erdöl und Erdgas) zum gesundheitsgefährdenden Smog beitrugen.

Erst in unseren Tagen wächst die Besorgnis über den Konzentrationsanstieg des atmosphärischen Kohlendioxids. Hatte man 1850 noch 0,028 Vol-% gemessen, so erreicht dieser Spiegel bis heute fast 0,035 Vol-%; derzeit steigt er jährlich um etwa 0,4% an [3]. Die Erklärungsversuche leuchten ein: Bis zum Beginn des Industriezeitalters hatten sich der CO_2-Verbrauch durch die photosynthetisch aktive Vegetation und die Kohlendioxid-Produktion durch die Atmung der Organismen nahezu die Waage gehalten. In früheren Erdzeitaltern hatte es sogar gelegentlich beträchtliche Assimilationsgewinne gegeben, die über Jahrmillionen hin als fossile Brennstoffe deponiert wurden.

Mit der zunehmenden Industrialisierung wurde dieses empfindliche Gleichgewicht gestört: immer größere Mengen an Kohle, Erdöl und Erdgas wurden verheizt; gleichzeitig reduzierte der Mensch die pflanzenbedeckten Flächen, unter ihnen die photosynthetisch besonders aktiven tropischen Regenwälder.

Gehen wir davon aus, daß CO_2 Wärmestrahlung absorbiert, so muß es zu einem „Treibhauseffekt" kommen. Meteorologen legen ihren Computermodellen die Annahme zugrunde, daß eine Verdoppelung des derzeitigen CO_2-Gehalts die mittlere Jahrestemperatur weltweit um $3 \pm 1{,}5°C$ erhöhen würde. Immerhin ist dieser Wert in den vergangenen 100 Jahren um $0{,}6°C$ angestiegen [3]. Dies ist zwar wenig im Vergleich zu einer angenommenen Temperaturerhöhung von $5°C$ gegenüber der letzten Eiszeit, aber allein die Erwärmung seit der Jahrhundertwende hat ausgereicht, den Meeresspiegel um 15 cm ansteigen zu lassen.

Manche Beobachtung scheint für die Richtigkeit dieser Annahme zu sprechen: wärmeliebende Gehölze wie die Buche, aber auch wärmeliebende Land- und Meerestiere, dringen nach Norden vor, die Zungen der Alpengletscher schmelzen von Jahr zu Jahr weiter zurück. So finden die Kassandrarufe vieler Meteorologen zunehmend Gehör, daß eine weitere CO_2-Anreicherung zu einem partiellen Abschmelzen der polaren Eiskappen und, dadurch bedingt, zu einem Anstieg des Meeresspiegels führen würde. Vergleiche mit den Verhältnissen während früherer Wärmezeiten werden angestellt; immer mehr Politiker nehmen die Warnungen besorgter Naturwissenschaftler zum Anlaß, über Zweckmäßigkeit und Verantwortbarkeit unserer gegenwärtigen Energiepolitik nachzudenken.

Dies alles betrifft in erster Linie die Verhältnisse in den unteren Schichten der Atmosphäre. Daß auch die Stratosphäre betroffen ist, zeigten die Messungen über die Ozonkonzentration dieser Schicht. Seit Jahren, so hat es den Anschein, wird dieser UV-Schirm dünner. Über der Antarktis reißt – für die Wissenschaftler völlig unerwartet – ein immer größer werdendes „Ozonloch" auf; inzwischen hat es eine Ausdehnung erreicht, die der Fläche der USA entspricht. In einer Höhe von 40 Kilometern waren 1979 im weltweiten Mittel zwischen 3 und 9 %, über der Antarktis bereits mehr als 95 % des Ozons abgebaut. Das aber bedeutet: der Schirm, der vor Hunderten von Jahrmillionen den Organismen ermöglicht hatte, das schützende Wasser zu verlassen und die Kontinente zu besiedeln, wird durchlässiger. Derjenige Anteil der ultravioletten Sonnenstrahlung, der bis heute vom O_3 zurückgehalten wurde, trifft nun auf die Biosphäre und wird hier von den Nukleinsäuren der Zellen absorbiert.

Welche chemischen Reaktionen verursachen nun den Abbau des O_3? 1974 fiel der Verdacht auf die fluorierten Chlorkohlenwasserstoffe [7], die seit den 30er Jahren in immer steigenden Mengen als Kühlmittel, als Aufschäummittel zur Kunststoffherstellung sowie als Treibgas von Spraydosen in den Handel gebracht werden. Ihre Produktion erreichte 1974 weltweit die Menge von 800 000 Tonnen. Nach Schätzungen des Umweltbundesamtes [3] wurden davon allein in der Bundesrepublik etwa 100 000 Tonnen verbraucht.

Diese Gase, die aufgrund ihrer hohen Dichte nur langsam in die höheren Luftschichten aufsteigen, werden in der Stratosphäre unter Freisetzung von chlorhaltigen Radikalen gespalten; diese wiederum zerstören das O_3 entsprechend der Gleichung

$$Cl + O_3 \quad ClO + O_2$$

Es ist verständlich, daß man sich inzwischen intensiv mit der Frage beschäftigt, durch welche anderen Substanzen man diese gefährlichen Chemikalien ersetzen könnte.

Diese Diskussionen erwecken oft den Eindruck, als habe man in dieser Verbindungsklasse den eigentlichen „Schuldigen" gefunden. Sicherlich wird der Ozon-Schirm aber auch durch Vulkanausbrüche sowie durch die oberirdischen Kernwaffentests zerstört. Ein noch nicht ausgeräumter Verdacht fällt auf die Stickoxide, die mit dem Ozon nach der Gleichung:

$$O_3 + NO \qquad O_2 + NO_2$$

reagieren. Sie entstehen bei jedem Gewitter. Blitze hat es seit der Entstehung der Erde zwar immer gegeben, aber seit wenigen Jahrzehnten produzieren wir durch die in Höhen von 10 Kilometern und mehr verkehrenden Flugzeuge zusätzliche Mengen an Stickoxiden. Gemessen an der Gesamtemission an diesen Verbindungen ist der Beitrag des Flugverkehrs mit allenfalls 2% gering. Wir würden aber einen unentschuldbaren Fehler begehen, wollten wir nicht berücksichtigen, daß die in großen Höhen freigesetzten Oxide eine sehr viel größere Lebensdauer aufweisen als die gleichen Moleküle innerhalb der bodennahen Luftschicht. Während die Lebensdauer des NO_2 in der unteren Atmosphäre in der Größenordnung von Minuten liegt, überdauert ein Stickoxid-Molekül in der hochverdünnten Stratosphäre mehrere Tage. Damit aber hat es eine um mehrere Größenordnungen vergrößerte Chance zur chemischen Umsetzung mit O_3-Molekülen.

Nun ist es sicherlich nicht die Aufgabe von Medizinern oder von Biologen, nach den Ursachen des Ozon-Abbaus zu forschen. Der Arzt wird wissen wollen, ob – gegebenenfalls in welchem Umfang – eine Abnahme der Ozon-Schicht zu einer verstärkten Einstrahlung des UV-B (280–320 nm) führt. Die Physiker gehen davon aus, daß ein Ozon-Abbau um nur 1% die Intensität des UV-B um rund 2% steigert.

Jedermann weiß aus eigener Erfahrung von dem Einfluß kurzwelliger Strahlung. Wer im Hochgebirge wandert, sich am Meeresstrand in die Sonne legt oder aber ein Solarium besucht, dessen Haut wird gebräunt. Setzt er sich dem UV allzu lange aus, so riskiert er einen schmerzhaften Sonnenbrand. Damit nicht genug: Übermäßige Bestrahlung kann einzelne Zellen zu Krebszellen entarten lassen. Es ist daher nicht verwunderlich, daß Seeleute nach jahrelanger Arbeit unter tropischer Sonne besonders häufig an Hautkrebs erkranken. Die Sorge, der Hautkrebs könnte in den kommenden Jahren auch bei uns immer mehr zunehmen, ist nicht unbegründet. Nicht nur Hautschäden sind zu befürchten, auch Augenkrankheiten (Katarakte) dürften vermehrt auftreten. Manche Beobachtung spricht zudem dafür, daß auch die Immunabwehr des Menschen vermindert wird.

Anders als der Mediziner, wird sich der Biologe nicht auf den „Spezialfall Mensch" festlegen lassen, zumal andere Organismen sehr viel empfindlicher auf das UV-B reagieren. Er wird in seine Betrachtungen daher die gesamte Biosphäre – d.h. die Summe aller Lebewesen – einbeziehen, soweit diese nicht deren besonderen Standort – beispielsweise im Boden, im Waldschatten oder in tieferen Wasserschichten – vor dem UV schützt. Dabei darf er aus seinen Betrachtungen auch das pflanzliche Plankton der Ozeane nicht ausklammern. Klares Wasser absorbiert ultraviolette Strahlung nur schwach. Frei von Schwebstoffen, bietet erst eine 10 Meter dicke Wassersäule den gleichen UV-Schutz wie die stratosphärische Ozonschicht [2]. Daher sind auch nur die in tieferem Wasser lebenden Pflanzen und Tiere von der kurzwelligen Strahlung abgeschirmt; dabei zählen viele marine Kieselalgen zu den besonders UV-empfindlichen Planktonorganismen [5, 15].

Von besonderer Bedeutung ist die Frage einer möglichen Störung der pflanzlichen Photosynthese durch erhöhte kurzwellige Strahlung. Immerhin sind alle Organismen auf die Fähigkeit der grünen Pflanzen angewiesen, die Energie des Sonnenlichtes in die Energie chemischer Bindungen umzumünzen. Sollte dieser Prozeß in Mitleidenschaft gezogen werden, so müßte dies Rückwirkungen auf die gesamte Biosphäre haben.

Das für die Photosynthese verantwortliche Pigment, das Chlorophyll, absorbiert nicht allein in jenem engen Spektralbereich, den wir Menschen als „Licht" empfinden. Vielmehr reicht dessen Strahlungsabsorption weit in den ultravioletten Bereich hinein. Die Nutzung dieser besonders energiereichen Strahlungsanteile spielt indessen für die Bilanz der Sonnenenergienutzung keine Rolle. Viel wichtiger ist die Frage, ob ultraviolette Strahlung wichtige Inhaltsstoffe der Zellen zerstört. Kritisch ist hier vor allem die mögliche Auswirkung auf die Nukleinsäuren der Zelle, deren Absorptionsmaximum im Bereich des UV-B liegt. Daher haben die Biologen schon seit längerer Zeit ihre besondere Aufmerksamkeit jenen Pflanzen zugewandt, die an Standorten leben, an denen sie einer erhöhten UV-Intensität ausgesetzt sind. Solche Lebensräume gibt es vor allem im Hochgebirge, das ja bis weit über die sog. Waldgrenze hinaus einen Pflanzenwuchs trägt.

Wie wird diese Vegetation mit der energiereichen Strahlung fertig? Ein Beispiel zeigt uns das Edelweiß. Bei dieser Pflanze ist die Oberfläche der Blätter von einem dichten Haarfilz überzogen. Pflanzenhaare sind, anders als Tierhaare, ein Auswuchs der einschichtigen Epidermis. Beim Edelweiß sterben diese Zellen alsbald ab; ihre Hohlräume füllen sich mit Luft. Es kommt dadurch zu jener Totalreflektion der auftreffenden Strahlung, die unserem Auge als silbriger Glanz erscheint. Auf diese Weise bleiben die unterhalb der Epidermis gelegenen chlorophyllführenden Zellschichten vor dem UV geschützt. Dieser Weg ist nicht die einzig mögliche Schutzreaktion: Andere Pflanzen lagern auf ihre Epidermis eine stark reflektierende Wachsschicht auf [13]. Wieder andere besitzen in den Zellen ihrer farblosen Epidermis Vakuolen, in deren wäßrigem Inhalt UV-absorbierende Verbindungen gelöst sind. Von ihrem chemischen Aufbau her ähneln diese Flavonkörper [1, 11, 14] den Molekülen der Blütenfarbstoffe. Dem menschlichen Auge erscheinen sie farblos; Bienen und andere Insekten nehmen diese Einlagerungen aber sehr wohl als Pigmente wahr.

Der Botaniker weiß seit langem, daß die verschiedenen Pflanzen höchst unterschiedliche Lichtintensitäten tolerieren. Viele Wiesengräser können intensive Besonnung vertragen; im Schatten unserer Wälder wächst dagegen eine spezifische Flora – mit Frühlingsblühern wie Buschwindröschen und Sauerklee –, die bei direkter Sonneneinstrahlung – beispielsweise nach Windbruch oder dem Kahlschlag forstlich genutzter Flächen – rasch abstirbt. Ebenso unterschiedlich tolerieren die Pflanzen die ultraviolette Strahlung, doch verhalten sich die einzelnen Arten gegenüber der kürzerwelligen Strahlung oft höchst unterschiedlich. So zählen zu den besonders UV-empfindlichen Pflanzen viele Arten, die ungewöhnlich hohe Intensitäten sichtbaren Lichtes vertragen. Etliche von ihnen sind unentbehrliche Kulturpflanzen, unter ihnen beispielsweise unsere Getreidearten.

Besondere Bedeutung mag die hohe UV-Empfindlichkeit vieler Blaualgen (Cyanobakterien) haben; diese prokaryontischen Organismen sind wirksame Stickstofffixierer; in den tropischen Reisfeldern gewährleisten sie weitgehend die Versorgung der nassen Böden mit Luftstickstoff.

Laboruntersuchungen haben wiederholt gezeigt, daß bei diesen empfindlichen Pflanzen unter UV-Einstrahlung die Biomasse-Produktion sinkt. Durch biochemische Experimente konnte bewiesen werden, daß eine Reihe von Enzymen UV-labil ist [9]. Bereits seit mehr als 50 Jahren ist bekannt, daß der licht-induzierte CO_2-Einbau gehemmt wird [10]. Neuere Untersuchungen ergaben, daß dies auf eine Zerstörung des O_2-entwickelnden Photosystems der Chloroplasten zurückzuführen ist [6, 8, 12]. Von besonderer Bedeutung ist die Beobachtung, daß damit wichtige Teilprozesse der Photosynthese gehemmt werden. Übertragen auf die Bedingungen am natürlichen Standort, heißt dies nichts anderes, als daß eine verstärkte UV-Einstrahlung die Zusammensetzung und die Produktivität ganzer Ökosysteme verändert [4]. Über das voraussichtliche Ausmaß dieser Schäden können wir vorerst nur spekulieren; denn die meisten Studien galten bis heute den Kulturpflanzen; über die UV-Empfindlichkeit der Vegetation unserer Wälder und Wiesen, aber auch der tropischen Savannen wissen wir so gut wie nichts.

Zwar können wir hoffen, daß es den Pflanzenzüchtern gelingen wird, UV-resistentere Sorten auszulesen. So werden wir nicht gerade mit einer Hungersnot zu rechnen haben. Wir müssen jedoch davon ausgehen, daß sich im Laufe von nur wenigen Generationen unter den Wildpflanzen allein diejenigen Arten behaupten können, die gegenüber der kurzwelligen Strahlung genügend robust sind. Umgekehrt ist zu befürchten, daß etliche Arten ebenso verschwinden werden, wie sie dies bei einer allzu hohen Intensität des sichtbaren Lichtes tun würden.

Wie steht es mit den Tieren? Einige von ihnen könnten unmittelbar geschädigt werden. Noch empfindlicher dürfte hingegen ein sekundärer Effekt sein: Jede Störung der Pflanzenwelt muß sich auf die Zusammensetzung der Tierwelt auswirken. Verschwindet aus einem Ökosystem eine bestimmte Pflanzenart, so finden die auf eben diese „Futterpflanze" angewiesenen Insekten keine Nahrung mehr. Mit den Schmetterlingen und Käfern verschwinden die insektenfressenden Vögel. Diese vorhersehbare Situation ist damit vergleichbar jenem ungewollt verursachten „stummen Frühling", den wir nach dem übermäßigen Einsatz von Herbiziden beobachten mußten.

Biologen haben auch schon darüber nachgedacht, ob unter dem Einfluß der kurzwelligen Strahlung nicht die Mutationsrate empfindlicher Organismen zunehmen könnte. Diese Befürchtung ist sicherlich nicht von der Hand zu weisen; die Veränderungen des Erbgutes müßten dabei nicht nur Tiere und Pflanzen betreffen; es könnte sehr wohl auch zu einer Mutation von Bakterienstämmen und Viren kommen, wobei die Mutanten aggressiver sein könnten als jene Wildformen, gegen die wir mit Antibiotika eine chemische Abwehr aufgebaut haben.

Einem Aspekt scheinen wir in den engagierten Diskussionen bis heute wenig Beachtung geschenkt zu haben: der Beeinflussung des atmosphärischen CO_2-Spiegels. Völlig losgelöst vom Ozon-Problem schlägt die Debatte um eine mögliche Klimaverschlechterung durch den steigenden CO_2-Gehalt der bodennahen Luftschicht hohe Wellen. Wir diskutieren die Anteile der fossilen Brennstoffe, aber auch den Rückgang der photosynthetisch besonders aktiven tropischen Regenwälder an der negativen Bilanz.

Wenn nun aber die erhöhte UV-Strahlung die photosynthetische Biomasse-Produktion verringert, so bedeutet dies zugleich, daß der CO_2-Verbrauch durch die Vegetation vermindert wird. Wer die großflächigen Rodungen in Südamerika für die von vielen befürchtete Klimakatastrophe verantwortlich machen möchte, darf nicht übersehen, daß wir mit jeder – durch zunehmende UV-Einstrahlung bedingten – Beeinträchtigung der Photosynthese auf den verbleibenden Flächen das bedenkliche Ungleichgewicht des atmosphärischen Gasaustausches noch verstärken. Im Grunde genommen benehmen wir uns ähnlich wie unsere Vorfahren vor Hunderten von Generationen. Dies ist vielleicht die bedenklichste Folge einer Zerstörung des Ozonschildes.

Angesichts unserer noch unzureichenden Kenntnisse wäre es unverantwortlich, ein Horrorgemälde zu entwerfen und eine durch Dürre und Überschwemmungen verursachte Völkerwanderung zu prophezeien. Wer über die Gefahren einer Ozon-Zerstörung nachdenkt, darf dies aber nicht nur unter dem Gesichtspunkt einer Gefährdung unserer eigenen Gesundheit tun. Es steht nicht in der Macht des Mediziners, die von uns verschuldeten Umweltschäden rückgängig zu machen. Dennoch wäre es für jeden verantwortungsbewußten Menschen unverzeihlich, die Veränderung der Erdatmosphäre fatalistisch hinzunehmen. Es dürfte eine der dringlichsten Aufgaben unserer naturwissenschaftlichen Forschung und unserer technischen Bemühungen sein, der Belastung unserer Lufthülle Einhalt zu gebieten.

Literatur

1. Beggs CJ, Wellmann E, Grisebach H (1986) In: Kendricks RE and Kronenberg GHM (Eds) Photomorphogenesis in Plants, pp 467–499, Martinus Nijhoff/Dr. W. Junk, Publ, Dorsdrecht
2. Björn LO (1975) Photobiologie. Gustav Fischer Verlag, Stuttgart
3. Deutscher Bundestag (Hrsg) (1988) Schutz der Erdatmosphäre: Eine internationale Herausforderung, Bonn
4. Gold WG, Caldwell MM (1983) Physiol Plant 58:435–444
5. Halldal P, Biswas AK (Ed) (1979) The Ozone Layer, pp 21–34, Pergamon Press, Oxford New York Toronto Sydney Paris Frankfurt
6. Iwanzik M, Tevini M, Dohnt G, Voss M, Weiss W, Gräber P, Renger G (1983) Physiol Plant 58:401–407
7. Molina MJ, Rowland FS (1974) Nature 249:810–814
8. Negash L, Björn LO (1986) Physiol Plant 66:360–364
9. Newton JW, Tyler DD, Slodki ME (1979) Appl Environm Microbiol 37:1137–1141
10. Rabinowitch EI (1945) Photosynthesis and Related Processes, Vol. I, Interscience Publ, New York
11. Tevini M, Iwanzik W, Teramura AH (1983) Z Pflanzenphysiol 110:459–467
12. Tevini M, Pfister K (1985) Z Naturforsch 40c:129–133
13. Tevini M, Steinmüller D (1987) J Plant Physiol 131:111–121
14. Wellmann E (1983) In: Shropshire W jr, Mohr H (Eds): Encyclopedia of Plant Physiology, NS Vol 16B, pp 745–756, Springer, Berlin Heidelberg New York
15. Worrest RC (1983) Physiol Plant 58:428–434

Juristische Fragen zur Operationsplanung

G. Krieger

Zusammenfassung

Die Operation muß nicht nur unter medizinischen, sondern auch juristischen Gesichtspunkten vorbereitet werden. Der Arzt muß den Patienten beraten, vor allem auch hinsichtlich eventueller finanzieller Folgen der Behandlung. Zur Herbeiführung der Einwilligung in die Operation muß der Patient aufgeklärt werden. Dabei ist beim minderjährigen Patienten je nach der Schwere des Eingriffs zu beachten, daß eventuell beide Elternteile die Zustimmung erteilen müssen. Die Aufklärungsverpflichtung bezieht sich auf Behandlungsalternativen und in besonderen Fällen auch auf die personelle und apparative Ausstattung. Erstmals hat sich auch ein Gericht mit der Kontraindikation der Aufklärung unter therapeutischen Rücksichten befaßt. Besondere Bedeutung kommt der Aufklärung bei einer kosmetischen Operation, die keiner medizinischen Indikation entspricht, zu. Ggfs. muß unter schonungsloser Offenheit und Härte auf mögliche Operationsfolgen hingewiesen werden. Zwar ist von dem behandelnden Arzt jeweils nur der Standard eines erfahrenen Facharztes geschuldet, doch hat der Patient, der sich in die Behandlung eines mit Spezialkenntnissen befähigten Arztes begibt, Anspruch auf Behandlung entsprechend dieser Spezialkenntnisse. Dabei können sich im Rahmen der Delegation der Behandlung auf Oberärzte, Assistenten und Berufsanfänger Probleme ergeben. Der BGH hat nunmehr auch grundsätzlich zu der Frage der Aufgabenverteilung am Operationstisch Stellung genommen. Danach ist der Operateur einerseits und der Anästhesist andererseits nur für seinen eigenen Teil der Diagnostik und Therapie zuständig, und es besteht keine gegenseitige Überwachungspflicht. Es gilt insoweit ein Vertrauensgrundsatz.

Bei der Operationsplanung und der Durchführung der Operation ist aus Gründen der Beweislast der Dokumentation besondere Aufmerksamkeit zu widmen. Eine unvollständige Dokumentation kann zu einem Haftungsrisiko werden.

Die Rechtsprechung befaßt sich in ständig wachsendem Umfang mit arztrechtlichen Problemen. Es sollen daher neue Entwicklungen des Arztrechtes, insbesondere des Arzthaftpflichtrechtes, aufgezeigt werden, soweit sie themenbezogen sind. Zur Operationsplanung gehören eine Beratung und Aufklärung des Patienten, eine vollständige Dokumentation und schließlich auch eine organisatorische Planung des Behandlungsablaufes in personeller und technischer Hinsicht.

Beratungspflicht

Gegenstand des zwischen dem Arzt und dem Patienten bestehenden Arztvertrages ist nicht nur die Verpflichtung zur ordnungsgemäßen und fachgerechten Behandlung, sondern auch der Beratung. Wenn auch die Beratungspflicht häufig mit der Aufklärungspflicht übereinstimmt, dürfen beide nicht verwechselt werden. Die Beratung umfaßt beispielsweise die sich aus dem Krankheitsbild ergebenden medizinischen Notwendigkeiten wie die Durchführung einer sofortigen stationären Behandlung [1], die Gefahr einer vorzeitigen Entlassung aus der Klinik [2], die Gefahr, die bei der Absetzung der eingeleiteten Behandlung entstehen kann [3], aber auch den Hinweis auf eine eventuell notwendige diagnostische Behandlung wie die Empfehlung einer Fruchtwasseruntersuchung zur Feststellung eventueller Schäden des Kindes [4].

Die gebotene Beratung soll den Patienten zu gesundheitsgerechtem Verhalten anleiten (therapeutische Aufklärung) oder ihm medizinische Aufschlüsse für eine verantwortliche Lebensgestaltung vermitteln. Insoweit ist sie Teil der Behandlung; ein Verstoß gegen die Beratungspflicht stellt einen Behandlungsfehler, keine Aufklärungspflichtverletzung dar [5].

Aufklärungspflicht

Mit Form und Inhalt der Beratungspflicht eng verwandt ist die sog. Aufklärungspflicht. Sie dient der Herbeiführung der für die Operation erforderlichen Einwilligung des Patienten, denn diese setzt einen aufgeklärten Patienten voraus. Der Patient muß über die Notwendigkeit und den Umfang des Eingriffs sowie eventueller Alternativen hierzu ebenso aufgeklärt werden, wie über Risiken, die mit dem Eingriff verbunden sind. Nachdem der Arzt verpflichtet ist, nachzuweisen, daß er ordnungsgemäß aufgeklärt hat, werden wir uns in einem weiteren Kapitel mit der Dokumentationspflicht befassen müssen. Zuvor sollen Inhalt und Form der Aufklärung noch einmal kurz anhand neuester Rechtsprechung dargestellt werden:

Aufklärung Minderjähriger

Mit der Überschrift „Arzt benötigt Zustimmung beider Eltern" (Rheinische Post vom 16.8.1988), hat vor einigen Tagen die Presse aufgrund eines Urteils vom 15.8.1988 [6] für Unruhe gesorgt. Bei einer Überprüfung des Urteils zeigt sich jedoch, daß von der bisherigen Rechtsprechung nicht abgewichen wird, wonach hinsichtlich des Zustimmungserfordernisses mehrfach abzustufen ist.

Ob eine wirksame Einwilligung vorliegt, hängt von der Einsichts- und Willensfähigkeit des Patienten ab. Diese Willensfähigkeit fällt nicht mit der bürgerlich-rechtlichen Geschäftsfähigkeit zusammen [7]. Die Einwilligung eines Minderjährigen in eine Operation ist dann rechtswirksam, wenn er nach seiner geistigen und sittlichen Reife Bedeutung und Tragweite des Eingriffs und seiner Gestaltung abzuwägen vermag [8].

Ist der Minderjährige nicht in der Lage, eine wirksame Einwilligungserklärung zu geben, dann ist die Zustimmung der Eltern einzuholen. Bei täglichen und risikolosen Behandlungen kann der Arzt davon ausgehen, daß der mit dem Kind beim Arzt vorsprechende Elternteil aufgrund einer allgemeinen Funktionsaufteilung zwischen den Eltern ermächtigt ist, auch für den abwesenden Elternteil die Ermächtigung in den Heileingriff zu erklären. Hierauf kann der Arzt vertrauen, solange ihm keine entgegenstehenden Umstände bekannt sind. Liegt der Fall jedoch schwerer, dann muß sich der Arzt auch vergewissern, ob der erschienene Elternteil die Ermächtigung des anderen hat und wie weit diese reicht. Dabei kann eine wahrheitsgemäße Auskunft des erschienenen Elternteils unterstellt werden.

Handelt es sich aber um eine schwere, ggfs. vitale Operation des Kindes, dann darf nicht auf das Vorliegen einer Ermächtigung des abwesenden Elternteils vertraut werden. Der Arzt muß sich vielmehr selbst die Gewißheit verschaffen, daß beide Elternteile mit der Behandlung des Kindes einverstanden sind.

Behandlungsalternativen

Eine Vielzahl von Entscheidungen der letzten Monate befassen sich mit der Aufklärung über Behandlungsalternativen [9].

Die Wahl der Behandlungsmethode ist primär Sache des Arztes. Der Arzt hat daher auch dem Patienten nicht ungefragt zu erläutern, welche Behandlungsmethoden theoretisch in Betracht kommen, was für und gegen die eine oder andere dieser Methoden spricht, solange er eine Therapie anwendet, die dem medizinischen Standard genügt.

Stehen für eine medizinisch sinnvolle und indizierte Therapie jedoch mehrere Behandlungsmethoden zur Verfügung, die zu unterschiedlichen Belastungen des Patienten führen oder unterschiedliche Risiken und Erfolgschancen bieten, muß der Patient – selbstverständlich nach sachverständiger und verständnisvoller Beratung des Arztes – selbst prüfen können, was er an Belastungen und Gefahren im Hinblick auf möglicherweise unterschiedliche Erfolgschancen der verschiedenen Behandlungsmethoden auf sich nehmen will. Nur über echte wirkliche Alternativen ist aufzuklären. Diese bestehen u. a. dann nicht, wenn sich diagnostische und therapeutische Verfahren erst in der Erprobung befinden. Die theoretisch in Betracht kommende ärztliche Maßnahme muß besonders ins Gewicht fallende Vorteile haben. Ein typischer Fall für eine notwendige Risikoaufklärung liegt vor, wenn neben der geplanten Operation die konservative Behandlung zur Wahl steht, welche mit geringeren Risiken verbunden ist.

Personelle und apparative Ausstattung

Mit der Frage der Aufklärungspflicht über eine alternativ bessere apparative Versorgung durch ein anderes Krankenhaus befaßt sich der BGH in einem Urteil vom 22. 9. 1987 [10]. Ausgehend von dem Grundsatz, daß die Wahl der Behandlungsmethode primär Sache des Arztes ist, stellt das Gericht fest, daß der Arzt nicht verpflichtet ist, von sich aus über neue diagnostische und therapeutische Verfahren, die sich erst in der Erprobung befinden und erst in einigen Großkliniken zur Verfügung stehen, zu unterrichten. Eine Begrenzung der entsprechenden Aufklärung darüber, daß der Arzt weder über die personelle noch technische Ausrüstung verfügt, die in einem Klinikum geboten werden kann, findet dort die Grenze, wo er nach einer älteren, aber bis dahin bewährten Methode behandelt und dies verantwortlich erscheint. Der rasche Fortschritt in der medizinischen Technik und die damit einhergehende Gewinnung immer neuer Erfahrungen und Erkenntnisse bringt es mit sich, daß es zwangsläufig zu Qualitätsunterschieden in der Behandlung von Patienten kommt, je nachdem, ob sie sich etwa in eine größere Universitätsklinik oder eine personell und apparativ besonders gut ausgestattete Spezialklinik oder aber in ein

Krankenhaus der Allgemeinversorgung begeben. In Grenzen ist deshalb der zu fordernde medizinische Standard je nach den personellen und sachlichen Möglichkeiten verschieden. Erst eine deutliche Unterausstattung führt nach der Ansicht des Gerichtes zu einer Haftung, wenn es deswegen zu vermeidbaren Schäden des Patienten kommt.

Bedarf jedoch die Krankheit eines Patienten der Behandlung durch Ärzte mit besonderer medizinischer Kenntnis oder einer besonderen apparativen Austattung der Klinik, dann ist die Weiterverweisung an eine geeignete Spezialklinik notwendig. Kann der behandelnde Arzt mit seiner personellen und technischen Ausstattung jedoch die auch bei einer Weiterentwicklung geforderte medizinische Grundversorgung gewährleisten, dann hat er über sonstige ihm nicht zur Verfügung stehende Therapiemöglichkeiten nicht aufzuklären.

Kontraindikation der Aufklärung

Das OLG Köln [11] hat erstmals zu einer Frage der Kontraindikation Stellung genommen. Der Arzt hatte den Patienten von dem Verdacht unterrichtet, daß er u. U. einen bösartigen Tumor habe, obwohl für einen Verdacht keine ausreichende Tatsachengrundlage vorhanden war. Auch wenn man von der grundsätzlichen Verpflichtung des Arztes ausgeht, den Patienten über eine Verdachtsdiagnose zu unterrichten, so findet diese Verpflichtung durch therapeutische Rücksichten eine Grenze, wo der Verdacht noch zu ungesichert ist und durch die Mitteilung des Verdachtes bei dem Patienten mit einer zusätzlichen Schädigung zu rechnen ist. Der Arzt hat hier abzuwägen. Kommt es aufgrund einer ungesicherten Verdachtsdiagnose zu einer Schädigung des Patienten, kann der Arzt schadenersatzpflichtig sein.

Diese Grundsätze wurden in einem weiteren Urteil [11] bestätigt, wo es um die Mitteilung an den Patienten ging, „er habe Aids". Anders als im vorgenannten Fall war durch die damals erhobenen Laborbefunde eine solche Information gerechtfertigt, wenn sich auch nachträglich herausgestellt hat, daß das Vollbild der Erkrankung nicht gesichert war. Das Gericht hat in diesem Fall einen ärztlichen Fehler mit Recht verneint.

Wirtschaftliche Aufklärung

Die Zahl der Urteile, die sich mit der sog. wirtschaftlichen Aufklärungspflicht und ihren Grenzen befassen, hat sich wesentlich vermehrt [5]. Wirtschaftliche Aufklärungs- und Betreuungspflichten können dann Gegenstand eines Behandlungsvertrages sein, wenn eigene Vermögensinteressen des Patienten betroffen werden. Dies ist der Fall, wenn es um den Selbstbehalt oder den Eigenanteil geht, oder wenn Kassen bestimmte Leistungen nicht übernehmen. So hat der Arzt auf mögliche Probleme bei der Kostenübernahme durch den privaten Krankenversicherer hinzuweisen, er muß über eventuell kostengünstigere Behandlungsalternativen aufklären und muß dem Patienten sagen, daß für das von ihm gewählte Heilverfahren keine Kostenerstattung durch die Kasse erfolgt. Dies führt sogar so weit, daß ein totaler Krankenhausaufnahmevertrag sittenwidrig und damit nichtig ist, weil die Klinik einen nicht weiter behandlungsbedürftigen und nur pflegebedürftigen Patienten auf dessen ausdrückliches Verlangen weiter über einen Monat versorgte, statt auf einer Übernahme durch den Träger der Sozialhilfe zu bestehen [12].

Die Beispiele zeigen, daß es sich, entgegen der bisherigen Rechtsprechung, nicht um ein Problem der Einwilligung, sondern um eine Beratungspflicht als der bereits erörterten Nebenpflicht aus dem Behandlungsvertrag handelt [13]. Belehrungspflichten des Arztes finden da ihre Grenzen, wo der Arzt nicht wissen kann und nicht wissen muß, wie es um die finanzielle und versicherungsmäßige Absicherung des Patienten bestellt ist. Die Anforderungen dürfen dabei nicht überzogen werden.

Aufklärung vor einer kosmetischen Operation

Im juristisch-medizinischen Bereich kommt der Frage der Aufklärung eine besondere Bedeutung zu. Die angeblich fehlerhafte Aufklärung führt aus bereits früher dargestellten Gründen zu einer fast unübersehbaren Vielfalt gerichtlicher Entscheidungen mit teilweise widersprechenden Ergebnissen. Es erschien mir daher notwendig, über neue Entwicklungen zu unterrichten.

Hierzu gehört auch ein Urteil des OLG München [14], das sich speziell mit der Einwilligung in eine kosmetische Operation, d. h. eine Brustreduktionsplastik nach McKissok befaßt.

Der beklagte Arzt hat bei der damals 36jährigen Klägerin eine Brustreduktionsplastik nach McKissok durchgeführt, wobei gleichzeitig beide Brüste durch Einlagen gehoben wurden. An den Oberarmen wurde eine längsovulare Ausschneidung vorgenommen, um eine Verschmälerung zu erreichen. Es fanden dann einige Nachoperationen statt. An beiden Brüsten sowie an beiden Oberarmen traten operationsbedingt Narbenbildungen auf. Die Brüste sind asymmetrisch. Die Patientin war zuvor durch ein Formschreiben davon unterrichtet worden, daß „vorher nicht absehbare Komplikationen" auftreten können. Das Gericht hat den Arzt zur Zahlung eines Schmerzensgeldes verurteilt. Die durchgeführte Operation war rechtswidrig, weil die Patientin keine wirksame Einwilligung in die Operation erteilt hatte. Es fehlte an der angemessenen ärztlichen Aufklärung. Die Pflicht des Arztes zur Aufklärung und das Maß dieser Aufklärung über die Möglichkeiten schädlicher Folgen eines ärztlichen Eingriffs sind umso weitgehender, je weniger der Eingriff aus der Sicht eines vernünftigen Patienten vordringlich oder geboten erscheint. Bei einem erheblichen körperlichen Eingriff, der nur aus kosmetischen Gründen erfolgt, ist das Für und Wider sorgfältiger darzulegen als bei einem Zustand, der das Leben des Patienten augenblicklich und unmittelbar bedroht [15].

Nachdem vorliegend für den Eingriff keine medizinische Indikation vorlag und die Kl. lediglich „schöner" werden wollte, bestand eine weitgehende Aufklärungspflicht, weil mit der durchgeführten Operation häufig ein Mißerfolg verbunden ist. Zwar wurde die Operation fachgerecht ausgeführt und die Narben an den Brüsten und Oberarmen sind keine ungewöhnlichen Folgen einer solchen Operation, doch hätte gerade über diese Operationsfolgen in „schonungsloser Offenheit und Härte" aufgeklärt werden müssen. Die Kl. mußte vor Abgabe ihrer Einwilligung zur Operation wissen, mit welcher Veränderung ihres Körpers sie in Wahrheit zu rechnen hatte. Der Patientin, die einen ärztlichen Eingriff vornehmen lassen wollte, um „schöner" zu werden, durfte nicht verborgen bleiben, daß häßliche Narben, Sensibilitätsstörungen und eine erhebliche Zahl von Nachoperationen mit weiteren Risiken häufig die Folge sind. Ggfs. hätte der Arzt auch mit Farbbildern aus der Fachliteratur der Patientin ein klares Bild von den möglichen Mißerfolgen machen müssen. Die ohne entsprechende Aufklärung erteilte Einwilligung der Patientin war unwirksam und der Eingriff des Arztes somit eine rechtswidrige Körperverletzung.

Sorgfaltspflichten bei der Operationsplanung

Therapiefreiheit

Es wurde bereits ausgeführt, daß die Wahl der Behandlungsmethode grundsätzlich Aufgabe des Arztes ist. Es obliegt seiner Verantwortung und Beurteilung, wie er der Krankheit des Patienten gerecht werden will. Dabei muß er nicht stets den sichersten therapeutischen Weg wählen, ein höheres Risiko muß aber in den besonderen Sachzwängen des konkreten Falles oder in einer günstigeren Heilungsprognose eine sachliche Rechtfertigung finden [16]. Auf diese Rechtsprechung ist m. E. vor allem auch im Hinblick auf die zahlreichen alternativen Behandlungsmethoden, die im folgenden diskutiert werden, hinzuweisen.

Der Arzt wird schließlich auch nicht nur nach seinem eigenen Können und seinem eigenen Wissen beurteilt, sondern es wird von ihm ein bestimmter Mindeststandard verlangt, den er nur durch ständige Fortbildung und kritische Auseinandersetzung mit seinem eigenen Wissensstand erreicht. Die Rechtsprechung geht daher heute nicht mehr nur vom Stand der Wissenschaft und Technik, sondern dem Standard eines erfahrenen Facharztes aus. Verfügt der Vertragspartner des Patienten zusätzlich noch über ärztliche, für die Therapie bedeutsame Spezialkenntnisse, dann hat er diese zugunsten des Patienten einzusetzen und wird nach diesem erhöhten Standard beurteilt [17]. Insoweit weicht die Rechtsprechung in Deutschland von der österreichischen Rechtsprechung ab [18]. Die auf einer Fortbildungstagung erworbenen Fachkenntnisse dienen daher dem Wohle des Patienten und sind auch von deren Teilnehmern pflichtgemäß für den Patienten einzusetzen.

Sorgfaltspflicht beim Einsatz von Hilfspersonen

Die ausgeführten Grundsätze, wonach beispielsweise der Chefarzt, der über bedeutsame Spezialkenntnisse verfügt, deren Einsatz auch gegenüber dem Patienten schuldet, ergeben sich Schwierigkeiten, wenn und soweit die Behandlung auf andere Ärzte delegiert wird. Grundsätzlich kann der Chefarzt, von den hier nicht zu behandelnden Pflichten zur persönlichen Leistungserbringung abgesehen, die Behandlung einem als Facharzt ausgebildeten Oberarzt überlassen. Soweit es die nur ihm zur Verfügung stehenden Spezialkenntnisse betrifft, muß er ggfs. den Oberarzt zusätzlich anleiten.

Auch Assistenten dürfen im Rahmen einer Behandlung tätig werden, es ist aber eine besondere Anleitung und Überwachung erforderlich. Diese hat umso dichter zu erfolgen, je weniger Erfahrung der Assistent bisher gesammelt hat [17].

Ob und inwieweit Berufsanfänger, Assistenten oder auch Oberärzte selbständig mit der Behandlung beauftragt werden können, hängt somit von deren Wissensstand im Hinblick auf eventuell notwendige diagnostische und therapeutische Maßnahmen ab. Beginnend bei einer Betreuung, die keine medizinischen Spezialkenntnisse voraussetzt, bis über die angeleitete und überwachte Tätigkeit eines Assistenzarztes, bis zu der Verpflichtung unbedingter persönlicher Leistungserbringung gibt es eine stufenlose Skala für den Einsatz am Krankenbett. Auch die Anleitung und Überwachung kann nicht für jeden Einzelfall festgelegt werden. Es kann die gelegentliche Anleitung und Überprüfung im einen Fall ausreichen, während im anderen Fall ein unmittelbarer Blick- oder Rufkontakt notwendig ist.

Der Einsatz eines nicht ausreichend qualifizierten Arztes stellt einen Verstoß gegen die dem Patienten geschuldete Sorgfaltspflicht dar, wenn dieser dadurch in zusätzliche Gefahr gerät.

Ärztliche Teamarbeit

Die Spezialisierung ärztlicher Tätigkeit und das Zusammenwirken von Ärzten verschiedenster Fachrichtungen macht es erforderlich, Aufgaben und Verantwortung abzugrenzen. Zum Teil haben einzelne Arztgruppen untereinander Richtlinien über die Zusammenarbeit aufgestellt, wie beispielsweise die Vereinbarung zwischen den Fachgebieten Chirurgie und Anästhesie über die Aufgabenabgrenzung und die Zusammenarbeit in der Intensivmedizin. In dieser Vereinbarung wird zur Haftung ausgeführt, daß jeder Beteiligte die Verantwortung für seinen Teil der Diagnostik und Therapie tragen soll. Die sektorale Verteilung des Haftungsrisikos soll in Anlehnung an die jeweilige fachliche Zuständigkeit eines Arztes vorgenommen werden. In einer grundlegenden Entscheidung hat der BGH [19] ausgeführt, daß bei der ärztlichen Zusammenarbeit im Operationssaal der Vertrauensgrundsatz zur Anwendung kommen soll. Dieser Grundsatz besagt, daß im Interesse eines geordneten Ablaufs der Operation sich die dabei beteiligten Fachärzte grundsätzlich auf die fehlerfreie Mitwirkung des Kollegen aus der anderen Fachrichtung verlassen können. Der Operateur entscheidet danach aufgrund eingehender Untersuchung im Einverständnis mit dem Patienten, ob, wo und wann der Eingriff durchgeführt werden soll. Er hat das Operationsrisiko abzuwägen und dabei zumindest auch das allgemeine Risiko einer Narkose mit einzukalkulieren.

Der Anästhesist bestimmt das Narkoseverfahren und trifft danach seine Vorbereitungen, wobei er darauf vertrauen muß, daß der Operateur seine eigene Tätigkeit sachgemäß mit der des Narkosearztes koordiniert, insbesondere die richtige Diagnose gestellt hat und hierauf das Narkoseverfahren aufgebaut werden kann.

Es besteht keine wechselseitige Überwachungspflicht des Operateurs und des Anästhesisten, weil andernfalls die Zusammenarbeit im Operationssaal fragwürdig und mit zusätzlichen Risiken für den Patienten verbunden wird. Nur dann, wenn besondere Umstände den Schluß auch für einen Anästhesisten nahelegen, daß die chirurgische Diagnose nicht richtig ist, muß der Anästhesist zusätzliche Überprüfungen anstellen.

In teilweiser Abweichung hierzu hat das LG Saarbrücken [20] erklärt, daß sich der Narkosearzt nicht grundsätzlich auf den Vertrauensschutz berufen dürfe. Bei einer nicht so dringenden und erst noch in der Planung befindlichen Operation müsse der Anästhesist zur Feststellung der Narkosefähigkeit im Rahmen seiner Sorgfaltspflicht nach den Regeln medizinischer Wissenschaft auch abklären, welche Grunderkrankung bei dem Patienten vorliegt, wobei er ggfs. selbst diagnostisch tätig werden muß. Demgegenüber hat der BGH in einem weiteren Urteil [21] erneut festgestellt, daß es nicht Aufgabe des Anästhesisten ist, sich an diagnostischen und therapeutischen Maßnahmen zu beteiligen, die nicht mit der Vorbereitung und Durchführung der Anästhesie selbst zusammenhängen. Nach der Arbeitsteilung zwischen den Gebietsärzten oblag nur dem operierenden Arzt (Gynäkologen) die eigentliche Behandlung des Patienten. Der Anästhesist hatte daher keine diagnostischen Maßnahmen durchzuführen, um entsprechende Befunde zu erheben, da er für die Therapie nicht zuständig ist und in diese allenfalls eingreifen durfte, wenn er über zusätzliches und besseres Wissen verfügt, oder wenn er offensichtliche ärztliche Versäumnisse erkannt hat, auf die er dann seine Kollegen hinzuweisen hatte.

Die Rechtsprechung geht somit von einer strengen sektionalen Arbeitsteilung zwischen Operateur und Anästhesist aus und verteilt demgemäß auch die Aufgabenbereiche mit entsprechenden Folgen für die Aufklärung und Haftung.

Beweislast und Dokumentation

Im Zusammenhang mit den dargestellten Haftungstatbeständen eventuell fehlende Aufklärung und fehlerhafter Behandlung gewinnt forensisch die Dokumentationspflicht und damit die Beweislast Bedeutung. Hierauf lassen Sie mich zum Abschluß noch kurz eingehen.

Dokumentationspflicht

In die Dokumentation sollen alle relevanten Punkte der Anamnese, Diagnose, Therapie und alle Behandlungsmaßnahmen aufgenommen werden. Befunde sind zu sichern. Je vollständiger die handschriftliche Dokumentation ist, umso sicherer ist der Beweis. Wer in seinem Krankenblatt lediglich vermerkt hat „aufgeklärt", hat mit der Vorlage des Krankenblattes noch keinerlei Indiz für eine solche Aufklärung geschaffen. Werden jedoch die einzelnen Alternativen und Risiken aus dem Krankenblatt ersichtlich, über welche aufgeklärt wurde, dann kann nach der Rechtsprechung zugunsten des Arztes davon ausgegangen werden, daß die Eintragung im Krankenblatt richtig und die Aufklärung entsprechend erfolgt ist.

Beweislast

Fragen der Beweislast sind für Nichtjuristen häufig schwer nachzuvollziehen. Geht es dann noch um Fragen der sog. Beweislastumkehr oder der Beweiserleichterung, dann liegt die Vermutung nahe, daß es sich nur um juristische Spitzfindigkeiten handelt. Das juristische Vokabular ist dann häufig dem für Dritte unverständliche Medizinerlatein vergleichbar.

Die Beweislast entscheidet den Ausgang eines gerichtlichen Verfahrens. Das Gericht urteilt selten aufgrund eigener Sachkenntnis, es ist vielmehr auf den Tatsachenvortrag der Parteien, die Angaben von Zeugen und die Beurteilung durch Sachverständige angewiesen. Führt dies alles nicht zur endgültigen Klarheit, dann kann das Gericht nicht etwa die Entscheidung ablehnen, wie beispielsweise ein Arzt bei ungesicherter Diagnose die Operation ablehnen kann und muß. Der Richter muß nach strengen Regeln, d.h. der Beweislast entscheiden. Der Patient, der dem Arzt einen Behandlungsfehler vorwirft, muß hierfür den Beweis antreten. Der Arzt, der behauptet, zur Durchführung der Operation aufgrund der Einwilligung des Patienten berechtigt gewesen zu sein, muß die Einwilligung und damit die Aufklärung nachweisen. Da er selbst nicht als Zeuge gehört werden kann, ergibt sich für ihn eine Beweiserleichterung, wenn er anhand des Krankenblattes nachweisen kann, daß und worüber er den Patienten aufgeklärt hat.

Da der Patient, oder nach dessen Tod dessen Angehörige, in aller Regel nicht in der Lage ist, Tatsachen hinsichtlich des Operationsverlaufes darzulegen, weil er beispielsweise in Narkose war, während der Arzt die Operation selbst miterlebt hat, gibt es insoweit für den Patienten Beweiserleichterungen, daß es bei einer unvollständigen Dokumentation zu einer Haftungsumkehr kommt. Nicht etwa der Patient, sondern der Arzt muß als zur Dokumentation Verpflichteter nachweisen, daß er die nicht dokumentierte Aufklärung oder Behandlung durchgeführt hat. Durch die unterlassene Dokumentation verhindert er nämlich, daß sich der Patient auf diese ihm eventuell günstige Dokumentation berufen kann. Diese Beweislastumkehr greift auch dann durch, wenn dem Arzt ein elementarer Fehler unterlaufen ist und der Patient dadurch einen Schaden erlitten hat, den das fehlerfreie Verhalten verhindern sollte. Ggfs. trägt der Arzt die Beweislast dafür, daß der Schaden nicht auf seinen nachgewiesenen groben Fehler zurückzuführen ist [5]. Die Folge davon waren gerade in letzter Zeit eine Vielzahl von gerichtlichen Entscheidungen, die sich mit dem Problem des groben Behandlungsfehlers befassen [22].

Um später nicht in solche Beweisschwierigkeiten zu kommen, entspricht es einer ordnungsgemäßen Operationsplanung, alles zu dokumentieren, was entscheidungserheblich ist.

Literatur

1. OLG Karlsruhe, VersR 1987, 1247
2. OLG Köln, VersR 1987, 1250
3. OLG Stuttgart, VersR 1987, 391
4. BGH MedR 1988, 26
5. Laufs, Die Entwicklung des Arztrechts 1987/88 NJW 1988, 1506
6. BHG, Urt. v. 15.8.1988 – VI ZR 288/87 (noch unveröffentlicht)
7. Laufs, Arztrecht, 4. Aufl. 1988, Rdn. 143
8. BGH Z 29, 33
9. BGH, NJW 1988, 763; NJW 1988, 765 = MedR 1988, 145; MedR 1988, 180
10. BGH, NJW 1988, 763 = MedR 1988, 91
11. OLG Köln, MedR 1988, 184
12. BGH, NJW 1988, 759
13. Baden, Wirtschaftliche Aufklärungspflichten in der Medizin, NJW 1988, 747
14. OLG München, MedR 1988, 187

15. BGH, NJW 1972, 335
16. BGH, NJW 1987, 1927
17. BGH, NJW 1987, 1479
18. Deutsch, Anmerkung, NJW 1987, 1480
19. BGH, NJW 1970, 649
20. OLG Saarbrücken, MedR 1988, 193
21. BGH, MedR 1988, 89
22. BGH, MedR 1988, 94; MedR 1988, 143; NJW 1988, 1511; 1988, 1513; OLG Oldenburg NJW 1988, 1531

Anästhesieverfahren

Anästhesiologisches Management in der operativen Dermatologie

U. Bissinger und R. Schorer

Grundsätzlich unterscheidet sich das anästhesiologische Management in der operativen Dermatologie nicht von dem in anderen operativen Disziplinen. Eine Besonderheit besteht allerdings darin, daß die Mehrzahl dermatochirurgischer Eingriffe vom Operateur in Lokalanästhesie durchgeführt wird. Dies sei an einigen Zahlen verdeutlicht:

Im Zeitraum von Januar 1986 bis Dezember 1987 wurden an der Universitäts-Hautklinik in Tübingen 7000 elektive operative Eingriffe durchgeführt. In 11% der Fälle (370 Männer, 373 Frauen, Durchschnittsalter 40,3 Jahre [5 Monate bis 88 Jahre], ASA 1–3) wurde ein Anästhesist hinzugezogen. Der Anteil ambulanter Patienten, meist Kinder, betrug 7%.

Die operativen Eingriffe waren in 61 Fällen (8,2%) im Kopf-Halsbereich, in 261 Fällen (35,1%) am Rumpf und in 322 Fällen (43,3%) im Bereich der Extremitäten lokalisiert. In weiteren 99 Fällen (13,4%) wurde an mehreren Körperregionen zugleich operiert. Art und Häufigkeiten der anästhesiologischen Verfahren verteilten sich wie folgt: 527 (70,9%) Vollnarkosen (davon 446 [60%] Intubationsnarkosen und 81 [10,9%] Spontanatmungsnarkosen), 155 (20,9%) rückenmarksnahe Leitungsanästhesien (Peridural- und Spinalanästhesien), 61 (8,2%) periphere Nervenblockaden (Fuß- und Handblocks, Plexusanästhesien, Interkostalblockaden).

Diese Zahlen zeigen, daß in der operativen Dermatologie ein breites Spektrum anästhesiologischer Leistungen gefordert wird. Bei der Planung und Durchführung des geeigneten Anästhesieverfahrens ist deshalb eine enge Kooperation mit dem Operateur erforderlich. Neben der Lokalisation und Dauer des operativen Eingriffs sowie den Wünschen der Patienten ist zu berücksichtigen, daß alle Altersgruppen, Risikopatienten und ambulante Patienten zu betreuen sind. Die hieraus abzuleitenden anästhesiologischen Anforderungen bezüglich präoperativer Vorbereitung der Patienten, intraoperativer Betreuung sowie postanästhesiologischer Nachsorge werden im folgenden dargestellt.

Präoperative Vorbereitung

Das Ziel der präoperativen Vorbereitung besteht darin, durch Erfassung des „Ausgangszustandes" das individuelle Narkose- und Operationsrisiko des Patienten festzulegen. Bei vorbestehenden Funktionsstörungen soll durch Optimierung des präoperativen Zustandes und Planung des adäquaten intra- und postoperativen Managements die perioperative Morbidität und Mortalität gesenkt werden [28].

Präanästhesiologische Voruntersuchungen

Art und Umfang präoperativer Untersuchungen sind abhängig vom Alter und Allgemeinzustand des Patienten (ASA-Risikoklassifizierung, Tabelle 2) sowie von der Belastung durch den operativen Eingriff. Vor jeder Narkose müssen, auch bei sonst gesunden Patienten und unabhängig vom Anästhesieverfahren, routinemäßig Voruntersuchungen durchgeführt werden. Diese dienen dazu, bisher nicht erkannte Erkrankungen oder Störungen, die für Narkose und Operation von Bedeutung sein könnten, festzustellen. Liegen spezielle Erkrankungen vor und/oder sind besondere chirurgische Eingriffe geplant, so werden die Standardbefunde durch spezielle Untersuchungen ergänzt. Ergeben die Voruntersuchungen Hinweise auf entsprechende Erkrankungen, so werden weiterführende Untersuchungen durchgeführt [18]. Tabelle 1 zeigt ein Stufenschema der präoperativen anästhesiologischen Diagnostik, wie es an der Klinik für Anasthesiologie und Transfusionsmedizin der Universität Tübingen angewendet wird.

Die Verantwortung für die präanästhesiologischen Voruntersuchungen trägt der Anästhesist [5, 25]. Zu ihrer Durchführung muß der Anästhesist, vor allem bei etwaigen Bedenken gegen den Eingriff aus anästhesiologischer Sicht, ausreichend Zeit zur Verfügung haben [34].

Tabelle 1. Stufenprogramm der präanästhesiologischen Voruntersuchungen für elektive Eingriffe

---

1. Kleine und mittlere Operationen: Normaler, sonst weitgehend gesunder Patient, ASA 1–2

< 40 Jahre	> 40 Jahre
– Labor (Hb, Hk, Leukozyten Blutzucker, Quick, PTT Elektrolyte (Na, K) Kreatinin, (BUN)	– Labor (Hb, Hk, Leukozyten, Blutzucker, Quick, PTT, Elektrolyte (Na, K), Kreatinin (BUN), Gesamteiweiß, Gamma-GT, GOT, GPT)
– Ruhe-EKG	– Ruhe-EKG
– Norm-Blutdruck	– Norm-Blutdruck
– (Röntgen-Thorax)	– Röntgen-Thorax
– (Blutgruppe)	– (Blutgruppe)

2. Große Operationen: Normaler, sonst weitgehend gesunder Patient, ASA 1–2, alle Altersgruppen

– Labor (Hb, Hk, Leukozyten, Quick, PTT, Fibrinogen, Thrombozyten, Blutzucker, Elektrolyte (Na, K), Kreatinin, BUN, Gesamteiweiß, Gamma-GT, GOT, GPT)
– Norm-Blutdruck
– Ruhe EKG
– Röntgen-Thorax
– Kleine Lungenfunktion (Vitalkapazität, Tiffenau-Test, > 60 J.)
– (Blutgruppe)

3. Patienten mit schwerer Allgemeinerkrankung (ASA ≥ 3)

– Labor (Hb, Hk, Leukozyten, Quick, PTT, Fibrinogen, Thrombozyten, Blutzucker, Elektrolyte (Na, K), Kreatinin, BUN, Gesamteiweiß, Gamma-GT, GOT, GPT)
– Norm-Blutdruck
– Ruhe-EKG
– Röntgen-Thorax
– Kleine Lungenfunktion (Vitalkapazität, Tiffenau-Test)
– Arztbrief (Diagnosen, Medikation, wichtige Zusatzbefunde)
– Evtl. internistisches Konsil

Die Vorbereitung der Patienten erfolgt in der Mehrzahl der Fälle stationär im Krankenhaus, die Befundzusammenfassung im Rahmen der Prämedikationsvisite durch den Anästhesisten. Ambulante Patienten können alternativ die geforderten Voruntersuchungen z. B. beim Hausarzt durchführen lassen. Die Anforderungen an den Umfang der präoperativen Voruntersuchungen sind beim stationären und ambulanten Patienten identisch [2, 7].

In der Regel werden nur Patienten der ASA-Risikoklassifizierung 1–2 (s. Tabelle 2) ambulant operiert. Operationen, die mit der Eröffnung von Körperhöhlen einhergehen oder länger als 60–90 Minuten dauern, bei denen Bluttransfusionen oder postoperative chirurgische Probleme sowie eine längere Immobilisation zu erwarten sind, werden in der Regel stationär durchgeführt. Der Patient ist bezüglich präoperativer Nüchternheit, Datum und Uhrzeit der Klinikaufnahme und Operation, der Notwendigkeit einer Begleitperson für den postoperativen Heimtransport sowie der Wiederherstellung der postanästhesiologischen Verkehrstüchtigkeit, Arbeitsfähigkeit und vollen Entscheidungsfähigkeit mündlich, am besten jedoch schriftlich zu unterweisen [2, 36].

Präanästhesiologische Visite

Jeder operative Eingriff ist für die Patienten mit Angst vor der Anästhesie und Operation sowie entsprechenden Streßreaktionen verbunden. Im Vordergrund jeder anästhesiologischen Maßnahme zur Streßminderung steht daher die präanästhesiologische Visite mit psychologischer und pharmakologischer Vorbereitung der Patienten [31].

Anamneseerhebung: Die Erhebung der auf die Anästhesie bezogenen Anamnese dient dazu, das individuelle Narkoserisiko durch eine gründliche Erfassung von Risikofaktoren zu bestimmen. Sie konzentriert sich v. a. auf Organsysteme, deren Funktion durch anästhesiologische Maßnahmen und Anästhestika sowie Adjuvantien beeinflußt wird oder die selbst die Wirkung von Anästhetika und Adjuvantien beeinflussen. Hierzu gehören v. a. das Herzkreislaufsystem, die Atmungsorgane, das zentrale und periphere Nervensystem, die Nieren- und Leberfunktion sowie das Gerinnungssystem. Weitere wichtige Faktoren sind Voroperationen und Narkosen einschließlich eventuell aufgetretener Komplikationen, Narkosekomplikationen in der Familie, bestehende Schwangerschaft, muskuläre Erkrankungen, Diabetes mellitus, Allergien und Medikamenteneinnahme.

Die Anamneseerhebung sollte schriftlich erfolgen. Dazu steht z. B. ein standardisierter, vom Berufsverband Deutscher Anästhesisten empfohlener Anamnesebogen zur Verfügung, der gleichzeitig als Aufklärungsbogen dient und nach beendeter Aufklärung vom Patienten und aufklärenden Anästhesisten unterschrieben wird [4, 33].

Körperliche Untersuchung: Die körperliche Untersuchung umfaßt schwerpunktmäßig das respiratorische und kardiovaskuläre System. Vor geplanten Regionalanästhesien erfolgt eine grob orientierende neurologische Untersuchung zum Ausschluß vorbestehender Nervenläsionen, außerdem wird der Bereich der vorgesehenen Injektion inspiziert, um bestehende Kontraindikationen, z. B. aufgrund von anatomischen Varianten oder Infektionen, zu erfassen. Für eine geplante Intubationsnarkose

Tabelle 2. Einstufung des Narkoserisikos

ASA-Risikoklassifizierung:
1. Normaler, sonst gesunder Patient
2. Patient mit leichter Allgemeinerkrankung
3. Patient mit schwerer Allgemeinerkrankung und Leistungseinschränkung
4. Patient mit inaktivierender Allgemeinerkrankung, die eine ständige Lebensbedrohung darstellt
5. Moribunder Patient, Tod innerhalb von 24 Stunden mit oder ohne Operation zu erwarten

---

ist der Zustand des Gebisses, die Mundöffnung sowie eine eventuelle bestehende Struma von Bedeutung. Weitere wichtige Daten sind Herzfrequenz, Blutdruck sowie Körpertemperatur.

Einstufung des individuellen Narkoserisikos: Nach Zusammenfassung der erhobenen Befunde erfolgt die Einstufung des individuellen Narkoserisikos. Verschiedene Klassifizierungssysteme sind anwendbar. Weit akzeptiert ist das Schema der "American Society of Anesthesiologists" (Tabelle 2) [29].

Entscheidender Parameter für die Risikoklassifizierung ist der körperliche Zustand des Patienten. Allerdings läßt die ausschließlich subjektive Beurteilung des Patienten dem Arzt einen so weiten Ermessensspielraum, daß Fehlbeurteilungen nicht ausgeschlossen sind. Außerdem muß beachtet werden, daß weitere Faktoren, wie objektive Befunde sowie das Alter des Patienten, die Art, Lokalisation und Dauer der Operation oder die Erfahrung und Qualifikation des Operateurs nicht berücksichtigt werden. Man muß sich also darüber im klaren sein, daß ein derartiges System in erster Linie die Beurteilung des präoperativen Zustandes des Patienten erlaubt und eine absolut zuverlässige Vorhersage des anästhesiologischen Risikos nicht möglich ist [18, 22].

Weiter im deutschsprachigen Raum verwendete Bewertungssysteme, wie die Mannheimer [20] oder Münchner Risikocheckliste [26], beruhen auf objektiven Kriterien und berücksichtigen die wesentlichsten im Rahmen von Anästhesie und Operation relevanten Faktoren. Sie erlauben in erster Linie eine umfassendere und objektive Beurteilung des präoperativen Zustandes, beinhalten aber auch damit nicht automatisch die Prognose des perioperativen Verlaufes [22].

Ergibt sich bei der Zusammenfassung der Befunde, daß der Zustand des Patienten weiter verbesserbar und damit das Risiko von Narkose und Operation reduzierbar sind, so ist eine elektive Operation in Absprache mit Operateur und Patient zu verschieben [18].

Auswahl des Narkoseverfahrens: Die Planung des geeigneten Anästhesieverfahrens erfolgt in enger Kooperation mit dem Operateur. Neben der Lokalisation und Dauer der geplanten Operation spielen der klinische Zustand des Patienten, dessen Alter und Wünsche sowie evtl. bestehende Kontraindikationen (z. B. Gerinnungsstörung) eine entscheidende Rolle.

In diesem Zusammenhang sei kurz auf die Problematik einer möglicherweise Narkose-induzierten Metastasierung von Melanomen eingegangen: In der Literatur finden sich widersprüchliche Angaben zu diesem Problem. Sowohl Allgemein- als auch Regionalanästhesieverfahren beeinträchtigen das T-lymphozytäre System, das bei der Tumorabwehr eine entscheidende Rolle spielt. Es gibt jedoch bis heute keine

Studie, die den Einfluß der verschiedenen Anästhesieverfahren auf die Rezidivrate von Melanomen systematisch untersucht hat. Welches Verfahren zu bevorzugen ist, bleibt somit nach wie vor ungeklärt [23].

Aufklärung des Patienten: Eine Aufklärung des Patienten ist aus medizinischen, psychologischen und juristischen Gründen erforderlich. Sie umfaßt die typischen Risiken des jeweiligen Narkoseverfahrens und informiert über den Ablauf des Operationstages: präoperative Nahrungskarenz ($\geq$ 6 Stunden), Einstellung des Rauchens, ungefährer Zeitpunkt der Operation, Prämedikation (Schlaftablette, präoperative Applikation), Maßnahmen im Einleitungsraum, intraoperativer Ablauf, Aufwachphase, postoperative Schmerzbekämpfung, Verlegung auf die Krankenstation, Beginn der postoperativen Nahrungsaufnahme.

Grundsätzlich ist der beruhigende Einfluß einer Prämedikationsvisite durch den Anästhesisten nicht hoch genug einzuschätzen [18]. Durch Aufklärung über das „Unbekannte" des Operationstages und die Herstellung einer persönlichen Beziehung zwischen Anästhesist und Patient stellt die präoperative Visite ein nichtpharmakologisches Antidot der Angst des Patienten dar [31], so daß zuweilen durchaus die Applikation eines Medikaments entfallen kann [32]. Nach einer präanästhesiologischen Visite sind die Patienten insgesamt vor Narkoseeinleitung weniger ängstlich als Patienten die zur Prämedikation lediglich ein Medikament erhalten [8]. Die Aufklärung über die Risiken des gewählten Narkoseverfahrens muß um so umfassender sein, je weniger dringlich der Eingriff ist. Am Ende der Aufklärung steht die ausdrückliche Einwilligung des Patienten in die vorgeschlagenen und erforderlichen Maßnahmen [18]. Dazu wird ein vom Berufsverband Deutscher Anästhesisten empfohlener standardisierter Anamnese- und Aufklärungsbogen verwendet, der nach Einwilligung vom Anästhesisten und Patienten unterschrieben wird [4, 33].

Prämedikation: Anxiolyse ist das primäre Ziel jeder Prämedikation [32]. Zumindest bei ängstlichen Patienten sollte die pharmakologische Anxiolyse die Nacht vor dem Operationstag mit einschließen. Durch die Wirkung der präoperativ auf der Station applizierten Medikamente soll der Patient entspannt und angstfrei, bei Bedarf sediert, aber erweckbar und kooperativ in den Narkoseeinleitungsraum gebracht werden. Bei Bedarf wird die Medikation durch Analgetika und sekretionshemmende Pharmaka ergänzt. Eine gute Prämedikation vermindert nicht nur Angst und Aufregung, sondern erleichtert auch die Narkoseeinleitung und schränkt häufig den Bedarf an Narkosemitteln ein [18, 30].

Die Entscheidung für ein bestimmtes Präparat bzw. für eine Kombination wird häufig von der Erfahrung des Anästhesisten mitbestimmt. Die Wahl der Prämedikation sollte jedoch niemals schematisch erfolgen, vielmehr sollten Medikamentenwahl und Dosierung sich am psychologischen und physiologischen Zustand des Patienten orientieren. Das Vorgehen wird sich dabei zwischen den Extremen keine Prämedikation und aggressive Therapie zur Reduktion von Angst und Sedierung bewegen [31].

Für die Prämedikation können die folgenden Substanzklassen verwendet werden: Benzodiazepine, Opioide, Neuroleptika, Barbiturate, Anticholinergika, Antihistaminika und Antazida. Die Applikation ist intramuskulär, rektal, oral oder intravenös möglich.

Besonders geeignete Medikamente sind wegen ihrer ausgeprägt anxiolytischen Wirkung oral oder parenteral applizierte Benzodiazepine [32]. Die orale Gabe hat für die Patienten den Vorteil, daß präoperativ keine intramuskuläre Injektion erforderlich ist. Das Nüchternheitsgebot wird durch das applizierte geringe Flüssigkeitsvolumen nicht verletzt, da die Menge des Magensaftes eher geringer und der pH-Wert höher ist als bei intramuskulär prämedizierten Patienten. Ein höheres Aspirationsrisiko liegt nach bisherigen Erfahrungen nicht vor, so daß forensische Probleme nicht relevant sind [27, 31, 35].

Intraoperative Betreuung der Patienten

Narkose und Operation sind für die meisten Patienten mit erheblichen Ängsten besetzt, die auch durch die Prämedikation oft nicht vollständig beseitigt werden können. Alle Vorbereitungen zur Narkoseeinleitung sollten daher in ruhiger und freundlicher Athmosphäre und patientenzentriert erfolgen [18]. Günstig ist ein spezieller Narkoseeinleitungsraum.

Nach Vorbereitung des Patienten zur Narkoseeinleitung (Identität, Vollständigkeit der Unterlagen, Prämedikationseffekt, Zeitpunkt der Nüchternheit, Zahnprothesen) wird der EKG-Monitor angeschlossen, eine Blutdruckmanschette angelegt und ein venöser Zugang geschaffen. Anschließend erfolgt die Narkoseeinleitung. Nach Abschluß aller anästhesiologischen Maßnahmen wird der Patient zur Operation gelagert. Die Verantwortung für die Auswahl der Lagerung und ihrer Durchführung liegt beim Operateur, während der Anästhesist für die Körperpartien zuständig ist, die für die sichere Durchführung der Narkose zugänglich sein sollten [18].

Überwachung während der Narkose

Narkose und Operation können in hohem Maße die Homöostase des Organismus verändern und dadurch potentiell das Leben des Patienten gefährden. Daraus leitet sich die unbedingte Notwendigkeit zur kontinuierlichen Überwachung während der Narkose ab. Durch eine frühzeitige Erfassung von Störungen des physiologischen Gleichgewichts können Therapiemaßnahmen rechtzeitig eingeleitet werden. Im Mittelpunkt der Überwachung während der Narkose stehen das kardiovaskuläre und respiratorische System. Die Überwachung erfolgt zum einen klinisch, zum anderen apparativ durch spezielle Überwachungsgeräte. Das klinische Monitoring ist grundsätzlich immer gefordert (Haut- und Schleimhautfarbe des Patienten, Kapillardurchblutung, periphere Pulse, Pupillenreaktion, Thoraxbewegung unter der Beatmung, Atemgeräusch usw.). Dieses Monitoring erscheint zwar simpel und sein Wert wird leicht übersehen, seine Bedeutung liegt jedoch in der ständigen Verfügbarkeit [12].

Für das apparative Monitoring empfiehlt sich in Abhängigkeit von der Größe des Eingriffs und den Risikofaktoren des Patienten ein stufenweises Vorgehen. Das Spektrum reicht von der Routineüberwachung (alle Patienten unabhängig vom Schweregrad ihrer Erkrankung bzw. der Größe der Operation) über spezielle Überwachungsverfahren (bei bestimmten pathophysiologischen Zuständen oder zur Überwachung bestimmter Techniken) bis zum umfassenden Monitoring (alle wesentlichen Organsysteme bei großen Eingriffen; in der Regel in der operativen Dermatologie nicht erforderlich) [18] (Tabelle 3).

Tabelle 3. Stufenprogramm der intraoperativen Überwachung

1. Standard-Monitoring: Einfache Wahleingriffe außerhalb der Körperhöhlen, geringes Trauma, geringer Blutverlust (< 500 ml)

- Blutdruck-Manschette/automatische Blutdruckmessung
- EKG-Monitor
- Endexspiratorische CO_2-Konzentration
- Inspiratorische O_2-Konzentration
- Atemzugvolumen, Atemminutenvolumen, Atemfrequenz Beatmungsdrücke
- Stethoskop
- (Körpertemperatur)
- (Pulsoxymeter)

2. Spezielles Monitoring: Größere Wahleingriffe, mäßiges Trauma, stärkere Blutverluste

- Zentraler Venenkatheter
- Arterielle Kanüle
- Laborparameter
- Pulsoxymeter
- Körpertemperatur
- Blasenkatheter (> 3–4 Stunden)
- Relaxometrie

Alle Maßnahmen werden ins Narkoseprotokoll eingetragen, das zugleich ein juristisches Dokument darstellt.

Postanästhesiologische Nachsorge

Nach Ausleitung der Narkose kommt der Patient in den Aufwachraum. Die Aufwachraum-Phase umfaßt die Zeit zwischen Anästhesieende und Stationsfähigkeit des Patienten. Diese unmittelbar postanästhesiologische Phase birgt durch labile Kreislaufverhältnisse, Störungen der Atmung oder des Stoffwechsels, einen potentiellen Überhang von Narkotika bzw. Muskelrelaxantien, Unterkühlung, postoperatives Erbrechen usw. unmittelbar lebensbedrohliche Gefahren für den Patienten. Darüber hinaus können operativ bedingte Komplikationen, wie z. B. eine Nachblutung, den Patienten zusätzlich gefährden. Da diese Probleme ohne Vorwarnung auftreten können, müssen die Patienten in dieser kritischen Phase lückenlos durch zuverlässiges und speziell unterwiesenes Pflegepersonal überwacht werden, bis sie wieder ansprechbar sind, über ihre Schutzreflexe verfügen und mit unmittelbaren Nachwirkungen des Betäubungsverfahrens nicht mehr zu rechnen ist [1, 9, 11, 18]. Diese Überwachung kann optimal nur in postoperativen Aufwacheinheiten gewährleistet werden, die aufgrund ihrer apparativen Ausrüstung eine Fortsetzung des intraoperativen Monitorings erlauben [13, 19]. Der Aufwachraum sollte in den Operationstrakt integriert sein, so daß aufgrund der räumlichen Zuordnung ärztliche Präsenz immer gewährleistet ist und der Patient bei Bedarf rasch in den Op-Trakt zurückgebracht werden kann. Die Übergabe des Patienten an die Aufwachraum-Schwester erfolgt durch den Anästhesisten, der die Narkose durchgeführt hat. Die verantwortliche Leitung des Aufwachraums liegt ebenfalls beim Anästhesisten [6, 11, 18, 21, 24]. Die Alternative, daß kein Aufwachraum zur Verfügung steht und der Patient in der Aufwachphase auf die chirurgische Krankenstation zurückverlegt und dort überwacht werden muß, stellt eine Notlösung dar und bürdet dem Chirurgen eine Verantwortung auf, die er im Hinblick auf die personelle Besetzung seiner Abteilung nur schwer übernehmen kann [34].

Überwachungsumfang im Aufwachraum: Die kontinuierliche und lückenlose Überwachung des Patienten umfaßt die Vitalparameter Atmung und Kreislauf sowie weitere wichtige Daten wie z. B. Vigilanz und Aktivität, Hautfarbe, Körpertemperatur, Rückgang der Anästhesie nach Regionalanästhesieverfahren, Urinausscheidung, Blutverlust über Drainagen, Überprüfung der Verbände usw. Die Patienten werden regelmäßig zum tiefen Durchatmen und Abhusten aufgefordert. Der Überwachungsumfang ist natürlich nicht bei allen Patienten derselbe. Während noch nicht stabilisierte Patienten eine besonders intensive Überwachung und Betreuung benötigen, kann das Ausmaß der Überwachung mit zunehmender Stabilisierung reduziert werden [18].

Therapeutische Maßnahmen im Aufwachraum: Schmerz und Hypoxämie sind die häufigsten behandlungsbedürftigen Probleme im Aufwachraum [11, 19]. Die Analgesie kann je nach Schmerzintensität intravenös durch repetitive Gaben von kleinen Opioiddosen (z. B. Piritramid), durch rektale Applikation eines peripheren Analgetikums (z. B. Paracetamol) oder durch eine Kombination beider Substanzgruppen bis zur adäquaten Schmerzbehandlung erfolgen. Bei Gabe von Opioiden muß deren respiratorisch und zirkulatorisch depressive Wirkung beachtet werden. Alternativ kann in geeigneten Fällen auch ein Regionalanästhesieverfahren durchgeführt werden. Die Gabe von Sauerstoff erfolgt über eine Nasensonde oder einen O_2-Kragen. Besteht ein Überhang von Muskelrelaxantien oder Opioiden, so werden bedarfsadaptiert Antagonisten appliziert (Acetylcholinesterase-Hemmer wie z. B. Neostigmin oder Naloxon). Weitere Maßnahmen bestehen im Ausgleich von Volumen- oder Elektrolytstörungen, der Gabe von Antiemetika oder der Aufwärmung der Patienten [11, 18, 19, 21]. Alle durchgeführten Maßnahmen werden protokolliert.

Verlegung des Patienten: Die Verlegung nach einer Vollnarkose erfolgt durch den für den Aufwachraum zuständigen Anästhesisten, wenn
– der Patient aus der Narkose erwacht, kooperativ und orientiert ist
– die Schutzreflexe vorhanden sind
– die Vitalparameter stabil sind und
– anästhesiebedingte Komplikationen nicht mehr zu erwarten sind [11, 17, 18, 30].

Die Verlegung nach einer Regionalanästhesie erfolgt in Abhängigkeit vom Blockadetyp und der Zusatzmedikation, wenn
– der Patient wach, kooperativ und orientiert ist
– die Vitalparameter stabil sind und
– die Regionalanästhesie deutlich rückläufig ist [11].

Die Stationsfähigkeit wird vom Anästhesisten nach persönlichem Augenschein schriftlich auf dem Narkoseprotokoll dokumentiert [11, 14, 21, 30]. Damit enden Überwachungspflicht und Verantwortlichkeit des Anästhesisten und gehen auf den Operateur bzw. die ihm unterstehenden Pflegekräfte der Krankenstation über [11, 17, 24]. Die Übergabe des Patienten an die Stationsschwester erfolgt durch die Aufwachraum-Schwester.

Ambulante Patienten werden im Aufwachraum (alternativ bei Platzmangel auf der Station) solange überwacht, bis die Vitalparameter stabil sind und die Narkose komplett abgeklungen ist. Da nach der Entlassung eine medizinische Überwachung nicht mehr gewährleistet ist, sollte die Verweildauer ambulanter Patienten im Aufwachraum länger als bei stationären Patienten sein. Die Entlassung erfolgt nach Vollnarkosen frühestens nach 4–6 Stunden, nach Regionalanästhesien nach 1–2 Stunden. Es muß sichergestellt sein, daß der Patient nur in Begleitung einer verantwortlichen erwachsenen Person nach Hause entlassen wird [2, 11, 36]. Im allgemeinen kann man nach einer Vollnarkose davon ausgehen, daß die volle Verkehrsfähigkeit, Arbeitsfähigkeit sowie Entscheidungsfähigkeit frühestens nach 24 Stunden gegeben ist [2, 10, 17, 36]. Für das postoperative Verhalten bei Nachblutungen, Atemwegsproblemen, Übelkeit oder Erbrechen sind dem Patienten genaue Anweisungen zu erteilen [17].

Postanästhesiologische Visite: Nach Abschluß des Operationsprogramms besucht der Anästhesist seine Patienten auf der Station, um die Akzeptanz des durchgeführten Anästhesieverfahrens durch den Patienten sowie mögliche Komplikationen zu erfassen [32].

Besonderheiten im Kindesalter

Krankheit, Hospitalisierung und vor allem chirurgische Eingriffe führen gewöhnlich zu erheblichen emotionalen bzw. psychologischen Belastungen für das heranwachsende Kind. Der wichtigste Faktor für das Entstehen von Verhaltensstörungen bei Kindern unter 6 Jahren ist dabei die Trennung von den Eltern und der vertrauten Umgebung [18]. Eine sorgfältige psychologische Vorbereitung sowie ausführliche Information der Eltern zur Stützung des Kindes ist sehr wichtig [31]. Günstig ist die ambulante Durchführung von Operationen, weil die Eltern das Kind bis zum Operationssaal begleiten und in der Aufwachphase wieder zugegen sein können. Ganz generell kommen für die Tageschirurgie nur Kinder in Frage, die außer der chirurgischen Erkrankung gesund sind (ASA-Risikogruppe 1–2). Es sind nur kleine, periphere Eingriffe mit minimalem Blutverlust geeignet, bei denen eine Operations- bzw. Narkosedauer von einer Stunde nicht überschritten wird und postoperative Komplikationen nicht zu erwarten sind [3]. In einem Gespräch mit den Eltern muß sichergestellt sein, daß die Anweisungen zur präoperativen Nüchternheit und zur postoperativen Weiterversorgung befolgt werden. Außerdem sollte der Wohnort nicht weiter als eine Autostunde vom Krankenhaus entfernt sein, so daß bei Komplikationen das Krankenhaus in entsprechender Zeit erreicht werden kann. Präoperativ muß die Möglichkeit bestehen, Anamnese, Untersuchung und eventuell ergänzende Laboruntersuchungen in Anwesenheit der Eltern oder eines Elternteils in Ruhe durchführen zu können (z. B. in einer Anästhesieambulanz). Zur Vereinfachung der Anamneseerhebung dient ein vom Berufsverband Deutscher Anästhesisten empfohlener Anamnesebogen (4, 33). Bei der orientierenden körperlichen Untersuchung gilt die Aufmerksamkeit besonders der Größe und Entwicklung des Kindes, den oberen Luftwegen, der Funktion des Herzkreislaufsystems und der Atmung, dem Zustand der Zähne sowie den Venenverhältnissen. Routinemäßig werden Hb oder Hk und Leukozyten sowie, wenn möglich, Serum-Elektrolyte und ein Urinstatus bestimmt.

Diese Voruntersuchungen können z. B. beim Kinderarzt durchgeführt werden (≤ 1 Woche). Die präoperative Nahrungskarenz beträgt bei Säuglingen unter 6 Monaten 4 Stunden, bei älteren Säuglingen, Kleinkindern und Schulkindern 6 Stunden. Neugeborene und Säuglinge sollten als letzte Mahlzeit gezuckerten Tee erhalten, da die Verweildauer von Milch im Magen nicht sicher kalkulierbar ist [7]. Die Prämedikation erfolgt bevorzugt oral, alternativ ist die intramuskuläre oder rektale Applikation möglich. Geeignete Substanzen sind auch hier die Benzodiazepine (z. B. Flunitrazepam, Midazolam) zusammen mit einem Parasympatholytikum (Atropin, Scopolamin, Glykopyrrolat). Alternativ können Neuroleptika (z. B. Chlorprotixen, Promethazin), Opioide, Barbiturate oder Chloralhydrat-Rektiolen verabreicht werden. Kinder unter 10 kg KG bzw. im Alter von bis zu 6–12 Monaten erhalten meist keine Prämedikation [18].

Alternativ zur Prämedikation auf der Station kann in Anwesenheit der Eltern in einem Vorraum des Operationstrakts die Narkoseeinleitung schonend rektal mit Methohexital [15] oder Midazolam [16] bzw. intramuskulär mit Ketanest [7] erfolgen.

Werden die Kinder oral prämediziert von der Station gebracht, so erfolgt die Narkoseeinleitung bei Säuglingen oder Kleinkindern in der Regel als Maskeneinleitung, anschließend wird ein venöser Zugang gelegt. Wird die Narkose im Vorraum des OPs in Anwesenheit der Eltern intramuskulär (Ketamine) oder rektal (Methohexital) eingeleitet, so schlafen die Kinder in aller Regel ruhig ein und tolerieren das Legen eines venösen Zugangs. Bei älteren Kindern kann die Narkose auch intravenös eingeleitet werden. Das Narkoseverfahren ist in aller Regel eine Intubationsnarkose in Verbindung mit einer Inhalationsanästhesie. Alternativ kann bei kurzdauernden Eingriffen auch eine rein intravenöse Injektionsnarkose (Ketamine und Benzodiazepin) durchgeführt werden. Intraoperativ muß wegen der eingeschränkten Kompensationsbreite des kindlichen Organismus besonderes Augenmerk auf den sorgfältigen Ausgleich von Flüssigkeitsverlusten und die Erhaltung der Körpertemperatur gerichtet werden. Durch Erhöhung der Umgebungstemperatur und weitere Maßnahmen (z. B. Einsatz von Wärmematten) wird ein kleines Kind vor unnötigen Wärmeverlusten geschützt und im normothermen Bereich gehalten (36–37,5°C) [3].

Das Ausmaß der intraoperativen Überwachungsmaßnahmen richtet sich neben der Größe und Lokalisation des Eingriffs hauptsächlich nach dem Alter des Kindes (Tabelle 4).

Nach Ausleitung der Narkose wird das Kind bei suffizienter Spontanatmung in stabiler Seitenlagerung in den Aufwachraum verlegt. Wichtig ist auch hier eine engmaschige Kontrolle der vitalen Funktionen und der Köpertemperatur. Eine ausreichende Analgesie wird in der Regel mit peripheren Analgetika (z. B. Paracetamol rektal) erreicht. Ein Trinkversuch erfolgt nach 2–4 Stunden. Bei der abschließenden Untersuchung durch den Anästhesisten müssen die Vitalparameter Atmung und Kreislauf sowie das Verhalten des Kindes unauffällig sein und die Körpertemperatur darf nicht über 38°C liegen.

Der Transport nach Hause durch die Eltern erfolgt liegend. Zur Schmerzbehandlung werden Suppositorien mitgegeben (z. B. Paracetamol). Bis zum nächsten Morgen erhält das Kind ausschließlich Flüssigkeit in Form von Tee, Milch oder Saft. Ab dem nächsten Morgen darf es alles essen und trinken. Es sollte aber noch für einen weiteren Tag unter ständiger Aufsicht bleiben [3].

Tabelle 4. Intraoperative Überwachung im Kindesalter

Neugeborene, Säuglinge:

- EKG-Monitor
- Endexspiratorische CO_2-Konzentration
- Inspiratorische O_2-Konzentration
- Automatische apparative Blutdruckmessung
- Temperatursonde rektal/ösophageal
- Präkordiales Stethoskop
- Pulsoxymetrie
- Beatmungsdrücke
- Blutzucker (obligat bei Früh- und Neugeborenen)
- Hämatokrit (bei größeren Eingriffen)

Kleinkinder, Schulkinder:

- EKG-Monitor
- Blutdruckmessung mit Manschette oder automatisch apparativ
- Endexspiratorische CO_2-Konzentration
- Inspiratorische O_2-Konzentration
- Präkordiales Stethoskop
- Temperatur-Sonde
- Beatmungsdrücke, Atemzugvolumen, Atemminutenvolumen
- Pulsoxymetrie

Literatur

1. Ahnefeld FW, Erdle H, Döring S, Lotz P, Spilker ED (1982) Nutzen und Notwendigkeit einer Aufwachstation – Ergebnisse einer klinischen Studie. In: Aufwachraum – Aufwachphase. Eine anästhesiologische Aufgabe. Hrsg: Ahnefeld FW, Bergmann H, Burri C, Dick W, Halmagyi M, Hossli G, Rügheimer E. Springer, Berlin Heidelberg New York, S 144–149
2. Ahnefeld FW, Dölp R, Kilian J (1984) Anästhesie, Manual 1. Verlag W. Kohlhammer GmbH, Stuttgart Berlin Köln Mainz, S 110–114
3. Altemeyer KH, Fösel Th, Breucking E, Ahnefeld FW (1984) Narkosen im Kindesalter, Willy Rüsch AG, Kernen Stuttgart
4. Berufsverbund Deutscher Anästhesisten (1981) Empfehlung zur Patientenaufklärung vor Anästhesieverfahren. Anästh Intensivmed 22:52–53
5. Deutsche Gesellschaft für Anästhesiologie und Intensivmedizin (1983) Entschließung zur anästhesiologischen Voruntersuchung. Anästh Intensivmed 23:446
6. Deutsches Krankenhausinstitut, Düsseldorf; Institut für Krankenhausbau, Berlin; Deutsche Gesellschaft für Anästhesiologie und Intensivmedizin (1982) Grundsätze für Organisation und Einrichtung von Aufwacheinheiten in Krankenhäusern. Gemeinsame Stellungnahme. Anästhesist (1982), S 632–633
7. Dick W, Ahnefeld FW (1978) Kinderanästhesie, 2. Auflage, Springer, Berlin Heidelberg New York
8. Egbert LD, Battit GE, Turndorf H et al. (1963) The value of the preoperative visit by an anesthetist. JAMA 185:553
9. Eltringham RJ, Coates MB, Hudson RBS (1978) Observations on 10000 patients in the immediate postoperative period Resuscitation 6:45
10. Epstein BS (1975) Recovery from anesthesia. Anesthesiology 43, 3:285–288
11. Feeley TW (1986) The recovery room. In: Anesthesia. Hrsg: Miller RD, 2. Auflage, Vol 3, S 1921–1945
12. Hug CC (1986) Monitoring. In: Anesthesia. Hrsg: Miller RD, 2. Auflage, Vol 1, S 411–459
13. Kilian J, Ahnefeld FW, Falk H (1981) Der Aufwachraum – Funktion und Organisation. Anästh Intensivther Notfallmed 16:107–111

14. Kilian J, Falk H (1982) Die apparative Ausstattung einer Aufwachstation und Dokumentation der Befunde. In: Aufwachraum – Aufwachphase. Eine anästhesiologische Aufgabe. Hrsg: Ahnefeld FW, Bergmann H, Burri C, Dick W, Halmagyi M, Hossli G, Rügheimer E. Springer, Berlin Heidelberg New York, S 303–306
15. Kraus G (1983) Rektale Narkoseeinleitung mit Methohexital bei Kindern im ambulanten Bereich. In: Prämedikation im Kindesalter. Hrsg: Kühn K, Hausdörfer J. Springer, Berlin Heidelberg New York Tokyo, S 58–62
16. Kretz FJ, Leigl M, Heinemeyer G, Eyrich K (1985) Die rektale Narkoseeinleitung bei Kleinkindern mit Diazepam und Midazolam. Anästh Intensivmed 26:343–346
17. Landauer B, Maierhofer JN (1982) Kriterien für die Stationsfähigkeit und Verkehrstüchtigkeit. In: Aufwachraum – Aufwachphase. Eine anästhesiologische Aufgabe. Hrsg: Ahnefeld FW, Bergmann H, Burri C, Dick W, Halmagyi M, Hossli G, Rügheimer E. Springer, Berlin Heidelberg New York, S 266–280
18. Larsen R (1988) Anästhesie. Urban und Schwarzenberg, München Wien Baltimore
19. Lotz P, Doering St, Erdle HP, Wollinsky K-H, Spilker D (1984) Klinische Untersuchungen im Aufwachraum einer chirurgischen Operationseinheit. Anästh Intensivmed 25:12–21
20. Lutz H (1980) Präoperative Risikoeinschätzung nach objektiven Kriterien. Anästh Intensivther Notfallmed 15:287–292
21. Lutz H (1984) Anästhesiologische Praxis. Springer, Berlin Heidelberg New York, S. 374–383
22. Lutz H (1987) Risikoeinstufung und ihre Bedeutung für die Planung des Narkoseverfahrens. In: Anästhesie und eingeschränkte Organfunktion. Hrsg: Lawin P, van Aken H. Georg Thieme, Stuttgart New York, S 1–8
23. Moudgil GC (1986) Update on anaesthesia and the immune response. Can Anaesth Soc J 33:3, S 54–60
24. Opderbecke HW (1982) Probleme der ärztlichen Verantwortlichkeit in der frühen postoperativen Phase. In: Aufwachraum – Aufwachphase. Eine anästhesiologische Aufgabe. Hrsg: Ahnefeld FW, Bergmann H, Burri C, Dick W, Halmagyi M, Hossli G, Rügheimer E. Springer, Berlin Heidelberg New York, S 281–285
25. Opderbecke HW, Weißauer W (1987) Die Pflicht des Anästhesisten zur Voruntersuchung und die Fachgebietsgrenzen – Eine Urteilsbesprechung. Anästh Intensivmed 28:382–384
26. Peter K, Unertl G, Henrich G, Mai N, Brunner F (1980) Das Anästhesierisiko. Anästh Intensivmed 9:240–248
27. Peter K, Schmucker P (1985) Prämedikation. Anästh Intensivmed 26:III
28. Roizen MF (1986) Routine preoperative evaluation. In: Anesthesia. Hrsg: Miller RD, Vol 1, 2. Auflage, Churchill, Livingstone New York Edinburgh London Melbourne, S 225–253
29. Schneider AIL (1983) Assessment of risk factors and surgical outcome. Surg Clin North Am 63:1113
30. Snow JC (1983) Manual der Anästhesie. Ferdinand Enke, Stuttgart
31. Stoelting RK (1986) Psychological preparation and preoperative medication. In: Anesthesia. Hrsg: Miller RD, 2. Auflage, Vol 1, S 381–397
32. Tarnow J (1985) Prämedikation. Anästh Intensivmed 26:174–181
33. Weißauer W (1983) Das Konzept des Aufklärungs- und Anamnesebogens aus rechtlicher Sicht. In: Entschließungen – Empfehlungen – Vereinbarungen. Hrsg: Opderbecke HW, Weißauer W. Perimed Fachbuch-Verlagsgesellschaft mbH Erlangen, S 66–67
34. Weißauer W (1983) Kommentar zur Zusammenarbeit zwischen Chirurg und Anästhesist bei der operativen Patientenversorgung. In: Entschließungen – Empfehlungen – Vereinbarungen. Hrsg: Opderbecke HW, Weißauer W. Perimed Fachbuch-Verlagsgesellschaft mbH Erlangen, S 43–48
35. Weißauer W (1988) Orale Prämedikation aus juristischer und forensischer Sicht. Krankenhausarzt 61:243–244
36. White PF (1986) Outpatient anesthesia. In: Anesthesia. Hrsg: Miller RD, 2. Auflage, Vol 3, S 1895–1919

Anästhesieplanung bei operativen Eingriffen an der Haut

M. Lutz

Hauttumoren sind vorwiegend eine Erkrankung des alten Menschen, das gilt sowohl für Basalzell-Karzinome, das Plattenepithel-Karzinom der Haut, weniger für das maligne Melanom. Der alte Mensch ist aber wegen seiner Multimorbidität sowohl für den chirurgischen Eingriff als auch für eine adäquate Anästhesie in höchstem Maße gefährdet. Gleichzeitig ist er viel weniger psychisch belastbar.

So stellt sich uns als Anästhesist die Aufgabe, in Absprache mit dem Operateur auszuwählen, welches Anästhesieverfahren vom Risiko her, den bestehenden Organleiden aber auch der psychischen Belastbarkeit diesem Patienten angemessen ist. Dabei ist die Lokalanästhesie besonders größerer Operationen nicht immer die schonendste Art. Im Abwägen der Risiken wird aber die Indikationsstellung sehr oft auf die Alternative Lokalanästhesie oder Allgemeinanästhesie hinauslaufen. Daher möchte ich einige Überlegungen vortragen, die ich aus unserer klinischen Arbeit gewonnen habe.

Die Domäne der Lokalanästhesie bleibt weiterhin die Infiltrationsanästhesie kleinerer Hautbezirke, ebenso wie Leitungsanästhesien umschriebener Nerven. Hier sind die Vorteile der Lokalanästhesie offensichtlich: sie ist nach Abfragen einiger Risiken jederzeit durchführbar. Die Anästhesie ist reversibel in einer für das Lokalanästhetikum typischen Wirkdauer. Die Gefahr einer Überdosierung ist bei kleinerem Operationsfeld gering.

Größere Eingriffe in Lokalanästhesie sind für den Patienten erheblich belastender. 60–70% des Schmerzerlebnisses ist angstbedingt; selbst nach sorgfältiger Prämedikation bleiben nach Pöldinger bei ca. 30% der Patienten Angstzustände in Form diskreter psychopathologischer, psychomotorischer und vegetativer Symptome zurück.

So lösen größere Operationen im Kopf-Halsbereich nicht nur erhebliche Ängste aus, sondern sind auch wegen der Gefahr vago-vagaler Reflexe, der Nähe zu den großen Nerven und Gefäße, als auch wegen Hypoxiegefahr, bedingt durch Lage und abdeckende Tücher, mit hohem Risiko belastet. 45% aller Zwischenfälle unter Lokalanästhesie treten bei Eingriffen im Kopf-Halsbereich auf. Hier ist die bessere Alternative die Allgemeinanästhesie. Reizleitstörungen des Herzens, höhergradige A-V-Blockierungen, nicht eingestellter Hochdruck und dekompensierte Herzinsuffizienz sind Kontraindikationen für die Lokalanästhesie. Eine Steigerung der Toxizität für Lokalanästhetica besteht bei Patienten mit dekompensierter Lebererkrankung, bei Patienten mit Anämie und Sklerodermie. Eine hohe Versagerquote weisen Patienten mit chronischem Alkoholabusus und Langzeittherapie mit Antirheumatika auf. Hier ist der Allgemeinanästhesie der Vorzug zu geben.

Der Adrenalinzusatz verlängert zwar die Wirkung der Lokalanästhesie, vermindert aber nicht deren Toxizität. Er verbietet sich neben der schon genannten Kontraindikation der Lokalanästhesie auch bei Operationen an Gliedmaßen ohne Sympathikusversorgung, diabetes mellitus, Thyreotoxikose und KHK. Die gleichen Kontraindikationen bestehen für POR 8-Ornipressin, einem Derivat von Hypophysenhinterlappenhormonen mit ausgeprägter vasokonstriktorischer Wirkung in der Dosierung 1 E auf 10 ml Anästhesielösung.

Der Vorteil besteht in der Verwendung unter Inhalationsnarkosen mit halogenierten Kohlenwasserstoffen im Gegensatz zu Adrenalin. Lindorf [6] empfiehlt bei gewünschter Vasokonstriktion das Mepivacain in 1%iger Konzentration. Nachteile der Lokalanästhesie, die besonders in der kosmetischen Dermatologie unter Umständen eine Allgemeinanästhesie erfordern, sind die durch Infiltration entstehende Schwellung des Gewebes, das postoperative Ödem, die Hyperämie des Wundgebietes, Neigung des Hypertonikers zu Nachblutungen, schlechte Durchblutungsverhältnisse bei vegetativ labilen Patienten. Kollaps- und Schockzustände wie auch psychotische Durchgangssyndrome und Aphasie nach Lokalanästhesie werden als Folge des Stresses nach dem Eingriff aufgefaßt. Zur Vermeidung dieser Streßsituation bietet sich die Lokalanästhesie in Kombination mit sedierenden Verfahren an. Die einfachste Form der präoperativen Sedierung ist die Prämedikation. Nach Adams et al. [1] bewirkt die analgetisch-sedierende Prämedikation mit Pethidin-Promethazin die bessere Anxiolyse im Vergleich zu den Benzodiazepinen – gemessen an der Ausschüttung von Adrenalin als wirksamstem Streßindikator. Alle Benzodiazepine weisen dosisabhängig anxiolytische, sedative, hypnotische, muskelrelaxierende und antikonvulsive Eigenschaften auf. Zur Sedierung unter Lokalanästhesie haben sich besonders zwei Präparate bewährt:

1. das Flunitazepam = Rohypnol wegen seiner anterograd amnestischen Wirkung.
   Die Patienten haben keine Erinnerung an den operativen Eingriff, sind nach einer anfänglich hypnotischen Phase ansprechbar und kooperativ. Dosierung je nach Zustand und Alter 0,4–2 mg i. v.
2. Das Midazolam = Dormicum (2/4). Es bewirkt in Kombination mit Dehydrobenzperidol eine hervorragende Sedierung. Dosierung je nach Zustand und Alter 0,25–1,4 mg.

Die Reaktion auf Benzodiazepine, besonders des alten Menschen, ist nicht sicher vorhersehbar. Deshalb erfordern Lokalanästhesien mit Sedierung die Aufsicht eines Anästhesisten. In unserer Klinik erfolgt die Überwachung unter Anlegen einer Infusion, EKG-Überwachung und 02-Insufflation über Nasenkatheter in Intubationsbereitschaft. Die Lokalanästhesie mit Sedierung ist nicht geeignet für Patienten mit chronischem Alkoholabusus, die in der Regel paradox reagieren, und nicht für Patienten mit kardiopulmonalen Erkrankungen mit Hypoxiegefahr. Auch Eingriffe mit Aspirationsgefahr erfordern eine Intubationsnarkose.

Damit leiten wir über zu den Allgemeinanästhesien. Alle Eingriffe im Gesichtsbereich mit Aspirationsgefahr erfordern eine Intubationsnarkose, zum Beispiel Ablatio nasi, größere Mundhöhlenkarzinome, größere Operationen an Lippen und Wangen, ebenso alle Eingriffe, die absolutes Stilhalten unter der Operation erfordern, zum Beispiel Facialispräparation der Parotis, Karzinome im Augen-Nasenwinkel, Karzinome im Bereich großer Gefäße. Unverträglichkeiten von Lokalanästhetika, erhebliche Ängste vor Lokalanästhesie oder ein sehr großes Op-Feld sind weitere Indikationen. Bei Kindern mit kleinen Naevi, Angiomen, Zysten, Narben, Granulomen, die keiner größeren Nachbehandlung bedürfen, kann der Eingriff auch ambulant in Allgemeinanästhesie erfolgen.

An Voruntersuchungen sollten die üblichen Laborparameter einschließlich Gerinnungsstatus und bei Erwachsenen auch EKG und Rö-Thorax vorliegen.

Als Anästhesieverfahren im ambulanten Bereich bieten sich die Inhalationsnarkosen an, wegen ihrer guten Steuerbarkeit und schneller Wiederherstellung aller vitalen Funktionen nach dem Eingriff.

Ketamine hat in der Kinderanästhesie seinen Platz, es kann intramuskulär gegeben werden und verlangt bei Erhaltung aller Reflexe keine Intubation. Geeignet ist es vor allem für kurzdauernde Eingriffe.

Für die Anästhesie des Erwachsenen bieten sich heute alle üblichen Anästhesieverfahren an über Inhalationsnarkotika, Ketamine, Neuroleptanästhesie und die als „balanced Anaesthesia" bezeichnete Mischnarkose mit Fetanyl und Inhalationsnarkotika. Nachteile der Vollnarkose bestehen in der notwendigen Planung, Voruntersuchung, Risikoeinschätzung, Nüchternheitsgebot, fehlender Verkehrs- und Fahrtüchtigkeit bis zum nächsten Tag bei ambulanten Patienten.

Wichtige Vorteile der Vollnarkose dagegen: Der Eingriff kann erweitert werden. Die Hypoxie als gefürchtete Komplikation gerade bei alten Menschen ist unter Allgemeinanästhesie mit kontrollierter Beatmung und ausgeglichenen Kreislaufverhältnissen am ehesten zu vermeiden. Bei der Wahl des Anästhesieverfahrens – ob LA oder Allgemeinanästhesie – ist neben dem Wunsch des Patienten vor allem auch die Risikoeinschätzung von Bedeutung. Zwischenfälle mit tödlichem Ausgang unter Lokalanästhesie treten selten auf. Das Risiko eines tödlichen Zwischenfalls bei Regionalanästhesien liegt nach Schulte-Steinberg [7] bei 1 auf 11 000, bei Allgemeinanästhesien nach einer großen Sammelstatistik von H. P. Siepmann [8] bei 0,05 % = 5/10 000, wobei der präoperative Zustand des Patienten ein 25–40 mal höheres Risiko darstellt als die Anästhesie selbst.

Da der präoperative Zustand des Patienten sowohl für die Lokalanästhesie als auch die Allgemeinanästhesie das größere Risiko darstellt, ist hier in Abwägung der Interessen – d. h. des Patienten nach bester gesundheitlicher Wiederherstellung und des Chirurgen nach besten operativen Bedingungen – die Anästhesie „nach Maß" zu suchen. Dafür lohnt sich die Mühe der Kooperation – Zeitverlust durch Abstimmung, unterschiedliche Auffassung, Schwierigkeiten der Organisation –.

So möchten wir Tagliocotian [10] zustimmen, der in Plastic Surgery vom Juli 1988 zum Schluß sagt „Die Partnerschaft und der Respekt, der in den Jahren der Zusammenarbeit zwischen Chirurg und Anästhesist aufgebaut wurde, ist eine der größten Freuden beruflicher Praxis".

Literatur

1. Adams W, Russ M, Börner H, Gips G, Hempelmann (1987) Der Einfluß von Prämedikation und Fetanylgabe auf die endogene Streßsituation bei Halothannarkosen. Anaseth, Intensivth Notfallmed 3/22, S 118–123
2. Arzneitelegramm 12/86 – Warnhinweise – Todesfälle nach Midazolam
3. Arzneitelegramm 1/87 – Warnhinweise – Jonauer, Neurochirurg Klinik Hamburg

4. Arzneitelegramm 7/88 – Warnhinweise – Mitteilung über Todesfälle durch Midazolam
5. Klotz M (1988) Wirkungen und Nebenwirkungen der Benzodiazepine. Anaesth, Intensivth, Notfallmed, 3/23 S 122–126
6. Lindorf MJ, Erlangen JJ (1979) Investigation of the vascular effect of newer local anaesthetics and vasoconstrictors. Oral Surgery Okt, Vol 48, No 4, S 292–297
7. Schulte-Steinberg (1985) Vorzüge der Regionalanästhesie gegenüber der Allgemeinanästhesie. Aus Regionalanästhesie, Gustav-Fischer-Verlag
8. Siepmann HP (1985) Das Risiko der Anästhesie. Anästhesie Intensivmed 21, S 101
9. Sprotte G (1980) Lokalanästhetika, Aktuelles Wissen – Hoechst
10. Tagliacotian, Reflections on Anaesthesia in Plastic Surgery

Periphere Nervenblockaden
in der operativen Dermatologie

C. Michaelsen und H. Breuninger

Der Einsatz peripherer Nervenblockaden erlaubt die Anästhesie großflächiger Haut-
areale bei geringem Risiko und geringer Unannehmlichkeit für den Patienten [5].
Gerade in der operativen Dermatologie erscheint diese Anästhesieform geeignet, da
hier in der Regel das sensible Nervensystem gut zugänglich ist. Hierdurch ist es
möglich, die Notwendigkeit von rückenmarksnahen Narkoseformen oder der Allge-
meinanästhesie mit dem damit verbundenen Narkoserisiko und der Notwendigkeit
der intensiven postoperativen Überwachung auf ein Minimum zu beschränken.
Gegenüber der großflächigen Infiltrationsanästhesie hat die periphere Nervenblok-
kade entscheidende Vorteile [1, 7, 8]:
– Geringere Toxizität aufgrund geringerer Anästhetikamengen (2).
– Längere Wirkungsdauer [2, 8].
– Anästhesie fern des Operationsgebietes, was z.B. für infektiöse und tumoröse
  Prozesse von Bedeutung ist.
– Geringere Belästigung des Patienten durch nur wenige Einstiche.

   Im folgenden seien einige auch für die Praxis sehr praktikable Techniken näher
dargestellt. Zuvor sei darauf hingewiesen, daß bei sämtlichen beschriebenen Blocka-
deformen Mepivacain 1% ohne Zusatz von Adrenalin zur Anwendung kam wegen
seines schnellen Wirkungseintrittes, seiner ausreichenden Wirkungszeit und seiner
geringen Toxizität [1, 2, 7, 8]. Der Zusatz von Adrenalin erscheint nicht notwendig,
ist insbesondere an den Akren kontraindiziert und kann bei Patienten z.B. mit
Hypertonie, diabetischer Angiopathie, Raynaudsyndrom und unter Behandlung mit
Betablockern [3, 6] zu Komplikationen führen.

Anästhesie im Bereich des Ohres

Zunächst ein Blick auf die Anatomie: der größte Teil der Ohrmuschel, insbesondere
der dorsale Anteil wird vom Nervus auricularis magnus, einem Ast des Plexus
cervikalis sensibel innerviert. Er tritt am Punctum nervosum hinter dem Musculus
sternocleidomastoideus hervor. Die sensible Versorgung des ventralen Anteils der
Ohrmuschel geschieht durch den Nervus auriculotemporalis, einem Ast des 3. Trige-
minusnerven. Das Cavum conchae und der Gehörgang wird zum einen Teil durch
einen Ast des Nervus auriculotemporalis, zum anderen durch einen Ast des Nervus
vagus, der vor den Processus mastoideus hervortritt, versorgt. Die Nervenblockade
des Ohres geschieht in Form eines Feldblockes, das bedeutet durch eine wallartige

Umspritzung der Basis der Ohrmuschel. Hierbei werden alle einstrahlenden Nervenästchen blockiert. Man benötigt hierfür zur vollständigen Betäubung des äußeren Ohres ca. 10–15 ml Lokalanästhetikum. Bei Operationen im Bereich der Concha oder des Gehörganges muß eine getrennte Blockade o. g. Nerven erfolgen. Dies geschieht durch ein kleines Depot in der Nähe des Periostes an der Mastoidvorderseite (Vagusast) bzw. durch die Injektion eines Lokalanaesthetikums am Vereinigungspunkt vom knöchernen zum knorpeligen Gehörgang (Ast des Nervus auriculotemporalis).

Anästhesie der Nase

Die äußere Nase wird sensibel innerviert von Ästen des Nervus supra- und infraorbitalis, also der beiden ersten Trigeminusäste. Hiervon ausgeschlossen ist der distale Anteil des Nasenrückens und die Nasenspitze, die in unterschiedlichem Ausmaß vom Ramus nasalis externus, einem Endast des Nervus ethmoidalis anterior versorgt werden, der dem 1. Trigeminusast entspringt. Dieser Ast verläßt über die Lamina cribrosa die vordere Schädelgruppe, verläuft zunächst unter der Nasenschleimhaut und kommt an der Knochenknorpelgrenze an die Oberfläche, wo er bis zur Nasenspitze zieht.

Die Anästhesie der äußeren Nase erfolgt ebenfalls in Form eines Feldblocks, also einer ringförmigen Injektion des Lokalanästhethetikums von der Glabella ausgehend über den seitlichen Nasenrand zum Ansatz des lateralen Nasenflügels bis unterhalb der Nasenlöcher und des Nasensteges. Hierfür werden ebenfalls ca. 15 ml des Lokalanästhetikums benötigt. Der oben beschriebene Ramus nasalis externus wird meist durch diese Anästhesie miterfaßt, wenn die Injektion nicht zu weit lateral vom Nasenrücken plaziert wird. Ggf. ist jedoch eine getrennte Injektion an der Knorpelknochengrenze nötig. Man kann diesen Nervenast auch in seinem submukösen Anteil unter der Nasenschleimhaut mit Hilfe einer Sprayanästhesie erreichen.

Nervenblockade im Halsbereich

Bei Eingriffen im vorderen Halsbereich eignet sich die Blockade der oberflächlichen Äste des Plexus cervikalis. Diese oberflächlichen Äste lassen sich leicht am Hinterrand des Musculus sternocleidomastoideus etwa in der Mitte, dort, wo ihn die V. jugularis externa kreuzt blockieren. In diesem Bereich setzt man ggf. bds. ein Lokalanästhetikum-Depot subkutan und unter die oberflächliche Halsfaszie und erreicht somit eine großflächige Anästhesie der vorderen Halsregion. Hierfür sind ca. 5 ml des Lokalanästhetikums für jede Halsseite nötig.

Blockadeformen im Bereich der Hand

Hierbei stellen die verschiedenen Formen der peripheren Nervenblockade eine Alternative zur Plexusanästhesie dar, die technisch nicht ganz einfach ist und mit gravierenden Risiken für den Patienten verbunden sein kann wie z. B. einem Pneumothorax [4].

Die Innervation der Hand geschieht auf der Dorsalseite ulnar durch den dorsalen Anteil des Nervus ulnaris, radial durch den Nervus radialis. Hierbei ist zu beachten, daß die sensiblen Nerven distal des Handgelenkes ausschließlich einen oberflächlichen epifaszialen Verlauf besitzen (Abb. 1) und so durch eine subkutane Anästhetikainjektion leicht zu blockieren sind. Auf der Volarseite erfolgt die sensible Innervation ulnar durch den Volarast des Nervus ulnaris, auf der Radialseite durch den Nervus medianus (Abb. 2). Hierbei verlaufen die Nervenäste im Hohlhandbereich teilweise mehr oberflächlich, teilweise unterhalb der Palmaraponeurose. Das bedeutet, daß eine subkutane Applikation eines Anästhetikums nicht zur Nervenblockade ausreicht, sondern eine selektive Nervenblockade notwendig ist, evtl. in Kombination mit einer subkutanen Injektion. Die Nervenblockade an der Dorsalseite der Hand ist dementsprechend sehr einfach und erfolgt wie bereits erwähnt durch eine subkutane wallartige Injektion des Lokalanästhetikums im Handwurzelbereich. Bei Operationen im radialen Hohlhandbereich ist die selektive Blockade des Nervus medianus notwendig. Wie in der Abb. 2 ersichtlich, verläuft er in Höhe der Gelenkbeugenfalte zwischen den Sehnen des Musculus flexor carpi radialis und des M. palmaris longus. Diese 2 Sehnen sind im Handgelenksrelief sehr markant zu sehen.

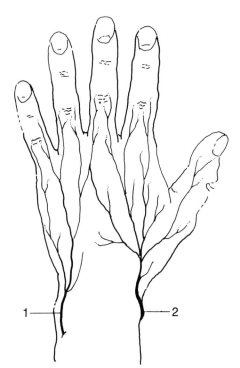

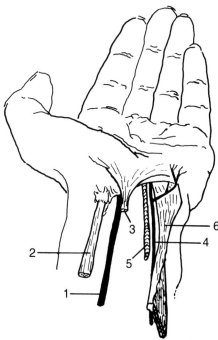

Abb. 1. Innervation Handrücken. Ramus dorsalis N. ulnaris, 2 N. radialis

Abb. 2. Innervation Handfläche. 1 N. medianus, 2 Tendo m. flexoris carpi radialis, 3 Tendo m. palmaris longi, 4 Ramus palmaris N. ulnaris, 5 A. ulnaris, 6 Tendo m. flexoris carpi ulnaris

Mit einer feinen Nadel versucht man zwischen diesen beiden Sehnen den Nervus medianus zu treffen und hier eine Paraesthesie auszulösen. Nachdem man die Nadel etwas zurückgezogen hat, injiziert man hier ca. 2–5 ml des Lokalanästhetikums. Ggf. kann ca. 2 ml zusätzlich subkutan appliziert werden, um evtl. Medianusäste, die proximal der Handgelenksbeuge bereits einen subkutanen Verlauf angenommen haben mit zu erfassen. Bei Operationen im ulnaren Bereich der Hohlhand ist die Blockade des Nervus ulnaris notwendig. In der Handgelenksbeuge liegt dieser Nerv zwischen der A. ulnaris und der Sehne des M. flexor carpi ulnaris. Diese beiden Strukturen sind ebenfalls gut tast- bzw. sichtbar. Mit einer feinen Nadel wird hier ebenfalls eine Parästhesie ausgelöst und ca. 2–4 ml Lokalanästhetikum injiziert. Falls keine Parästhesie auszulösen ist, injiziert man in diesem Bereich ca. 5–10 ml des Lokalanästhetikums. Zusätzlich ist hier ebenfalls das Anlegen eines kleinen subkutanen Depots von Vorteil. Für Eingriffe an der ulnaren Handkante eignet sich auch die Blockade des gesamten Nervus ulnaris im Ellenbogenbereich. Dieser ist am leichtesten im Sulcus nervus ulnaris, also zwischen Olekranon und Epikondilus medialis zu finden. Hier kommt es jedoch sehr leicht zur Entwicklung einer postanästhetischen Neuritis, weshalb sich die Blockade dieses Nervs ca. 1–2 cm proximal dieser Stelle empfiehlt. Nach Auslösung einer Parästhesie im Kleinfingerbereich injiziert man hier ca. 2–5 ml des Lokalanästhetikums.

Blockadeformen im Fußbereich

Zunächst einen Hinweis auf die Innervation (Abb. 3): Im Fußsohlenbereich erfolgt die sensible Innervation an der Ferse durch den Nervus suralis, der zwischen der Achillessehne und dem Außenknöchel einen ausschließlich epifaszialen Verlauf besitzt. Der Vorfußbereich wird an der Fußsohle von den beiden Endästen des Nervus tibialis sensibel versorgt, der im Sprunggelenksbereich unmittelbar dorsal der A. tibialis posterior verläuft. Infolgedessen ist die Blockade des Nervus suralis sehr leicht, sie erfolgt durch eine subkutane Injektion eines Anästhetikums zwischen Achillessehne und Außenknöchel. Hierfür sind ca. 5–10 ml notwendig. Die Blockade des Nervus tibialis für den vorderen Bereich der Fußsohle ist etwas schwieriger. Zunächst tastet man die A. tibialis posterior und sticht mit einer langen dünnen Nadel von medial der Achillessehne in Richtung der A. tibialis posterior. Bei Auslösung von Parästhesien im Vorfußbereich injiziert man hier 5–8 ml eines Lokalanästhetikums. Falls keine Parästhesie auszulösen ist, werden in diesem Bereich, ca. 10–12 ml die Rückseite der Tibia plaziert, während man die Kanüle ca. 1 cm zurückzieht. Selbstverständlich ist eine kombinierte Blockade des Nervus suralis und des Nervus tibialis zur Blockade der gesamten Fußsohle möglich und oftmals notwendig.

Bei Operationen im Fußrückenbereich ist die Blockade des Nervus peronaeus profundus bzw. superfizialis notwendig. Der Nervus peronaeus superfizialis bekommt proximal des oberen Sprunggelenkes einen epifaszialen Verlauf (Abb. 4) und kann hier sehr leicht durch einen subkutanen Anästhesiewall zwischen der vorderen Tibiakante und dem Außenknöchel blockiert werden. Man benötigt hierfür ca. 5–10 ml Lokalanästhetikum. Man erreicht hierdurch eine fast vollständige Anästhesie des Fußrückens. Lediglich der Bereich zwischen der 1. und 2. Zehe wird durch den Nervus peronaeus profundus versorgt. Dieser verläuft am distalen Unterschen-

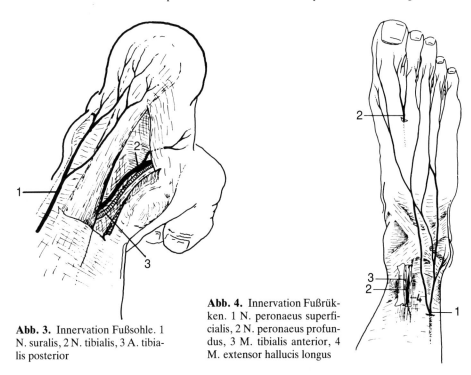

Abb. 3. Innervation Fußsohle. 1 N. suralis, 2 N. tibialis, 3 A. tibialis posterior

Abb. 4. Innervation Fußrükken. 1 N. peronaeus superficialis, 2 N. peronaeus profundus, 3 M. tibialis anterior, 4 M. extensor hallucis longus

kelbereich zwischen der Sehne des Musculus tibialis anterior und des Musculus extensor hallucius longus. Diese beiden Sehnen sind am Unterschenkel meist gut zu tasten. Man geht hier in Richtung auf die Tibia ein und injiziert ca. 5–10 ml des Lokalanästhetikums.

Penisblock

Die Innervation des Penis erfolgt durch die paarigen Nervi dorsalis penis, die zusammen mit der A. dorsalis penis unterhalb der Faszia penis profunda liegen und Endäste des Nervus pudendus darstellen. Die Blockade der Nerven erfolgt durch einen zirkulären Anästhesiewall an der Penisbasis zwischen der oberflächlichen und tiefen Penisfaszie. Durch Diffusion gelangt das Anästhetikum zu den Nerven nach ca. 10–15 Minuten. Es sind hierfür ca. 10–15 ml notwendig. Die Injektion unter die tiefe Penisfaszie darf auf keinen Fall erfolgen, da hierbei die A. dorsalis penis verletzt werden könnte, was unter Umständen eine Nekrose z. B. im Glansbereich zur Folge haben könnte. Unter Beachtung dieses einen Punktes ist der Penisblock eine hervorragende Anästhesieform, die z. B. bei Circumcisionen bei erwachsenen Männern angewandt werden kann. Hierdurch erspart man dem Patienten in der Regel eine Spinalanästhesie mit allen ihren Folgen wie postnarkotischen Kopfschmerzen, Miktionsbeschwerden und der Notwendigkeit der postnarkotischen Bettruhe.

Zusammenfassend läßt sich sagen, daß die verschiedenen Formen der peripheren Nervenblockade dem operativ tätigen Dermatologen ein Werkzeug in die Hand geben, mit dessen Hilfe sich zahlreiche Eingriffe risikoarm, rationell und unter ambulanten Bedingungen durchführen lassen.

Literatur

1. Abadir A (1975) Caspale anesthesiology: Use of local anesthetics in dermatology. J Dermatol Surg Oncol 1:65–70
2. De Fazio CA (1981) Local anesthetics: Action, metabolism and toxicity. Otolaryngol Clin North Am 14:515–519
3. Dzubow LM (1986) The interaction between propranolol and epinephrine as observed in patients untergoing Mohs surgery. J Am Acad Dermatol 15:71–75
4. Earle AS, Blanchard JA (1985) Regional anesthesia in the upper extremity. Clin Plast Surg 12: 97–114
5. Eriksson E (1980) Atlas der Lokalanästhesie. Springer, 2. Auflage
6. Foster CA, Aston SJ (1983) Propanolol epinephrine interaction, a potential disaster. Plast Reconstr Surg 72:74–78
7. Thomas RM (1982) Local anesthetic agents and regional anesthesia of the face. J Assoc Military Dermatol 8:28–33
8. Winton GB (1988) anesthesia for Dermatologic Surgery. J Dermatol Surg Oncol 14:41–54

Leitungsanästhesie bei Magnacrossektomie und Kathetersklerosierung der Vena saphena magna

H. Hofer

Zusammenfassung

Bei 18 von 21 unserer so anästhesierten Patienten konnte eine ausreichende Analgesie erzielt werden. Bei 3 Patienten mußte zur vollständigen Analgesie Lokalanästhetikum an den Schnittstellen, vor allem im Unterschenkelbereich, appliziert werden. Die Patienten waren mit dem Verfahren zufrieden. Aus den genannten Gründen ist diese Narkose auch für den ambulanten Bereich gut anwendbar, bei stationären Patienten kann zusätzlich eine intraoperative Sedierung erwogen werden, wodurch die Akzeptanz dieses Verfahrens durch den Patienten sicherlich größer wird.

Die Magnacrossektomie und gleichzeitige intraoperative Sklerosierung mit Kathetertechnik stellt eine elegante Methode der Varizenbehandlung dar. Es war daraufhin unser Ziel, ein ebenso komfortables Narkoseverfahren für den Patienten anzuwenden, das eine ambulante Therapie ermöglicht.

Die als 3 in 1 Block bezeichnete „inguinale paravasculäre Blockade des Plexus lumbalis" stellt ein solches geeignetes Verfahren dar.

Als „3 in 1 Block" wird dies deswegen bezeichnet, weil es nach der Injektion eines geeigneten Lokalanästhetikums unterhalb des Leistenbandes und lateral der Arteria femoralis zu motorischen bzw. sensiblen Ausfällen im Bereich des
– Nervus femoralis
– Nervus cutancus femoris lateralis und des
– Nervus obturatorius kommt.

Der Nervus saphenus, ein sensibler Endast des Nervus femoralis, der die medialen und anterioren Anteile des Unterschenkels innerviert, wird ebenfalls blockiert. Es wird also die gesamte von der Operation betroffene Region des Beines sensibel ausgeschaltet. Das Lokalanästhetikum wird entweder mit Hilfe eines Nervenstimulators oder nach Auslösen von Parästhesien durch die Kanüle injiziert. Bei Verwendung eines Nervenstimulators ist es sinnvoll, ein Gerät zu verwenden, das variable Stromstärken von 1,0 bis 2,0 mA liefert. Ebenso kann eine Kanüle mit Schlauchleitung Verwendung finden – diese Anordnung wird auch als „immobile Nadel" nach Winnie bezeichnet.

Nach Desinfektion mit einem geeignetem Mittel wird die Arteria femoralis unterhalb des Leistenbandes palpiert. Etwa 1–1,5 cm lateral der Arterie wird die Kanüle eingeführt. Bei eingeschaltetem Nervenstimulator kommt es nach Berühren des Nervs – meist in 2–3 cm Tiefe – zu rhythmischen Zuckungen des Oberschenkels. Der Stimulator wird daraufhin ausgeschaltet, und die Stahlkanüle, die gleichfalls als

Mandrin dient, herausgezogen. Nach vorheriger Aspiration werden 20–30 ml des Lokalanästhetikums eingespritzt. Ein Fingerdruck unterhalb der Kanüle verhindert eine Ausbreitung des Medikaments nach distal. Vor Herausziehen der Kanüle sollte man noch etwa 5 ml parallel des Leistenbandes und nach medial einspritzen, um von abdominal übergreifende sensible Hautnerven zu blockieren.

Als geeignete Lokalanästhetika können gelten:
Prilocain (Xylonest) 1% oder 0,5%
Bupivacain (Carbostesin) 0,5% oder 0,25%
in Deutschland nicht erhältlich:
2-Chloroprocain (Nesacain) 2% CE

Bei Verwendung von Prilocain 1% erreicht man eine sensible und motorische Blockade für etwa 2–3 Stunden, bei Verwendung von Prilocain 0,5% eine vorwiegend sensible Blockade für ca. 2 Stunden. Dies gestattet auch den Einsatz bei ambulanten Patienten. Bei Verwendung von Bupivacain 0,25% kommt es ebenfalls zu einer vorwiegend sensiblen Blockade, die jedoch für etwa 6–8 Stunden anhält.

Der Vollständigkeit halber sei noch 2-Chloroprocain erwähnt, ein Mittel, dessen Wirkung innerhalb 3–5 min. eintritt, jedoch nach fast exakt 45 min. abgebaut und somit wirkungslos wird. Sicherlich sehr gut für geplant kurzdauernde Eingriffe.

Da relativ große Mengen Lokalanästhetika verwendet werden, müssen für die Anwendung dieses Narkoseverfahrens einige Voraussetzungen geschaffen werden. Vorhanden sein müssen:
I. V. Verweilkanüle
Reanimationsmöglichkeit und -kenntnisse
Atropin
Sedativa
Katecholamine, Vasopressoren

Die Patienten sollten bis etwa 2 Stunden nach Injektion des Lokalanästhetikums überwacht werden. Selbstverständlich ist auch, daß sie am Tag der Operation keine konzentrationsfordernden Tätigkeiten mehr ausüben dürfen.

Als Kontraindikation für das Verfahren gelten:
– Lokalanästhetikaallergie
– Infektion an der Einstichstelle
– Periphere Neuropathien
– Vorbehalte des Patienten gegenüber dem Verfahren

Literatur

1. Regionalanästhesie (1985) Gustav Fischer Verlag, Stuttgart New York, Astra Chemicals GmbH
2. List WF, Osswald PM (1987) Komplikationen in der Anästhesie Springer, Berlin Heidelberg

Kontrollierte Analgosedierung zur Erleichterung ausgedehnter Eingriffe in Lokalanästhesie

E. Diem

Zusammenfassung

Das kurzwirksame, stark sedative und hypnotisch wirksame Diazepamderivat Midazolam (Dormicum) eignet sich hervorragend zur Anxiolyse und Sedation unmittelbar vor Lokal- oder Regionalanästhesie. Dadurch kann die Frequenz an Allgemeinanästhesien deutlich gesenkt werden. Sie ist durch die jederzeitige Antagonisierbarkeit der zentralen Effekte durch den Benzodiazepin-Antagonisten Flumazenil (Anexate) auch in der Hand des operativen Dermatologen relativ sicher, vorausgesetzt Möglichkeiten von intra- und postoperativer Überwachung sowie kardio-respiratorische Reanimation stehen zur Verfügung.

Einleitung

Nicht selten ist die Angst des Patienten vor der Operationssaalatmosphäre und vor Schmerzen in Zusammenhang mit der lokalen oder regionalen Anästhesie ausschlaggebend für den Wunsch nach einer Allgemeinanästhesie. Die ursprünglichen Ziele der Prämedikation im ausgehenden 19. Jahrhundert waren es mit Hilfe von Atropin vagale Reflexe zu blockieren und so an Narkosemittel, nämlich Chloroform einzusparen. Heute wird als Hauptziel jeder Prämedikation oder Narkoseeinleitung (Induktion) die präoperative Streßreduktion gesehen. Hierfür weisen Benzodiazepine gegenüber vielen anderen Substanzen deutliche Vorteile auf. Ist eine intraoperative oder postoperative Analgesie erwünscht, können sie mit Analgetika kombiniert werden.

Mit der Entwicklung von *Midazolam* (Dormicum) steht uns ein kurzwirksames, wasserlösliches, lipophiles, stark sedativ und hypnotisch wirkendes Diazepamderivat mit ausgeprägten anxiolytischen und amnestischen Eigenschaften zur Verfügung. Gegenüber den herkömmlichen Benzodiazepinen hat Midazolam eine zweimal größere Wirkungsintensität, eine raschere Anflutung im Zentralnervensystem und die kürzeste Eliminationshalbwertszeit (1,5 bis 2,5 Stunden), ferner keine aktiven Metaboliten von klinischer Relevanz. Die Substanz eignet sich daher nicht nur zur Prämedikation im klassischen Sinn sondern dosisabhängig zur Schlafinduktion. Ein nicht zu unterschätzender Vorteil ist die jeder Zeit mit *Flumazenil* (Anexate) durchführbare Antagonisierung seiner zentralen Effekte. Einer möglichen potentiellen paradoxen Reaktion auf Midazolam – darunter verstehen wir einen durch Sedativa induzierten Erregungszustand, der durch Verwirrtheit bis Konfusion, Ansprechbarkeit aber zugleich Unkooperativität gekennzeichnet ist – kann ebenfalls effektiv mit Flumazenil begegnet werden. Das früher verwendete Physostigmin, wie zur Behandlung des zentral-anticholinergischen Syndroms vorgeschlagen, gilt hier als obsolet [2].

Eigene Methode

Bei größeren Eingriffen in Lokal- oder Regionalanästhesie und bei besonders ängstlichen Patienten oder dann, wenn eine Narkose (Allgemeinanästhesie) ein erhöhtes Risiko für den Patienten bedeutet, sind wir dazu übergegangen, unmittelbar präoperativ und intraoperativ Anxiolyse, in einzelnen Fällen auch Schlafinduktion mittels intravenöser Verabreichung von Midazolam durchzuführen [4, 5]. Unter EKG-Monitoring und i. v. Dauertropf mit Ringerlösung werden 0,075 bis 0,1 mg pro kg Körpergewicht Midazolam i. v. verabreicht. Eine noch niederere Dosierung von 0,05 mg wird vorzugsweise bei alten Menschen gewählt. Wir geben meist nur zwei Drittel der errechneten Dosis als Bolus, den Rest fraktionieren wir entsprechend Wirkung. Innerhalb von 1 bis 3 Minuten fallen die Patienten in einen Sedationsgrad, bei dem sie schläfrig aber weckbar sind. Die Schutzreflexe sind erhalten, Atmung und Kreislauf unbeeinflußt. Unmittelbar nach erreichter Sedation wird mit Lokalanästhetikum infiltriert oder die Regionalanästhesie durchgeführt. Die meisten Patienten haben für den Zeitraum der Operation eine als angenehm empfundene Amnesie, worüber sie präoperativ aufgeklärt worden sind. Bei Anwendung höherer Dosen von Midazolam fällt der Patient in ein komplikationsträchtigeres Stadium, nämlich in die Bewußtlosigkeit. Wegen des altersabhängigen Ansprechens auf Midazolam ist vor allem bei alten Patienten auf eine niedrige primäre i. v. Dosis (2,5 mg), die schrittweise bis zum gewünschten Erfolg titriert wird, zu achten, denn die unerwünschten Begleiterscheinungen zu hoher Dosen sind Atemdepression und relativ kurzfristige Blutdruckabfälle (8 bis 10 Minuten) mit Anstieg der Herzfrequenz und Senkung des peripheren Widerstandes. Da die Sedation aber in der Regel durch den Benzodiazepin-Antagonisten Anexate schnell und sicher den individuellen Patientenbedürfnissen angepaßt werden kann, stellt sich dieses Problem selten. Die titrierte Verabreichung von Anexate (initial 0,2 mg nach einer Beobachtungszeit von 60 Sekunden 0,1 mg usw. bis maximal 1 mg – die übliche Dosis liegt im Bereich von 0,3 bis 0,6 mg) entsprechend Wachheitszustand, Amnesie und Orientierung zeigt, daß die Antagonisierung innerhalb von Sekunden bis 1 Minute eintritt, wobei die Anxiolyse beibehalten wird. Eine, wenngleich auch seltene, Variabilität in der Patientreaktion, nämlich verzögerter Wirkungseintritt des Antagonisten (bis zu 10 Minuten), vor allem aber das Auftreten einer Resedation bis zu 1 Stunde nach Gabe von Anexate, lassen eine bis zu 2stündige postoperative Überwachung des Patienten dringlich empfehlen [1]. Wir sind dazu übergegangen, bei Operationen, die postoperative Schmerzen erwarten lassen, die Sedationsdosis Midazolam mit dem Analgetikum Tramadol-Hydrochlorid (Tramal) i. v. mit günstigem Effekt zu kombinieren. Wir haben bis dato insgesamt 30 erwachsene Patienten mit der Dormicum-Titrationsmethode der kontrollierten Sedation vor Lokalanästhesie zugeführt und in keinem Falle Nebenwirkungen beobachtet. Lediglich bei zwei Patienten, die im hypnotischen Stadium operiert wurden, zeigte sich eine vorübergehende Störung des Atemrhythmus mit passageren Apnoen, die durch Einlegung eines Airways, Sauerstoff und Antagonisierung mit Anexate sofort behoben werden konnten.

Kinder sollten wegen der langsameren Wirkung und großen Variabilität in der Dosierung nicht mit angegebener intravenösen Methode sediert werden. Sie können aber mit großem Nutzen in Form der klassischen Prämedikation rektal oder mit peroralem Midazolam vorbereitet werden. Als Richtdosis für die orale Prämedikation gelten 0,4 mg pro kg, für die rektale 0,5 mg pro kg für Kleinkinder. Der schnelle Wirkungseintritt ermöglicht eine kurze Abrufbarkeit von der Station, die postoperative Vigilanz ist schneller erreicht wie die bei anderen Sedativa [6, 7].

Zusammengefaßt sind wir der Meinung, daß sich mit dem neuen Benzodiazepin und seinem Antagonisten auch in der operativen Dermatologie unabhängig vom Vorhandensein anästhesiologischer Einrichtungen eine hervorragende Basissedation für ausgedehntere Eingriffe in Lokalanästhesie erreichen läßt. Selbstverständlich muß bei Anwendung des Verfahrens die Möglichkeit zur Intubation und Reanimation vom personellen wie technischen her gegeben sein sowie die lückenlose Nachkontrolle im Aufwachraum oder auf der Station für einen Zeitraum von 2 Stunden gewährleistet werden.

Literatur

1. Bläss J, Kunz G, Lupolover R (1987) Wirksamkeit und Verträglichkeit von Ro-15-1788 „Anexate" in der postoperativen Anwendung nach Regionalanästhesie. Vortrag Zentraleuropäischer Anästhesiekongreß, München
2. Knaack-Stinegger R, Schou J (1987) Therapie der paradoxen Reaktion nach Midazolam zur Regional-Anästhesie. Anästhesist 36:143
3. Madej Tamara H, Paasuke RT (1987) Anaesthetic premedication: aims, assessment and methods. Can J Anaesth 34:259
4. Reinhart K, Dallinger-Stiller G, Heinemeyer G et al. (1983) Respiratorische und schlafinduzierende Wirkungen von Midazolam i.m. als Prämedikation zur Regionalanästhesie. Anästhesist 32:525
5. Saletu E (1985) Schlafinduktion mit Midazolam während der Regionalanästhesie. Anästhesist 34:A232
6. Salonen M, Konto J, Lisabo E (1987) Induction of general anesthesia in children with midazolam – is there an induction dose? J Clin Phar, Therapy and Toxicol 25:613
7. Tolksdorf W, Kratz FJ, Prager J (eds) (1986) Neue Wege in der Prämedikation. Editiones „Roche" Basel

Hygienemaßnahmen

Maßnahmen zur Infektionsverhütung in der operativen Dermatologie aus der Sicht des Krankenhaushygienikers

V. Hingst

Einleitung und Vorbemerkungen

Die Bereitschaft, eine Synthese zwischen krankenhaus-hygienischen Postulaten und den Möglichkeiten und Grenzen ihrer Umsetzung im Klinikalltag herbeizuführen, setzt stets detaillierte Kenntnisse des konkreten Einzelfalls voraus. Mit anderen Worten: Es ist zweierlei Ding, ob der Krankenhaushygieniker in seinem lokalen Kompetenzbereich in Kenntnis der spezifischen und örtlichen Verhältnisse die Anforderungen der Infektionsprophylaxe in einem operativen Bereich formuliert oder ob er aufgefordert ist, auf einer wissenschaftlichen Tagung operativ tätiger Kliniker oder in einer Klinischen Zeitschrift das allgemeine Konzept der Infektionsprophylaxe aus der Sicht der Krankenhaushygiene zu beleuchten.

In diesem Beitrag soll folgerichtig weitgehend der Versuchung widerstanden werden, eigene Erfahrungswerte oder klinische Studien anderer Autoren in die Betrachtungen einfließen zu lassen. Vielmehr werden, auch mit Blick auf die forensische Situation, wesentliche Punkte infektionsprophylaktischer Konzepte vorgestellt bzw. ins Gedächtnis gerufen, die in gesetzlichen und normativen Vorgaben der Krankenhaushygiene verankert sind [1]. Dabei wird in erster Linie die Situation in einer operativen Klinik reflektiert und nicht auf Hygieneanforderungen in der Praxis des niedergelassenen Dermatologen eingegangen.

In klinischen Abteilungen decken operativ tätige Dermatologen heutzutage ein breites Feld operativer Eingriffe ab. Es darf hier auf eine detaillierte Aufzählung verzichtet und nur summarisch auf die Konsequenz verwiesen werden, daß im Bereich der operativen Dermatologie die gleichen Hygieneanforderungen zu stellen und zu erfüllen sind, wie in der Allgemeinchirurgie.

Zu den unverzichtbaren Grundlagen einer effektiven Infektionsprophylaxe gehört die sorgfältige Erhebung der Infektionsquote unter möglichst standardisierten Bedingungen. Dies sollte allerdings nicht zu dem Trugschluß führen, daß Hygienemaßnahmen, die nicht von einer konsekutiven Absenkung der Infektionsquote begleitet sind, als unnötig eingestuft werden können. Leider kann auch durch Vertreter des Fachgebietes Hygiene der Eindruck entstanden sein, daß eine Hygienemaßnahme, deren Wirksamkeit unbewiesen ist, automatisch als unnötig einzustufen sei. Vielmehr ist darauf hinzuweisen, daß Maßnahmen der Präventivmedizin – und das entspricht heute allgemeiner Erwartungshaltung – grundsätzlich Sicherheitszuschläge zu kalkulieren haben. Es darf in diesem Zusammenhang nur an die Festlegung von Richt- und Grenzwerten für chemische Schadstoffe im Trinkwasser oder in der Luft erinnert werden, denen nur selten ausschließlich naturwissenschaftliche Erkenntnisse zugrundeliegen, sondern die von diesen ausgehend unter Einbeziehung von Sicherheitszuschlägen etabliert wurden. Dieses sollte auch im Bereich der Hospitalismusbekämpfung gelten. Dabei lassen sich naturgemäß Sicherheitszuschläge, die keinen größeren Aufwand oder Einsatz von Ressourcen benötigen, leichter durchsetzen als Maßnahmen, die mit erheblichem Aufwand verbunden sind und deren Effizienz bislang nicht zwingend bewiesen ist.

Patientenferne Hygienemaßnahmen

Hierunter werden die äußeren Rahmenbedingungen, d. h. bauliche und funktionelle Vorgabe verstanden. Der Operationsbereich ist durch Schleusen gegenüber dem übrigen Krankenhaus abzutrennen [3]. Dabei sind die Wegeführungen so zu kennzeichnen, daß die Trennung zwischen dem sogenannten reinen und unreinen Bereich deutlich wird. Diese Schleusen sind grundsätzlich als Kontakt- und aktive Luftschleuse auszubilden. Hierdurch kann erreicht werden, daß Keimübertragungen durch Kontakte oder über die Luft weitgehend ausgeschlossen werden können [2].

In den Patientenschleusen erfolgt mit oder ohne mechanische Umbettvorrichtung die Umlagerung der Patienten. In jedem Fall ist in diesem Bereich sicherzustellen, daß das Stationsbett nicht in den Operationsbereich einfahren kann. Jedem frisch operierten Patienten sollte nach der Ausschleusung aus dem OP-Bereich ein frisch aufbereitetes Bett zur Verfügung gestellt werden.

Personalschleusen müssen ausreichend dimensioniert sein und sind als sogenannte Drei-Raum-Schleusen auszubilden. Am Übergang zum reinen inneren Bereich ist vor dem Anlegen der Bereichskleidung eine hygienische Händedesinfektion durchzuführen. Zum Kleidungswechsel gehört auch ein Schuhwechsel. Sofern die räumlichen Verhältnisse hierzu keinen Lagerplatz ermöglichen, ist als denkbar schlechte Alternative eine Desinfektion der Schuhe durchzuführen. Sie ist allerdings unsicher und kann zu erhöhter Rutschgefahr führen. Fußbodenklebematten o. ä. untaugliche Versuche, den Eintrag von Mikroorganismen in die OP-Abteilung zu unterbinden, sollten endgültig der Vergangenheit angehören. Beim Verlassen des OP-Bereichs wird die benutzte Kleidung im unreinen inneren Raum abgeworfen. Dies gilt auch, wenn „lediglich" das WC aufgesucht werden soll.

Von den baulichen Vorgaben soll hier nur noch kurz die lüftungstechnische Anlage angesprochen werden. Allgemeine physiologische und hygienische Anforderungen an die lüftungstechnische Versorgung sind in der DIN 1946 Teil 4 ausgeführt, die heute weitgehend als Planungsgrundlage akzeptiert ist [7]. Das heißt, man kann bei einer lüftungstechnischen Anlage, die diese DIN berücksichtigt, davon ausgehen, daß praktisch keimfreie Luft in den OP-Bereich eingeblasen wird. Aus der Sicht der Infektionsverhütung ist mindestens ebenso wichtig, daß die während des Operationsbetriebes von anwesenden Personen abgegebenen keimhaltigen Partikel kontinuierlich vom Operationsfeld weggeführt werden. Dies wird durch einen entsprechenden mindestens 15–20fachen Luftwechsel erreicht. Die Auswaschung dieser keimhaltigen Partikel aus der Luft dient nicht zuletzt auch dem Personalschutz, wenn man z. B. an die Aerosolbildung bei der Dermabrasio denkt. Die dritte Aufgabe einer lüftungstechnischen Anlage, nämlich die Aufrechterhaltung einer Luftdruckdifferenz vom eigentlichen OP-Raum zu den Nebenräumen kann nur gelingen, wenn sämtliche Fenster und Türen eines lüftungstechnisch versorgten Bereiches geschlossen sind. Das heißt auf der anderen Seite, daß offen gelassene OP-Türen, wie häufig zu beobachten, diesen Effekt der Lüftungsanlage zunichte machen.

Dem gelegentlich an den Hygieniker gerichteten Vorwurf, durch Hygieneanforderungen an die bauliche Gestaltung des Krankenhauses kostentreibend zu wirken, ohne daß die Notwendigkeit, diese Forderungen zu erfüllen durch entsprechende Studien belegt sei, darf mit dem Hinweis begegnet werden, daß, gemessen an den Aufwendungen für bauliche Brandschutzmaßnahmen in Krankenhäusern, der Aufwand für die Hygiene – um es vorsichtig auszudrücken – eher bescheiden ausfällt.

Patientennahe Hygienemaßnahmen

Die weit überwiegende Anzahl der in der operativen Dermatologie durchgeführten Operationen kann als geplante Eingriffe eingestuft werden. Grundsätzlich sollte die stationäre Aufnahme der Patienten aus infektionsprophylaktischer Sicht kürzestmöglich vor der Operation, d.h. in der Regel am Vortage erfolgen. Klinisch erkennbare Begleitinfektionen, die mit der Operationsindikation nicht in einem Zusammenhang stehen, (z.B. Dermatomykosen) sollten im Vorfeld erfolgreich behandelt worden sein. Gegen Ganzkörper- oder Teilbäder am Vorabend des Operationstages bestehen aus hygienischer Sicht keine Bedenken, soweit hiermit keine extreme Austrocknung der Haut verbunden ist. Der Einsatz von desinfizierend wirkenden Präparaten bei diesen Waschungen, wie er in England und in Skandinavien beispielsweise weit verbreitet ist, erfreut sich derzeit einer internationalen, teilweise vehement geführten kontroversen Diskussion. Ich möchte mich den Autoren anschließen, die den Einsatz von antiseptisch wirksamen Produkten am Vorabend der Operation nicht zwingend empfehlen [11]. Bäder in Kaliumpermanganat-Lösungen dienen bei den üblicherweise angewendeten Konzentrationen mehr der mentalen Vorbereitung des Patienten auf die Operation als der Infektionsprophylaxe. Auch die Entfernung von Haaren aus dem präsumptiven Operationsgebiet sollte möglichst kurzfristig vor Operationsbeginn außerhalb der Operationsabteilung durch Rasur oder Anwendung von Enthaarungscreme erfolgen. Unter Umständen kann auch ein Einkürzen der Körperbehaarung ausreichend sein. Das Rasieren von Patienten am Vorabend der Operation muß nach heutiger Auffassung wegen der damit verbundenen erhöhten Infektionsgefahr als Kunstfehler eingestuft werden.

Für eine perioperative Antibiotikaprophylaxe besteht bei primär aseptischen Eingriffen in der operativen Dermatologie praktisch keine Indikation, so daß hier zu äußerster Zurückhaltung geraten wird. Allenfalls bei kontaminierten oder infizierten Operationsgebieten, z.B. bei exulcerierenden Tumoren erscheint sie als perioperative Kurzprophylaxe, d.h. in der Regel als Einmalgabe vertretbar. Eine perioperative Antibiotikaprophylaxe, die länger als 24 Stunden andauert, ist sinnlos und kann eher zu einer Verschlechterung des Operationsergebnisses beitragen. Liegen keine spezifischen bakteriologischen Ergebnisse vor, ist zur ungezielten Prophylaxe ein Cephalosporin zu empfehlen, das auch im grampositiven Bereich Wirkung zeigt, z.B. Cefazolin, Cefamandol oder Cefotiam. Es ist allerdings nochmalig vor einer unkritischen perioperativen Antibiotikaprophylaxe zu warnen und die gezielte Antibiotikatherapie bei Vorliegen von klinischen Entzündungszeichen und entsprechendem bakteriologischen Befund zu favorisieren.

Für die präoperative Hautdesinfektion dürfen, wie dies auch bei anderen Desinfektionsverfahren grundsätzlich gilt, nur Präparate eingesetzt werden, die in der aktuellen DGHM-Liste [10] aufgeführt sind. Diese Liste enthält zwar keine Rubrik Hautdesinfektion; nach Angaben des Bundesgesundheitsamtes ist es jedoch zulässig, Präparate einzusetzen, wie sie für die chirurgische Händedesinfektion zugelassen sind. Somit kommen vornehmlich Mittel auf der Wirkstoffbasis von Alkoholen zum Einsatz. Diese Mittel sind nach vorheriger Reinigung der Haut zweimal satt auf das Operationsfeld aufzutragen, die Einwirkzeit sollte 5 min erreichen und darf 2 min auf keinen Fall unterschreiten [5]. Dabei läßt sich auf der Haut offensichtlich durch intensives Verreiben des Desinfektionsmittels entgegen früherer Auffassung keine Steigerung der desinfizierenden Wirksamkeit erreichen.

Zur Abdeckung des Operationsgebietes werden seit einigen Jahren wasserdichte Kunststoffolien angeboten, für die allerdings der Beweis der von den Herstellern versprochenen hygienischen Vorteile bislang aussteht. Das Keimrückhaltevermögen von textilen Abdecktüchern als auch der textilen Operationskleidung wird häufig überschätzt. So ist es sicher unzulässig, wenn eine OP-Schwester eine halbstündige Wartezeit auf den sich verspätenden Operateur mit verschränkten Armen überbrückt, wobei sie ihre sterilen Gummihandschuhe in ihren Achselhöhlen versenkt.

Eine der wichtigsten Maßnahmen einer wirksamen Infektionsprophylaxe stellt eine gewebeschonende Operationstechnik dar. Dies gilt insbesondere für den Einsatz der Thermokoagulation, die gründliche Entfernung von devitalem oder nekrotischem Gewebe aus Wunden und für eine schonende Nahttechnik, die zu einer möglichst geringen Störung der Durchblutung des Gewebes beiträgt. Nach dem Verschluß der OP-Wunde sollte das Operationsgebiet aseptisch mit einem Verband abgedeckt werden. Auch hier ist zur Zurückhaltung beim Einsatz antiseptischer Substanzen zu raten, die zwar eine akute Dekontamination erreichen können, jedoch wegen fehlender Remanenzwirkung und Schaffung von Feuchtigkeitsreservoiren unter dem Verband eher der Entwicklung von Infektionserregern dienlich sein können. Sofern es die Wundverhältnisse zulassen, sollte ein Verband möglichst frühzeitig entfernt werden. Hierfür sollte, wie auch beim normalen Verbandwechsel, eine "non touch"-Technik unter Verwendung steriler Instrumente eingesetzt werden. Dabei können lose Borken und eingetrocknetes Sekret vorsichtig mit einem sterilen Tupfer entfernt werden. Bei diesen Maßnahmen sind grundsätzlich Einmalhandschuhe zu tragen [6]. Bei großflächigen Wunden sollten größere Verbandwechsel nicht in Mehrbettkrankenzimmern, sondern im Einzelzimmer oder besonderen Räumen durchgeführt werden. In diesen Fällen kann es erforderlich sein, daß frische Schutzkleidung, Gesichtsmaske und Haarschutz getragen werden.

Für die präoperative sogenannte chirurgische Händedesinfektion ist es völlig ausreichend, die Hände und Unterarme 2 min mit Seife zu waschen, anschließend mit einem keimarmen oder sterilen Handtuch abzutrocknen und je nach Präparat zweimal 3–5 ml eines alkoholischen Händedesinfektionsmittels für insgesamt 5 min auf Händen und Unterarmen zu verteilen. Der Einsatz der Nagelbürste hat sich ausschließlich auf den Bereich der Nägel zu beschränken. Dabei kann zum Einmassieren von Händedesinfektionsmittel in den Nagelfalz die Massage mit einer weichen Bürste empfohlen werden. Bürsten mit harten Borsten sollten auf keinen Fall zum Schrubben von Händen und Unterarmen verwendet werden, da sich hierdurch erstens kein besserer Desinfektionserfolg erzielen läßt und sich zum anderen durch die mechanische Irritation der Haut eher Läsionen mit sekundärer bakterieller Besiedelung ausbilden können.

Ein weiterer Punkt betrifft die wiederholte chirurgische Händedesinfektion bei einer Aufeinanderfolge sehr kurzer Eingriffe. Hier kann die Einwirkzeit des Desinfektionsmittels auf 2 min herabgesetzt werden. Bei Operationen mit einer Dauer zwischen 30 und 60 min sollte die Desinfektionsdauer allerdings ebenfalls 5 min betragen. Erst bei Operationen über 60 min sollte vor dieser Desinfektion eine nochmalige Handwäsche durchgeführt werden. In jedem Fall sollten die OP-Handschuhe aus infektionsprophylaktischen und auch ästhetischen Gesichtspunkten nach durchgeführter Operation sofort abgelegt werden, zumal sich eine Wiederbesiedelung der Hände durch Anbehalten von OP-Handschuhen nicht vermeiden läßt [8].

Abschließend sind noch einige wichtige Maßnahmen anzusprechen, die eine Freisetzung und Verbreitung von Krankheitserregern durch das Operationsteam und das sonstige Personal vermindern können. Personen mit eitrigen Erkrankungen an Haut und Schleimhäuten dürfen keinesfalls in Operationseinheiten beschäftigt werden. Liegen bei Mitarbeitern der Operationsabteilung akute respiratorische Infekte vor, besteht ein positiver HB$_s$-Antigen-Nachweis im Blut oder liegen Hinweise auf Träger oder Ausscheider von pathogenen Mykoorganismen (z. B. Staphylococcus aureus, Salmonellen) auch ohne akute klinische Zeichen vor, sollte im Einzelfall geprüft werden, ob eine Beschäftigung im Operationsbereich oder gar im Operationsteam möglich ist. Hier helfen starre Regelungen sicher nicht weiter. Gegebenenfalls kann bei Einhaltung zusätzlicher Sicherheitsregeln, wie z. B. Anlegen eines zweiten Paar Operationshandschuhe, ein Verbleib im OP-Team gerechtfertigt werden.

Hinsichtlich tuberkulozid und viruzid wirkender Händedesinfektionsmittel [9], deren Wirksamkeit auch durch Gutachten belegt sein kann, und Anforderungen an die Durchführung der Sterilisation [4] wird auf die entsprechende weiterführende Literatur verwiesen.

Maßnahmen zur Infektionsverhütung in einem operativen Fach müssen sich aus einem breitgefächerten Ansatz entwickeln. Mit dem Bogen, der von baulich-funktionellen Maßnahmen zu Einzelheiten des Betriebsablaufes ohne Anspruch auf Vollständigkeit gezogen wurde, soll diese Komplexität aus der Sicht der Krankenhaushygiene aufgezeigt worden sein. Dabei waren auch sogenannte Selbstverständlichkeiten anzusprechen, die dennoch oder vielleicht gerade deshalb wichtig sind zur Prävention nosokomialer Infektionen.

Literatur

1. Anonymus (1976) Richtlinie des Bundesgesundheitsamtes zur Erkennung, Verhütung und Bekämpfung von Krankenhausinfektionen. Bundesgesundheitsbl 19:1–7
2. Anonymus (1979) Anforderungen der Hygiene an Schleusen im Krankenhaus. Bundesgesundheitsbl 22:181–183
3. Anonymus (1979) Anforderungen der Hygiene an die funktionelle und bauliche Gestaltung von Operationsabteilungen. Bundesgesundheitsbl 22:183–185
4. Anonymus (1979) Durchführung der Sterilisation. Bundesgesundheitsbl 22:193–200
5. Anonymus (1980) Durchführung der Desinfektion. Bundesgesundheitsbl 23:356–364

6. Anonymus (1985) Anforderungen der Krankenhaushygiene an Wundverband und Verbandwechsel. Bundesgesundheitsbl 28:278–279
7. Anonymus (1987) Entwurf der DIN 1946 Teil 4, Ausgabe 1987, G Beuth, Berlin
8. Bahr E, Pellnitz-Bassing A (1988) Zur Frage der Notwendigkeit einer vollständigen chirurgischen Händedesinfektion zwischen aufeinanderfolgenden Operationen. In: Knoll KH (Hrsg)
   Kongreßbericht 3. Krankenhaushygienekongreß, Marburg, 17.–19. 3. 88
9. Liste der vom Bundesgesundheitsamt geprüften und anerkannten Desinfektionsmittel und -ver-
   fahren (1987), 10. Ausgabe. Hyg + Med 12:475–486
10. VII Liste der nach den „Richtlinien für die Prüfung chemischer Desinfektionsmittel" geprüften
    und von der Deutschen Gesellschaft für Hygiene und Mikrobiologie als wirksam befundenen
    Desinfektionsverfahren, Stand 31. 3. 87 (1987). Hyg + Med 12:430–474
11. Rotter ML, Olesen Larsen S, Cooke EM, Dankert J, Daschner F, Greco D, Grönroos P, Jepsen
    OB, Lystad A, Nyström B (1988) A comparison of the effects of preoperative whole-body bathing
    with detergent alone and with detergent containing chlorhexidine gluconate on the frequency of
    wound infections after clean surgery. Journal of Hospital Infection 11:310–320

Die Durchführung infektionsprophylaktischer Maß-
nahmen und deren Auswirkungen auf die Infektionsrate

M. Steinert, H. Breuninger, P. Heeg und G. Rassner

Zusammenfassung

Die Einführung und Durchführung sinnvoller infektionsprophylaktischer Maßnahmen im Rahmen der operativen Dermatologie läßt sich am Beispiel einer alten Klinik durch die Beschreibung einfacher baulicher Veränderungen sowie organisatorischer Maßnahmen mit dem Aufbau von Kontrollinstanzen und der Ausbildung eines Hygienebewußtseins darstellen. Eine Einteilung des dermatologischen Patientengutes in 4 Gruppen nach dem Grad der Kontamination des OP-Feldes erlaubt die differenzierte Dokumentation von Wundinfekten und Infektionsraten um den Effekt der Infektionsprophylaxe und möglichen Schwachstellen der Hygiene beurteilen zu können. In unserem eigenen Patientengut betrug die Infektionsrate bei 673 aseptischen Eingriffen 0,74%, bei 273 bedingt aseptischen Operationen 1,47% und bei 109 kontaminierten Operationen 2,75%.

Einleitung

Einer Umfrage bei den Mitgliedern der American Society for Dermatologic Surgery zufolge benutzen nur 88% der Befragten bei exzisionschirurgischen Eingriffen sterile Handschuhe, bei Stanzbiopsien nur 50% [6]. Viele glauben, daß dermatologische Operationen wegen ihrer häufig ambulanten Durchführbarkeit, der Begrenztheit der Eingriffe und fehlenden Dispositionsfaktoren bei den Patienten risikolos seien. Tatsächlich liegt die Rate an Wundinfektionen nach dermatologischen Eingriffen im Verhältnis zu allgemeinchirurgischen Maßnahmen niedrig [2]. Trotzdem erscheint es auch in berufspolitischer Hinsicht wichtig, nicht hinter dem Hygienestandard anderer operativer Disziplinen zu stehen.

Faktoren, die das Risiko chirurgischer Wundinfektionen beeinflussen, können in 3 große Kategorien eingeteilt werden:
1. Individualfaktoren des Patienten wie Immun- und Ernährungsstatus,
2. Maßnahmen zur Reduktion der Gesamtzahl an Bakterien durch Erkennung und Ausschluß von Begleitinfektionen, z. B. Pyodermie oder Otitis media,
3. Faktoren, die das Eindringen von Bakterien in die Wunde zum Zeitpunkt der Operation vermindern wie z. B. Vorbereitung des Chirurgen, des Assistenzpersonals, des Operationssaales, der Ausrüstung, der Instrumente und des Zustandes der Haut über der Inzisionsstelle.

Die letztgenannten stehen unter direktem Einfluß des Operateurs. Sie werden wesentlich vom Hygienestandard in einem Operationssaal beeinflußt. Wir möchten uns im Folgenden auf diese beschränken und deren Einführung und Durchführung an unserer Klinik demonstrieren.

Die Universitäts-Hautklinik Tübingen wurde im Jahre 1902 fertiggestellt. Bis 1980 bestand der Operationstrakt aus 2 Räumen, die über den Flur, auf dem Patienten, Besucher und Angestellte zirkulierten, erreichbar waren. Die Operateure trugen während der Operationen weiße Schutzkleidung. Ein Wäschewechsel fand nicht statt. Die weiteren infektionsprophylaktischen Maßnahmen bestanden aus sterilen Handschuhen und einer einmaligen, alkoholischen Sprühdesinfektion des Operationsgebietes. Infektionen wurden nicht dokumentiert.

Einführung und Durchführung der Hygienemaßnahmen im Einzelnen (1980–1982) [1, 4, 5]

Baumaßnahmen

An 2 Seiten des Flurs wurden Patienten und Personalschleusen eingeführt. Somit konnte der folgende im Plan (Abb. 1) dargestellte Operationstrakt gewonnen werden. An einer Seite werden stationäre Patienten liegend zur Durchführung größerer Eingriffe eingeschleust. Es erfolgt der Wechsel des Patienten auf eine fahrbare OP-Lafette. Stationäre Patienten werden in Saal 1 operiert.

Ambulante Patienten erreichen Saal 2 durch einen getrennten Eingang und eine Umkleidekabine. Der Operationssaal wird erst nach Anlegen von Einmalüberschuhen und Kopfhaube betreten.

Das Personal betritt den OP-Trakt nach hygienischer Händedesinfektion über einen Umkleideraum.

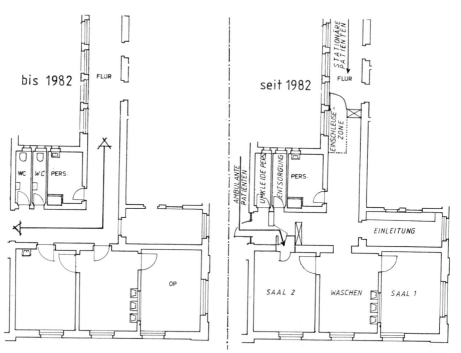

Abb. 1. Plan des Operationstraktes der Hautklinik Tübingen vor und nach dem Umbau 1982

Organisatorische Maßnahmen

Für ambulante und stationäre Patienten werden jeweils täglich getrennte Operations-teams eingeteilt. Aseptische Operationen werden zuerst durchgeführt, es folgen bedingt aseptische und kontaminierte. Der Patient wird 1 Tag vor Operation zur Narkosevorbereitung und Prämedikation stationär aufgenommen.

Raumdesinfektionsmaßnahmen

Nach jeder Operation erfolgt eine Wischdesinfektion des Fußbodens, einmal täglich wird das gesamte Inventar wischdesinfiziert.

Instrumentensterilisation

Durch Einführung eines Containersystems können die Instrumente auf den Bedarf der jeweiligen Operationen abgestimmt werden. Zusätzlich werden diese Sets durch einzeln verpackte Instrumente ergänzt.

Personalmaßnahmen

Im Umkleideraum der Personalschleuse erhalten Operateure und Schwestern sterilisierte Bereichskleidung, vor der Operation erfolgt das Anlegen von steriler Operationskleidung bei Operateuren und Instrumentierschwester. Bei allen größeren Eingriffen (ca. 40% aller Operationen) erfolgt eine chirurgische Händedesinfektion, bestehend aus einer 1–2minütigen Vorwaschung mit Nagelreinigung und Bürsten der Hände mit weicher Einmalbürste, danach 3 Minuten Einreiben der Hände und Unterarme bis zum Ellenbogen mit $2 \times 2,5$ ml Sterilium, im Anschluß 2 Minuten zusätzlich der Hände bis zum Handgelenk. Obligat ist bereits beim Betreten des OP's das Tragen einer Kopfhaube und das Anlegen des Mundschutzes.

Durch eingespielte OP-Teams, Training und Zeitvergleiche erfolgt eine ständige Verkürzung der OP-Dauer. Trotzdem gilt atraumatisches, anatomiegerechtes Operieren als wichtigste Trainingsmaßnahme.

Maßnahmen am Patienten

Bereits auf Station erfolgen erste Maßnahmen zur Keimreduktion wie Reinigungsbad und antiseptische Mundspülungen, erst unmittelbar am Operationstag erfolgt eine Rasur des Operationsgebietes. Eine Antibiotikaprophylaxe findet nicht statt.

Operationsfeld

Unmittelbar vor Beginn des Eingriffs wird eine 3malige Wischdesinfektion mit einem Alkoholpräparat durchgeführt. Danach wird mit Einmalabdeckmaterial abgedeckt. Der sterile Wundverband erfolgt mit einzeln abgepacktem Verbandsmaterial.

Überwachung

Regelmäßig erfolgen unangemeldete Kontrollen des Hygienebeauftragten. Hierbei werden insbesondere die Keimzahlen auf den Händen der Operateure und die Durchführung der beschriebenen infektionsprophylaktischen Maßnahmen kontrolliert. Operationsmannschaften in Kliniken mit Ausbildungsaufgaben enthalten gehäuft Studenten oder Assistenten am Ausbildungsanfang. Oft sind sie nur Beobachter. Auch sie können infektionsauslösende Schwachstellen bilden. Hinweise auf die Selbstverständlichkeit der Körperpflege und die Erziehung zum Hygienebewußtsein gehören in das Ausbildungsprogramm.

Postoperative Maßnahmen

Die Verbandswechsel auf einer getrennten Operationsstation erfolgen mit frischen Einmalhandschuhen und einzeln verpackten Instrumenten.

Dokumentation von Wundinfekten und Infektionsraten

Um den Effekt der Infektionsprophylaxe beurteilen zu können, ist eine permanente Dokumentation von Wundinfekten und von möglichen Schwachstellen der Hygiene notwendig. Schwierig gestaltet sich die Definition der Wundinfekte. Z. B. können Wunden alle Zeichen einer klinischen Infektion mit Rötung, Schwellung, Überwärmung und purulenter Veränderung zeigen, Kulturen aus Abstrichmaterial zeigen aber kein bakterielles Wachstum. Im Gegensatz dazu können häufig von Wunden, die ohne nennenswerte Anzeichen einer klinischen Infektion abheilen, häufig Bakterien kultiviert werden.

Darüberhinaus können Hautulzerationen von pathogenen Bakterien kolonisiert sein und ohne Anwendung von Antibiotika abheilen. Ebenso können pathogene Bakterien völlig normale Haut besiedeln. Unglücklicherweise muß also die Klassifikation von Wundinfekten und deren Erkennung auf klinischen Kriterien basieren. Wir teilen chirurgische Wunden als nicht infiziert ein, wenn sie primär oder sekundär ohne Entzündungszeichen wie Rötung, Überwärmung, Schwellung und Eiterung abheilen.

Wesentlich ist die Wundinfektionsrate jedoch vom Kontaminationsgrad des OP-Feldes beeinflußt. Wir schlagen deshalb auch für dermatologische Operationen eine Einteilung in 4 Gruppen vor:
1. Aseptische dermatologische Operationen
   Primäre operative Behandlung von Hautveränderungen mit intakter Hautoberfläche und gleichzeitige Defektdeckung an Rumpf, Hals und Extremitäten
   z. B. – Excision von Melanomen, Pigmentnaevi, Tätowierungen
        – Varizenchirurgie ohne vorhandenes Ulcus cruris
2. Bedingt aseptische dermatologische Operationen
   Primäre Behandlung von Hautveränderungen mit intakter Oberfläche und gleichzeitige Defektdeckung an Kapillitium und periorfiziell (Nase, Mund, Genitale, Anus)

z. B. – Exzision von Melanomen oder Pigmentmalen an Schleimhäuten, Über-
gangsschleimhäuten und am Kapillitium

      – Nageloperationen

3. Kontaminierte dermatologische Operationen

Operative Behandlung von mit pathogenen Keimen besiedelte
Hautveränderungen ohne klinische Zeichen der Entzündung und ein- oder zwei-
seitigem Defektverschluß

z. B. – Verschluß passager offen gelassener Exzisionsdefekte am gesamten
Körper

      – Varizenchirurgie in Anwesenheit eines Ulcus cruris

      – Operationen in Anwesenheit eines Begleitinfektes außerhalb des Opera-
tionsgebietes

      – Ulzerierte Tumoren

4. Septische dermatologische Operationen

Operative Behandlung von Hautveränderungen mit klinischen Entzündungszeichen und Anwesenheit pathogener Keime

z. B. – Exzision nekrotischer oder zerfallener Tumoren

      – Abszesse, Fisteln

Infektionsraten

Der Vergleich mit einem allgemeinchirurgischen Patientengut zeigt die niedrige Rate
dermatologischer Wundinfektionen des eigenen Patientengutes im Jahre 1988 in
Tabelle 1. Eine Auflistung des jährlichen Antibiotikaverbrauchs, der auf der operativen Station ausschließlich zur Behandlung von Wundinfekten dient, zeigt über 8
Jahre trotz des erhöhten Anteils größerer Operationen einen im wesentlichen gleich-
bleibenden Verbrauch.

Tabelle 1. Wundinfektionen und Kontaminationsgrad

	Allgemeinchirurgie [3]	Operative Dermatologie (Tübingen)
aseptische Operationen	1,8% (n = 23 362)	0,74% (n = 673)
bedingt aseptische Operationen	9,0% (n = 4983)	1,47% (n = 273)
kontaminierte Operationen	19,0% (n = 1183)	2,75% (n = 109)
septische Operationen	39,5% (n = 965)	– (n = 14)

Besondere Aufmerksamkeit verdienen in unserem Patientengut die Operationen
bei passager offengelassener Exzisionsdefekte und die Behandlung kontaminierter
Tumoren. Neben der engen Indikationsstellung zum zweizeitigen Vorgehen können
hier das Anfrischen der Wundränder vor dem Defektverschluß, gründliche Desinfektion und Einbringen von antimikrobiellen Substanzen in die Wundhöhle bei kontaminierten und septischen Operationen Verbesserungen erreichen.

Insgesamt geht der größte Wert der Infektionsprophylaxe von lokalen Maßnahmen
zur Verbesserung der Asepsis und geringerer Wundtraumatisationen aus. Dies sind in
besonderem Maß die lokale Sterilität des Wundgebietes und des Operateurs.

Weitere Maßnahmen wie die aufgeführten baulichen Veränderungen erleichtern die Einhaltung der Hygienemaßnahmen und verbessern den organisatorischen Ablauf, tragen jedoch direkt nicht wesentlich zur Infektionsprophylaxe bei.

Literatur

1. Altemeier WA, Burke JF, Pruitt Jr BA, Sandusky WR für die American College of Surgeous (1984) Manual in Control of Infection in Surgical Patients 2nd edn. JB. Lippincott Co Philadelphia
2. Duane CW, Donald JG, Sally SJ (1988) Wound Infection Rate in Dermatologic surgery. J Dermatol Surg Oncol 14:525–528
3. Hartel W, Steinmann R (1986) Prioritäten für ein infektionsarmes Operieren aus der Sicht des Chirurgen. Hyg + Med 11:445–447
4. Hierholzer G, Ludolph E, Watermann F (1982) Hygieneanforderungen an Operationsabteilungen. Springer, Berlin Heidelberg New York
5. Howard AT (1988) Office Surgery: The Surgical Suite. J Dermatol Surg Oncol 14:247–255
6. Sebben JE (1988) Sterile Technique in Dermatologic Surgery: What is Enough? J Dermatol Surg Oncol 14:487–489

Maligne epitheliale Tumoren der Haut

Statistische Daten zum Karzinom der Haut

R. P. A. Müller

Zusammenfassung

Die Literatur zum Karzinom der Haut ist zwar umfangreich, aber bei weitem nicht so wie für das Basaliom und das maligne Melanom. In Ländern mit einer hohen Hauttumorinzidenz wurden in den letzten Jahren immer wieder Erfassungen hinsichtlich epidemiologischer und ätiologischer Faktoren durchgeführt, und dabei wurden mehrere Parameter für die Karzinogenese der Haut diskutiert. Der Einfluß der UV-Strahlung und diverser chemischer Karzinogene sind dabei von entscheidender Bedeutung. Es konnte gezeigt werden, daß eine enge Korrelation zwischen Komplexion der Bevölkerung und ihrer Sonnenexposition besteht. Überall dort, wo Menschen sich in „unnatürlicher Weise", das heißt unvorbereitet und entgegen ihrer Hauttypklassifizierung, den UV-Strahlen exponieren, werden die Hauttumoren zu einem Problem des öffentlichen Gesundheitswesens.

Karzinome der Haut entwickeln sich entweder de-novo oder auf dem Boden einer Präkanzerose. Die Prognose und das Metastasierungsmuster sind von diesem Entstehungsmodus und von speziellen Lokalisationen abhängig.

Dem Erkennen und der frühzeitigen Behandlung von präkanzerösen Zuständen der Haut oder noch oberflächlich wachsenden Karzinomen werden heute national und international Aufklärungskampagnen gewidmet.

Diese Arbeit ist aber eng mit statistischen Erhebungen verknüpft. Aus bisher vorgelegten Statistiken geht oftmals hervor, daß ein nicht unerheblicher Prozentsatz der Tumoren keiner histologischen Diagnostik unterzogen wurde. Daher ist zu fordern, daß künftig jeder klinische Verdacht eines malignen Hauttumors histologisch zu verifizieren sei. Die für das maligne Melanom weltweit angelaufene engmaschige Erfassung sollte nicht nur auf diesen Tumortyp beschränkt bleiben, sondern ähnliche Aktivitäten müssen auch für das Karzinom der Haut gefordert werden. In der computergestützten Erfassung und Auswertung onkologischer Parameter liegt die große Chance, zukünftig eine echte Tumorprävention, vor dem Hintergrund prognostizierter steigender Inzidenzen, betreiben zu können.

Das spinozelluläre Karzinom, häufigster Tumortyp der Hautkarzinome, ist ein Tumor des höheren Lebensalters mit einem Altersgipfel um das 7. Lebensjahrzehnt und mit einer deutlichen Präferenz für das männliche Geschlecht. In Mitteleuropa ist mit einer Inzidenz von 13–15 spinozellulären Karzinomen pro 100 000 Einwohner und Jahr zu rechnen. Der Stellenwert der aktinischen Karzinogenese wird durch die Tatsache unterstrichen, daß ca. 80% aller Tumoren im Kopf/Hals-Bereich lokalisiert sind.

Häufigste Sublokalisationen sind die Unterlippe, die Ohren und die Schläfen-Wangenregion. Obwohl es sich dabei um relativ kleinflächige Lokalisationen handelt, konnte experimentell nachgewiesen werden, daß es sich aber um extrem lichtexponierte Bezirke handelt. Die nicht-aktinisch begründeten Hautkarzinome, hier vor allem die Karzinome der Anogenitalregion, zeichnen sich durch ein relativ rasches Wachstum und eine frühe Metastasierung aus. Moderne prätherapeutische Untersuchungsverfahren können heute hilfreich für die Therapiestrategie herangezogen werden. Priorität besitzt die vollständige Tumorausrottung, aber auch die plastische Rekonstruktion erhält einen hohen Stellenwert. Kooperativ geplante und ausgeführte Statistiken für diesen Tumortyp könnten zukünftig eine bessere Validierung bezüglich Diagnostik und Therapie der Hautkarzinome erlauben.

Einleitung

Zu den Karzinomen der Haut zählen das spinozelluläre Karzinom einschließlich diverser Sonderformen [1, 9, 22, 35, 50, 55, 72], die Adnexkarzinome von Haarfollikeln [37, 58, 62], den Schweißdrüsen [3, 5, 25, 38, 60, 64, 69] und den Talgdrüsen [24, 49] ausgehend, sowie die sekundären bzw. metastatischen Karzinome an der Haut [8, 51].

Unter allen Karzinomen der Haut ist der spinozelluläre Typ die häufigste Form. Dagegen sind die Adnexkarzinome äußerst seltene Tumortypen. So wurde das tricholemmale Karzinom im histologischen Untersuchungsgut einer großen dermatologischen Universitätsklinik nur in 0,05% diagnostiziert [58].

Das ebenfalls sehr seltene Talgdrüsenkarzinom hat die Augenlider als bevorzugten Sitz [49].

Komplettiert wird die Systematik der Karzinome der Haut durch die Einbeziehung des Merkel-Zell-Karzinoms [52, 59, 63]. Beim Morbus BOWEN und Morbus PAGET (carcinomata in situ) handelt es sich um zwei Tumortypen, welche bei vollständig ausgeprägter maligner Potenz, aber vornehmlich intraepithelialer Ausbreitungstendenz, von einigen Autoren zu den obligaten Präkanzerosen gezählt, von anderen wiederum bereits zu den Karzinomen der Haut gerechnet werden [8].

Die Karzinome der Haut zeichnet eine infiltrierende und destruierende Wachstumstendenz mit unterschiedlicher Neigung zur hämatogenen und/oder lymphogenen Metastasierung aus.

Bezüglich der Ätiologie dieser Tumoren werden unterschiedliche Faktoren angegeben. Dabei werden vorrangig der Einfluß der UV-Strahlung und chemische Karzinogene (aromatische Kohlenwasserstoffe, Azo- und Nitrosoverbindungen, Arsen) genannt, die einerseits einen direkten Schaden an der DNA verursachen oder andererseits Komplexe mit der DNA eingehen [4, 10, 14, 16, 18, 26, 47, 54, 61, 65].

Das, in der hier vorgelegten Arbeit, ausgewiesene eigene Zahlenmaterial bezieht sich im wesentlichen auf spinozelluläre Karzinome der Haut.

Inzidenz, Geschlechts- und Altersverteilung

Wie schwer sich eine exakte Aufarbeitung des veröffentlichten Zahlenmaterials gestaltet, verdeutlicht die Tatsache, daß Jung [32] schon 1968 nur über 61% histologisch gesicherte spinozellulärer Karzinome und Giles [21] neuerdings (1988) ebenfalls nur über 70% histologisch gesicherte Tumoren berichten; 39% respektive 30% waren nur klinisch diagnostiziert worden. Beide Autoren verlassen sich bei einem Drittel ihrer Zahlen auf eine rein klinische Diagnostik und stellen ihre weiteren Berechnungen auch auf dieses histologisch nicht verifizierte Zahlenmaterial ab. Im Gegensatz dazu wurden alle Tumoren des eigenen Krankengutes histologisch gesichert, dabei ist aber zu berücksichtigen, daß es sich nur um stationäre Patienten handelt. Ambulant diagnostizierte und therapierte Tumoren gingen nicht in unsere statistische Erhebung ein.

Vorab sei hinsichtlich der Angaben zur Inzidenz eines Tumortyps (Neuerkrankungsfälle pro 100000 Einwohner und pro Jahr) angemerkt, daß nur eine zentrale, fachgruppenunabhängige Erfassung zu einigermaßen zuverlässigen Angaben führt.

Des weiteren müssen Besonderheiten, wie ethnische Zusammensetzung, Bevölkerungsstrukturierung, Lebensgewohnheiten, aber auch geographische Gegebenheiten, bei einer Erfassung mit berücksichtigt werden.

Genetisch fixierte oder erworbene Störungen des Immunsystems werden als weitere Faktoren der Karzinogenese heute diskutiert [28, 67]. Die Virusätiologie bei den Karzinomen der Haut wird weitgehend verneint und nur als Co-Faktor in Betracht gezogen [46, 72]. Gruppenbezogene Inzidenzanalysen zeigten, daß hellhäutige Patienten unter Immunsuppression und intensiver aktinischer Exposition die meisten Tumoren aufweisen [61, 65]. Daraus leiten sich für die Karzinogenese zwei wesentliche Faktoren ab; der exogene aktinische Schaden und die endogene immunologische Situation.

Karzinome der Haut können sich auf dem Boden einer Präkanzerose entwickeln oder de novo entstehen. Der Entstehungsmodus ist sowohl prognostisch wie therapeutisch von großer Bedeutung. Lokalisatorische Besonderheiten und prädisponierende Faktoren können ebenfalls für die Prognose und die einzuschlagende Therapie herangezogen werden [7, 13, 42, 71].

Eine Analyse der Literatur zum Karzinom der Haut wird häufig primär dadurch erschwert, daß einerseits in vielen Statistiken Basaliome und Karzinome zusammengefaßt werden, und daß andererseits selten eine Differenzierung in die einzelnen Karzinomtypen erfolgt.

Im Gegensatz zum malignen Melanom sind die Angaben bezüglich der übrigen malignen Hauttumoren gelegentlich sehr unpräzise und erschweren dadurch eine exakte statistische Erhebung. Unterlassene histologische Untersuchungen nach Exzisionen und diverse Therapieverfahren (Kurettage, Laser- und Kryotherapie) verfälschen das statistische Bild [17, 21, 31]. Medizinökologische und -ökonomische Aspekte der Hauttumoren fordern, vor dem Hintergrund der weltweit beobachteten Zunahme dieser Tumortypen, ein exaktes Zahlenmaterial.

Nur mit exakten Zahlen lassen sich Kosten, Aufklärungskampagnen und Präventionsmaßnahmen künftig planen und überschauen [2, 11, 20, 42, 57, 68].

Nur ein interdisziplinärer Datenaustausch sowie eine uneingeschränkte Kooperationsbereitschaft lassen erhobene Inzidenzzahlen künftig transparenter werden und führen ein Stück weiter zu einer echten Prävention. In der Vergangenheit erfolgte leider nur zu oft eine bloße Konstatierung von Inzidenzzahlen und -erhöhungen.

Die Tabelle 1 weist deutlich die unterschiedlichen Inzidenzen der Hautkarzinome in den verschiedenen Kontinenten und Ländern aus. Die Ursachen hierfür sind vielgestaltig und in den zitierten Arbeiten teilweise gut analysiert. Australien mit der höchsten Inzidenz ist per se ein typischer „Einwanderungskontinent" mit extremer

Tabelle 1. Inzidenzen (Neuerkrankungsfälle pro 100000 Einwohner und Jahr) der Hautkarzinome

Land	Inzidenz	Autor	Jahr
Australien	112	Giles	1988
USA	99	Fitzpatrick	1985
USA	39	Fitzpatrick	1978
DDR	10–14	Jung	1965
BRD	2–25	Illig	1987
Schweiz	5,5	Levi	1981
England	4,5	Waterhouse	1982

Tabelle 2. Altersverteilung der Hautkarzinome (Sammelstatistik mit insgesamt 3696 Tumoren, nach Literaturangaben)

Altersgruppe	n	(m/w)	%
0–20	7	5/2	0,19
21–30	20	19/1	0,54
31–40	75	58/17	2,03
41–50	242	170/72	6,55
51–60	602	399/203	16,29
61–70	1011	639/372	27,35
71–80	1157	591/566	31,31
81–90	513	232/281	13,88
über 90	69	29/40	1,87

Insolation. Aber auch hier zeigen sich signifikante Unterschiede der Inzidenzen bezüglich der geographischen Lage innerhalb des Kontinents [21]. Ähnliche Unterschiede lassen sich auch für die USA und Schweden aufzeigen [61, 65]. Die stark streuenden Angaben für die Bundesrepublik Deutschland werden mit „uneinheitlichen Angaben" begründet, und es werden zahlreichen „exogene und endogene Faktoren" (?) mit großer Schwankungsbreite angeführt, welche exakte Angaben nur vorbehaltlich machen lassen [31].

Die Altersverteilung wurde anhand von 3696 Karzinomen der Haut aus der Literatur erstellt und mit dem Zahlenmaterial des eigenen Krankengutes verglichen (Tabelle 2). Das spinozelluläre Karzinom ist ein Tumor des höheren Alters mit einem Altersgipfel um das 7. Lebensjahrzehnt (Abb. 1).

Zur Frage der Geschlechtsverteilung wurden aus 15 Arbeiten mit ingesamt 12500 Karzinomen nachfolgende Werte errechnet (Tabelle 3):

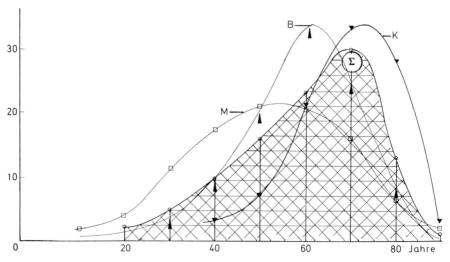

Abb. 1. Graphische Darstellung der Altersverteilung. M = Melanome, B = Basaliome, K = Karzinome

Tabelle 3. Geschlechtsverteilung der Hautkarzinome

	Mittelwert $\bar{X}$ (%)	±	Standardabweichung τ
Männer:	67,12	±	8,44
Frauen:	33,46	±	8,39

Somit ergibt sich für das spinozelluläre Karzinom der Haut eine deutliche Präferenz für die männlichen Tumorträger. Statistiken, die deutlich von diesen errechneten Zahlen abweichen, entlarven sich oftmals als Erhebungen bei Armeen oder Industriearbeitern und weisen dann einen noch viel höheren Prozentsatz für das männliche Geschlecht auf. Durch die große Anzahl von mitgeteilten Fällen konnte der „Fehler der kleinen Zahl" vermieden werden, so daß das Verhältnis von ⅔ männlicher Tumorträger zu ⅓ weiblicher Tumorträger als realistisch angesehen werden darf.

Unterschiedliche Inzidenzraten finden sich in berufsorientierten Analysen [26, 44, 56]. So wird berichtet, daß Männer mit Freiland-Berufen 10 × häufiger spinozelluläre Karzinome aufweisen als Männer mit Tätigkeiten in geschlossenen Räumen. Bei den Frauen war das Verhältnis zwischen Bäuerinnen und Städterinnen 13/1 [56]. Ähnliche Ergebnisse finden sich bei Mölk [44]. Hier betrug das Verhältnis von ländlicher Bevölkerung zu städtischer Bevölkerung 6,3/1.

Anamnestische Bestandsdauer

Die epithelialen Tumoren der Haut sind dem beobachtenden Augen von Patient und Arzt sehr gut zugänglich, und dieser Umstand müßte somit die Grundlage für eine Früherkennung und Behandlung dieser Hauttumoren schaffen.

Logischerweise müßte man eine relativ kurze anamnestische Bestandsdauer erwarten. Betrachtet man jedoch die von uns erhobenen anamnestischen Bestandsdauern, so muß man feststellen, daß fast ¼ der Patienten mehr als 2 Jahre verstreichen lassen, ehe sie den Arzt aufsuchen (vgl. Tabelle 4 u. Abb. 2).

Hauttumoren beeinträchtigen zunächst kaum das Allgemeinbefinden und weisen nur sehr selten das Symptom Schmerz auf. Oft werden verhältnismäßig kleine Tumoren von den älteren Patienten aufgrund einer mangelnden Selbstbeobachtung oder des sich im Alter verschlechternden Visus erst gar nicht entdeckt. Bei Erhebung der Anamnese wird oft die Entdeckung durch Außenstehende genannt.

Diese Tatsache, verbunden mit dem reduzierten Erinnerungsvermögen des alten Patienten, läßt oftmals die Ermittlung der genauen anamnestischen Bestandsdauer

Tabelle 4. Anamnestische Bestandsdauer in Monaten ([2]Zahlen nur für Hautkarzinome (Rose 1986))

Lokalisation	Männer	Frauen
Kopf/Hals	20,1/13,5[2]	23,7/19,6[2]
Stamm	32,1/ ⎫	38,8/ ⎫
Ob. Extremität	41,9 ⎬ 11,7[2]	21,3 ⎬ 12,8[2]
Unt. Extremität	34,1/ ⎭	14,2/ ⎭

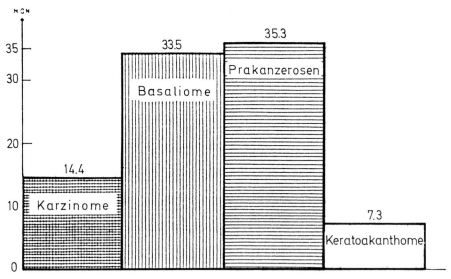

Abb. 2. Anamnestische Bestandsdauer epithelialer Tumoren (Rose 1986)

unmöglich machen und führt demgemäß zu einer relativ hohen Fehldatenzahl. In unserem Krankengut waren in fast 20% der Fälle keine eindeutigen Informationen zu erlangen. Abweichend von unserer durchschnittlichen 14,5monatigen anamnestischen Bestandsdauer der Karzinome dokumentieren andere Autoren für diesen Tumortyp eine doppelt so lange anamnestische Bestandsdauer [17, 44].

Diese Tatsache läßt darauf schließen, daß der in den meisten Karzinomfällen vorher bestehende präkanzeröse Zustand zum einen in der Anamnese-Erhebung nicht eindrücklich genug herausgefragt oder zum anderen vom Patienten als solcher gar nicht wahrgenommen wurde. Dies legt die Vermutung nahe, daß die erfragte anamnestische Bestandsdauer sich auf den Zeitpunkt beschränkt, an dem sich der aktuelle Zustand eingestellt hat. Ein plötzlicher Wachstumsschub oder eine neu aufgetretene Ulzeration bestimmen somit den Beginn der anamnestischen Bestandsdauer.

Interessant und zugleich stark relativierend ist die Gegenüberstellung von anamnestischer Bestandsdauer und Prädilektionsstellen. Dabei fällt sofort die extrem kurze Bestandsdauer der Unterlippenkarzinome, besonders die der männlichen Tumorträger, ins Auge [57]. Ursache dafür kann sein, daß die ständige Einwirkung von Karzinogenen oder Co-Faktoren ein verändertes biologisches Verhalten des Tumors nach sich zieht [27, 53]. Ferner liegt natürlich gerade der Lippenbereich im Blickpunkt des Betrachters und Läsionen in diesem Bereich führen, im Vergleich zu anderen Lokalisationen, neben einer ästhetischen auch zu einer funktionellen Einschränkung, z.B. bei der Nahrungsaufnahme, den Rauchgewohnheiten und sogar bei der Sprachformung. Im Gegensatz dazu kann ein „versteckter" Tumor lange Zeit ohne besondere funktionelle und ästhetische Einbuße toleriert werden, was sich anhand der längeren anamnestischen Bestandsdauer dokumentiert und primär nichts mit dem biologischen Verhalten des Tumors zu tun hat.

Zusammenfassend läßt sich zur Erhebung der anamnestischen Bestandsdauer sagen, daß es sich dabei um einen sehr subjektiven Parameter handelt, welcher stets einer subtilen Analyse unterworfen werden sollte. Die anamnestische Bestandsdauer besitzt eigentlich nur praktischen Signalwert und könnte z.B. zur Wirksamkeitsbewertung von Präventionsmaßnahmen herangezogen werden.

Lokalisatorische Besonderheiten

Die Analyse von 5120 spinozellulären Karzinomen bezüglich ihrer Lokalisation zeigt, daß ca. 80% aller Tumoren im Kopf/Hals-Bereich lokalisiert sind (Tabelle 5).

Tabelle 5. Lokalisationsverteilung der Hautkarzinome (Sammelstatistik aus 5120 Tumoren, nach Lit. 36, 39, 48)

	N	Kopf/Hals		Stamm		Ob. Extr.		Unt. Extr.	
		n	%	n	%	n	%	n	%
Krause (1969)	2036	1723	84,6	32	1,6	144	7,1	84	4,1
Fetting (1972)	1937	1373	70,9	132	6,8	160	8,3	84	4,4
Nagel (1955)	374	324	86,6	19	5,1	25	6,7	6	1,6
Fritz (1982)	322	244	76	14	4,3	26	8,1	21	6,5
Richter (1967)	236	206	87,3	15	6,4	10	4,3	5	2,2
Luger (1971)	215	169	78,6	32	14,8	6	2,8	18	8,4
$\bar{X} + \sigma$			80,6 ± 6,1		6,5 ± 4,1		6,2 ± 2		4,5 ± 2,3

Im eigenen Krankengut fanden sich 77,8% im Kopf/Hals-Bereich, 9,4% im Stammbereich und 12,8% an den Extremitäten (Abb. 3).

Häufigste Sublokalisation im Kopf/Hals-Bereich ist die *Unterlippe* mit einer deutlichen Präferenz des männlichen Geschlechts (Tabelle 6 und Abb. 3). Dabei fällt auf, daß die Männer 7–8mal häufiger Tumorträger in dieser Lokalisation sind als die

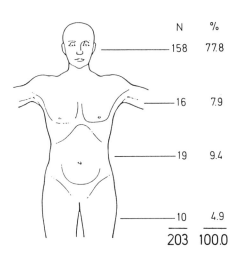

	N	%
	158	77.8
	16	7.9
	19	9.4
	10	4.9
	203	100.0

Abb. 3. Anzahl und prozentuale Verteilung der Hautkarzinome (eigene Zahlen)

Tabelle 6. Anzahl und prozentuale Verteilung der Hautkarzinome im Kopf-Hals-Bereich (n = 158, eigene Zahlen)

Lokalisation	n	%
Unterlippe	35	22,2
Ohr	30	19,0
Wangen	22	13,9
Schläfe	20	12,7
Behaarter Kopf	17	10,8
Nase	10	6,3
Stirn	9	5,7
Oberlippe	5	3,1
Sonstige	10	6,3

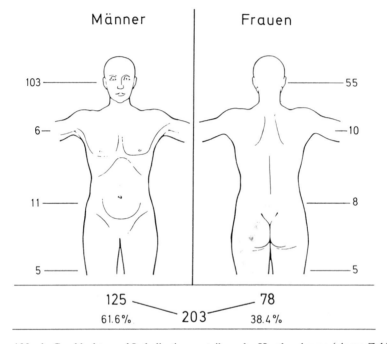

Abb. 4. Geschlechts- und Lokalisationsverteilung der Hautkarzinome (eigene Zahlen)

weiblichen Patienten. Dieser relativ kleine Bezirk (ca. 20 cm^2) entspricht nach Urbach einem extrem lichtexponiertem Terrain, und somit kommt dem Faktor UV-Strahlung für die Karzinogenese ein besonderer Stellenwert zu [65]. Außer der aktinischen Karzinogenese wird für das Entstehen der Unterlippenkarzinome auch der Einfluß des Rauchens sowie weiterer chemischer und viraler Faktoren diskutiert [13, 16, 26, 27, 53].

Für die zweithäufigste Sublokalisation, den *Ohrbereich*, gilt eine ähnliche Geschlechtspräferenz wie für die Unterlippe. Hier sind die Männer zumeist 4 × häufiger Tumorträger als Frauen [40, 71]. Wird für die Unterlippe die protektive

Bedeutung des Lippenstiftes angeführt, so könnte für den Ohrbereich die unterschiedliche Haartracht mitbestimmend für die Präferenz bezüglich der männlichen Tumorträger sein.

Von den spinozellulären Karzinomen am Stamm sind die Tumoren der *Anogenitalregion* hervorzuheben. Ätiologisch kommen bei diesen Tumoren chronische Zustände, wie Balanitiden, Leukoplakien und Kraurosis vulvae in Betracht. So unterschiedlich die ätiologischen Aspekte dieser Tumoren erscheinen, so differenziert gestaltet sich auch ihre Metastasierungstendenz [41, 43]. Bei Penis- und Vulvakarzinomen werden häufig schon bei der Ersterfassung bereits regionale Lymphknotenmetastasen diagnostiziert. Brown [7] (1987) gibt für das Peniskarzinom in den USA eine Inzidenz von 10 Neuerkrankungsfällen pro 100 000 Einwohner und Jahr an. Nur eine bereits im Neugeborenenalter durchgeführte Circumcision gewährt einen relativen Schutz vor der Entstehung des spinozellulären Karzinoms am Penis.

Häufig sind Karzinome der Anogenitalregion mit Condylomata acuminata vergesellschaftet. Diese Tatsache legt den Schluß einer viralen Karzinogenese nahe. Bislang konnten aber noch in keinem Fall Viren im Karzinomgewebe nachgewiesen werden. Die histologische Ähnlichkeit zwischen Condylomata acuminata und Riesencondylomata (Buschke-Loewenstein) einerseits, und die mehrfach berichtete maligne Transformation von Buschke-Loewenstein-Tumoren andererseits, begründen die Zwischenstellung der Riesencondylome hinsichtlich ihrer onkogenen Potenz [12, 35].

Im Bereich der oberen Extremitäten ist der Handrücken sowie der Übergang auf den distalen Unterarm häufige Lokalisation der spinozellulären Karzinome. Dies erklärt sich aus der starken Insolation dieser Körperregion. In unserem Krankengut fanden sich hier 7,9% aller spinozellulären Karzinome.

Die untere Extremität ist selten Sitz von spinezellulären Karzinomen.

Es kann sich aber auf lang bestehenden Ulzera verschiedenster Pathogenese ein Karzinom entwickeln [34]. Diese Tumoren weisen nicht selten aufgrund ihres langen Bestandes bis zur Diagnosestellung bereits Metastasen auf.

Die Fußsohle ist häufigster Sitz einer Variante des spinozellulären Karzinoms, nämlich des von Aird und Mitarbeiter [1] 1954 erstmals beschriebenen „Epithelioma cuniculatum". Dieser Tumortyp steht in seiner Häufigkeit zwischen dem spinozellulären Karzinom der Haut und den seltenen Adnexkarzinomen.

Das Epithelioma cuniculatum tritt vorwiegend bei Männern auf und wird häufig, aufgrund seines verrukösen klinischen Bildes mit vulgären Warzen verwechselt und dementsprechend insuffizient therapiert. Es handelt sich um ein ausdifferenziertes spinozelluläres Karzinom mit einer langsamen Wachstumstendenz sowie einer geringen Neigung zur Metastasierung [9, 22, 23, 55].

Tumorgrößen und Metastasierung

Bis heute wird die Bedeutung der Tumorgröße bezüglich der Prognose einschließlich der Metastasierungstendenz und der einzuschlagenden Therapie kontrovers diskutiert [19, 30, 33, 38, 45, 53, 66]. Nach Angaben aus der Literatur und dem eigenen Material waren rund ⅔ aller Tumoren bei Behandlungsbeginn kleiner/gleich 2 cm im Durchmesser (Tabelle 7). Nach Burg [8] ist die Größe des Primärtumors kein Maß für

Tabelle 7. Tumorgrößen bei Therapiebeginn (Sammelstatistik aus 4 Arbeiten mit 485 Tumoren)

Tumordurchmesser (cm)	$\bar{X} \pm \tau\%$
0–1	39,9 ± 9,3%
1,1–2	29,1 ± 7,5%
2,1–3	26,6 ± 4,9%
Über 3	4,4 ± 1,2%

die Metastasierungstendenz. Sehr große spinozelluläre Karzinome metastasieren in der Regel relativ selten. Dagegen sollen exophytisch wachsende Tumoren eher zur Metastasierung neigen als flach wachsende und ulzerierende.

Daher sind für die Prognose und für die therapie-strategische Überlegungen folgende Parameter in Rechnung zu stellen:
– Entstehungsmodus (aus Präkanzerose oder de-vovo)
– Wachstumstendenz (Geschwindigkeit und klinisches Bild)
– Lokalisation (Problemlokalisationen)
– Entstehungsterrain (Narben, chronisch entzündliches Terrain)
– histologische Parameter (Differenzierungsgrad, Invasionsgrad und peritumorale Kallagenase- und Stroma-Reaktion).
– Lymphknotenbefund (prätherapeutisch).

Somit ist die Tumorgröße eher sekundär für den plastisch-rekonstruktiven Akt von Bedeutung.

Die Angaben zur Metastasierung beim spinozellulären Karzinom sind recht unterschiedlich [15, 41, 43, 66]. Nach Epstein [15] sollen ca. 2% aller spinozellulären Karzinome der Haut metastasieren. Lund [41] zeigte für Karzinome, die auf dem Boden einer aktinischen Präkanzerose entstanden, daß sie eine geringere Metastasierungsfrequenz als andere spinozelluläre Karzinome aufweisen; de-novo entstandene Karzinome und solche in speziellen Lokalisationen lassen zum Teil eine sehr frühzeitige Metastasierung erkennen. Für das Lippenkarzinom wird eine Metastasierungsfrequenz von 5–37% angegeben [53, 66]. Bei spinozellulären Karzinomen der Anogenitalregion liegen die Metastasierungsraten über 30% [8]. Sofern es sich um Tumoren mit einem Durchmesser < 2 cm handelt, sind die therapeutischen Maßnahmen erfolgversprechend, und zumeist reicht eine histologisch gesicherte in-toto-Exzision aus. Bei größeren Tumoren und klinisch verdächtigem Lymphknotenbefund ist eine radikale regionale Lymphadenektomie indiziert. Die Untersuchungen von Eberhartinger und Santler [13] erbrachten bei 235 Lippenkarzinomen, daß 86,8% der Klassifikation T 1/T 2 zuzuordnen sind. Bei diesen Tumoren wird man im Regelfall auf eine prophylaktische Lymphadenektomie verzichten.

Bei Penis- und Vulvakarzinomen sollte man die Indikation zur radikalen regionalen Lymphadenektomie enger stellen [7]. Dabei wird sicherlich in einem größeren Prozentsatz das klinische Stadium NO in ein postoperatives Stadium Nl überführt. Diese Tatsache ist sowohl prognostisch wie therapeutisch von größerer Bedeutung.

Therapie

Beim Karzinom der Haut droht die eigentliche Gefahr für den Tumorträger vom Rezidiv und vom Auftreten von Metastasen. Daher muß jede Form der Therapie gewährleisten, daß eine vollständige Tumorentfernung erfolgt. Dieser Forderung kommt die chirurgische Tumor-Exzision am nächsten. Mit Hilfe der topographisch orientierten histologischen Aufarbeitung des Operationspräparates kann die Vollständigkeit der Tumorentfernung überprüft werden [6]. Weitere Vorteile liegen in der Einzeitigkeit des Eingriffes und der guten Rekonstruktionsmöglichkeit des Exzisionsdefektes.

Die Röntgentherapie hat ihre Vor- und Nachteile. In der Regel erzielt man mit dieser Therapieform exzellente ästhetische Resultate. Andererseits drohen aber eine unvollständige Tumorzerstörung und bei Überdosierung die Radiodermitis mit ihren Spätfolgen, welche ihrerseits wiederum nach Jahren zu einem „strahleninduzierten" Karzinom führen können.

Für die Kryo- und Lasertherapie gelten ähnliche Einwände. Beides sind relativ einfach durchzuführende Eingriffe, aber für beide Methoden garantiert keine Kontrollinstanz die vollständige Tumorerfassung. In Kombination mit hochauflösenden Ultraschallverfahren könnten sich diese Therapieformen zukünftig für die Therapie der Karzinome der Haut empfehlen.

Die lokale und/oder systemische Chemotherapie wird nur bei wenigen ausgewählten Fällen zur Anwendung kommen. Vor allem bei fortgeschrittenem Tumorleiden, bei Rezidiven und/oder bei Metastasen wird der Einsatz einer Chemotherapie empfohlen [73].

Entweder als Kombinationstherapie mit anderen Therapieformen oder als Vorbereitungstherapie zur Operation oder Bestrahlung sind in der Literatur chirurgische Chemotherapeutika beschrieben worden. Die Wahl der jeweiligen Therapieform wird sich aber immer am klinischen Bild, der Lokalisation, dem Zustand des Patienten und an der Histologie orientieren müssen.

Da spinozelluläre Karzinome in der Regel aus kompakt angeordneten Tumorzellformationen aufgebaut sind, wird man die seitlichen Exzisionsränder wenige Millimeter im makroskopisch unauffälligen Umgebungsgewebe wählen. Zur Tiefe hin sollte der Sicherheitsabstand nicht zu knapp bemessen werden. Generell werden für das spinozelluläre Karzinom, im Gegensatz zu anderen Hauttumortypen, keine festen Sicherheitsabstände empfohlen [6, 33, 70]. Eine histologische Schnittrandkontrolle des Exzisates sollte grundsätzlich gefordert werden, um einerseits eine totale Tumorentfernung zu garantieren und andererseits Metastasierungen besser validieren zu können.

Zurückkommend auf die eingangs zitierten zweistelligen Prozentzahlen histologisch nicht gesicherter Tumoren (Karzinome?) ist zu fordern, daß solche Umstände der Vergangenheit angehören müssen.

Um es noch einmal klar zu unterstreichen – bei klinisch bestehendem Verdacht auf das Vorliegen eines malignen Hauttumors ist jede noch so geartete Therapie ohne histologische Sicherung als Kunstfehler zu bewerten.

Literatur

1. Aird I, Johnson D, Lennox B, Stansfield AG (1954) Epithelioma cuniculatum: variety of squamous carcinoma peculiar to the foot. British Journal of Surgery 42:245–250
2. Aubry F (1983) L'epithelioma spino-cellulaire de la peau dans la region montrealaise. Union Med Can 111/10:916–918
3. Baandrup U, Sogaard H (1982) Mucinous (adenocystic) carcinoma of the skin. Dermatologica 164:338–342
4. Beadle PC, Davis NC (1983) Holidays, ozone and skin cancer. Skin cancer in Bristol. Arch Dermatol Res 274:47–56
5. Beck HG, Lechner W, Wunsch Ph (1986) Adenoid-zystisches Schweißdrüsenkarzinom. Hautarzt 37:405–409
6. Breuninger H (1987) Untersuchungen zur Anwendung der histologischen Schnittrandkontrolle bei der operativen Therapie verschiedener Präkanzerosen und Neoplasien der Haut. In: Aktuelle Behandlungsverfahren. J Petres (Hrsg) pp 65–71, Springer, Berlin Heidelberg New York
7. Brown MD, Zachary ChB, Grekin RC, Swanson NA (1987) Penile tumors: Their management by Mohs micrographic surgery. J Dermatol Surg Oncol 1311:1163–1167
8. Burg G (1981) Spinozelluläre Karzinome der Haut. In: Dermatologie in Praxis und Klinik Bd. IV, GW Korting (Hrsg) pp 41.1–41.20, G Thieme, Stuttgart New York
9. Burkhardt A (1986) Verruköses Karzinom und Carcinoma cuniculatum – Formen des Plattenepithelkarzinoms? Hautarzt 37:373–383
10. Carter RL (1973) Clinical and experimental aspects of squamous cell carcinoma of the skin. Br J Cancer 28/1:91–92
11. Daniels F (1978) Some general biological implications of cutaneous cancer in man, J Dermatol Surg Oncol 4.1:96–100
12. Dawson DF, Duckworth JK, Bernhardt H, Young JM (1965) Giant condyloma and verrucous carcinoma of the genital area. Arch Path 79:225–231
13. Eberhartinger Ch, Santler R (1969) Prognose und Therapie der Lippenkarzinome. Z Haut-u Geschlkrh 44, 17:585–588
14. Eichmann F (1981) Cancers cutanèes professionales. J Med Esthet Chir Derm 8/29:12–14
15. Epstein E, Epstein NN, Bragg K (1968) Metastases from squamous cell carcinoma of the skin. Arch Derm 97:245–248
16. Fears TR, Scotto J (1983) Estimating increases in skin cancer morbidity due to increases in ultraviolet radiation exposure. Cancer Invest 1/2:119–126
17. Fetting KR (1972) Alters- und Geschlechtsverteilung sowie Tumorgrößen und zeitlicher Verlauf der Keratosis seborrhoica Keratosis senilis sive solaris, des Basalioms und des Spinalioms bei Patienten der Universitäts-Hautklinik Hamburg in den Jahren 1951–1968. Inaugural-Dissertation, Universität Hamburg
18. Fitzpatrick TB, Sober AJ (1985) Sunlight and skin cancer. N Engl J Med 313:818–820
19. Friederich HC (1963) Aesthetische Gesichtspunkte bei der Entfernung des Hautkarzinoms. Aestet Med 10:197–203
20. Fritz K, Ziegler H (1982) Beitrag des Saarländischen Krebsregisters zur Epidemiologie der Hauttumoren. Z Haut- u Geschlkrh 58.12:901–905
21. Giles GG, Marks R, Foley P (1988) Incidence of non-melanocytic skin cancer treated in Australia. Brit Med J 296:13–17
22. Gilde O, Schultz-Ehrenburg U (1986) Ackerman-Karzinom der unteren Extremität-Verlauf, Pathologie, Therapie. Hautarzt 37:31–36
23. Glass RL, Spratt JS, Perez-Mesa C (1964) Epidermoid carcinomas in lower extremities. Arch Surg 89:955–960
24. Graham RM, McKee PH, McGibbon D (1984) Sebaceous carcinoma. Clin Exp Dermatol 9:466–471
25. Headington JT, Teears R, Niederhuber JE (1978) Primary adenoid cystic carcinoma of skin. Arch Dermatol 114:421–424
26. Hillström L, Swanbeck G (1970) Analysis of etiological factors of squamous cell skin cancer of different locations. Acta Derm Venerol, Stockholm 50:129–133
27. Hornback NB, Shidnia H (1978) Carcinoma of the lower lip. Cancer 41:352–357

28. Howe N, Lang P (1988) Squamous cell carcinoma of the sole in a patient with chronic graft-vs-host disease. Arch Dermatol 124:1244–1246
29. Hubbell ChR, Rabin VR, Mora RG (1987) Cancer of the skin in blacks. J Am Ac Derm 18:292–298
30. Hundeiker M (1977) Indikationen zur chirurgischen Behandlung von Basaliomen und spinozellulären Karzinomen. In: Dermatochirurgie in Klinik und Praxis. B Konz und G Burg (Hrsg) pp 65–72, Springer, Berlin Heidelberg New York
31. Illig L (1987) Hautkrebs. In: Das deutsche Krebsfrüherkennungsprogramm. Diagnose–Therapie, Bd 6, pp 55–60, däv – Deutscher Ärzte Verlag
32. Jung H-D, Kölzsch J (1968) Zur Epidemiologie von Präkanzerosen und bösartigen Tumoren der Haut. 2. Karzinome der Haut. Hautarzt 4:151–157
33. Kleine-Natrop HE, Sebastian G, Scholz A (1969) Zur Klinik und Therapie der Basalzellepitheliome und Spindelzellkarzinome. Derm Monschr 155:469–484
34. Kossard S, Collins E, Wargon O, Downie D (1987) Squamous carcinomas developing in bilateral lesions of necrobiosis lipoidica. Aust J Derm 28:14–17
35. Kraus FT, Perez-Mesa C (1966) Verrucous carcinoma. Clinical and pathologic study of 105 cases involving oral cavity, larynx and genitalia. Cancer 19:26–38
36. Krause W, Soll C (1969) Altersverteilung und Lokalisation der Hautkarzinome. Z Haut- u Geschlkrh 44:575–580
37. Krumrey KW (1984) Das tricholemmale Karzinom. Fallbericht mit Literaturübersicht. Aktuel Dermatol 10:70–72
38. Lang PG, Metcalf JS, Maize JC (1986) Recurrent adenoid cystic carcinoma of the skin managed by microscopically controlled surgery (Mohs). J Dermatol Surg Oncol 12:395–398
39. Levi FG, Chapallaz S (1981) Les cancers de peau dans le canton de Vaud. Schweiz Rundschau Med Praxis 70:1120–1130
40. Luger A (1971) Altersverteilung und Lokalisation der Hautkarzinome. Wien klin Wschr 83:767–774
41. Lund HZ (1965) How often does squamous cell carcinoma of the skin metastasize? Arch Derm 92:635–638
42. Marks R, Rennie G, Selwood Th (1988) The relationship of basal cell carcinomas and squamous cell carcinomas to solar keratoses. Arch Dermatol 124:1039–1042
43. Møller R, Reymann F, Hou-Jensen K (1979) Metastases in dermatological patients with squamous cell carcinoma. Arch Derm 115:703–705
44. Mölk K (1965) Bösartige Hauttumoren und ihre Behandlung an der Dermatologischen Klinik der Philipps-Universität zu Marburg an der Lahn in den Jahren 1952–1962. Inaugural-Dissertation, Universität Marburg
45. Mohs F, Sahl EWJ (1979) Chemosurgery for verrucous carcinoma. J Dermatol Surg Oncol: 302–306
46. Müller RPA, Petres J (1984) Semimaligne und maligne Tumoren der Haut im Kopf-Hals-Bereich. In: Operative Dermatologie im Kopf-Hals-Bereich. RPA Müller, HC Friederich und J Petres (Hrsg) pp 23–68, Springer, Berlin Heidelberg New York
47. Müller RPA (1986) Zu Klinik und Ätiologie maligner Hauttumoren. Habilitationsschrift, Universität Marburg
48. Nagel A (1955) Hautkarzinomstatistik. Inaugural-Dissertation, Universität Tübingen
49. Nakamura S, Nakayama K, Nishihara K, Imai T (1988) Sebaceous carcinoma – with special reference to histopathologic differential diagnosis. J Dermatol 15:55–59
50. Nguyen MK, McMarlin SL (1984) Verrucous carcinoma of the face. Arch Dermatol 120:383–385
51. Nixon R, Dorevitch AP, Marks R (1986) Squamous cell carcinoma of the skin: accuracy of clinical diagnosis and outcome of follow-up in Australia. Med J Aust 144: 235–238
52. O'Rourke MGE, Bourne RG (1987) Merkel-cell tumour of the skin. Med J Aust 147:190–193
53. Petres J, Haasters J (1968) Unterlippenkarzinome. Ein Beitrag zur Therapie. Fortschr Med 86:795–798
54. Petres J (1981) Arseninduzierte Präkanzerosen und Kanzerosen. In: Präkanzerosen und Papillomatosen der Haut. J Petres und R Müller (Hrsg) pp 21–29, Springer, Berlin Heidelberg New York
55. Reingold IM, Smith BR, Graham JH (1978) Epithelioma cuniculatum pedis, a variant of squamous cell carcinoma. Am J of Clin Pathol 69:561–568

56. Richter R (1967) Das Hautkarzinom in seinen Formen und seine Beziehungen zu ethnischen und klimatologischen Faktoren. Derm Wschr 142:1036–1042
57. Rose I (1986) Präkanzerosen, semimaligne und maligne epitheliale Tumoren der Haut. Inaugural-Dissertation, Philipps-Universität Marburg
58. Schell H, Haneke E (1986) Tricholemmales Karzinom. Bericht über 11 Fälle. Hautarzt 37:384–387
59. Sibley RK, Dehner LP, Rosai J (1985) Primary neuroendocrine (Merkel cell?) carcinoma of the skin. Am J Surg Pathol 9:95–108
60. Stout AP, Cooley SGE (1951) Carcinoma of the sweat glands. Cancer 4:521–536
61. Swanbeck G (1971) Etiological factors of squamous cell skin cancer. Br J Derm 85:394–396
62. Ten Seldam R (1977) Tricholemmocarcinoma. Aust J Dermatol 18:62–72
63. Toker C (1972) Trabecular carcinoma of the skin. Arch Dermatol 105:107–110
64. Van der Kwast Th, Vuzevski VD, Ramaekers F, Bousema MT, Van Joost Th (1988) Primary cutaneous adenoid cystic carcinoma. Brit J Dermatol 118:567–578
65. Vitaliano PP, Urbach F (1980) The relative importance of risk factors in nonmelanoma carcinoma. Arch Derm 116/4:454–456
66. Voy ED (1982) Zur Frage der Metastasierung des Gesichtshautspinalioms. In: Maligne Epitheliome der Gesichtshaut. E Krüger (Hrsg) pp 128–129, G Thieme, Stuttgart New York
67. Walder BK, Robertson MR, Jeremy D (1971) Skin cancer and immunosuppression. Lancet 2:1282–1283
68. Waterhouse J et al. (1976) Cancer incidence in five continents. WHO-JARC Scient Public: 15
69. Weber P, Hevia O, Gretzula J, Rabinovitz H (1988) Primary mucinous carcinoma. J Dermatol Surg Oncol 14:170–172
70. Weissmann I, Konz B (1979) Dermatochirurgische Ergebnisse bei spinozellulären Karzinomen. In: Operative Dermatologie. K Salfeld (Hrsg) pp 207–213, Springer, Berlin Heidelberg New York
71. Wernsdoerfer R (1968) Karzinome der Ohrmuschel. Bericht über 170 Fälle. Z Haut- u Geschlkrh 42/9:303–308
72. Wilkinson JD, McKee PH, Black MM, Whimster IW, Lovell D (1981) A case of carcinoma cuniculatum with coexistant viral plantar wart. Clin Exper Dermatol 6:619–623
73. Williams S (1981) Chemotherapy update for head and neck cancer. Bristol Lab, Syracuse New York

Klinik und Diagnose der malignen epithelialen Tumoren der Haut im Hinblick auf die Therapieplanung

W. Meigel und W. Lengen

Basalzellenkarzinom und spinozelluläres Karzinom sind die häufigsten malignen epithelialen Tumoren der Haut bei der weißen Bevölkerung. Unsere Klinikstatistik weist, identisch mit den Angaben anderer Autoren [2] das Basalzellenkarzinom mit 80% als den führenden Tumortyp aus, gefolgt vom spinozellulären Karzinom, während andere Neubildungen, wie zum Beispiel der Morbus Paget zahlenmäßig zu vernachlässigen sind (Tabelle 1). Ziel der Therapie maligner epithelialer Tumoren muß in jedem Fall die radikale Entfernung, verbunden mit einem möglichst weitgehenden Erhalt von Form und Funktion des betreffenden Hautareals, sein.

In die Therapieplanung gehen tumorbezogene, patientenbezogene und nicht zuletzt auch kostenbezogene Faktoren ein (Tabelle 2). Tumorbezogene Faktoren beinhalten das biologische Verhalten des Tumors und seine Lokalisation am Hautorgan als wichtigste Parameter für die Rezidiv- bzw. Metastasierungswahrscheinlich-

Tabelle 1. Übersicht über die Häufigkeit maligner epithelialer Tumoren in der Hautklinik des AK St. Georg vom 1.1.1987–30.6.1988

Tumoren	Absolute Häufigkeit	Relative Häufigkeit
Basalzellkarzinom	329	82,25%
Plattenepithelkarzinom	54	13,50%
Bowen-Karzinom	14	3,50%
M. Paget	2	0,50%
Merkel-Zell-Karzinom	1	0,25%
Summe	400	100,00%

Tabelle 2. Therapieplanung bei malignen epithelialen Tumoren

Tumorbezogene Faktoren	– Tumorart
	– Lokalisation
	– Eindringtiefe
Patientenbezogene Faktoren	– Alter
	– Vorerkrankung
Kostenbezogene Faktoren	– Behandlungstage
	– Therapieaufwand

Tabelle 3. Behandlungsmethoden maligner epithelialer Tumoren

Operative Therapie	– Exzision

	– Schnittlose Techniken
	  – Elektrotherapie
	  – Kryotherapie
	  – Lasertherapie

Chemotherapie	– Lokal – Systemisch
Röntgentherapie	

keit. Patientenbezogene Parameter bei der Therapieplanung sind vor allem das Lebensalter des Tumorkranken sowie risikoerhöhende Vorerkrankungen. Schließlich ist bei den kostenbezogenen Faktoren zu beachten, daß unter Wahrung der Therapiesicherheit das jeweils kostengünstigste Verfahren zu wählen ist.

Keine Diskussion ist darüber zu führen, daß die Diagnose und, von besonders gelagerten Fällen abgesehen, auch die Therapie maligner epithelialer Tumoren in die Hand des Dermatologen gehören. In aller Regel hat nur der Facharzt das breite diagnostische und therapeutische Spektrum zur Verfügung, welches ihn in die Lage versetzt, die oben genannten Faktoren suffizient zu berücksichtigen.

Maligne epitheliale Tumoren können operativ und konservativ angegangen werden (Tabelle 3). Im Vordergrund steht ohne Zweifel die operative Therapie, sei es mit den Methoden der einfachen Exzision, sei es mit den komplizierteren Verfahren der mikroskopisch kontrollierten Chirurgie. Daneben gibt es eine Reihe schnittloser Techniken wie Elektrochirurgie, Kryo- und Laserchirurgie, welche in bestimmten Indikationen zur Anwendung kommen können. Die schnittlosen Verfahren haben aber ebenso wie die Röntgentherapie den Nachteil, daß die Vollständigkeit der Tumorentfernung histologisch nicht kontrolliert werden kann. Die Röntgentherapie ist zudem noch damit belastet, daß sie eine Strahlennarbe setzt, die, insbesondere in lichtexponierten Arealen, in späteren Jahren ulzerieren und erneut zur Tumorbildung Anlaß geben kann. Bei fortgeschrittenen und metastasierenden epithelialen Tumoren kommt auch die Chemotherapie, zum Beispiel mit Cisplatin und Doxorubicin, in Betracht [10].

Basalzellenkarzinom

Das Basalzellenkarzinom bietet durch sein außerordentlich variantenreiches biologisches Wachstumsverhalten und die daraus resultierende unterschiedliche klinische Ausprägung gute Beispiele für die Anwendung eines tumorspezifischen und patientenindividuellen therapeutischen Konzepts.

Obwohl Basalzellenkarzinome überwiegend sehr langsam wachsen und klinisch einen relativ benignen Verlauf zeigen, gibt es doch Fälle von aggressivem Wachstum mit lokaler Destruktion und Mutilation und eindeutig dokumentierte Fälle von Metastasierung [7, 8]. Therapeutisch unproblematische Fälle das Basalzellenkarzinoms sind die klinisch als nodulär oder zystisch imponierenden Tumoren in Lokalisa-

Tabelle 4. Übersicht über primär problematische Basalzellenkarzinome

Wachstumstyp	– mikronodulär – basosquamös-metatypisch – stromareich
Lokalisation	– zentrofazial – sekundär in Narben, chronische Entzündungen etc.

tionen, in denen sie mit einem Sicherheitsabstand von 3 bis 5 mm primär im Gesunden excidiert werden können. Ebenso können Rumpfhautbasaliome, solitär oder multipel, der Gruppe der unproblematischen Basalzellenkarzinome zugeordnet werden, wobei bei den multipel vorkommenden Tumoren dieses Typs schnittlose Verfahren wie Abrasion, Kryo- oder Lasertherapie zur Anwendung kommen können. Kaum geeignet scheint die Anwendung oraler Retinoide, da auch bei Einsatz hoher Dosierungen nur ca. 10% der Tumoren komplett zur Abheilung gebracht werden konnten [17]. Abgesehen von Rezidiven durch insuffiziente Auswahl oder Durchführung des Therapieverfahrens ist es trotz zahlreicher noch ungeklärter Fragen zur Biologie dieses Tumors evident, daß es primär therapeutisch problematische Basalzellenkarzinome gibt [18].

Histologischer Wachstumstyp und die Lokalisation spielen dabei eine wichtige Rolle (Tabelle 4). Lang und Maize [12] fanden, daß Tumoren mit einem als mikronodulär, infiltrierenden oder basosquamös-metatypisch zu charakterisierenden Wachstumsverhalten einen signifikant höheren Prozentsatz von Rezidiven aufwiesen. Nach anderen Untersuchungen scheint auch eine starke Stromreaktion mit einer hohen Rezidivquote verknüpft zu sein [20]. Tumoren mit diesen histologischen Kriterien sollten in jedem Fall mit großem Sicherheitsabstand und nachfolgender histologischer Kontrolle der Tumorgrenzen oder durch Anwendung der mikroskopisch kontrollierten Chirurgie angegangen werden.

Bei der Therapieplanung ist auch die Lokalisation der Basalzellenkarzinome zu berücksichtigen. Es gibt zahlreiche Literaturhinweise, daß Basalzellenkarzinome in zentrofazialer Lage besonders häufig rezidivieren [1, 15, 16]. Dies hängt einmal damit zusammen, daß Tumoren im Bereich von embryonalen Verschlußzonen (Nasolabialfalte, innerer Kanthus, Nasenspitze) besonders leicht in die Tiefe infiltrieren [16]. Zum anderen ist gerade in diesen kosmetisch problematischen Zonen die Tendenz zu konservativem Exzisionsverhalten und damit zu geringen Sicherheitsabständen groß, so daß die Exzision primär oft nicht ausreichend im Gesunden erfolgt [19].

Problematische Lokalisationen für Basalzellenkarzinome sind auch chronische Narbenareale oder Ulzerationen, da die Tumoren dort oft lange nicht erkannt werden und damit durch ihre Ausdehnung zu therapeutischen Schwierigkeiten führen. Bei diesen Tumoren ist ebenso wie bei allen Rezidivtumoren, zum Beispiel nach primär erfolgter Radiotherapie, die Anwendung mikroskopisch kontrollierter Verfahren zu empfehlen.

Dabei ist das ursprünglich von Mohs [14] angegebene Verfahren der histologisch kontrollierten Chirurgie, das in Deutschland vor allem durch Burg [6] weiterentwickelt wurde, zwar effektiv, von einigen dafür speziell ausgerüsteten Kliniken abgesehen, aber in der täglichen Praxis undurchführbar. Es wäre schon ein großer Fortschritt, wenn wenigstens in den oben genannten Problemfällen die Vollständigkeit der Tumorentfernung mit der exakten histologischen Randkontrolle überprüft würde. Diese ist nach Breuninger und Mitarbeiter [3] der Radikalitätsbeurteilung anhand des histologischen Tumorquerschnitts eindeutig überlegen.

Spinozelluläres Karzinom

Obwohl das spinozelluläre Karzinom der Haut alle Kriterien eines malignen Tumors zeigt, ist auch das biologische Verhalten dieses Tumors durchaus unterschiedlich. Der überwiegende Teil der spinozellulären Karzinome entwickelt sich auf präexistenten Haut- und Schleimhautatypien wie aktinischen Keratosen, Morbus Bowen der Haut und der Schleimhäute oder Leukoplakien. Beim spinozellulären Karzinom spielt noch mehr als beim Basalzellenkarzinom die Frage der Metastasierungswahrscheinlichkeit eine entscheidende Rolle bei der Therapieplanung. Hier steht die Frage im Vordergrund, ob die radikale Entfernung des Primärtumors wie im Fall des Basalzellenkarzinoms allein ausreicht, oder ob die regionären Lymphknotenstationen mit ausgeräumt werden müssen. In der Vergangenheit wurden für die Beurteilung dieser Frage die Bestandsdauer, die Lokalisation und der histologische Differenzierungsgrad als entscheidend angesehen. Nach Moeller et al. [13] waren auf der Basis einer präexistenten aktinischen Keratose entstandene spinozelluläre Karzinome mit einem niedrigen Metastasierungsgrad von ca. 3% belastet, während die Rate bei Karzinomen in den mukokutanen Grenzbereichen wie Lippe, Penis, Vulva oder Analregion bei 10% und diejenige der sogenannten sekundären Karzinome zum Beispiel auf Verbrennungsnarben sogar bei 30% lagen. Ähnlich wie beim malignen Melanom dürften aber, wie Breuninger, Langer und Rassner zeigen konnten, Tumordicke und Infiltrationstiefe eine entscheidende Rolle spielen [4] (Tabelle 5). Von diesen Autoren werden spinozelluläre Karzinome mit einer Tumordicke unter 2 mm und einer lediglich intracorialen Infiltration zur No-risk-Gruppe gerechnet, bei denen eine Metastasierung nicht zu erwarten ist. Der Grad der histologischen Differenzierung von spinozellulären Karzinomen, meist in der von Broders [5] angegebenen Graduierung angegeben, weist eine Korrelation zur Metastasierungsrate dahingehend auf, daß bei den entdifferenzierten Karzinomen die Metastasierungswahrscheinlichkeit höher liegt [9].

Daraus ergibt sich zwangsläufig, daß die operative Therapie bei der Therapieplanung zur Entfernung spinozellulärer Karzinome an erster Stelle steht. Aufgrund der

Tabelle 5. Metastasierungsverhalten des spinozellulären Karzinoms

Niedrige Metastasierungs- wahrscheinlichkeit	– spinozell. Karzinom auf aktinischer Keratose – Eindringtiefe unter 2 mm und nur intradermales Wachstum*
Hohe Metastasierungs- wahrscheinlichkeit	– spinozell. Karzinom in mukutanen Grenzregionen – spinozell. Karzinom, sekundär auf chronischen Entzündungen und Narben – Eindringtiefe über 2 mm und Invasion in die Subkutis*

* Breuninger et al. (1988)

histologischen Beurteilung der Eindringtiefe und des Differenzierungsgrades muß dann entschieden werden, ob darüber hinaus noch weitere Maßnahmen notwendig sind.

Patientenbezogene Faktoren

Hohes Alter des Patienten war in der Vergangenheit oft eine Einschränkung für die Anwendung operativer Verfahren. Die Fortschritte der Allgemeinnarkose und die Möglichkeit, auch größere Eingriffe in Lokalanästhesie durchzuführen, haben die Altersgrenze nach oben zur Durchführung operativer Eingriffe praktisch aufgehoben. Gleichwohl ist bei sehr alten Patienten die Röntgentherapie eine mögliche Alternative, bei Patienten unter 60 Jahren ist sie wegen der zu erwartenden Spätfolgen nicht indiziert. Im übrigen muß bei der Röntgentherapie bedacht werden, daß sie bei Durchführung einer üblicherweise fraktionierten, ambulanten Bestrahlung zu einer bei älteren Patienten höheren Transportbelastung führt [11]. Vorerkrankungen wie Diabetes mellitus oder koronare Herzerkrankungen werden bei entsprechender internistischer Vorbehandlung die Operationsfähigkeit nur in seltenen Fällen einschränken. Gleichwohl sollte man in derart gelagerten Fällen die schnittlosen Verfahren zur Tumorentfernung mit ins Kalkül ziehen. Die Marcumarisierung ist nach unserer Erfahrung keine Kontraindikation für ein geplantes operatives Vorgehen. Kurzfristige Erhöhung des Quickwertes auf 50% ermöglicht einen dermatochirurgischen Eingriff jederzeit.

Kostenbezogene Faktoren

Angesichts steigender Kosten im Gesundheitswesen müssen auch finanzielle Erwägungen bei der Therapieplanung eine Rolle spielen. Hier gilt der Grundsatz: „Soviel ambulant wie möglich" uneingeschränkt. Die stationäre Behandlung wird lediglich bei größeren Eingriffen in Vollnarkose und bei risikoerhöhenden Vorerkrankungen erforderlich sein. Aber auch die einzelnen Verfahren zur Tumorentfernung unterscheiden sich kostenmäßig oft ganz wesentlich. So liegen zum Beispiel die Kosten für die operative Entfernung eines Hauttumors nur etwa halb so hoch wie diejenigen bei einer Röntgentherapie.

Schlußbemerkung

Zusammenfassend bleibt festzustellen, daß tumorbezogene, patientenbezogene und kostenbezogene Faktoren bei der Therapieplanung maligner epithelialer Tumoren berücksichtigt werden müssen. Nach unserer Auffassung ist, von Ausnahmefällen abgesehen, die operative Therapie mit nachfolgender histologischer Kontrolle der Entfernung in toto die Methode der Wahl. Schnittlose Verfahren können durchaus eine Alternative darstellen, allerdings haftet ihnen wie der Röntgentherapie der Nachteil an, daß die histologische Kontrolle der vollständigen Entfernung nicht möglich ist. Bei der Röntgentherapie ist zudem noch die dauernde Gewebsschädigung mit der Gefahr von Spätschäden zu berücksichtigen. Voraussetzung für eine effiziente Therapie ist jedoch, daß Diagnosestellung und Prognosebeurteilung in der Hand des Dermatologen liegen.

Literatur

1. Afzelius L, Ehnhage A, Nordgren HV (1980) Basal cell carcinoma in the head and neck Acta Pathol Microbiol Scand 88:5–9
2. Braun-Falco O, Petzoldt D (1966) Über bösartige epitheliale Tumoren der Haut. Landarzt 42:1217–1226
3. Breuninger H, Rassner G, Undeutsch W (1984) Operative Behandlung von Basaliomen mit errechnetem Sicherheitsabstand und histologischer Randkontrolle. Hautarzt 35:303–307
4. Breuninger H, Langer B, Rassner G (1988) Untersuchungen zur Prognosebestimmung des spinozellulären Karzinoms der Haut und Unterlippe anhand des TNM-Systems und zusätzlicher Parameter. Hautarzt 39:430–434
5. Broders AC (1958) The microscopic grading of cancer. In Pack GT (ed) Treatment of cancer and allied diseases, Vol 1, 2nd edn Airel New York pp 55–72
6. Burg G (1977) Mikroskopisch kontrollierte (histographische) Chirurgie. In Konz B, Burg G (Hrsg). Dermatochirurgie in Klinik und Praxis. Springer, Berlin Heidelberg New York
7. von Domarus H, Stevens PJ (1984) Metastatic basal cell carcinoma. J Am Acad Dermatol 10:1043–1060
8. Farmer ER, Helwig EB (1980) Metastatic basal cell carcinoma: A clinicopathologic study of seventeen cases. Cancer 46:748–757
9. Gottron HA, Nikolowski W (1960) Plattenepithel Karzinom. In: Gottron HA, Schönfeld W (Hrsg) Dermatologie und Venerologie Bd IV. Thieme, Stuttgart S 364–375
10. Guthrie jr TH, McElveen LJ, Porubsky ES, Harmon JD (1985) Cisplatin and Doxorubicin. An effective chemotherapy combination in the treatment of advanced basal cell and squamous carcinoma of the skin. Cancer 55:1629–1632
11. Hundeiker M (1977) Indikationen zur chirurgischen Behandlung von Basaliomen und spinozellulären Karzinomen. In: Dermatochirurgie in Klinik und Praxis Konz B, Burg G (Hrsg) Springer, Berlin Heidelberg New York pp 65–71
12. Lang jr PG, Maize JC (1986) Histologic evolution of recurrent basal cell carcinoma and treatment implications. J Am Acad Dermatol 14:186–196
13. Moeller R, Reymann F, Hou-Jensen K (1979) Metastases in dermatological patients with squamous cell carcinoma. Arch Dermatol 115:703–705
14. Mohs FE (1971) Chemosurgery for the microscopically controlled excision for skin cancer. J Surg Oncol 3:257–267
15. Mora RG, Robins P (1978) Basal cell carcinomas in the face: Special diagnostic, prognostic and therapeutic considerations. J Dermatol Surg Oncol 4:315–324
16. Panje WR, Ceilley RI (1979) The influence of embryology of the mid-face on the spread of epithelial malignancies. The Laryngoscope 89:1914–1920
17. Peck GL, DiGiovanna JJ, Sarnoff DS et al (1988) Treatment and prevention of basal cell carcinoma with oral isotretinoin. J Am Acad Dermatol 19:176–185
18. Pollack SV, Goslen JB, Sherertz EF, Jegasotny B (1982) The biology of basal cell carcinoma: A review. J Am Acad Dermatol 7:569–577
19. Robins P, Albom MJ (1975) Recurrent basal cell carcinomas in young women. J Dermatol Surg Onc 1:49–51
20. Sloane JP (1977) The value of typing basal cell carcinomas in predicting recurrence after surgical excision. Brit J Dermatol 96:127–132

Histologische Varianten des Plattenepithelkarzinoms der Haut und ihre Dignität

E. Haneke

Zusammenfassung

Plattenepithelkarzinome der Haut wachsen uneingeschränkt infiltrativ und destruierend. Trotzdem ist ihre Prognose im allgemeinen relativ gut bis sehr gut, da sie meist langsam wachsen und spät metastasieren. Die weitaus meisten Plattenepithelkarzinome entstehen auf aktinischen Keratosen, und diese Plattenepithelkarzinome haben eine viel bessere Prognose als diejenigen, die auf unveränderter Haut, chronischen Entzündungen oder Ulzera entstehen. Neben Tumorgröße, Invasionstiefe, Lokalisation und Verhornungsgrad sind weitere zytologische und architektonische Differenzierungen prognostisch bedeutsam. Trichilemmales Karzinom, verruköses Karzinom und Carcinoma cuniculatum sind Plattenepithelkarzinome niedrigen Malignitätsgrades. Das pseudoglanduläre Karzinom wächst ebenfalls sehr langsam, kann aber gelegentlich metastasieren. Bowen-Karzinome wachsen gewöhnlich etwas schneller. Alle Plattenepithelkarzinome der Körperöffnungen haben ein höheres Metastasierungspotential und damit eine schlechtere Prognose.

Jedem Dermatologen sind nicht nur die klinische, sondern auch die histologische Vielfalt der Basaliome und ihr durchaus unterschiedliches Wachstumsverhalten sowie die sich daraus ergebenden verschiedenen Behandlungsmöglichkeiten bekannt. Das Plattenepithelkarzinom (PK), im Klinikjargon oft noch als Spinaliom bezeichnet, wird hingegen häufig als mehr oder weniger einheitlicher Tumor angesehen. PK der Haut sind 3 bis 5mal seltener als Basaliome, treten fast nur an chronisch lichtbelasteter Haut von Kopf und Handrücken auf und sind in über 10% multipel [11]. Sie entstehen fast ausschließlich auf aktinischen Keratosen [12], die auch als praktisch obligatorischer Marker für das Risiko, PK zu entwickeln, anzusehen sind [13]. Das Metastasierungsrisiko kutaner PK ist gering [4], obwohl sie uneingeschränkt infiltrativ und destruierend wachsen. Trotzdem ist ihre operative Therapie nicht selten einfacher als die eines Basalioms, weil die Abgrenzung gegenüber der gesunden umgebenden Haut eindeutiger ist; es ist aber auch in Betracht zu ziehen, daß beim Verdacht auf ein PK wegen dessen Metastasierungsfähigkeit wohl im allgemeinen von Anfang an ein größerer Sicherheitsabstand geplant wird.

Für die Prognosebestimmung des PK hat sich die TNM-Klassifikation der UICC bewährt [9], die noch wesentlich an Exaktheit gewinnt, wenn – ähnlich wie beim malignen Malanom der Haut – die maximale Tumordicke und die Invasionstiefe sowie der histologische Differenzierungsgrad angegeben werden [3, 4, 5]. Daneben kommt der Lokalisation des PK noch eine wesentliche Bedeutung zu: 75–80% der PK der Haut, 50–70% der Unterlippenkarzinome, 42% der Analkarzinome und nur 21% der Karzinome auf Ulcera crurum werden geheilt [11] (Tabelle 1).

Tabelle 1. Prognostisch wichtige Faktoren beim Plattenepithelkarzinom

Tiefen- und Flächenwachstum (T)
Tumordicke
Malignitätsgrad
Histologische Differenzierung
Eventuelle Präkanzerose
Lokalisation
Bestandsdauer
(Erfolglose) Vorbehandlung
Begleitkrankheiten, Abwehrlage

Besonderen histologischen Varianten der PK der Haut und angrenzenden Schleimhäuten ist bisher wenig allgemeine Beachtung geschenkt worden, obwohl es zahlreiche kasuistische Darstellungen gibt. Die Histologie des „gewöhnlichen" PK soll hier nicht eingehend dargestellt werden. Von der Epidermis gehen Proliferationen plattenepithelialer Zellverbände aus, die Zell- und Kernatypien, pathologische Mitosen, Dyskeratosen und Verlust der geordneten Schichtung aufweisen. Differenzierungsgrad und Verhornung werden gewöhnlich korreliert, wobei starke Verhornung hohe Differenzierung bedeutet und mit einer besseren Prognose einhergeht. Für die Prognose wichtig sind jedoch auch Invasionsweise und -tiefe sowie Stroma- und Entzündungsreaktion (Tabelle 2).

Tabelle 2. Prognose der Plattenepithelkarzinome der Haut

Klinischer/ histologischer Typ	lokales Wachstum	Metastasierung	Prognose
de novo	rasch	häufig	mittel
auf aktinischer Keratose	langsam	selten	gut
Bowen-Karzinom	langsam	nicht selten	mittel-gut
akantholytisch	langsam	selten	gut
Trichilemmales Karzinom	langsam	sehr selten	sehr gut
Verruköses Karzinom	sehr langsam	sehr selten	sehr gut
Carcinoma cuniculatum	langsam ausgedehnt	fast nie	sehr gut

Eine sichere histologische Unterscheidung zwischen den klinisch relativ günstig verlaufenden PK auf aktinischen Keratosen und den prognostisch wesentlich ungünstigeren de novo-Karzinomen ist nur möglich, wenn seitlich noch Anteile der aktinischen Keratose und eine deutliche aktinische Elastose vorhanden sind. Die schlechte Prognose der Ulkuskarzinome beruht vor allem auf ihrem meist jahrelangen Bestand, der Flächen- und Tiefenausdehnung, weniger auf einem histologisch charakteristischen Bild.

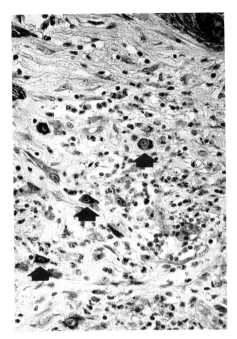

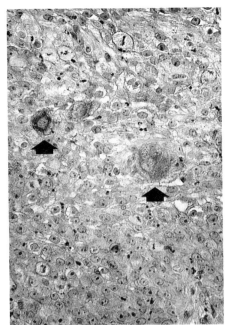

Abb. 1a. Randpartie eines anaplastischen Plattenepithelkarzinoms der Haut: Im entzündlichen Infiltrat liegen einzelne Cytokeratin-positive Karzinomzellen (Pfeil). Keratindarstellung mittels Peroxidase-Antiperoxidase-Technik, × 200

Abb. 1b. Überwiegend kleinzelliges, mitosenreiches, medulläres Plattenepithelkarzinom: Nur 2 große Tumorzellen sind Cytokeratin-positiv (Pfeil). Keratindarstellung mittels Avidin-Biotin-Komplex-Methode, × 250

Die schlechteste Prognose haben anaplastische Plattenepithelkarzinome (Abb. 1), die histologisch Rund- oder Spindelzellsarkomen, malignen Melanomen, großzelligen malignen Lymphomen und Metastasen maligner Tumoren innerer Organe ähneln können. Hier erlaubt oft erst der immunhistochemische Cytokeratinnachweis die exakte Diagnose. Das Metastasierungspotential dieser Plattenepithelkarzinome ist sehr hoch, und eine Schätzung der Heilungsrate ist wegen der geringen Zahl mitgeteilter Fälle nicht möglich.

Besondere Schwierigkeiten bei der klinischen und histologischen Diagnose bereiten die seltenen desmoplastischen Plattenepithelkarzinome (Abb. 2). Sie können klinisch ebenso an Basaliome wie an PK, aber auch an fibromatöse Tumoren erinnern, histologisch ist am ehesten das sklerodermiforme Basaliom abzugrenzen. Sie scheinen trotz der massiven bindegewebigen Stromareaktion zumindest teilweise den Wachstumstyp, den auch ihre ursprüngliche Präkanzerose aufwies, beizubehalten. Aus einer bowenoiden aktinischen Keratose entwickelte sich ein desmoplastisches bowenoides PK, das in den schmalen verzweigten Tumorzellsträngen Kernverklumpungen, pathologische Mitosen und Dyskeratosen in großer Zahl aufwies und jede Schichtung vermissen ließ. Unter einer teilweise akantholytischen aktinischen Keratose entwickelte sich ein zum Teil sehr an ein sklerodermiformes Basaliom erinnern-

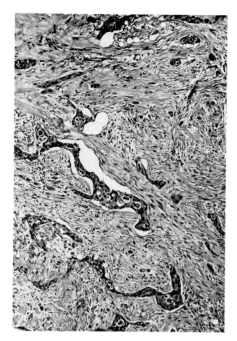 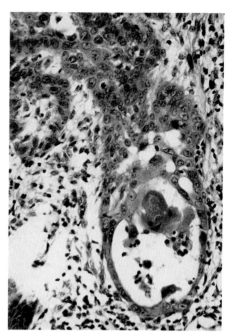

Abb. 2. Infiltrierend wachsendes desmoplastisches Bowen-Karzinom, das von einem typischen Morbus Bowen der Haut ausging. Die histologische Ähnlichkeit mit einem sklerodermi-
formen Basaliom wird durch die peritumorale
Spaltbildung noch verstärkt. HE, × 80

Abb. 3. Pseudoglanduläres Plattenepithelkarzinom (73jährige Patientin, Lokalisation Schläfe). HE, × 250

des, in den tiefsten Anteilen pseudoglanduläres akantholytisches desmoplastisches
PK mit einem fokal hochgradig myxoiden Stroma. Die Nachbeobachtungszeit dieser
Patienten mit desmoplastischem PK ist jedoch noch zu kurz, um die Prognose
abschätzen zu können.

Das pseudoglanduläre Karzinom (Epithelioma segregans) ist ein ebenfalls sehr
langsam wachsendes PK, das vorwiegend im Schläfen- und lateralen Stirnbereich
lokalisiert ist (Abb. 3). Die Tumorformationen weisen eine ausgeprägte Akantholyse
mit zahlreichen dyskeratotischen Zellen auf. Atypien und Mitosen sind eher selten,
Metastasierung kommt jedoch vor.

Bowenkarzinome (Abb. 4) unterscheiden sich von gewöhnlichen PK dadurch, daß
sie nicht von aktinischen Keratosen, sondern von Morbus Bowen ausgehen. Der
Tumoraufbau erinnert weniger an geschichtliches Plattenepithel. Die Tumorzellen
liegen sehr dicht, ungeordnet, lassen kaum Desmosomen erkennen. Pathologische
Mitosen finden sich reichlich neben epidermalen Riesenkernen, Kernverklumpungen, Dyskeratosen und Pyknomitosen. Dem Bowenkarzinom liegt oft eine parakeratotische Schuppenkruste auf. Die Prognose des Bowenkarzinoms ist ungünstiger als
die des gewöhnlichen PK auf belichteter Haut.

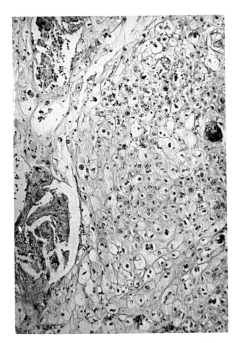

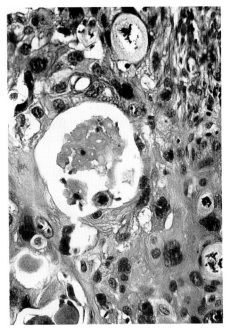

Abb. 4a. Trichilemmoides Bowen-Karzinom (82jähriger Patient, Lokalisation Glatze). HE, × 200

Abb. 4b. Bowen-Karzinom bei einer 16jährigen Patientin mit Poikiloderma congenitale. HE, × 400

Das sog. trichilemmale Karzinom [15] ist m. E. ein besonders differenziertes Bowenkarzinom. Neben großen Anteilen mit kleinen bis mittelgroßen, scheinbar leeren Zellen mit rundem Kern, die den Zellen der äußeren Haarscheide stark ähneln und daher namensgebend sind, finden sich ausgeprägte Kernatypien, hyperchromatische Riesenkerne, pathologische Mitosen und von der Oberfläche in den Tumor hinabreichende parakeratotische Zapfen, die eine gewisse Ähnlichkeit mit frustranen Haaranlagen aufweisen. An ein Trichilemmom erinnert oft auch die lobuläre Struktur des trichilemmalen Karzinoms und die noch zum Teil vorhandene, relativ regelmäßige basale Reihe kleiner kubischer Zellen. Die Kultivierung von Zellen eines trichilemmalen Karzinoms über zahlreiche Passagen hat eine hohe Persistenz ihrer besonderen Morphologie nachgewiesen [10]. Die Nachkontrolle der 11 Erlanger [15] und weiterer 15 Wuppertaler Fälle [8] hat bisher in keinem Fall eine Metastasierung aufdecken können. Systematische Untersuchungen an über 2000 aktinischen Keratosen haben gezeigt, daß in ca. 15% der aktinischen Keratosen herdförmig kleine bis mittelgroße, optisch leere Zellen, die denen der äußeren Wurzelscheide ähneln, vorkommen, in 3% weisen die aktinischen Keratosen überwiegend solche trichilemmartigen Zellen auf. Der Übergang in invasive trichilemmale Karzinome ließ sich mehrfach nachweisen [8].

Das verruköse Karzinom (VK) wurde zuerst an der Mundschleimhaut als eigenständige Form des PK beschrieben [1]. Es zeichnet sich durch sehr langsames, exophytisches Wachstum und den klinischen Aspekt verruköser und blumenkohlartiger Tumormassen aus. Es wird im allgemeinen erst nach vielen Jahren oder nach ungeeigneten Behandlungsmaßnahmen invasiv mit der Fähigkeit zur Metastasierung; es verhält sich dann wie ein gewöhnliches Plattenepithelkarzinom der Mundhöhle. Histologisch ist es charakterisiert durch papillomatös-hyperkeratotisches, exophytisches, nach der Tiefe verdrängendes, gewissermaßen eine horizontale Front bildendes Wachstum, auffallend regelmäßige Epithelschichtung, kaum erhöhte Mitoserate und fast fehlende Atypien. Vermutlich ist die floride orale Papillomatose mit dem VK identisch [7, 14]. Ob es allerdings gerechtfertigt ist, Papillomatosis cutis carcinoides [6], Riesenkondylome Buschke-Löwenstein und Carcinoma (Epithelioma) cuniculatum lediglich als Unterform des VK der Haut zusammenzufassen [14], ist strittig. Sowohl im klinischen als auch im histologischen Bild bestehen Unterschiede, die m. E. – zumindest noch gegenwärtig – für eine Individualisierung dieser Tumoren sprechen, wobei bisher nicht geklärt ist, ob der Buschke-Löwenstein-Tumor tatsächlich von Anfang an ein PK niedrigen Malignitätsgrades ist oder nicht erst durch chronische Irritation – wiederholte frustrane Therapieversuche – sekundär maligne entartet.

Das Carcinoma cuniculatum [2] ist ein besonders langsam, aber im Gegensatz zum VK endophytisch wachsendes Karzinom sehr niedrigen Malignitätsgrades. Es bildet charakteristische kaninchenbauartig verzweigte Gänge, die übelriechenden, pastenartigen keratotischen Detritus enthalten, der sich zum Teil exprimieren läßt. Atypien und Mitosen sind selten, der Epithelaufbau mutet regelmäßig an. Klinisch handelt es sich um ein torpides, nicht heilendes Ulkus oder um einen derben Knoten mit Fistelöffnung. Betroffen sind überwiegend alte Menschen, Vorzugslokalisation sind die Füße. Invasion in den darunterliegenden Knochen ist möglich. Trotzdem kommt Metastasierung entweder gar nicht vor oder ist erst Folge eines vorangegangenen Strahlentherapieversuchs [16]. Therapie der Wahl ist die lokal-radikale Tumorexzision. Ob eine adjuvante Etretinat-Therapie [16] tatsächlich die Heilungschancen bei nicht radikaler Operation verbessert, ist noch nicht erwiesen. Der proliferierende Trichilemmaltumor (proliferating pilar tumour of the scalp) kann klinisch und histologisch einem PK ähneln. Kernatypien kommen praktisch immer vor, sind aber oft nicht sehr ausgeprägt. Metastasierung ist außerordentlich selten, obwohl der Tumor lokal infiltrierend wächst und den Knochen destruieren kann. Es wird angenommen, daß der proliferierende Trichilemmaltumor von der äußeren Haarscheide ausgeht. Die lokal radikale Exzision, eventuell mit plastischer Deckung, ist die Therapie der Wahl; bei inoperablen Tumoren läßt sich eine rasche Verkleinerung durch Röntgenbestrahlung erzielen.

Die Bestimmung der histologischen Differenzierung kutaner PK hat sich als prognostisch bedeutsam erwiesen. Ein wesentliches Kriterium des histologischen Grading ist der Keratinisierungsgrad, wobei die Prognose mit abnehmender Verhornung immer schlechter wird [4, 5]. Bei der Bestimmung des Differenzierungsgrades sollten jedoch noch weitere Parameter wie Kernpolymorphie, Häufigkeit der Mitosen, Invasionsart, Infiltrationstiefe und entzündliches Infiltrat berücksichtigt werden [3]. Gerade die sog. trichilemmalen (Bowen-) Karzinome, die meist nur eine sehr geringe Verhornung, aber einen jahrelangen Verlauf ohne Metastasierung aufweisen [15], zeigen, daß das Ausmaß der Keratinisation kutaner PK als einziges Kriterium bei der Bestimmung des Malignitätsgrades nicht ausreicht. Unabhängig vom histologischen

Differenzierungsgrad ist zu betonen, daß die Prognose von PK an bestimmten Lokalisationen, zum Beispiel Unterlippe, Mundschleimhaut, Anus, Penis, Skrotum, stets schlechter ist als die der Karzinome der belichteten Haut. Dies trifft insbesondere auch für die Tumorgröße zu, wie gelegentliche metastasierende T1-Unterlippenkarzinome zeigen.

Literatur

1. Ackerman LV (1948) Verrucous carcinoma of the oral cavity. Surgery 23:670–678
2. Aird I, Johnson HD, Lennox B, Stanfield AG (1954) Epithelioma cuniculatum: Variety of squamous carcinoma peculiar to foot. Br J Surg 42:245–250
3. Anneroth G, Batsakis J, Luna M (1987) Review of the literature and recommended system of malignancy grading in oral squamous cell carcinomas. Scand J Dent Res 95:229–249
4. Breuninger H, Langer B, Rassner G (1988) Untersuchungen zur Prognosebestimmung des spinozellulären Karzinoms der Haut und Unterlippe anhand des TNM-Systems und zusätzlicher Parameter. Hautarzt 39:430–434
5. Broders AC (1921) Squamous epithelioma of the skin. Ann Surg 73:141–160
6. Gottron HA, Nikolowski W (1960) Karzinom der Haut. In: HA Gottron, W Schönfeld (Hrsg) Dermatologie und Venerologie IV: 295–406, Thieme, Stuttgart
7. Haneke E (1982) Floride orale Papillomatose. I Tagung Sektion Histopathologie der Deutschen Dermatologischen Gesellschaft, Kiel, 16.–18.7.82
8. Haneke E (1988) Trichilemmal carcinoma is a bowenoid carcinoma of low malignancy. IX Int Cong Dermatol Surg, Edinburgh, 25–28 Sept 1988
9. Hermanek P, Sobin LH (1987) TNM classification of malignant tumours. Springer, Berlin Heidelberg New York
10. Katsuoka K, Schell H, Hornstein OP, Deinlein E (1987) Morphological and flow-cytometric characterization of a trichilemmoid carcinoma cell line in vitro. Dermatologica 175:15–22
11. Kleemann W (1977) Geschwülste der Haut. Klinische Pathologie der Geschwülste, Lieferung 2 (Hrsg A Gläser), Thieme, Leipzig
12. Marks R, Rennie G, Selwood TS (1988) Malignant transformation of solar keratoses to squamous cell carcinoma. Lancet 1:795–797
13. Marks R, Rennie G, Selwood TS (1988) The relationship of basal cell carcinomas and squamous cell carcinomas to solar keratoses. Arch Dermatol 124:1039–1042
14. Mayron R, Grimwood RE, Siegle RJ, Camisa C (1988) Verrucous carcinoma arising in ulcerative lichen planus of the soles. J Dermatol Surg Oncol 14:547–551
15. Schell H, Haneke E (1986) Tricholemmales Karzinom. Bericht über 11 Fälle. Hautarzt 37:384–387
16. Sollberg S, Marsch WCh, Holzmann H (1988) Das Carcinoma cuniculatum am distalen Unterschenkel – Zur Diskussion individueller Therapiemaßnahmen. In: Haneke E (Hrsg) Gegenwärtiger Stand der operativen Dermatologie. Fortschritte der operativen Dermatologie IV, Springer, Berlin Heidelberg New York London Tokio

Das neuroendokrine trabekuläre Karzinom. Diagnose und Therapie

G. MAHRLE

Das trabekuläre Karzinom der Haut wurde erstmals 1972 von Toker beschrieben [15]. Er definierte den Tumor als ein an der Dermis-Subkutisgrenze gelegenes, trabekulär aufgebautes Karzinom älterer Menschen. Wie die später dem Tumor gegebenen Bezeichnungen, Merkelzellkarzinom, neuroendokrines Karzinom und APUDom, trifft auch der ursprüngliche Begriff nur einen Teil des Erscheinungsbildes dieses Tumors.

In der Literatur sind inzwischen etwas über 400 Tumoren dieser Art beschrieben worden [9]. Wir überblicken insgesamt 24 Fälle, die wir entweder selbst betreut (n = 5), als histologische Einsendung aufgearbeitet (n = 5) oder mit denen wir uns im Rahmen kooperativer Studien befaßt haben (n = 14). Im folgenden soll anhand unserer eigenen Beobachtungen und der in der Literatur publizierten Fälle eine Charakterisierung dieses Tumors erfolgen.

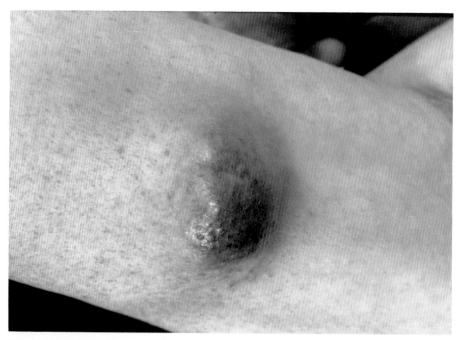

Abb. 1. Neuroendokrines trabekuläres Karzinom über dem rechten Oberarm eines 63jährigen Patienten

Tabelle 1. Alter, Geschlecht und Lokalisation des neuroendokrinen trabekulären Karzinoms

	Eigene Beobachtungen	Literatur [9]
Alter:	71 J. + 13 (26–87) n = 19	68 J. (15–97) n = 269
Geschlecht:	m : f = 11 : 8 n = 19	m : f = 152 : 164 n = 316
Lokalisation:	Gesicht 10; Extr. 7 n = 17	Kopf 50%; Extr. 45% n = 315

Klinik

Der Primärtumor ist ein livid roter Knoten, der einen endophytischen und exophyti-
schen Anteil hat (Abb. 1). Die Oberfläche ist glatt und neigt zur Exulzeration. In der
Regel ist die Konsistenz vermehrt, kann aber weich sein, wenn eine nekrotische
Einschmelzung vorliegt. Der Tumor entsteht fast ausschließlich und etwa gleich
häufig im Gesicht bzw. im Bereich der Extremitäten (Tabelle 1). Betroffen sind vor
allem ältere Patienten jenseits des 65. Lebensjahres. Ein bevorzugter Befall eines
Geschlechts besteht nicht.

Histologie

Der Tumor ist an der Dermis-Subkutisgrenze gelegen und zeigt einen trabekulären
bis soliden Aufbau (Abb. 2). Er kann die gesamte Dermis einnehmen, ist aber immer

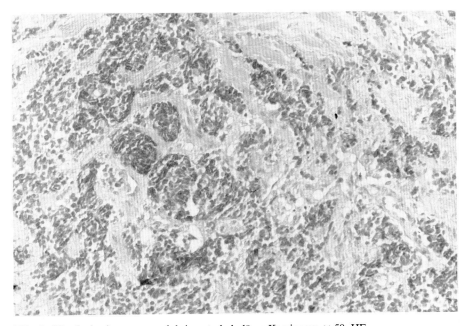

Abb. 2. Histologie eines neuroendokrinen trabekulären Karzinoms. × 50, HE

von der Epidermis durch einen schmalen dermalen Randstreifen getrennt. In einem Fall beobachteten wir eine bowenoide Veränderung über einem bis dicht an die Epidermis reichenden Tumor. Aber auch hier fand sich keine direkte Verbindung zwischen Tumor und Epidermis. Eine squamöse Metaplasie oder eine Kombination mit einem Plattenepithelkarzinom, wie es selten beschrieben ist, konnten wir dagegen nicht beobachten. Bis auf eine Ausnahme, bei der die Tumorzellen das äußere Haarfollikelepithel infiltrierten, zeigten die Tumorzellen auch keine Verbindung zu den Adnexen. Vielmehr konnten wir in einigen Fällen eine naevoide Ausdehnung des Tumors entlang der Haarfollikel und der Schweißdrüsenausführungsgänge zur Oberfläche hin feststellen.

Gould et al. [7] unterscheiden histologisch drei Typen des Tumors:
1. Den trabekulären klassischen Typ,
2. den kleinzelligen Typ und
3. den intermediären Typ.

In den von uns beobachteten Fällen fanden wir meist Mischformen, die mehrere dieser Charakteristika aufwiesen und eine so klare Unterteilung nicht zuließen.

Der Tumor bestand in der Regel aus epitheloidzelligen Tumorzellen und bot ein relativ gleichförmiges Bild. Arealweise ließen sich zwei Tumorzelltypen unterscheiden:
1. Größere, gut abgrenzbare Zellen mit polymorphen, bläschenförmigen Kernen, die eine deutliche Heterochromatinstruktur und Nukleoli besitzen.
2. Kleinere basaloide Zellen mit einem schwach eosinophilen Zytoplasma und relativ monomorphen, polychromatischen Kernen ohne deutliche Innenstrukturierung sowie undeutlichen Zellgrenzen. Mitosen waren zahlreich vorhanden. Der Tumorzellverband zeigte häufig Artefakte, was die Zellen als wenig stabil erscheinen ließ.

In der Dermis fanden wir bei frühen Tumoren eine Ausbreitung in retikulierenden Strängen zwischen Kollagenfasern und eine ebenfalls sehr früh beginnende inter- und intralobuläre Ausbreitung im Fettgewebe. Im fortgeschrittenen Stadium bildeten sich solide Tumorknoten, die schmale Bindegewebssepten, Bindegewebsgefäßzwickel und Riesenfettzellen enthielten. Der Tumor war reichlich vaskularisiert und nicht selten kam es zu umschriebenen Hämorrhagien. Der trabekuläre Aufbau war dann meist in den dermiswärts gerichteten Randpartien solcher Knoten noch zu erkennen. Gelegentlich waren die Knoten durch eine fibröse Kapsel deutlich von der Umgebung abgegrenzt. Eine peritumorale entzündliche Reaktion war selten und bestand aus einem spärlichen lymphozytären Infiltrat, welches stellenweise und diskret die äußeren Tumoranteile infiltrierte.

Elektronenmikroskopie

Die Zellgrenzen sind scharf, die Interzellularräume sehr dicht und interzelluläre desmosomenartige Kontaktzonen selten. Das Zytoplasma ist reich an Mitochondrien und Ribosomen und erscheint wegen der geringen Dichte an intermediären Filamenten hell. Die Filamente zeigen vereinzelt eine tonofilamentartige oder eine knäuelartige Anordnung. Form und Größe der Kerne variieren. Die Kerne enthalten 1–3 Nukleoli. Das Chromatin ist kleinfleckig verdichtet und gibt den Kernen ein gesprenkeltes Aussehen. Einzelne Zellpole oder Zellfortsätze enthalten in der Regel typische Merkelzellgranula ("dense core vesicles"), soweit die Präparate mit Glutaraldehyd fixiert wurden. Die Granula werden durch eine Formalinfixierung zerstört.

Immunhistochemie

Die Tumorzellen enthalten Epithelzellmarker wie Keratin, Desmoplakin und epitheliales Membranantigen neben neurogenen Markern wie Neurofilament und neuronenspezifische Enolase. Insbesondere das glanduläre Keratin K18 und die Neurofilamente sind als paranukleäre Punkte darstellbar, die offenbar den elektronenmikroskopischen Filamentknäulen entsprechen [11]. Nimmt man zur Färbung der Keratine ein Anti-Pankeratin, so wird auch das Zytoplasma schwach angefärbt. Bewährt hat sich auch die Färbung mit Antikörpern gegen Chromogranin A einem Protein in den neurosekretorischen Granula. Dieser Antikörper gibt auch gute Reaktionen am Formalin-fixierten und Paraffin-eingebetteten Schnitt. So fanden wir bei 7 von 10 Präparaten eine deutliche Anfärbbarkeit. Obwohl die Reaktion eindeutig ist, variiert die Ausdehnung der Anfärbbarkeit von einzelnen Zellen über Zellkloni zu größeren Tumorarealen.

Differentialdiagnose

Klinisch wird man auch aufgrund des fortgeschrittenen Alters zuerst an eine Tumormetastase, an ein Lymphom oder ein Angiosarkom denken. Die häufigste histologische Differentialdiagnose eines Lymphoms oder eines Melanoms ist ggf. immunhistologisch auch am Paraffinschnitt durch den fehlenden Nachweis des Leukozytenantigens und des S100 Proteins leicht möglich. Die Abgrenzung gegenüber Metastasen epithelialer Tumoren ergibt sich aus dem positiven Nachweis von Chromogranin, Neurofilament und neuronenspezifischer Enolase.

Die hauptsächliche differentialdiagnostische Schwierigkeit könnte in der Abgrenzung zwischen einem primären neuroendokrinen Karzinom der Haut und der Metastase eines visceralen neuroendokrinen Karzinoms bestehen. In erster Linie sind hierbei Hautmetastasen folgender Tumoren beschrieben worden: Kleinzellige Karzinome besonders der Lunge, Karzinoide der Lunge oder des Gastrointestinums, Adenokarzinome des Genitaltraktes, Thymus-, Pankreasinselkarzinome sowie sogenannte adulte Neuroblastome [1, 2, 16]. Wie die primären neuroendokrinen trabekulären Karzinome koexprimieren diese Tumoren Keratin und Neurofilament [10], besitzen neurosekretorische Granula bzw. Chromogranin [8] und sind positiv auf neuronenspezifische Enolase. Als Abgrenzung könnte dienen, daß diese Tumoren im Vergleich zum primären neuroendokrinen Karzinom der Haut nur ganz selten eine paranukleäre knäuelartige Anordnung der Filamente aufweisen, das karzinoembryonale Antigene vorhanden ist und der Nachweis spezifischer Neuropeptide, wie Met- und Leu-enzephalin, beta-Endorphin, Bombesin und Serotonin gelingt. Das primäre trabekuläre Karzinoid der Haut, welches jüngst beschrieben wurde [3], unterscheiden sich durch seine schmalen, adenoiden Tumorstränge vom primären trabekulären Karzinom der Haut.

Prognose und Therapie

Die Prognose ist bei Berücksichtigung von Literaturangaben mit mehr als 50 Patienten als schlecht zu bezeichnen. Ein lokales Rezidiv wurde in 39% (23 von 59 Pat.) bereits 4,5 Monate nach Exzision des Primärtumors beobachtet [14]. Lymphknotenmetastasen traten nach einem Jahr in 78% (44 von 56 Pat.) auf. 52% der Patienten (18 von 34 Pat.) hatten 15 Monate nach Exzision Fernmetastasen. Die Überlebensrate betrug bei einem Kollektiv von 172 Patienten, das retrospektiv anhand der Literatur ausgewertet wurde, nach einem Jahr 88%, nach zwei Jahren 72%, nach drei Jahren 55%. Frauen zeigten eine günstigere Prognose als Männer [9].

Die Therapie der Wahl ist eine weite Exzision im Gesunden (2–3 cm). Aufgrund der frühen Ausdehnung des Tumors in der Subkutis müßte diese bis auf die Faszie erfolgen. Bei Vergrößerung der regionalen Lymphknoten wird von den meisten Autoren empfohlen, diese ebenfalls zu exstirpieren bzw. eine neck dissection durchzuführen. Eine Nachbestrahlung der Exzisionsstelle des Primärtumors und bei Nachweis von Lymphknotenmetastasen auch des Lymphknotenexstirpationsgebietes soll die Rezidivrate erheblich herabsetzen [14].

Umstritten ist die prophylaktische Lymphknotenentfernung, zumal es sich meist um ältere Patienten handelt. Silva et al. [14] machen die prophylaktische Lymphknotenentfernung vom Primärtumor abhängig. Sie soll dann durchgeführt werden, wenn der Tumor mehr als 2 cm im Durchmesser mißt, 10 oder mehr Mitosen pro starkem Vergrößerungsfeld gezählt werden, der Tumor histologisch in die Gefäße eingebrochen oder der Primärtumor von kleinzelligem Typ ist. Goepfert et al. [6] und Raaf et al. [13] empfehlen grundsätzlich eine prophylaktische Lymphknotenentfernung, wenn der Zustand des Patienten dies zuläßt, da die Hälfte ihrer Patienten mit klinisch unauffälligem regionalen Lymphknoten histologisch eine Metastasierung zeigten.

Bei metastasierten trabekulären Karzinomen kann eine Bestrahlungstherapie und/oder eine Polychemotherapie erfolgen. Verschiedene Chemotherapieschemata wurden mit wechselndem Erfolg eingesetzt [4, 5, 13, 17]. Es hat sich bisher kein eindeutig überlegenes Schema herauskristallisiert. Das am häufigsten eingesetzte Grundschema ist die Kombination von Cyclophosphamid, Adriamycin (Doxorubin) und Vincristin [4, 5, 17]. Eine nicht eindeutig diagnostisch gesicherte Einzelbeobachtung weist darauf hin, daß sich möglicherweise trabekuläre Karzinome, wenn auch selten, spontan zurückbilden können [12].

Literatur

1. Asquier P, de Calan L, Ozoux JP, Legue E, Brizon J, Ruchoux MM (1984) Association cancer colique et tumeur à cellules de Merkel. Presse Médicale 13:164–165
2. Battifora H, Silva EG (1986) The use of antikeratin antibodies in the immunohistochemical destinction between neuroendocrine (Merkel cell) carcinoma of the skin, lymphoma, and oat cell carcinoma. Cancer 58:1040–1046

3. Collina G, Quarto F, Eusebi V (1988) Trabecular carcinoid of the skin with cellular stroma. Am J Dermatopath 10:430–435
4. Feun LG, Savaraj N, Legha SS, Silva EG, Benjamin RS, Burgess MA (1988) Chemotherapy for metastatic Merkel cell carcinoma. Cancer 62:638–685
5. George TK, di Sant'Agnese A, Bennett JM (1985) Chemotherapy for metastatic Merkel cell carcinoma. Cancer 56:1034–1038
6. Goepfert H, Remmler D, Silva R, Wheeler B (1984) Merkel cell carcinoma (endocrine carcinoma of the skin) of the head and neck. Arch Otalaryngol 110:707–712
7. Gould VE, Moll R, Moll I, Lee I, Franke WW (1985) Biology of Disease. Neuroendocrine (Merkel) cells of the skin: hyperplasias, dysplasias, and neoplasms. Lab Invest 52:334–353
8. Helman LJ, Gazdar AF, Park JG, Cohen PS, Cotelingam JD, Israel MA (1988) Chromogranin an expression in normal and malignant human tissues. J Clin Invest 82:686–690
9. Hitchcock CL, Bland KI, Laney RG, Franzini D, Harris B, Copeland EM (1988) Neuroendocrine (Merkel cell) carcinoma of the skin. Ann Surg 207:201–207
10. Moll R (1986) Epitheliale Tumormarker. Verh Dtsch Ges Path 70:28–50
11. Moll R, Osborn M, Hartschuh W, Moll I, Mahrle G, Weber K (1986) Variability of expression and arrangement of cytokeratin and neurofilaments in cutaneous neuroendocrine carcinomas (Merkel cell tumors): Immunocytochemical and biochemical analysis of twelve cases. Ultrastruct Path 10:473–495
12. O'Rourke MGE, Bell JR (1986) Merkel cell tumor with spontaneous regression. J Dermatol Surg Oncol 12:994–997
13. Raaf JH, Urmacher C, Knapper WK, Shiu MH, Cheng EWK (1986) Trabecular (Merkel cell) carcinoma of the skin. Cancer 57:178–182
14. Silva EG, Mackay B, Goepfert H, Burgess MA, Fields RS (1984) Endocrine carcinoma of the skin (Merkel cell carcinoma). In: Sommers SC, Rosen PP (ed) Pathology Annual Part 2, Vol 19, Apleton-Century-Crofts, Norwalk, Connecticut, pp 1–30
15. Toker C (1972) Trabecular carcinoma of the skin. Arch Derm 105:107–110
16. Wick MR, Scheithauer BW (1985) Primary neuroendocrine carcinoma of the skin. In: Wick MR (ed) Pathology of unusual malignant cutaneous tumors, Vol 20, Mercel Dekker, New York Basel, pp 107–180
17. Wynne CJ, Kearsely JH (1988) Merkel cell tumor. Cancer 62:28–31

Die operative Behandlung verruköser Karzinome

H. WINTER, N. SÖNNICHSEN, H. AUDRING und I. TAUSCH

Zusammenfassung

Das verruköse Karzinom Ackerman mit seinen unterschiedlichen klinischen Erscheinungsformen ist eine Variante des Plattenepithelkarzinoms. Der Tumor entwickelt sich langsam, wächst zunächst meist exophytisch, papillomatös, und erst relativ spät ist ein Einbruch in tiefere Gewebsschichten nachweisbar. Geringe Metastasierungstendenz und hohe Rezidivneigung werden als weitere Charakteristika beschrieben. Insgesamt handelt es sich um einen Tumor mit niedrigem Malignitätsgrad. Fehldeutungen aber auch Diskrepanzen zwischen klinischer Beurteilung und den histopathologischen Befunden sind gerade bei diesen Karzinomen keine Seltenheit. Die Therapie der Wahl ist die großflächige Exzision mit einem Sicherheitsabstand von 2–3 cm nach histologischer Sicherung mittels Probeexzision. Bei unklaren Tumorgrenzen, großflächigen Tumorgebieten und bei Rezidivbildungen hat sich die mikroskopisch kontrollierte Chirurgie bewährt. Anhand ausgewählter klinischer Beispiele wird das operative Vorgehen vorgestellt.

Das verruköse Karzinom Ackerman mit seinen unterschiedlichen klinischen Erscheinungsformen ist eine Variante des Plattenepithelkarzinoms [2, 3, 4, 5, 7]. Neuere Erkenntnisse sprechen dafür, daß humane Papillomviren mit onkogener Potenz eine ätiopathogenetische Bedeutung haben [1, 2, 5, 6, 8, 9, 10]. Der Tumor entwickelt sich langsam, wächst zunächst meist exophytisch papillomatös, und erst relativ spät ist ein Einbruch in tiefere Gewebsschichten nachweisbar. Häufig ist ein typisches biphasisches Wachstumsverhalten zu beobachten. In der ersten Phase entwickelt sich der Tumor langsam progredient, aggressives Wachstum kennzeichnet die zweite Phase. Bei auffallend aktiver Tumorrandzone ist die zentrifugale Ausbreitungstendenz vorherrschend. Spontane Rückbildungen sind nicht zu erwarten. Geringe Metastasierungstendenz und hohe Rezidivneigung werden als weitere Charakteristika beschrieben. Insgesamt handelt es sich um einen Tumor mit niedrigem Malignitätsgrad. Fehldeutungen sowie Diskrepanzen zwischen klinischer Beurteilung und den histopathologischen Befunden sind gerade bei diesen Karzinomen keine Seltenheit.

Eigene Untersuchungen

Im Zeitraum von 5 Jahren – vom 1. 9. 1983 bis 31. 8. 1988 – wurden an unserer Klinik insgesamt 40 Patienten mit verrukösem Karzinom beobachtet, darunter eine Patientin mit zwei nacheinander auftretenden verrukösen Karzinomen unterschiedlicher Lokalisation. Es handelte sich um 30 Männer im Alter von 35 bis 85 Jahren und um 10

Tabelle 1. Lokalisation der 41 verrukösen Karzinome bei 40 Patienten nach Häufigkeit geordnet

Lokalisation	Zahl der Tumoren
Anogenitalregion	15
Extremitäten (ohne Fußsohle)	11
Fußsohle	9
Rumpf	4
Kopf-Halsregion	1
Oral- und Perioralregion	1

Frauen im Alter von 22 bis 82 Jahren. Der Altersgipfel der Erkrankung lag zwischen dem 40. und 60. Lebensjahr.

Die Tabelle 1 gibt einen Überblick über die unterschiedlichen Tumorlokalisationen. Verruköse Karzinome kamen in allen Regionen vor. Am häufigsten waren die Tumoren in der Anogenitalregion (15 Tumoren) zu finden, davon bei 8 Patienten am Penis, bei 2 Patienten am Skrotum, bei 3 Patientinnen im Vulvabereich und bei 2 Patienten in der Perianalregion. An den Extremitäten konnten insgesamt 20 Tumoren beobachtet werden, dabei war mit 9 verrukösen Karzinomen die Fußsohle die häufigste Lokalisation. 4 Tumoren befanden sich an unterschiedlichen Regionen des Rumpfes. Relativ gering war die Zahl der Patienten mit Tumorsitz in der Kopf-Halsregion (1 Tumor) sowie in der Oral- und Perioralregion (1 Tumor). Allerdings werden Patienten mit Tumoren in diesen Regionen vorrangig in der Klinik für Stomatologie bzw. in der Kiefer-Gesichtschirurgie unseres Klinikums behandelt und sind deshalb hier nicht erfaßt.

Bei einer 72jährigen Patientin mit Akrodermatitis continua suppurativa Hallopeau entwickelten sich im Abstand von 2 Jahren zunächst ein verruköses Karzinom am rechten Daumen und nachfolgend ein gleichartiger Tumor am Zeigefinger der linken Hand. Bei der histopathologischen Untersuchung konnten bei 16 Tumoren die Zeichen eines invasiven Wachstums festgestellt werden. Regionale Lymphknotenmetastasen fanden sich bei 2 Patienten. Bei 12 verrukösen Karzinomen kam es nach operativer Entfernung teilweise zu mehrfachen Rezidiven. Zwei Patienten verstarben an den Folgen des Tumorleidens. Es handelte sich um eine 49jährige Patientin mit rezidivierenden Tumorbildungen im Vulvabereich, die im fortgeschrittenen Tumorstadium in unsere Klinik kam und jede weitere Behandlung ablehnte. Ein Patient mit monströsem Buschke-Loewenstein-Tumor des Penis (Abb. 2) verstarb ebenfalls mit 49 Jahren trotz intensiver therapeutischer Bemühungen.

Unser Therapiekonzept

Im Schrifttum finden sich zahlreiche Hinweise auf unterschiedliche Therapiemöglichkeiten [1, 2, 3, 4, 7]. Neben der Chemotherapie (5-Fluorourazil, Methotrexat, Bleomycin, Retinoide, Immunmodulatoren u.a.) werden von der Mehrzahl der Autoren chirurgische Maßnahmen (Exzision, Kürettage, Elektrochirurgie, Kryotherapie, Laser-Chirurgie) empfohlen. Von der Anwendung ionisierender Strahlen wird allgemein abgeraten.

Die Therapie der Wahl ist die großflächige Exzision mit einem Sicherheitsabstand von 2–3 cm nach histologischer Sicherung durch Probeexzision. Die Tiefe der Exzision kann davon abhängig gemacht werden, ob eine Invasion in das subepitheliale Bindegewebe vorliegt. Fehlt diese, sind tiefreichende Exzisionen in der Regel nicht erforderlich. Bei unklaren Tumorgrenzen, großflächigen Tumorgebieten und bei Rezidiven hat sich die mikroskopisch kontrollierte Chirurgie bewährt. Der Versuch einer adjuvanten lokalen und systemischen Zytostatikatherapie sollte bei Problemfällen unternommen werden.

Klinische Beispiele

Als Standardbeispiel für eine großflächige Tumorexzision mit mikroskopisch kontrollierter Chirurgie (Histographie) dient ein 36jähriger Patient mit einem histologisch gesicherten (Probeexzision) verrukösen Karzinom an der Stirn-Haar-Grenze links (Abb. 1a). Nach Exzision des Tumors mit einem Sicherheitsabstand von 2–3 cm wurde die Defektwunde temporär mit synthetischem Hautersatz (SYSpur-derm) abgedeckt. Bei der dreidimensionalen histologischen Untersuchung zeigten sich im

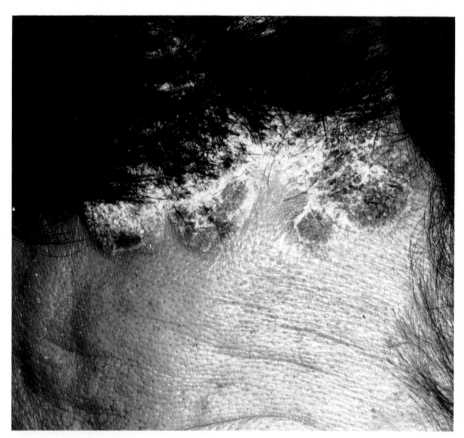

Abb. 1a. 36jähriger Patient mit verrukösem Karzinom an der Stirn-Haargrenze

Bereich der Grenzzonen keine Tumorgewebsreste. Zwischenzeitlich wurde der Wundgrund mit SYSpur-derm bei täglichem Verbandswechsel konditioniert. Nach 2 Wochen Konditionierung war ein sauberer Granulationsrasen annähernd im Hautniveau nachweisbar. Die definitive Defektdeckung erfolgte mit einem Spalthauttransplantat von der Innenseite des rechten Oberarms. 2 Jahre nach vollständiger Transplantatanheilung war das ästhetische Ergebnis zufriedenstellend. Es bestand kein Anhalt für ein Rezidiv (Abb. 1b).

Bei Ablehnung jeglicher Behandlungsmaßnahmen durch den Patienten aber auch bei ungeeigneten bzw. unzureichenden Therapieversuchen entwickeln sich aus zunächst harmlos erscheinenden, langsam progredient wachsenden Tumoren gelegentlich foudroyant aggressive verruköse Karzinome mit den klinischen Zeichen der Infiltration und Destruktion. Auch an die Möglichkeit einer Metastasierung muß in diesem Stadium gedacht werden. Die Abbildung 2 zeigt einen bei der stationären Aufnahme 47jährigen Patienten mit monströsem verrukösen Karzinom (Typ Buschke-Loewenstein) des Penis. Seit 7 Jahren bestanden bei dem patienten Kondylome an der Glans penis und am Präputium, die sich angeblich erst in den letzten

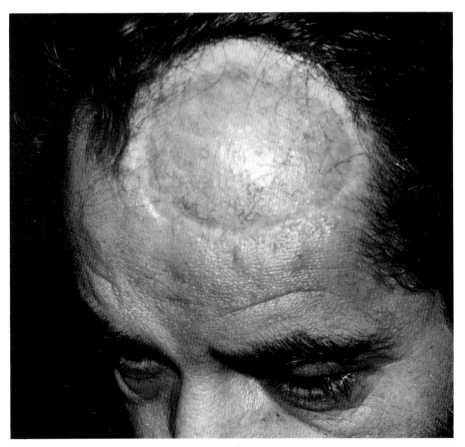

Abb. 1b. Ergebnis 2 Jahre nach mikroskopisch kontrollierter Tumorexzision, Konditionierung mit temporärem synthetischen Hautersatz (SYSpur-derm) und Spalthauttransplantation

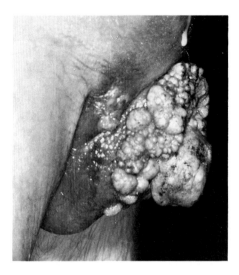

Abb. 2. 47jähriger Patient mit monströsem verrukösen Karzinom (Typ Buschke-Loewenstein) des Penis

3 Monaten plötzlich vergrößert und flächenhaft ausgebreitet hätten. Bei der Aufnahmeuntersuchung war der Penis und die äußere Harnröhre durch blumenkohlartige, grau-weiße, übelriechende Tumormassen weitgehend zerstört. Zusätzlich bestand eine schwere Sekundärinfektion mit Abszeß- und Fistelbildungen. Trotz zahlreicher operativer Eingriffe in Kombination mit lokaler und systemischer Zytostatikatherapie konnte das Tumorgeschehen nicht mehr beherrscht werden. Der Patient verstarb 2 Jahre nach Behandlungsbeginn bei hochgradiger Tumorkachexie und Septikopyämie. Bei der Obduktion war das kleine Becken mit Tumormassen ausgefüllt. Zusätzlich konnte eine Metastasierung in regionale Lymphknotenstationen nachgewiesen werden.

Demgegenüber sind bei rechtzeitiger und konsequenter chirurgischer Therapie evtl. auch in Kombination mit einer adjuvanten Chemotherapie beachtliche Erfolge zu erzielen. Im Zeitraum von 3 Jahren entwickelte sich bei einem 68jährigen Patienten ein verruköses Karzinom am Penisschaft (Abb. 3a). Probeexzisionen ergaben ein verruköses frühinvasives Karzinom mit bowenoidem Zellbild. 8 Wochen nach systemischer Zytostatikatherapie mit Bleomycin zeigte sich eine deutliche Rückbildung der verrukösen und ulzerösen Tumorareale (Abb. 3b). In diesem Stadium sollte nach unserer Erfahrung die großzügige Entfernung des gesamten Tumorgebietes weit im Gesunden erfolgen. Dementsprechend wurde die gesamte Haut des Penisschaftes bis zur Fascia penis profunda entfernt (Abb. 3c). Nach Bildung eines Brückenlappens im Bereich der ventralen Skrotalwand wurde der Penis in das Skrotum verlagert (Abb. 3d) und in Höhe des Sulcus coronarius eingenäht. 8 Wochen nach reizfreier Einheilung erfolgte die Penisplastik. Nach türflügelartiger Umschneidung der Skrotalhaut (Abb. 3e) wurden die mobilisierten Skrotalhautanteile an der Unterseite des Penisschaftes miteinander vernäht. Das Skrotum konnte aus der restlichen Skrotalhaut vollständig rekonstruiert werden. Die Abbildung 3f dokumentiert das Ergebnis ½ Jahr nach der Penisplastik. Die systemische Bleomycintherapie wurde in niedriger

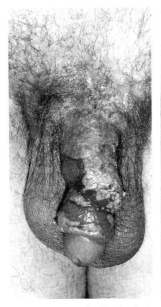

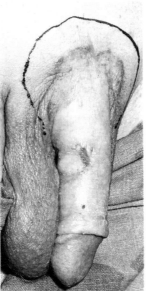

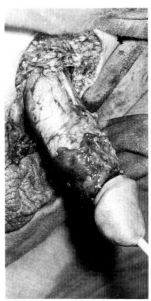

Abb. 3c. Haut des Penisschaftes weit im Gesunden entfernt

Abb.3b. Deutliche Tumorrückbildung 8 Wochen nach systemischer Zytostatikatherapie mit Bleomycin. Eingezeichnete Schnittführung

Abb. 3a. 68jähriger Patient mit verrukösem Karzinom am Penisschaft

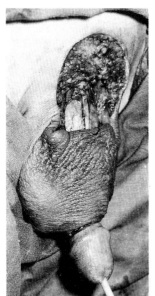

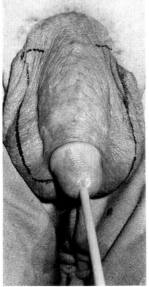

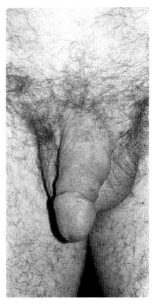

Abb. 3d. Bildung eines skrotalen Brückenlappens und Verlagerung des Penis in das Skrotum

Abb. 3e. Penisplastik 8 Wochen nach reizfreier Einheilung. Türflügelartige Umschneidung der Skrotalhaut. Eingezeichnete Schnittführung

Abb. 3f. Ergebnis ½ Jahr nach Penisplastik. Rezidivfrei, keine Störungen der Miktion und Kohabitation

Dosierung (15 mg wöchentlich) noch 3 Monate postoperativ fortgeführt. Bei der Kontrolluntersuchung 1 Jahr nach der Erstoperation war der Patient beschwerdefrei ohne Störungen der Miktion und Kohabition. Es bestand kein Anhalt für Rezidiv.

Literatur

1. Albrecht G (1986) Condylomata acuminata. Neuere Aspekte zur Klinik, Pathogenese und Therapie. Z Hautkr 61:457–462
2. Audring H, Tausch I, Winter H, Bethke G, Neumann J, Klug H (1987) HPV-induzierte Tumoren mit onkogener Potenz – Verlaufsbeobachtungen, Therapieempfehlungen. Dermatol Monatsschr 173:71–72
3. Brinkmann W, Steigleder GK, Pullmann H (1981) Epithelioma cuniculatum – Eine Sonderform des Plattenepithelcarcinoms der Haut. Z Hautkr 56:717–727
4. Gilde O, Schultz-Ehrenburg U (1986) Zur biologischen Dignität des Epithelioma cuniculatum. Z Hautkr 61:556–558
5. Gross G, Ikenberg H, Gissmann L, Hagedorn M (1985) Papillomavirus Infection of the Anogenital Region: Correlation Between Histology, Clinical Picture, and Virus Type. Proposal of a New Nomenclature. J Invest Dermatol 85:147–152
6. Gross G, Gissmann L (1986) Urogenitale und anale Papillomvirusinfektionen. Hautarzt 37:587–596
7. Harms M, Chavaz P (1982) Verruköses Karzinom der Fußsohle. Hautarzt 33:224–225
8. Jabónska S (1982) Humane Papillomaviren und Onkogenese. Z Hautkr 57:551–566
9. Jabónska S, Obalek S, Orth G (1986) Bowenoide Papulose und ihr Zusammenhang mit Bowen'scher Krankheit und atypischen Kondylomen. Z Hautkr 61:563–565
10. Pfister H (1986) Papillomviren und Tumorkrankheiten des Menschen. Zbl Haut 152:193–202

Häufigkeit, Verhalten und Therapie sogenannter H-Zonen-Basaliome

H. Schulz

Zusammenfassung

Vor allem im anglo-amerikanischen Schrifttum wird die Auffassung vertreten, daß Basaliome der sogenannten H-Zone des Gesichtes ein besonders aggressives Verhalten und eine vermehrte Rezidiv-Freudigkeit aufweisen. Von 1006 Basaliomen der eigenen Praxis waren 532 (52,9%) in der H-Zone lokalisiert. Wegen der oft topografischen anatomisch schwierigen Situation wurden 182 dieser Tumoren (34,2%) klinisch operativer Behandlung zugeführt, während Basaliome anderer Regionen in 94 Fällen (19,8%) klinisch behandlungsbedürftig waren. H-Zonen-Basaliome erforderten 141mal (26,5%) größere plastische Eingriffe, die sonstigen nur in 50 Fällen (10,5%). Nachexzision wegen unzureichender Erstresektion war in 8,8% der H-Zonen-Lokalisation und in 3,8% der übrigen notwendig. Rezidive zeigten sich bei 5,1% der H-Zonen-Basaliome und bei 2,7% der sonstigen. Die Unterschiede waren statistisch nicht signifikant. Die Häufigkeitsverteilung besonders aggressiver und hartnäckiger Wuchsformen, wie z. B. sklerodermiforme und keratotische Basaliome (H-Zone 6,0%, sonstige 7,2%) zeigte in beiden Kollektiven keinen signifikanten Unterschied.

Einleitung

Tumorzapfen vorwiegend fibrosierend wachsender bzw. sklerodermiformer Basaliome neigen dazu, bestimmte anatomische Strukturen als Leitschiene benutzen, tiefliegende Gewebeformationen zu infiltrieren. So vermag ein Basaliom z. B. vom inneren Augenwinkel über den Orbitalrand und den Ductus nasolacrimalis zur Augen- und Nasenhöhle sowie über die Siebbeinzellen bis zur Schädelbasis vorzudringen. Von der Parotisgegend kann ein aggressives Basaliom oberhalb des Jochbogens, entlang der Temporalisfaszie, in tiefe Wangen- und infratemporale Weichteile einwachsen. Weitere gefährdete Bereiche sind der Nasenflügelansatz, die Nasolabialregion und der Mundwinkel [2]. Die beschriebenen kritischen Regionen befinden sich in der sogenannten H-Zone des Gesichtes. Vor allem im anglo-amerikanischen Schrifttum wird die Meinung vertreten, daß in dieser Region Basaliome ein besonders aggressives biologisches Verhalten und eine vermehrte Rezidivfreudigkeit aufweisen [1, 3, 4]. Die an embryologischen Fusionsflächen reiche H-Zone (Abb. 1) umfaßt die Augenlider einschließlich des medialen und lateralen Augenwinkels, Nase und Nasolabialfalte, Oberlippenbereich und Mundwinkel, die Schläfen, Prä- und Retroaurikularregion, Helixrand und äußeren Gehörgänge. In der vorliegenden Untersuchung soll anhand von 1006 in eigener Praxis beobachteter Basaliome die Häufigkeit, das Verhalten und die Therapie sogenannter H-Zonen-Basaliome analysiert werden.

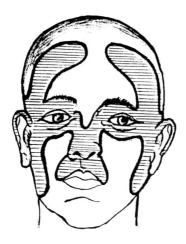

Abb. 1. Sogenannte H-Zone des Gesichtes (nach Baker)

Krankengut und Methodik

Innerhalb von 14 Jahren (1975–1988) wurden in eigener Praxis 1741 präkanzeröse, lokale aggressiv wachsende und maligne Hauttumoren beobachtet. Die Basaliome waren mit einem Anteil von 57,8%, 1006 Neubildungen bei 731 Patienten, die häufigste Tumorart. Es folgten in der Häufigkeit aktinische Keratosen mit 19,5% (n = 340), spinozelluläre Karzinome 5,9% (n = 102) und maligne Melanome 4,9% (n = 85). Die übrigen Tumorarten machten insgesamt nur einen Anteil von 6,9% aus.

In einem Jahr suchten durchschnittlich 52 Erkrankte mit 72 Basaliomen die Praxis auf. 359 Patienten (49,1%) waren weiblich und 372 (50,9%) männlichen Geschlechts. Das Medianalter betrug 66,1 Jahre. 74 Patienten (10,1%) waren jünger als 50 Jahre, davon 57 (7,8%) 40–49 Jahre alt, 12 Patienten (1,6%) 30–39 Jahre alt und 5 Patienten (0,7%) 25–29 Jahre alt.

Zur statistischen Auswertung wurde das sogenannte H-Zonenkollektiv (n = 532) mit den sonstigen Lokalisationen (n = 475) verglichen, wobei die Häufigkeiten in den Regionen, der histologische Befund, Therapie, Wuchsform und das Rezidivverhalten berücksichtigt wurden. Die in beiden Kollektiven ermittelten Häufigkeiten wurden gegenübergestellt und die Unterschiede mittels Chi-Quadrat-Test geprüft.

Ergebnisse

Von den 1006 Basaliomen waren 532 (52,9%) in der H-Zone des Gesichtes lokalisiert (Tabelle 1; Abb. 1/2). 846 Basaliome (84,1%) fanden sich im Kopf-Halsbereich. Der H-Zonen-Anteil der Kopf-Hals-Basaliome betrug 62,9% (n = 532). Die übrigen 160 Basaliome (15,9%) wurden am Stamm und Extremitäten gesehen. Am Kopf zeigte sich von der Stirn nach caudal absteigend bis zur Augen-Nasenregion einschließlich der Ohrmuschel eine Linksprävalenz der Verteilung, ab Wangenbereich eine nach caudal zunehmende Rechtsprävalenz. Die Unterschiede waren jedoch statistisch nicht signifikant.

Tabelle 1. Anzahl und prozentuale Verteilung der Basaliome (n = 1006). (H) = H-Zonen-Lokalisation

Lokalisation	n	%	Lokalisation	n	%
1. Nase (H)	204	20,3	24. Kreuzbein	6	0,6
2. Schläfe (H)	123	12,2	25. Unterlippe	5	0,5
3. Stirn	107	10,6	26. Glabella	5	0,5
4. Wange	96	9,5	27. Ohrläppchen	5	0,5
5. präaurikulär (H)	43	4,3	28. supraclaviculär	5	0,5
6. Hals-Nacken	42	4,2	29. Jochbogen (H)	4	0,4
7. retroaurikulär (H)	40	3,9	30. Leiste	4	0,4
8. Rücken	40	3,9	31. Gesäß	4	0,4
9. Unterlid (H)	27	2,7	32. Oberlid (H)	3	0,3
10. medialer Augenwinkel (H)	26	2,6	33. Unterarm	3	0,3
11. Schulter	24	2,6	34. Cymba conchae (H)	2	0,2
12. Thorax vorn	22	2,2	35. Gehörgang (H)	2	0,2
13. Bauch	21	2,1	36. Oberschenkel	2	0,2
14. Oberlippe (H)	21	2,1	37. Handrücken	2	0,2
15. Ohrmuschel (H)	19	1,9	38. Mundwinkel (H)	1	0,1
16. behaarter Kopf	20	1,9	39. Lidrand (H)	1	0,1
17. Kinn	20	1,9	40. subaurikulär (H)	1	0,1
18. Augenbraue	12	1,2	41. Unterkieferkante	1	0,1
19. Oberarm	9	0,9	42. Handgelenk	1	0,1
20. lateraler Augenwinkel (H)	9	0,9	43. Vulva	1	0,1
21. Unterschenkel	7	0,7	44. Ellenbogen	1	0,1
22. Achselhöhle	7	0,7	45. Kniekehle	1	0,1
23. Kieferwinkel (H)	7	0,7			

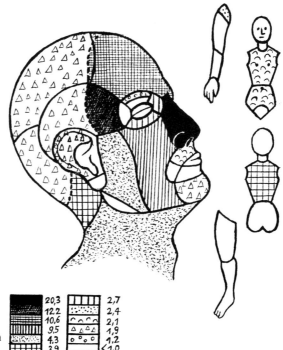

Abb. 2. Verteilung der Basaliome in % (n = 1006)

Eine histologische Differenzierung lag bei 445 (83,6%) der H-Zonen-Basaliome und bei 416 (87,8%) der sonstigen Lokalisationen vor (Tabelle 2). 70,6% (n = 314) der H-Zonen-Basaliome wiesen eine solide Wuchsform auf, wohingegen in den anderen Regionen 50,9% (n = 212) histologisch solide waren. Die multizentrischen Basaliome überwogen mit 20,4% (n = 85) bei den übrigen Lokalisationen, während diese Form lediglich 4,7% (n = 21) in den H-Zonen ausmachte. Die Unterschiede waren statistisch signifikant (p < 0,01). Biologisch aggressive Wuchsformen wie sklerodermiforme und keratotische Basaliome kamen in den H-Zonen 32mal (6,0%) und in den übrigen Arealen 34mal vor (7,2%). Bezieht man die Anzahl sklerodermiformer und keratotischer Basaliome (n = 6) aus dem kleinen Bereich der seitlichen cranialen Stirnpartie in die H-Zone ein, so ergibt sich ein Anteil von ca. 6,5% aggressiver Wuchsformen in beiden Kollektiven.

276 Basaliome (27,4%) wurden einer klinischen Therapie zugeführt, während 730 Tumoren (72,6%) in eigener Praxis behandelt wurden. 182 der klinisch therapierten Basaliome waren in H-Zonen lokalisiert (65,9%) und 94 (34,1%) in den übrigen

Tabelle 2. Anzahl der histologischen Differenzierung bei den H-Zonen-Basaliomen (n = 445) und den sonstigen Lokalisationen (n = 416) im prozentualen Vergleich

Histologie	H-Zone	%	sonstige	%
1. solid	314	70,6	212	50,9
2. multizentrisch	21	4,7	85	20,4
3. solid-adenoid	21	4,7	22	5,3
4. solid-pigmentiert	19	4,3	18	4,3
5. sklerodermiform	19	4,3	12	2,9
6. solid-multizentrisch	10	2,2	16	3,8
7. metatypisch, „Type mixte"	9	2,0	5	1,2
8. solid-keratotisch	6	1,3	14	3,5
9. solid-skerodermiform	5	1,1	6	1,4
10. cystisch	3	0,6	–	–
11. solid-adenoid-pigmentiert	–	–	3	0,7
12. fibroepithelial (Pinkus)	–	–	3	0,7
13. adenoid-cystisch	–	–	3	0,7
14. adenoid	2	0,4	–	–
15. solid-cystisch	2	0,4	1	0,2
16. cystisch-pigmentiert	2	0,4	–	–
17. solid-adenoid-cystisch	2	0,4	6	1,4
18. solid-pigmentiert in N.seborrh.	2	0,4	–	–
19. Ulcus-rodens-Typ	2	0,4	–	–
20. keratotisch	1	0,2	2	0,4
21. solid-keratotisch-pigmentiert	1	0,2	1	0,2
22. solid-adenoid-multizentrisch	1	0,2	–	–
23. solid-multizentrisch-pigmentiert	1	0,2	–	–
24. z.T. verkalktes Basaliom	1	0,2	–	–
25. solid-cystisch-keratotisch	1	0,2	–	–
26. multizentrisch pigmentiert	–	–	1	0,2
27. fibroepithelial in N.seborrh.	–	–	1	0,2
28. Basalioma terebrans	–	–	1	0,2
29. multizentrisch-sklerodermiform	–	–	1	0,2
30. cystisch in N. seborrhoicus	–	–	1	0,2
31. multizentrisch in N.seborrh.	–	–	1	0,2
32. intraepidermal (Jadassohn)	–	–	1	0,2

Arealen. Bezogen auf sämtliche 532 H-Zonen-Basaliome betrug der klinische Anteil 34,2% (n = 182), bei den sonstigen 474 Lokalisationen umfaßte dieser Teil 19,8% (n = 94) (p < 0,05). In den H-Zonen waren 141 größere plastische Eingriffe erforderlich (26,5% von n = 532), bei den sonstigen 50 (10,5% von n = 474) (p < 0,01).

Die größeren operativen Eingriffe umfaßten Nahplastiken wie Rotations-, Verschiebe-, Kombinationsplastiken sowie Vollhaut- und Spalthauttransplantationen. In den H-Zonen fanden 315 kleinere Plastiken oder einfache Exzisionen bzw. Dehnungsplastiken statt (59,2% von n = 532), bei den sonstigen betrug dieser Anteil 79,5% (377 von n = 474). Seltenere Therapiemethoden wie Röntgenbestrahlung (18,5%), kryo- (2,7%), elektro- (2,7%) oder chemochirurgische (0,6%) Maßnahmen kamen in den Kollektiven nicht signifikant unterschiedlich zur Anwendung.

Besprechung

Die sogenannte H-Zone des Gesichtes wies in der vorliegenden Untersuchung an 1006 Basaliomen mit 52,9% (n = 532) die größte Basaliomdichte des gesamten Integumentes auf. Rechnete man das schräg nach cranial verlaufende Areal der seitlichen oberen Stirnpartie hinzu (Abb. 1), addierten sich 3% (n = 30), womit der H-Zonen-Anteil ca. 56% betrug. Häufigster Tumorlokalisationsort war die Nasenregion. Hier fanden sich 20,3% (n = 204) sämtlicher Basaliome. Es folgte die Schläfenregion mit 12,2% (n = 123) und die Wangenregion mit 9,5% (n = 96). In den meisten statistischen Untersuchungen werden Präaurikular- und Wangenregion zusammengefaßt. Auf diese Weise würde der Wangenanteil bei den eigenen Patienten 13,8% betragen und damit in der Häufigkeit nach den Nasentumoren den zweiten Platz einnehmen.

34,2% der H-Zonen-Basaliome wurden wegen großer Ausdehnung und/oder schwieriger topographisch-anatomischer Verhältnisse (Augen, Nasen, Ohren, Oberlippe) klinischer Behandlung zugeführt, wohingegen Basaliome der übrigen Lokalisationen in 19,8% klinisch behandlungsbedürftig waren (p < 0,05). Die Anteile besonders aggressiver Wuchsformen waren in beiden Kollektiven gleich groß (6,5%). In Abb. 3 und 4 sind Beispiele für biologisch aggressive Wuchsformen aus beiden Kollektiven dargestellt. Nachexzisionen waren wegen unzureichender Primärresektion in 8,3% der H-Zonen-Lokalisation und in 3,8% der übrigen erforderlich. Dieser statistisch allerdings nicht signifikante Unterschied erklärt sich aus der topographisch oft ungünstigeren Lokalisation des Tumors in der H-Zone. Wegen der schwierigen Operationstechniken und der Komplikationsgefahren in funktionell und kosmetologisch relevanten Arealen wird der erforderliche Sicherheitsabstand seltener eingehalten. 27 Rezidiven (5,1%) in den H-Zonen standen 13 (2,7%) in den sonstigen Hautbereichen gegenüber. Auch für dieses nicht signifikant unterschiedliche Resultat trifft das oben Gesagte zu.

Zusammenfassend ist zu betonen, daß in der eigenen Untersuchung die H-Zonen-Lokalisation der Basaliome nicht mit einem biologisch aggressiveren Verhalten verbunden war als in anderen Körperbereichen.

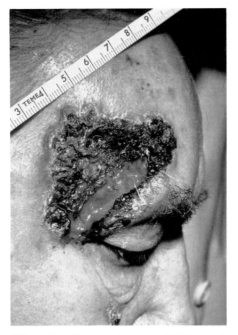 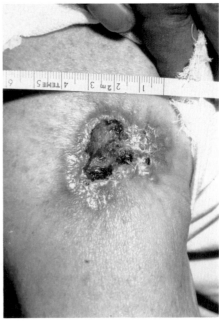

Abb. 3. Basalioma terebrans der Schläfen- und seitlichen Stirnregion. Der Tumor hat den knöchernen Schädel infiltriert

Abb. 4. Infiltrierend wachsendes keratotisches Basaliom am Oberarm. Das Periost des Oberarmknochens ist infiltriert mit Tumorzellen. Histologisch zeigt sich eine Lymphangiosis carcinomatosa

Literatur

1. Baker SR, Swanson NA, Grekin RC (1987) An interdisciplinary approach to the management of basal cell carcinoma of the head and neck. Dermatol Surg Oncol 13:1095–1106
2. Drepper H, Tilkorn H (1982) Basalioma terebrans des Gesichtes. In: Pfeifer G, Schwenzer N (Hrsg) Fortschritte der Kiefer- und Gesichtschirurgie, Band XXVII: Maligne Epitheliome der Gesichtshaut. Thieme, Stuttgart New York, p 7–11
3. Levin HL, Bailin PL (1980) Basal cell carcinoma of the head and neck: Identification of the high risk patient. Laryngoscope XC:955–961
4. Swanson NA, Grekin RC, Baker SR (1983) Mohs surgery: Techniques, indications and applications in head and neck surgery. Head Neck Surg 6:683–692

Rezidivhäufigkeit bei 396 chirurgisch behandelten Basaliomen

K. Schmid-Ganz und A. Eichmann

Einleitung, Material und Methode

Das Basaliom, als häufigster epithelialer Hauttumor, wird mit unterschiedlichen Methoden therapeutisch angegangen. Ein vergleichbarer Erfolg, mit einer primären Heilungsquote zwischen 85–95% [13, 15], wird für die konventionelle Chirurgie, Strahlentherapie, Kryotherapie und Kurettage mit Elektrodesikkation beansprucht. Bessere Resultate können lediglich beim Einsatz der „Mikroskopisch kontrollierten (histographischen) Chirurgie" (Chemochirurgie oder Frischgewebetechnik nach Mohs oder deren modifizierten Verfahren) erwartet werden [1, 2, 3, 10, 12].

Anhand einer Computeranalyse untersuchten wir den Therapieerfolg bei Basaliomen, die zwischen 1969–1979 an der Dermatologischen Klinik und Poliklinik des Universitätsspitals Zürich chirurgisch behandelt wurden. Retrospektiv ausgewertet wurden die Daten von 396 Fällen. 65 Basaliome waren Rezidivmanifestationen, die übrigen 331 Fälle ausschließlich Neumanifestationen. Pro Patient wurde nur die Manifestation berücksichtigt, welche zur Erstkonsultation führte. Erfaßt wurden neben Rezidiven und deren Latenzzeit, Geschlecht, Alter, Tumorgröße, Lokalisation, Histologie, Radikalität und chirurgisches Vorgehen. Außerdem wurden die vertikalen Tumordurchmesser und das Invasionsniveau analog den Kriterien von Clark et al. [4, 5] beim malignen Melanom ermittelt.

Alle Tests im Zusammenhang mit Aussagen zur Rezidivhäufigkeit wurden zuerst am vollständigen Dataset durchgeführt. Um den Einfluß der Rezidivmanifestationen zu eliminieren und einen Mindest-Follow-up von 5 Jahren zu garantieren wurde ein reduziertes Dataset erstellt, welches noch 113 Neumanifestationen enthielt, die mindestens 5 Jahre nachkontrolliert wurden, oft aber bis 10 Jahre oder länger. Aussagen zur Rezidivhäufigkeit wurden nur als signifikant akzeptiert, wenn sie sich im reduzierten Dataset bestätigten. In erster Linie wurden Chiquadrat-Tests durchgeführt. Der exakte Fisher-Test wurde angewendet, falls einer der Erwartungswerte < 3 war.

Resultate

Mit 206 (52%) Männern und 190 (48%) Frauen bestand kein wesentlicher Unterschied in der Geschlechtsverteilung. Das Durchschnittsalter betrug 61 Jahre (SD 13,3) für beide Geschlechter. Die Altersverteilung war bei Männern und Frauen ebenfalls vergleichbar mit einem Altersgipfel zwischen dem 60. und 70. Lebensjahr.

Die mittlere Tumorgröße lag bei 9,3 mm. Am häufigsten waren Tumorgrößen zwischen 5–10 mm. Tumorgrößen über 20 mm fanden sich in 12% der Fälle.

Es bestätigte sich der Kopf als mit Abstand häufigste Basaliomlokalisation (78%). Die übrigen 22% entfielen auf Stamm (13%), Extremitäten (5%) und Hals (4%) (Tabelle 1).

Tabelle 1. Lokalisation chirurgisch behandelter Basaliome 1969–1979 (n = 396)

Kopf	309	(78%)
Hals	17	(4%)
Stamm	50	(13%)
Extremitäten	20	(5%)

Innerhalb des Kopfes war bei unserem Kollektiv die häufigste Lokalisation die Nase (22%), gefolgt von der Augenregion (16%), den Schläfen (16%), den Wangen (17%), Stirn (14%), übriger Kopf (15%) (Tabelle 2).

Tabelle 2. Lokalisation chirurgisch behandelter Basaliome am Kopf 1969–1979 (n = 309)

Nase	68	(22%)
Augenregion	49	(16%)
Schläfenregion	48	(16%)
Wangen	54	(17%)
Stirn	43	(14%)
übriger Kopf	47	(15%)

Histologisch fanden sich am häufigsten solide Basaliome (39%), gefolgt vom partiell sklerosierenden (12%), dem sklerosierenden (11%) und dem superfiziellen Basaliom (10%), zusammen 72%. Bei 5 Fällen lagen metatypische Epitheliome vor, 1 type mixte und 4 types intermédiaires – davon 1 sicheres „verwildertes Basaliom". Die restlichen 27% waren differenzierte Formen (adenoid, zystisch, keratoid) oder teilweise differenzierte Mischformen (Tabelle 3).

Tabelle 3. Histologie chirurgisch behandelter Basaliome 1969–1979 (n = 396)

Solid	155	(39%)
Partiell sklerosierend	48	(12%)
Sklerosierend	43	(11%)
Superfiziell	39	(10%)
Differenzierte Formen	14	(4%)
Mischformen	92	(23%)
Metatypische Epitheliome	5	(1%)

In 71% der Fälle war das Basaliom histologisch kontrolliert im Gesunden exzidiert worden (TE). Bei 10% war die Exzision fraglich radikal und in weiteren 5% der Fälle erfolgte bei mangelnder Radikalität eine Nachexzision. Eine Deckung mit Spalthauttransplantat wurde bei 5% durchgeführt, eine solche mit Vollhauttransplantat in 7%

Tabelle 4. Chirurgische Therapie/Radikalität 1969–1979 (n = 396)

Nicht oder fraglich radikal	40	(10%)
Totalexzision (TE)	280	(71%)
TE bei Nachexzision	19	(5%)
Spalthaut-Transplantat	21	(5%)
Vollhaut-Transplantat	29	(7%)
Größere plastische Eingriffe	7	(2%)

der Fälle. Größere plastisch-chirurgische Eingriffe wurden bei 2% vorgenommen (Tabelle 4).

Beim vertikalen Tumordurchmesser fanden wir eine Spannweite von 0,18–7,58 mm. Der Mittelwert lag bei 1,5 mm (SD 1,0). Am häufigsten, nämlich in 78% der Fälle fanden sich Tumordicken zwischen 0,6 und 2,5 mm (Tabelle 5).

Tabelle 5. Vertikale Tumordurchmesser bei chirurgisch behandelten Basaliomen 1969–1979 (n = 396)

Spannweite	0,18–7,58 mm
Mittelwert	1,5 mm (SD 1,0)
Häufigkeitsgipfel (78%)	0,60–2,50 mm

Das Invasionsniveau, analog den Kriterien von Clark et al. ergab in 88% der Fälle einen Level 4. Einen Level 5, d. h. Infiltration ins subkutane Gewebe kam bei 4% vor und 8% entfielen auf Level 2 und 3. Ein Level 1 kommt beim Basaliom definitionsgemäß nicht vor (Tabelle 6) [8].

Tabelle 6. Invasionsniveau bei chirurgisch behandelten Basaliomen 1969–1979 (n = 396)

Level 1	keine
Level 2 und 3	32 (8%)
Level 4	339 (88%)
Level 5	15 (4%)

Signifikante Aussagen bezüglich Rezidivhäufigkeit ergaben sich für folgende Punkte:
– Bei Männern treten signifikant häufiger Rezidive auf (p < .05).

Alle 4 Patienten mit destruierendem Basaliom waren männlichen Geschlechts. Außerdem war bei Männern die Latenzzeit der Rezidive tendenziell etwas kürzer. Das leichte Überwiegen der fraglich radikalen Exzisionen beim männlichen Geschlecht (57%) kann wahrscheinlich nicht allein für den Unterschied in der Rezidivhäufigkeit verantwortlich gemacht werden.
– Bei Männern treten Rezidive signifikant häufiger am Kopf auf, verglichen mit den übrigen Körperpartien (p < .05).

Bei den Frauen besteht diesbezüglich zwar ein deutlicher Trend, ein statistisch signifikanter Unterschied ließ sich aufgrund der geringen Fallzahlen jedoch nicht nachweisen.
– Unter den verschiedenen Lokalisationen am Kopf fanden wir signifikant häufiger Rezidive in der Nasenregion ($p < .05$).

Die Nasenregion gilt als vermehrt rezidivgefährdet [9, 11, 14, 16]. Für die übrigen Lokalisationen, speziell auch die Ohren- und Periorbitalregion konnten wir bei unserem Patientengut jedoch keine erhöhte Rezidivneigung nachweisen.
– Sklerosierende Basaliome rezidivieren häufiger als die übrigen Histologieformen ($p < .001$).

Diese Feststellung entspricht der allgemeinen Auffassung, die in zahlreichen Untersuchungen belegt wurde [3, 6, 11, 16]. Ursache ist nicht der besondere Malignitätsgrad, sondern ist Folge des strukturellen Aufbaus der sklerosierenden Basaliome, welcher die histologische Beurteilung der Radikalität erschwert.
– Bei einem Invasionslevel 5 kommt es häufiger zu Rezidiven ($p < .01$).

Ein Level 5 nach Clark et al. bedeutet Infiltration ins subkutane Gewebe und die Radikalität ist in diesen Fällen besonders schwierig zu beurteilen.
– Nicht, oder fraglich radikal exzidierte Basaliome rezidivieren signifikant häufiger ($p < .001$).

Diese Aussage war zu erwarten [2, 7]. In unserem Fall rezidivierten 47,5% der fraglich oder nicht radikal exzidierten Basaliome.
Keine signifikanten Unterschiede bezüglich Rezidivrate konnten hinsichtlich einem Alter bei Diagnosestellung von über 60 Jahren, einer Tumorgröße über 20 mm bzw. über 10 mm sowie einem vertikalen Tumordurchmesser größer als 2,5 mm festgestellt werden. Auch die Gegenüberstellung von Fällen mit radikaler Exzision und Deckung durch Transplantat zeigten keinen Unterschied in der Rezidivhäufigkeit.
Ergänzende Untersuchungen ergaben für unser Kollektiv ferner folgende Ergebnise:
– Sklerosierende Basaliome traten bei Frauen signifikant häufiger auf ($p < .01$).
Ob für diese Feststellung ev. hormonelle Einflüsse, ähnlich dem Mammakarzinom, in Frage kommen, muß offen bleiben.
– Sklerosierende Basaliome erreichten häufiger einen Level 5 als die übrigen Histologieformen ($p < .001$).
– Bei Erreichen eines Level 5 wurde häufiger nicht im Gesunden exzidiert ($p < .05$) und außerdem wurde häufiger plastisch-chirurgisch vorgegangen ($p < .01$).

Diese Ergebnisse stehen im Zusammenhang mit dem auch signifikant häufigeren Auftreten eines Level 5 bei sklerosierenden Basaliomen und überdies mit den problematischen Lokalisationen im Gesicht, die öfter ein plastisch-chirurgisches Vorgehen erfordern.
Kein Unterschied bestand in der Radikalität der Exzision bei Basaliomen mit einem vertikalen Tumordurchmesser über 2,5 mm.

Tabelle 7. Rezidivrate/Latenzzeit bei chirurgisch behandelten Basaliomen 1969–1979

Rezidivrate (Nachkontrolle mind. 5, oft 10 Jahre und mehr)	
Rezidivmanifestationen (n = 65)	29,2%
Neumanifestationen (n = 113)	19,5%
Latenzzeit	
≤ 5 Jahre	70%
zwischen 5 und 10 Jahren	25%
nach 10 Jahren	5%

Die Rezidivrate bei den 65 Rezidivmanifestationen betrug 29,2%. Sie ist erwartungsgemäß deutlich höher als bei den Neumanifestationen. Die Rezidivrate der Neumanifestationen wurde anhand des reduzierten Dataset ermittelt, d.h. unter strengsten Einschlußkriterien. Bei diesen 113 Fällen betrug die Rezidivrate 19,5%. 30% der Rezidive traten nach 5 Jahren auf (Tabelle 7). Die hohe Rezidivrate ist auch unter diesem Aspekt zu beurteilen.

Schlußfolgerungen

– Eine genaue histologische Kontrolle aller Exzisatränder auf Tumorfreiheit ist in jedem Fall unumgänglich. Zur Tiefe kann dies durch Bestimmung des Invasionslevels erfolgen, analog den Kriterien von Clark et al. beim malignen Melanom. Zur sicheren Beurteilung muß genügend subkutanes Gewebe mitexzidiert werden.
– Die empfohlenen Sicherheitsabstände von 3–5 mm im Normalfall, resp. 10–15 mm beim sklerosierenden Basaliom sind möglichst einzuhalten, auch wenn dies unter Umständen rekonstruktive Maßnahmen erfordert.
– Fraglich, oder nicht totalexzidierte Basaliome sollten in jedem Fall nachexzidiert werden.
– Bei problematischen Lokalisationen, d.h. in der Nasen-, Augen- oder Ohrenregion und insbesondere, wenn es sich histologisch um ein sklerosierendes Basaliom handelt, ist der Einsatz der „Mikroskopisch kontrollierten (histographischen) Chirurgie" nach Mohs oder deren modifizierte Verfahren in Betracht zu ziehen.
– Speziell bei sklerosierenden Basaliomen und Lokalisation im Nasen-, Augen- oder Ohrenbereich sind Nachkontrollen von mindestens 10 Jahren angezeigt. Der Follow-up ist in diesen Fällen mit Nachdruck zu sichern.

Literatur

1. Audring H (1982) Ein modifiziertes Verfahren der mikroskopisch kontrollierten Chirurgie für die Entfernung von Basaliomen. Derm Mschr 168/7:488–493
2. Breuninger H, Rassner G, Undeutsch W (1984) Operative Behandlung von Basaliomen mit errechnetem Sicherheitsabstand und histologischer Randkontrolle. Hautarzt 35:303–307
3. Burg G et al. (1981) Mikroskopisch kontrollierte (histographische) Chirurgie der Basaliome nach Mohs: Methode und Indikation. In: Eichmann F, Schnyder UW (Hrsg) Das Basaliom. Springer, Berlin Heidelberg New York, 113–120

4. Clark WH Jr (1967) A classification of malignant melanoma in man correlated with histogenesis and biologic behavior. In: Dobson W, Montagna R (ed) Advances in biology of the skin, Vol 8: The Pigmentary System. Pergamon, London New York, 621–647
5. Clark WH Jr et al. (1969) The histogenesis and biologic behavior of primary human malignant melanomas of the skin. Cancer Res 29:705–726
6. Ehlers G (1966) Zur Klinik der Basalzellepitheliome unter Berücksichtigung statistischer Untersuchungen. Z Hautkr 41/6:226–238
7. Gooding CA, White G, Yatsuhashi M (1965) Significance of Marginal extension in Excised Basal Cell Carcinoma. New Engl J Med 273/17:923–924
8. Jäger R (1983) Örtliche Invasion, vertikale Tumordicke und Exzisionsabstände bei Basaliomen und primären Plattenepithelkarzinomen der Haut. Med Dissertation, Gießen
9. Kopf AW (1979) Computer Analysis of 3531 Basal Cell Carcinomas of the Skin. J Derm 6:267–281
10. Mohs FE (1958) Chemosurgical Treatment of Cancer of the Face and Lips. A Microskopically Controlled Method of Excision. Surg Clin N Amer 58:929–943
11. Mora RG, Robins P (1978) Basal Cell Carcinomas in the Center of the Face: Special Diagnostic, Prognostic and Therapeutic Considerations. J Derm Surg Oncol 4/4:429–433
12. Picoto AM, Picoto A (1986) Technical Procedures for Mohs Fresh Tissue surgery. J Derm Surg Oncol 12/2:134–138
13. Reymann F (1980) Basal Cell Carcinoma of the Skin. Recurrance Rate after Different Types of Treatment. Dermatologica 161:217–226
14. Roenigk RK et al. (1986) Trends in the Presentation and Treatment of Basal Cell Carcinomas. J Derm Surg Oncol 12/8:860–865
15. Schnyder UW (1976) Vor- und Nachteile der Röntgenweichstrahltherapie der Basaliome. Ther Umsch 33/8:524–528
16. Schubert H, Wolfram G, Güldner G (1979) Basaliomrezidive nach Behandlung. Derm Mschr 165/2:89–96

Behandlungskonzept maligner epithelialer Hauttumoren unter Berücksichtigung des Infiltrationsverhaltens und Metastasierungsrisikos

H. Breuninger

Zusammenfassung

Im Rahmen der routinemäßig durchgeführten histologischen Schnittrandkontrolle von Tumorexzisaten im Paraffinverfahren wurde das lokale Infiltrationsverhalten von 2016 Basaliomen und 361 spinozellulären Karzinomen untersucht. Danach fanden sich in 28% aller Basaliome nach einer mit dem üblichen Sicherheitsabstand von durchschnittlich 3,8 mm durchgeführten Erstexzision noch Tumoranteile am vertikalen Schnittrand, also zur Seite hin. Diese Tumoranteile zeigten ein asymmetrisches Muster und hatten eine subklinische Horizontalausdehnung bis zu maximal 54 mm. Bei den spinozellulären Karzinomen betrug der Anteil zur Seite hin subtotal entfernter Tumore 22% mit einer maximalen Ausdehnung von lediglich 26 mm. Eine subtotale Entfernung zur Tiefe hin lag bei der Erstexzision in 7% (Basaliome) bzw. 8% (spinozelluläre Karzinome) vor. Diese Ergebnisse werden nach verschiedenen histologischen Differenzierungen der Tumoren, nach dem bei der Exzision eingehaltenen Sicherheitsabstand sowie für die Primär- und Rezidivbasaliome gesondert dargestellt.

Aufgrund dieser Untersuchungen kann man davon ausgehen, daß es keinen klinisch vertretbaren Sicherheitsabstand bei der Erstexzision eines der genannten Hauttumoren gibt, der die 100%ige Sicherheit der lokalen Exzision garantieren könnte. Um dennoch die lokale Radikalität zu erreichen, müssen durch eine 3dimensionale Histologie alle subklinischen Tumoranteile sichtbar gemacht werden. Dies ist mittels der histologischen Schnittrandkontrolle im Paraffinschnittverfahren routinemäßig möglich.

Bezüglich des Metastasierungsrisikos von spinozellulären Karzinomen der Haut wurden insgesamt 674 Karzinome anhand verschiedener Parameter wie Tumorgröße, Eindringtiefe, Dicke und Entdifferenzierungsgrad analysiert und im Mittel 5 Jahre nachbeobachtet. Die Gesamtmetastasierungsrate ist mit 3,3% niedrig. Aufgrund der Untersuchungsergebnisse kann innerhalb der Karzinome eine sogenannte no-risk Gruppe (Tumoren unter 2 mm Dicke und einer Infiltration nicht über das mittlere Korium hinaus) und eine high-risk Gruppe (Tumoren mit einer Dicke von mehr als 4 mm, einer Infiltrationstiefe über die Subkutis hinaus und einem histopathologischen Grading G 4) postuliert werden. Bei welchen Tumoren der high-risk Gruppe eine prophylaktische Lymphknotendissektion erforderlich ist, müssen noch weitere Untersuchungen zeigen.

Einleitung

Die häufigsten malignen epithelialen Hauttumoren sind das lokal aggressiv wachsende Basaliom, bei dem Metastasierungen in der Weltliteratur nur als Einzelfälle beschrieben wurden und das spinozelluläre Karzinom mit seinen nicht seltenen Metastasierungen. Beim Basaliom und bei der überwiegenden Mehrzahl der spinozellulären Karzinome beschränkt sich das Behandlungsziel auf die lokal radikale Entfernung. Dies ist nicht immer einfach, da ein großer Teil dieser Tumoren ein ausgeprägtes subklinisches Wachstum aufweist.

Ein Ziel dieser Arbeit ist es, durch die Analyse des subklinischen Anteils einer großen Zahl dieser zwei Tumoren, deren Wachstumsverhalten darzustellen und daraus Behandlungsrichtlinien abzuleiten. Ein weiteres Ziel ist es, durch die Einführung von prognostischen Parametern, die bisher noch unzureichende Einschätzung des Metastasierungsrisikos der spinozellulären Karzinome zu verbessern. Damit wäre eine gezieltere Nachsorge möglich und eventuell auch die Entscheidung für weitere therapeutische Schritte, wie z. B. eine prophylaktische Exstirpation der regionären Lymphknoten erleichtert.

Material

Es handelt sich um 2016 Basaliome (1757 Primärbasaliome und 259 Rezidive) und 673 spinozelluläre Karzinome (658 Primärtumoren und 15 Rezidive).

Für die verschiedenen methodischen Ansätze standen jeweils unterschiedlich viele Tumoren zur Verfügung. Die entsprechenden Kollektive werden bei der jeweiligen Methode angegeben.

Methode 1

Hier handelt es sich im wesentlichen um die Auswertung des histologischen Tumorschnittpräparates. Neben der Bestimmung der histologischen Differenzierung wurden mit einer speziellen Schieblehre mit einer Genauigkeit von 0,1 mm jeweils die Tumorbreite und die Tumordicke erfaßt, (Eine Schieblehre ist bei den epithelialen Tumoren von der Genauigkeit ausreichend und wesentlich praktikabler als das Okularmikrometer, da man auch am Schnitt makroskopisch messen kann) sowie die Eindringtiefe bezogen auf die Hautschichten bestimmt. (Die Anzahl untersuchter Tumoren siehe Abb. 1).

Ergebnisse

Tumordicke in Relation zur Tumorbreite

Für diese Untersuchung wurden die unterschiedlichen Tumorbreitewerte in 6 Klassen eingeteilt und für jede dieser Klassen der Mittelwert der gemessenen Dicken ermittelt. Beim Basaliom erkennt man auch bei den sehr großen Tumoren ein insgesamt flaches Wachstum, während besonders die großen spinozellulären Karzinome ein erheblich größeres Dickenwachstum aufweisen. Die kleinen und mittelgroßen Basaliome und spinozellulären Karzinome sind sich in der Ausdehnung im Mittelschnitt jedoch sehr ähnlich (Abb. 1).

Infiltrationstiefe

Die Abb. 2 macht deutlich, daß die überwiegende Mehrzahl aller Basaliome lediglich bis in die Subkutis infiltriert, mit dem Schwerpunkt auf dem gesamten Korium,

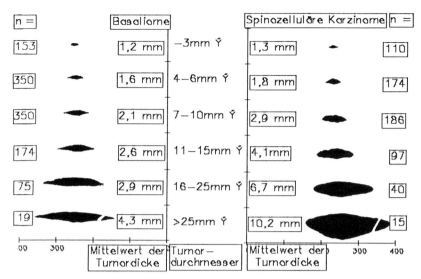

Abb. 1. Verhältnis des Tumordurchmessers zur Tumordicke im histologischen Schnitt

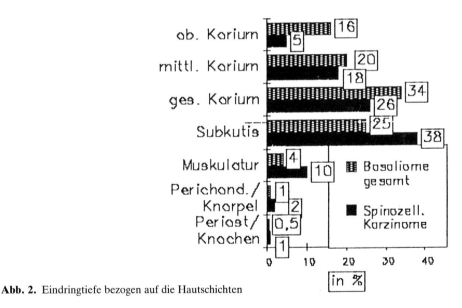

Abb. 2. Eindringtiefe bezogen auf die Hautschichten

während die spinozellulären Karzinome tiefer infiltrieren mit dem Schwerpunkt auf der Subkutis. Infiltrationen in die Muskulatur und tiefere Strukturen sind kein sehr häufiges Ereignis.

Methode 2

Die Grundlage für diese Methode ist die histologische Schnittrandkontrolle im Paraffinschnittverfahren [1]. (Material: 2016 Basaliome und 351 spinozelluläre Karzinome). Bestimmt wurden der Tumordurchmesser in seiner größten Ausdehnung und der senkrecht darauf stehende größte Durchmesser (verwendet wurde der Mittelwert aus beiden) und der eingehaltene Sicherheitsabstand parallel zur Tumorgrenze.

Bei subtotaler Exzision am seitlichen Rand, also in der Horizontalebene erfolgte die Dokumentation der Richtung und Ausdehnung dieser subklinischen Anteile in Form von Uhrzeiten. Die Fadenmarkierung gibt die Position 12.00 Uhr an. Alle weiteren Nachoperationen sind entsprechend bis zum Erreichen der Tumorfreiheit mit ihrem Sicherheitsabstand erfaßt worden (Abb. 3).

Bei subtotaler Exzision in der Tiefe erfolgte ebenso eine Dokumentation der Ausläufer nach Anzahl, Richtung und Ausmaß (Abb. 4). Weiterhin wurden die

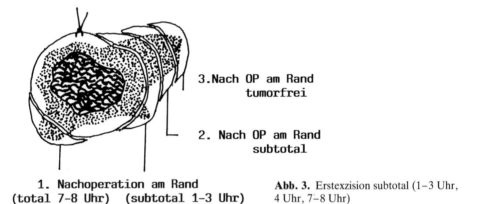

3. Nach OP am Rand
   tumorfrei

2. Nach OP am Rand
   subtotal

1. Nachoperation am Rand
(total 7-8 Uhr) (subtotal 1-3 Uhr)

Abb. 3. Erstexzision subtotal (1–3 Uhr, 4 Uhr, 7–8 Uhr)

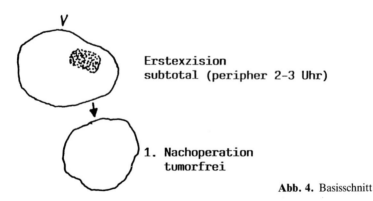

Basisschnitt

Erstexzision
subtotal (peripher 2-3 Uhr)

1. Nachoperation
   tumorfrei

Abb. 4. Basisschnitt

Sicherheitsabstände aller Operationsschritte jedes einzelnen Tumors bis zum Erreichen der radikalen Exzision aufsummiert und von diesen Summen der Mittelwert
berechnet (Abb. 4) (z. B. Summe der Sicherheitsabstände von Erstoperation sowie
1., 2. und 3. Nachoperation).

Durch diesen methodischen Ansatz konnten nun Angaben gemacht werden über
die Häufigkeiten subtotaler Exzisionen am Rand und in der Tiefe in Abhängigkeit
vom Tumordurchmesser und dem eingehaltenen Sicherheitsabstand, über die Wachs-
tumsrichtung und das Muster des subklinischen Tumoranteils. Last not least ist es
möglich, Angaben darüber zu machen wieviel an peritumoraler, klinisch scheinbar
gesunder Haut exzidiert werden muß, um die Entfernung aller subklinischen Tumoranteile zu gewährleisten.

Ergebnisse

Anteile der bei der Erstexzision subtotal entfernter Tumoren

Bei der Erstexzision lagen 26% der Primärbasaliome und 22% der spinozellulären
Karzinome am Rand, also zur Seite hin, nicht im Gesunden vor, ganz besonders
häufig jedoch (42%) die Rezidivbasaliome. Zur Tiefe hin war der Anteil subtotal
entfernter Tumore mit 6, bzw. mit 8% geringer, die Rezidivbasaliome jedoch mehr
als doppelt so häufig (Abb. 5).

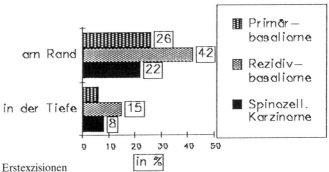

Abb. 5. Anteil subtotaler Erstexzisionen

Anteil subtotal entfernter Tumoren und histologische Differenzierung

Die Aufgliederung nach der histologischen Differenzierung zeigt bei den Basaliomen, daß die Tumoren vom szirrhösen Typ sowohl seitlich als auch zur Tiefe hin
deutlich häufiger subtotal entfernt wurden als die soliden. Dennoch ist bei den soliden
der Anteil mit 24% am Rand subtotal entfernter Tumore noch recht hoch. Bei den
spinozellulären Karzinomen zeigen sich zwischen den hoch und niedrig differenzierten Tumoren ähnliche Unterschiede (Abb. 6).

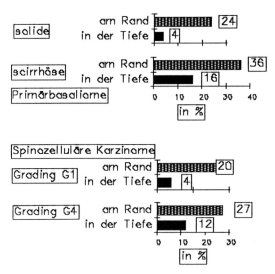

Abb. 6. Anteil subtotaler Erstexzisionen in Abhängigkeit von der histologischen Differenzierung

*Anteil subtotal exzidierter Tumore in Abhängigkeit vom Sicherheitsabstand
bei der Erstexzision*

Wenn man den Anteil der zur Seite hin nicht radikal entfernter Tumoren nach dem
bei der Erstexzision eingehaltenen Sicherheitsabstand aufgliedert, sieht man, daß
dieser Anteil bei einem geringen Sicherheitsabstand von 2 mm sehr hoch ist und
naturgemäß mit Vergrößerung des Sicherheitsabstandes abnimmt (Abb. 7). Im
Bereich von 5 mm fällt allerdings eine nochmalige Erhöhung des Anteils nicht im
Gesunden entfernter Tumoren auf. Dies ist dadurch bedingt, daß mit 5 mm sehr viele
große Tumoren exzidiert wurden, die in Folge größeren subklinischen Wachstums

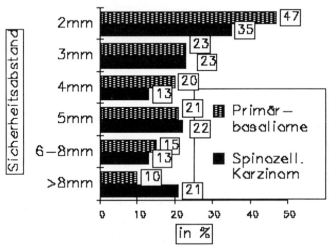

Abb. 7. Anteil subtotaler Erstexzisionen, in Abhängigkeit vom Sicherheitsabstand

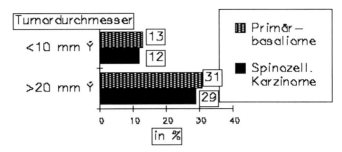

Abb. 8. Anteil subtotaler Erstexzisionen am Rand bei 5 mm Sicherheitsabstand in Abhängigkeit des Tumordurchmessers

viel häufiger subtotal vorlagen. Diesen Sachverhalt zeigt die Abb. 8. Danach erfolgte bei den großen Tumoren mehr als doppelt so häufig eine subtotale Erstexzision als bei den kleinen, wenn ein Sicherheitsabstand von 5 mm zugrunde gelegt wird.

Infiltrationsmuster subklinischer Tumoranteile

Durch die genaue topographische Zuordnung der subklinischen Tumoranteile war es möglich, einige charakteristische Grundmuster herauszuarbeiten und die Verteilung der Tumoren auf diese Grundmuster festzustellen. Am häufigsten (40%) war der einfach schmalstrangige Typ gefolgt vom kleinsektorartigen (23%). Die anderen 4 Typen, der großsektorartige, der multipel schmalstrangige, der schmalstrangig und sektorartige und der allseitige waren mit kleinen Unterschieden weniger häufig (Abb. 9). Beim spinozellulären Karzinom war die Vielfalt der Wachstumsmuster nicht so groß. Das subklinische Wachstum war entweder einfach schmalstrangig, kleinsektor-

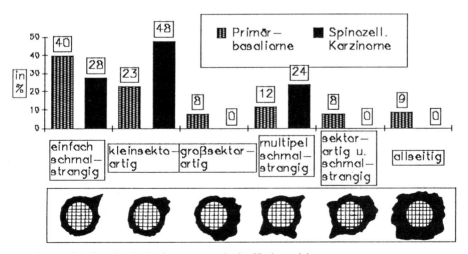

Abb. 9. Häufigkeiten der Ausbreitungsmuster in der Horizontalebene

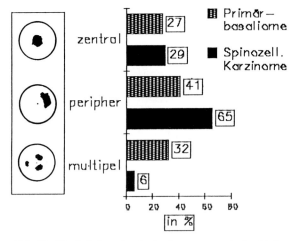

Abb. 10. Häufigkeiten der Ausbreitungsmuster in der Tiefe

artig oder multipel. Insgesamt herrschen stark asymmetrische Wachstumsformen vor. Auch die Infiltrationsmuster zur Tiefe zeigen vorwiegend asymmetrische Muster (Abb. 10).

Ausdehnung des peritumoralen Sicherheitsabstandes
bis zur vollständigen Tumorentfernung

Hierzu wurden die Mittelwerte der Summen aller Sicherheitsabstände der Erstexzision und ggf. weiterer Nachexzision jedes individuellen Tumors, wie bereits in Methode 2 beschrieben, gebildet.

Bei den Primärbasaliomen lag der Mittelwert des zur vollständigen Tumorexzision notwendigen Sicherheitsabstandes bei 4,5 mm mit einer Standardabweichung von 2,5 mm sowie einem Maximum von 32 mm. Sehr viel größer ist dieser Mittelwert bei den Rezidiven mit 7 mm und einer Standardabweichung von 6 mm sowie einem Maximum von 54 mm. Bei den spinozellulären Karzinomen zeigen sich ähnliche Werte wie bei den Primärbasaliomen (Abb. 11). Wie aus Abb. 9 ersichtlich, bedeuten diese Werte nicht unbedingt eine zirkuläre Ausdehnung um den Tumor, sondern weisen meist nur in eine Richtung (siehe Wachstumsmuster).

Methode 3

Zur Festlegung prognostischer Parameter für das spinozelluläre Karzinom wurden folgende Daten erhoben.
1. Am histologischen Tumorpräparat:
   a) Tumordicke
   b) Infiltrationstiefe
   c) histopathologisches Grading 1–4

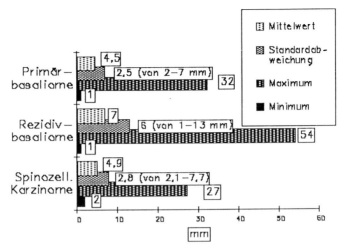

Abb. 11. Ausdehnung des peritumoralen Sicherheitsabstandes bis zur vollständigen Tumorentfernung

2. Erfassung metastasierender Tumoren durch ein regelmäßiges Nachsorgeprogramm bis 5 Jahre postoperativ (Material 674 spinozelluläre Karzinome, Nachbeobachtungszeit max. 10 Jahre, minimal 1 Jahr, durchschnittlich 5 Jahre)

Ergebnisse

Allgemeines zur Metastasierung

Im Verlauf traten 22 Metastasierungen in den regionären Lymphknoten auf (Rate 3,3%) spätestens bis 3 Jahre nach der Tumoroperation. Primäre Fernmetastasen waren nicht festzustellen.

Infiltrationstiefe und Metastasierungsrate

Die Metastasierungsrate nimmt mit der Eindringtiefe kontinuierlich zu und ist mit 15,5% bei Infiltrationen von Muskel, Knorpel und Knochen hoch (Abb. 12 oben).

Histopathologisches Grading und Metastasierungsrate

Eine deutliche Zunahme der Metastasierungen war lediglich bei den hoch entdifferenzierten Tumoren festzustellen (Abb. 12 Mitte).

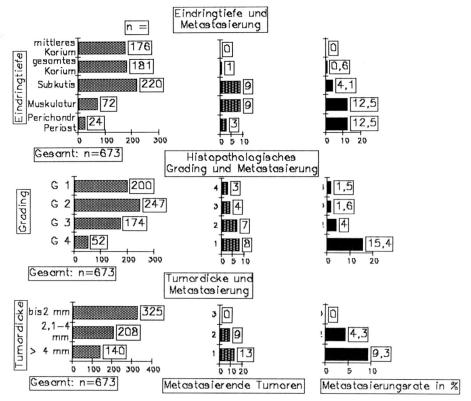

Abb. 12. Metastasierungsraten in Abhängigkeit von Eindringtiefe, Entdifferenzierungsgrad, Tumordicke

Tumordicke und Metastasierungsrate

Wenn die Tumordicke als Parameter zur prognostischen Aussage bezüglich einer Metastasierung herangezogen wird, kann eine große Gruppe von Tumoren festgestellt werden, bei denen kein Metastasierungsrisiko besteht (bis 2 mm Dicke). Weiter kann man eine Gruppe von Tumoren einteilen mit geringem (2,1–4 mm Dicke) und eine mit höherem Metastasierungsrisiko (> 4 mm) (Abb. 10 unten)

Diskussion

Statistische Angaben über das Infiltrationsverhalten maligner epithelialer Tumoren der Haut sind in der Literatur bisher nicht sehr zahlreich und teils auch widersprüchlich. So wird einerseits [7] ein minimales subklinisches Wachstum von nicht mehr als 2 mm postuliert, andererseits ein subklinisches Wachstum bis zum 5fachen der sichtbaren Tumorfläche [9, 3]. Andere Angaben liegen dazwischen [19]. Der Grund für die unterschiedlichen Angaben liegt zum Teil in der Untersuchungsmethode, zum ande-

ren Teil in einem vorselektionierten Krankengut. Auch die Angaben zum Tiefenwachstum sind eher global und soweit erkennbar statistisch nicht abgesichert [20].
Der größte Teil der Literatur beschäftigt sich hauptsächlich mit Fragen des therapeutischen Vorgehens, so z.B. die gesamte Literatur um die histologisch kontrollierte
Chirurgie [5, 12, 13, 17] und andererseits mit der Frage des richtigen Sicherheitsabstandes bei der Exzision [4, 7, 10, 11, 19]. Während der Nutzen der histologisch
kontrollierten Chirurgie bei den malignen epithelialen Tumoren der Haut einhellig
nicht bestritten wird, die Technik wegen des hohen Aufwandes jedoch nicht routinemäßig eingesetzt werden kann, klaffen bei der Frage des richtigen Sicherheitsabstandes die Meinungen sehr weit auseinander. So wird einerseits ein Sicherheitsabstand
von 2 mm als ausreichend betrachtet, andererseits ein Sicherheitsabstand von 20 mm
vertreten.

Insgesamt besteht jedoch Übereinstimmung darin, daß maligne epitheliale Tumoren durchaus ein enormes subklinisches und hier meist horizontales Wachstum aufweisen können.

Daß die Tumoren ein eher flaches Wachstum aufweisen, zeigen die Untersuchungen am histologischen Tumorschnitt. Zwar findet bei zunehmender Tumorgröße
auch eine zunehmende Infiltration in die Tiefe statt, die bei den spinozellulären
Karzinomen wesentlich ausgeprägter ist, als bei den Basaliomen, jedoch bleiben die
allermeisten Tumoren, jedenfalls auf dem Tumormittelschnitt, intrakutan. Die Infiltration in die Muskulatur ist bei den spinozellulären Karzinomen etwas ausgeprägter.
Dies ist durch den hohen Anteil (n = 158) von Unterlippenkarzinomen erklärbar, die
von der anatomischen Struktur her frühzeitig in den Muskel infiltrieren und durch das
Dickenwachstum größerer Tumoren. Die eher horizontale Ausbreitung zeigt sich
auch in den Ergebnissen, die durch die histologische Schnittrandkontrolle gewonnen
wurden. Der Anteil in der Tiefe subtotal exzidierter Tumoren ist gegenüber denen,
die am Rand, also zur Seite hin in der Horizontalebene subtotal exzidiert wurden,
deutlich geringer. Hervorzuheben ist das erhebliche Tiefenwachstum von Rezidivbasaliomen.

Die Rate der bei der Erstexzision zur Seite hin subtotal entfernten Tumoren ist, wie
gesagt, deutlich höher. Wie die Ergebnisse zeigen, ergeben sich je nach histologischer
Differenzierung deutliche Unterschiede in diesen Anteilen. Hervorzuheben ist
jedoch, daß bei den als eher harmlos geltenden soliden Basaliomen die Rate, der bei
der Erstexzision zur Seite hin subtotal vorliegenden Tumoren, immerhin noch 23%
beträgt. Bekannt ist die größere Infiltrationsfähigkeit der szirrhösen Basaliome.

Nun hängt der Anteil, der bei der Erstoperation subtotal entfernten Tumoren, von
dem bei der Exzision eingehaltenen Sicherheitsabstand scheinbar gesunder Haut ab.
Um dieses näher zu untersuchen, wurden diese beiden Größen in Beziehung gesetzt.
Hier zeigt sich, was zu erwarten war, daß mit zunehmendem Sicherheitsabstand der
Anteil im Gesunden entfernter Tumoren zunimmt, jedoch auch bei sehr großen
Abständen über 8 mm noch um 7% der Tumoren subtotal vorliegen. Nun beeinflußt
nicht nur der bei Exzision eingehaltene Sicherheitsabstand, sondern auch die Tumorgröße den Anteil subtotal entfernter Tumoren, da, wie schon in anderen Arbeiten
gezeigt werden konnte [3, 9], größere Tumoren ein größeres subklinisches Wachstum
aufweisen als kleinere. Auch im Rahmen der Veröffentlichungen zur histologischen
Schnittrandkontrolle konnte bereits diese Abhängigkeit von der Tumorgröße gezeigt
werden [1]. Hier wurde exemplarisch der Bereich von 5 mm Sicherheitsabstand

herausgegriffen, um den Unterschied zwischen der subtotalen Exzision kleiner Tumoren und der großer Tumoren darzustellen. Erstaunlich ist der noch hohe Anteil subtotal entfernter kleiner Tumoren (um 13%), andererseits liegen bei 5 mm Sicherheitsabstand doch schon sehr viele der großen Tumoren im Gesunden vor.

Diese Ergebnisse machten deutlich, daß die Sicherheitsabstände bei den malignen epithelialen Tumoren nicht zu klein gehalten werden dürfen, andererseits jedoch Abstände über 5 mm auch bei großen Tumoren sehr viel gesunde Haut unnötig opfern würden. Insgesamt zeigt sich schon hier, daß es keinen klinisch vertretbaren Sicherheitsabstand gibt, der die 100%ige Entfernung maligner epithelialer Primärtumoren garantieren könnte. Eine routinemäßige histologische Schnittrandkontrolle (3dimensionale Histologie) bei allen Primärtumoren erscheint daher sinnvoll. In diesem Falle reduziert sich die Diskussion um den richtigen Sicherheitsabstand darauf, daß man, je kleiner der Sicherheitsabstand gewählt wird, um so eher mit einer Nachoperation rechnen muß und umgekehrt. Ein weiterer Hinweis für die Notwendigkeit einer 3dimensionalen histologischen Untersuchung der Exzisatschnittränder ergibt sich aus dem Wachstumsmuster und der Ausdehnung des subklinischen Anteils, erkenntlich an den teilweise großen Sicherheitsabständen, die zur vollständigen Tumorentfernung notwendig waren. Die hier gezeigten Typen von Ausbreitungsmustern des subklinischen Anteils maligner epithelialer Tumoren der Haut zeigen fast durchweg ein asymmetrisches Muster. Hieraus wird deutlich, daß eine einfache Exzisatmittelschnittuntersuchung niemals diesen Anteil vollständig erfassen kann. Weiterhin wird deutlich, daß wegen der oft schmalstrangigen Ausbreitung auch Stichproben am Rand dies nicht leisten können.

Da nun die histologische Schnittrandkontrolle im Paraffinschnittverfahren relativ leicht anwendbar ist und auch bei eingesandten Exzisaten durchgeführt werden kann, muß man nach den vorliegenden Ergebnissen für jeden Primärtumor im Gesicht eine histologische Schnittrandkontrolle fordern, andernfalls nimmt man ganz besonders beim Basaliom Rezidive in Kauf mit ihrer, wie hier gezeigt werden konnte, durchaus enormen bis zu 5 cm betragenden subklinischen Infiltration zur Seite, als auch deutlich ausgeprägteren Infiltrationen zur Tiefe hin. Rezidive verursachen nicht nur große Defekte im Gesicht, die bei ausreichender Erstbehandlung hätten vermieden werden können, sondern sind auch selbst bei histologisch kontrollierter Chirurgie schwerer zu beherrschen, z. B. durch Infiltration in den Knochen und schwieriger topographischer Verhältnisse. So liegt bei uns die Rezidivrate bei den 1757 Primärbasaliomen bei 4jähriger Nachbeobachtungszeit bei 0,23%. Während sie bei den 259 Rezidivbasaliomen mit 1,9% deutlich schlechter ist. Noch schlechtere Ergebnisse werden für Rezidivbasaliome im Rahmen der Anwendung der Moh's Technik berichtet [18].

Die spinozellulären Karzinome weisen eine Lokalrezidivrate von 1,8% auf. Es handelt sich dabei um Tumoren, die bei der Erstbehandlung größer als 2 cm im Durchmesser waren und meist auch gleichzeitig metastasierten.

Für die spinozellulären Karzinome ist daher nicht nur die lokal radikale Exzision für das therapeutische Vorgehen von Bedeutung, sondern auch die Einschätzung des Risikos eventuell zu erwartender Metastasierungen. Generell ist die Metastasierungsrate für das spinozelluläre Karzinom der Haut und der Unterlippe mit 3,3% recht günstig und deckt sich mit den Angaben der Literatur [8, 14, 16]. Zuweilen werden jedoch auch höhere Metastasierungsraten angegeben [6, 15]. Wie hier jedoch gezeigt werden konnte, kann die Metastasierungsrate je nach untersuchtem Tumor-kollektiv erheblich schwanken. Von daher ist ein brauchbarer prognostischer Index für die Haut- und Unterlippenkarzinome notwendig. Bisher ist hierfür lediglich die T-Klassifizierung der UICC bekannt. Diese Einteilung erscheint im klinischen Alltag recht grob und wie gezeigt werden konnte [2] nicht sehr praktikabel. Es wurden also in Anlehnung an die prognostischen Parameter beim Melanom auch für das spinozel-luläre Karzinom solche gesucht, die am histologischen Schnitt vom Histopathologen festgelegt werden können. Dabei zeigte die Tumordicke die beste Diskriminierung zwischen verschiedenen Risikogruppen. So scheint sich jeweils bei 2 und bei 4 mm Dicke ein Sprung zu höherer Malignität zu ergeben. Jedoch spielt auch die Infiltra-tionstiefe und die histologische Entdifferenzierung, hier allerdings nur die Gruppe der stark entdifferenzierten Tumoren eine Rolle. Eine Einteilung könnte nach den vorliegenden Ergebnissen folgendermaßen aussehen:

No risk   – bis 2 mm Dicke und histopathologisches Grading G 1–3.
Low risk   – zwischen 2 und 4 mm Dicke und histopathologisches Grading G 1–3.
             (Risiko der Metastasierung um 4%).
High risk – Tumordicke über 4 mm histopathologisches Grading G 4 und tiefe
             Infiltration.

Wie man dieser Einteilung entnehmen kann, fehlt z. B. noch die Eingruppierung von Tumoren mittlerer Dicke und hoher Entdifferenzierung. Diese kann erst nach einer multifaktoriellen Analyse an einem größeren Krankengut erfolgen.

Immerhin kann man jetzt schon feststellen, daß eventuell für die letztgenannte Gruppe unter Umständen eine prophylaktische regionäre Lymphknotendissektion in Betracht zu ziehen ist, da hier das Metastasierungsrisiko mit ca. 20% doch erhöht ist, und alle bekannt gewordenen Metastasierungen in die regionären Lymphknoten-gruppen erfolgten. Insgesamt erscheint jedoch bei den meisten Patienten mit spino-zellulären Karzinomen eine engmaschige Nachkontrolle als sicher genug. Bei sehr dünnen Karzinomen (unter 2 mm Dicke) sind gelegentliche Kontrollen ausreichend. Eine Aufklärung der Patienten über ein Rezidiv- und Metastasierungsrisiko ist jedoch immer notwendig.

Literatur

1. Breuninger H (1987) Probleme und Planung der Basaliomexzision. In: Petres J (Hrsg) Fort-schritte der operativen Dermatologie Bd 3 Aktuelle Behandlungsverfahren. Springer, Berlin Heidelberg New York London Paris Tokyo, S 60–64
2. Breuninger H, Langer B, Rassner G (1988) Untersuchungen zur Prognosebestimmung des spinozellulären Karzinoms der Haut und Unterlippe anhand des TNM-Systems und zusätzlicher Parameter. Der Hautarzt 39:430–434
3. Burg G (1977) Mikroskopisch kontrollierte (histographische) Chirurgie. In: Konz B, Burg G (Hrsg) Dermatochirurgie in Klinik und Praxis. Springer, Berlin Heidelberg New York
4. Draf W (1986) Onkochirurgische Behandlungsprinzipien beim Basaliom und spinozellulären Karzinom der Gesichtshaut. Laryng Rhinol Otol 55:525–532
5. Drepper H (1963) Die systematische histologische Kontrolle des Tumorbettes als Fortschritt bei der operativen Entfernung des tiefgreifenden Gesichtskrebses der Haut. Hautarzt 14:420–423
6. Eggert JH, Dumbach J, Steinhäuser EW (1986) Operative Therapie der regionären Lymphkno-ten bei Unterlippenkarzinomen. Der Hautarzt 37:444–449

7. Epstein E (1973) How accurate is the visual assessment of basal carcinoma margins? Br J Dermatol 89:37–84
8. Epstein E, Epstein NN, Bragg K, Linden G (1968) Metastases from squamous cell carcinoma of the skin. Arch Dermatol 97:245–251
9. Hirsch RD (1978) Das Basaliom. Minerva, München
10. Konz B (1981) Die operative Therapie der Basaliome aus der Sicht der Dermatologen. In: Eichmann F, Schnyder U (Hrsg). Das Basaliom. Springer, Berlin Heidelberg New York
11. Koplin L, Zarem HA (1980) Rezidivierendes Basaliom. Plast Reconstr Surg 65:656–664
12. Mohs FE (1978) Chemosurgery: Microscopically Controlled Surgery for Skin Cancer. Springfield III Charles C Thomas, 249–250
13. Mohs FE (1973) Prevention and treatment of skin cancer. Wiss Med J 73:85–92
14. Moller R, Nielsen A, Reymann F, Hou-Jensen K (1979) Metastases in dermatological patients with squamous-cell carcinoma. Arch Dermatol 115:703–705
15. Nagel A (1955) Hautkarzinomstatistik. Diss Tübingen
16. Schmidt L (1957) Hautkarzinomstatistik. Vergleich der Ergebnisse an der Hautklinik Stuttgart und der Tübinger Universitäts-Hautklinik. Diss Tübingen
17. Swanson MA (1983) Moh's Surgery Technique, Indications, Applications and the Future (Review Article). Arch Dermatol Vol 119:761–773
18. Weissmann I, Konz B, Burg G, Bönninger, Becker F (1981) Mikroskopisch kontrollierte (histographische Chirurgie der Basaliome: Operatives Vorgehen und Behandlungsergebnisse. In: Eichmann F, Schnyder U (Hrsg). Das Basaliom. Springer, Berlin Heidelberg New York
19. Wolf DJ, Zitelli JA (1987) Surgical Margins for Basal Cell Carcinoma. Arch Dermatol 123:340–344
20. Zacarian SA (1985) Cryosurgery for Skin Cancer and Cutaneous Disorders. The C. V. Mosby Company Lous Toronto Princeton

Metastasierungspotenz epithelialer Hauttumoren – Konsequenzen für die Behandlungsstrategie

H. Drepper

Die Metastasierungspotenz der Hautepitheliome ist zum Glück weit geringer als die des malignen Melanoms und als die der Karzinome innerer Organe. Sie ist auch viel geringer als die Metastasierungsneigung des Mamma-Karzinoms, das vom größten Hautanhangsgebilde ausgeht.

Andererseits differiert das Metastasierungsverhalten der Hautepitheliome je nach Tumorlokalisation und -größe, aber auch in Abhängigkeit von der immunologischen Situation des Tumorträgers, wie die gelegentliche Metastasierung des *Basalzellkarzinoms* bei Aids-Kranken zeigt.

Sitz et al. berichteten kürzlich darüber. Von Domarus fand 1982 bei kritischer Prüfung der Weltliteratur 170 belegte Metastasierungsfälle beim Basalzellkrebs, insbesondere beim Basalioma terebrans der Kopfhaut. Wahrscheinlich ist bei den zum Tode führenden Ulcus-terebrans-Fällen in der terminalen Phase des Zusammenbruchs der Abwehrkräfte mit mehr Metastasierungen zu rechnen als allgemein angenommen wird. Wir selbst sahen in unserem Krankengut bei 3 Patienten mit stark entdifferenziertem, schrankenlos destruierend wachsenden Basalzell-Karzinom praefinal Lungen-Lymphknoten- und subkutane Metastasen, die in diesen Fällen allerdings prognostisch nicht mehr relevant waren.

Zum Metastasierungsproblem des Basalzell-Krebses nahm Kerl 1980 vor dieser Gesellschaft ausführlich Stellung.

Metastasierungsfreudig ist das seltene, in den letzten Jahren zunehmend diagnostizierte, neuroendokrine Karzinom, der sogenannte *Merkelzell-Tumor,* über den vor zwei Jahren Hartschuh sowie Kiesling et al. in Gmunden vor dieser Gesellschaft referierten.

Klinisch relevant ist in erster Linie das Metastasierungsverhalten des *Plattenepithel-Karzinoms,* auf das sich die folgenden Ausführungen konzentrieren sollen. Die Metastasierungsrate des Plattenepithel-Karzinoms der Haut wird zwischen 5 und 22% angegeben (Voy, Bukal et al., Förster). Der Prozentteil hängt unter anderem davon ab, wie hoch der relative Anteil fortgeschrittener Fälle in dem jeweils untersuchten Krankengut ist. Nach Steigleder, Haas und anderen Autoren hängt die Metastasierungsrate wesentlich vom Differenzierungsgrad des Tumors ab. Doch ist die prognostische Relevanz des Differenzierungsgrades umstritten. Bis heute gibt es kein validiertes histologisches Grading, und auch die derzeitige TNM-Klassifikation der UICC entbehrt einer kritischen Validierung. Erwähnen möchte ich lediglich in diesem Zusammenhang die Untersuchungen des Dösak für Karzinome im Kiefer-Gesichtsbereich von Fries et al. (1979). Bei der 5-Jahres-Verlaufsbeobachtung von 585 Pat. mit histologisch gesichertem und nach dem TNM-Schlüsel der UICC von

1976 prae- und posttherapeutisch klassifizierten Plattenepithelkarzinomen der Mundhöhle und der Lippen fanden sie, daß die klinische Klassifizierung des Lymphknotenbefundes nicht mit der histologischen Klassierung korrelierte.

Die Prognose war nur mit der Kategorie N3 (fixierte Lymphknoten) korreliert. Auch die Unterscheidung zwischen metastasenverdächtigen und metastasen-unverdächtigen beweglichen Lymphknoten spiegelte sich nicht in der Prognose wieder. Die Prognose dieser Karzinome wird weit mehr durch das Stadium und die Behandlung des Primärtumors bestimmt als durch die Lymphknotenmetastasierung.

Für die Lippenkarzinome ist die Überlebenszeit nach Fries et al. (1978) deutlich günstiger als für die Plattenepithelkarzinome. Auch bei den Hautkarzinomen wird die Prognose durch die regionale Lymphknotenmetastasierung, wenn sie früh genug erkannt und ausreichend behandelt wird, nur wenig verschlechtert, im Gegensatz zum malignen Melanom.

Im dermatologischen Bereich wurde das onkologische Interesse im letzten Dezennium so sehr auf das maligne Melanom konzentriert, daß für systematische Untersuchungen zur Metastasierung des Plattenepithel-Karzinoms der Haut wenig Raum blieb.

1983 ließ Ehring in einer Disertationsarbeit von Förster am Krankengut der Fachklinik Hornheide von 1963 bis 1976 Häufigkeit und Zeitpunkt von Rezidiven und Metastasen bei 1990 Patienten mit Plattenepithel-Karzinomen der Haut untersuchen. Ergänzend hierzu habe ich mit Hilfe des von Frau Grootens aufgebauten EDV-Registers der Fachklinik Hornheide – sie wird hierüber noch berichten – den Daten von 4636 Karzinom-Patienten unserer Klinik nachgespürt.

Befunddokumentation und Verlaufskontrolle waren dabei viel lückenhafter als die Registrierung beim malignen Melanom. Nach Ausschluß der unzureichend diagnostisch gesicherten und ungenügend dokumentierten Fälle, sowie der Fälle mit metastasiertem Mamma-Karzinom, mit Karzinommetastasen bei internem oder ungeklärtem Primärtumor blieben für die Auswertung 3305 Patienten mit histologisch gesichertem Plattenepithelkarzinom der Haut und hautnahen Schleimhäute übrig, von denen bei 109 Patienten gesicherte Metastasen zu Beginn oder im Verlauf der Behandlung registriert wurden. Eine Stichproben-Prüfung läßt allerdings darauf schließen, daß die tatsächliche Metastasierungsrate weit höher liegt als in dem hier beschriebenen Dokumentationsgut angegeben. Sie dürfte zwischen 6 und 9% liegen.

Die folgenden Ausführungen stehen unter dem Vorbehalt, daß die Registrierungsmängel relativ homogen auf die verschiedenen Tumorgruppen verteilt sind. Die Abb. 1 zeigt die relative Häufigkeit der Metastasen bei verschiedener Lokalisation des Primärtumors, bezogen auf die Metastasierungswahrscheinlichkeit bei Schleimhaut-Karzinomen. Diese metastasieren mehr als doppelt so häufig wie Hautkarzinome. Unter den letzteren zeigen Primärtumoren an Ohrmuschel, Lippen sowie Stirn- und Kopfhaut eine überdurchschnittliche Metastasierungsfrequenz.

Im Gegensatz zu den Untersuchungen von Förster fanden wir die Metastasierungshäufigkeit bei den sonnenexponierten Lokalisationen deutlich mit hohem Alter korreliert (Abb. 2).

Die Geschlechtsverteilung der metastasierten Fälle insgesamt gleicht – anders als bei Förster – der Verteilung bei allen Karzinom-Patienten. Bei einzelnen Lokalisationen sahen wir aber deutliche Unterschiede in der Geschlechterverteilung (Abb. 3). Auffällig ist der hohe Anteil an metastasierten Gesichtskarzinomen bei Frauen.

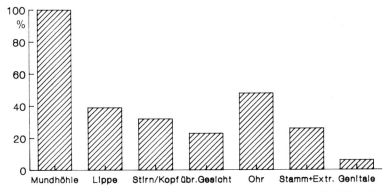

Abb. 1. Plattenepithelca. an Haut/Schleimhaut. Relative Metastasierungshäufigkeit in Abhängigkeit von der PT-Lokalisation

Möglicherweise spielt hier die ungleichmäßige Sonnenexposition des Gesichts bei Frauen eine ursächliche Rolle. Die Karzinome an den durch langes Kopfhaar geschützten Frauen-Ohren metastasieren deutlich seltener als die Karzinome an den mehr sonnenexponierten Männer-Ohren. Jedenfalls bestätigen die Verhältniszahlen die ungleiche Genese der Malignisierung an sonnenexponierten Körperstellen einerseits und Lippen, Mund- und Genitalschleimhaut andererseits.

Bei der additiven kanzerogenen Wirkung des Sonnenlichtes und der nachlassenden Schutzfunktion der altersatrophischen Haut nimmt der Zusammenhang zwischen Metastasierung der Gesichtskarzinome und hohem Alter nicht wunder. Jedenfalls stützen diese Beobachtungen die Annahme, daß die Metastasierung *eine* Stufe innerhalb des fortschreitenden Malignisierungsprozesses ist, der beim Plattenepithel-Karzinom allerdings protrahierter verläuft als beim malignen Melanom. In die gleiche Richtung weist die Beobachtung, daß die Primärtumoren bei den metastasierten Fällen im Durchschnitt deutlich größer als bei den Plattenepithelkarzinomen insgesamt waren (Abb. 4). Auffällig ist hierbei, daß die Ohrmuschelkarzinome überdurch-

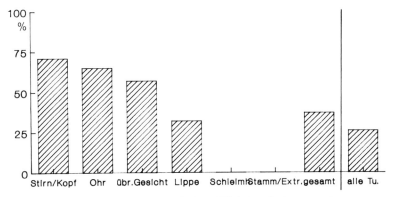

Abb. 2. Plattenepithelca. an Haut/Schleimhaut. Anteil der > 75jährigen Patienten an den metastasierten Fällen

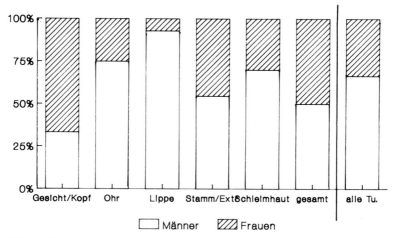

Abb. 3. Plattenepithelca. an Haut/Schleimhaut. Geschlechtsverteilung der metastasierten Fälle.
n = 109

schnittlich häufig schon bei einem kleineren Durchmesser als 2 cm metastasieren. Dies könnte damit zusammenhängen, daß an der dünnen, altersatrophischen Ohrmuschelhaut der Tumor von der T1-Kategorie durch Tiefeninvasion unmittelbar in die T4-Kategorie übergeht.

Zum Verständnis der TNM-Angaben sei die heute gültige Klassierung der Hautkarzinome von 1987 dargestellt (Hermanek et al.).

Dabei bedeutet:

(p)T1: oberflächlicher Tumor, Durchmesser 2 cm
(p)T2: oberflächlicher Tumor, Durchmesser 2–5 cm
(p)T3: oberflächlicher Tumor, Durchmesser 5 cm
(p)T4: Tumoren mit Invasion tiefer extradermaler Strukturen (Knorpel, Skelettmuskel, Knochen)
   N1: Regionäre Lymphknotenmetastasen

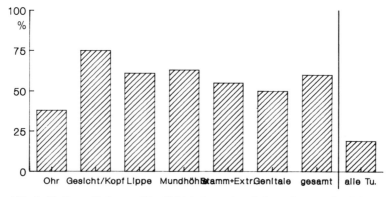

Abb. 4. Plattenepithelca. an Haut/Schleimhaut. Anteil der > 2 cm großen Primärtumoren an den metastasierten Fällen

Außer den genannten Risikofaktoren finden wir in unserem Krankengut weitere mit der Metastasierungshäufigkeit korrelierte Risikofaktoren. Es sind dies: langjährige Anamnese-Dauer mit lange vorbestehenden Präkanzerosen, häufig auch mit rezidivierendem Verlauf, ferner Mehrfachtumoren und tumordisponierende Krankheiten wie Xeroderma pigmentosum, oder Begleitumstände, wie zum Beispiel radiologische Belastung, Arsenvorbehandlung sowie immunologische Störungen.

Der Anteil der mit einem oder mehreren dieser Risikofaktoren behafteten Patienten beträgt bei den metastasierten Fällen der Hautkarzinome 80%, bei den metastasierten Karzinomen an Schleimhaut und Übergangsepithelien 50%, unter den Karzinom-Patienten insgesamt nur 20% (Abb. 5). Dies deutet wiederum darauf hin, daß bei den Schleimhaut- und Lippenkarzinomen andere Ursachen und disponierende Faktoren auf den Malignisierungsprozeß einwirken als bei den Hautkarzinomen, z.B. Rauchgewohnheiten und Alkoholkonsum bei den Mundhöhlenkarzinomen, Smegma bei den Genitalkarzinomen.

Fast ausnahmslos trat die Metastasierung zuerst in Form regionärer Lymphknotenmetastasen in Erscheinung, in einem Fall auch als regionäre Hautmetastasen. Fernmetastasen, in erster Linie Lungenmetastasen, traten – wenn überhaupt – erst sekundär oder gar praefinal in Erscheinung.

Welche Folgerungen sind aus den eigenen und den in der Literatur beschriebenen Beobachtungen für die Therapie zu ziehen?

Eine generelle prophylaktische Lymphknotendissektion oder prophylaktische radiologische Behandlung des Lymphabflußgebietes kann bei der relativ geringen Metastasierungswahrscheinlichkeit des Plattenepithel-Karzinoms der Haut nicht empfohlen werden. Auch nicht für das Lippenkarzinom und das Karzinom der hautnahen Schleimhäute. Die wirksamste Metastasenprophylaxe ist vielmehr die radikale Primärtumortherapie „nach Maß", denn in mehr als 50% der Fälle war der Metastasierung ein Primärtumorrezidiv vorausgegangen. Bei dem relativ protrahierten Malignisierungsverlauf des Plattenepithel-Karzinoms ist der sorgfältigen Verlaufsbeobachtung und rechtzeitigen therapeutischen Lymphknotendissektion der Vorzug zu geben, zumal nach neueren Studien aus dem Gesichts-Kieferbereich die frühe therapeutische Lymphknotendissektion kaum schlechtere Ergebnisse zeigt als die prophylaktische Lymphknotenentfernung.

Nur bei ausgesuchten Fällen mit besonders hohem Metastasierungsrisiko kann eine prophylaktische Lymphknotendissektion erwogen werden.

Abb. 5. Plattenepithelca. an Haut/Schleimhaut. Anteil der Patienten mit folgenden Risikofaktoren an den metastasierten Fällen (n = 109)
– Primärtumorgröße > 2 cm
– mehrjährig persistierende M. Bowen, Erythroplasie, Leukoplakie
– Rezidivierender Verlauf
– Mehrfachtumoren
– Prädisponierende Krankheiten und Umstände

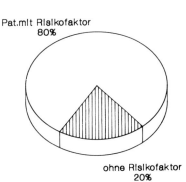

Andererseits sollten wir bei Patienten mit erhöhtem Metastasierungsrisiko einen positiven Lymphknotenbefund nicht leichtfertig als „unverdächtig" einstufen, wie wir aus der oben erwähnten Dösak-Studie ersehen. Tastbar vergrößerte oder verhärtete Lymphknoten sind bei Patienten mit erhöhtem Metastasierungsrisiko grundsätzlich der Kategorie N1 zuzuordnen und erfordern eine systematische Lymphknotendissektion, zumindest aber eine histologische oder zytologische Untersuchung zum Staging.

Das eigene Beobachtungsgut bietet keine ausreichend großen risikogleichen Gruppen für eine vergleichende Bewertung der Therapie regionaler Hautkarzinom-Metastasen.

Auffällig war allerdings, daß bei Lippenkarzinom-Patienten mit Makrometastasen in den Lymphknoten die Gruppe der kombiniert operativ und radiologisch behandelten Fälle den günstigsten Verlauf zeigte. Von 16 so behandelten Patienten überlebten 31% mindestens 4 Jahre rezidiv- und metastasenfrei. Dies Vorgehen entspricht auch den Erfahrungen von Stell bei den Head- and Neck-Tumors.

Bis zum Vorliegen weiterer aussagekräftigerer Ergebnisse sehen wir die frühzeitige therapeutische regionäre Lymphknotendissektion mit Berücksichtigung der für die jeweilige Primärtumorlokalisation in Frage kommenden Lymphknotengebiete als Therapie der Wahl an.

Bei Metastasengröße über 2 cm, Kapseldurchbruch und bei multiplem Befall (mehr als 3 Metastasen) ist eine radiologische Nachbehandlung des Dissektionsbettes in Erwägung zu ziehen.

Der grundsätzliche Verzicht auf die prophylaktische Lymphknotenentfernung macht allerdings eine engmaschige, subtile Nachsorge lebenswichtig.

Die kunstgerechte Nachsorge umfaßt außer der Untersuchung des Primärtumorbettes die Erkennung von Präkanzerosen und Zweittumoren, die Untersuchung und Dokumentation des Lymphknotenbefundes, erforderlichenfalls einschließlich sonographischer und/oder zytologischer Befundabklärung, sowie die Bedarfsermittlung für rekonstruktive, psychosoziale und andere Rehabilitationsmaßnahmen. Die Erstmetastasierung in Lunge oder andere innere Organe is so selten, daß diesbezügliche spezielle Diagnostik im Rahmen der Nachsorge erst bei Mehrfachrezidiven, sehr fortgeschrittenen, beziehungsweise bereits regional metastasierten Karzinomen, sowie bei konkretem Verdacht sinnvoll erscheint. Dies entspricht den Erfahrungen von Papac bei Head- and Neck-Tumors.

Die zeitliche Abfolge der Nachuntersuchungen sollte das jeweilige Rezidiv- und Metastasierungsrisiko berücksichtigen. Je weiter der Malignisierungsprozeß fortgeschritten ist, mit umso rascherer Progression muß gerechnet werden. Der zeitliche Abstand von der letzten Tumorbehandlung bis zur Metastasenerkennung war beim eigenen Untersuchungsgut, ebenso wie bei den erwähnten Untersuchungen von Förster, relativ kurz (Abb. 6). Nach 2½ Jahren waren rund 95% der Metastasen feststellbar. Ähnliches gilt für die Rezidive. Der im 3. Nachsorgejahr oder später festgestellten Metastasierung war in den meisten Fällen eine Radiotherapie des Primärtumors vorausgegangen. Offenbar vermag die Strahlentherapie auch da, wo sie nicht kurativ wirkt, die weitere Tumorentwicklung oft längere Zeit aufzuhalten, was man durchaus bei Patienten mit geringer Lebenserwartung therapeutisch ausnutzen sollte.

Unter Berücksichtigung dieser Erfahrungen sei hier ein nach Risikostufen gegliederter Nachsorge-Plan zur Diskussion vorgelegt (Tabelle 1).

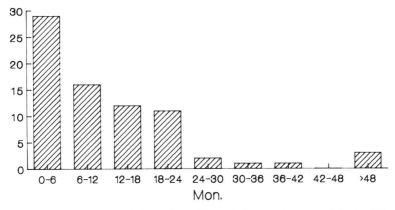

Abb. 6. Plattenepithelca. der Haut/Schleimhaut. Dauer bis zur 1. Metastasierung nach letzter PT-oder Rezidivbehandlung. n = 75

Tabelle 1. Nachsorgefrequenz bei Plattenepithel-Karzinom-Patienten

	1. Jahr	2. Jahr	3. Jahr	4.u.5. Jahr
Pat.ohne besond.Risikofaktoren	¼jährl.	¼jährl.	½jährl.	½jährl.
Pat.mit zusätzl.Risikofaktoren	monatl.	¼jährl.	¼jährl.	½jährl.
Bei Neigung zu Präkanzerosen lebenslängliche Nachsorge				

Fachklinik Hornheide 8/88

Unsere Untersuchungen und die darauf basierenden Folgerungen können – wie dies bei retrospektiven Studien die Regel ist – nur als Arbeitshypothesen gelten, die weitere Untersuchungen und Diskussionen auf einem Gebiet anregen sollen, das in letzter Zeit stark vernachlässigt war, aber mehr Aufmerksamkeit verdient.

Literatur

Bukal J, Fries R, Engleder R, Platz H (1982) Zur Klinik der Basaliome, Plattenepithelkarzinome und Keratoakanthome der Gesichts- und Halshaut. In: Pfeifer G, Schwenzer N: Fortschritte der Kiefer- und Gesichtschirurgie, Bd 27, S 31–34. Thieme, Stuttgart New York

Domarus v H, Stevens PJ (1982) Das metastasierende Basaliom. In: Pfeifer G, Schwenzer N: Fortschritte der Kiefer- und Gesichtschirurgie, Bd 27, S 21–23. Thieme, Stuttgart New York

Förster H (1983) Das Plattenepithel-Karzinom der Haut. Häufigkeit und Zeitpunkt von Rezidiv und Metastase als Parameter für Nachsorgefrequenz und -dauer. Retrospektive Studie am Krankengut der Fachklinik Hornheide der Patienten mit Diagnose Plattenepithelkarzinom der Haut aus der Zeit von 1963 bis Dezember 1976. Inaugural-Dissertation, Münster

Fries, R et al. (1978) Karzinome der Mundhöhle. Zur Frage der Abhängigkeit der Prognose von der Lokalisation des Primärtumors. Dtsch Z Mund-Kiefer-Gesichts-Chir 2:63–75

Fries R et al. (1979) Karzinome der Mundhöhle. Zur Frage der Abhängigkeit der Prognose von der Intensität der regionären Metastasierung. Dtsch Z Mund-Kiefer-Gesichts-Chir 3:193–200

Haas E (1982) Onkologische Grundlagen der Behandlung von Gesichtshautmalignomen. Laryng Rhinol Oto 61:611–617

Hartschuh W (1986) Das rezidivierende Merkelzellkarzinom. Beitrag zur Therapie. 9. Jahrestagung VOD, Gmünden, 5.–7. 9. 1986. Zbl Haut 152:575

Hermanek P, Scheibe O, Spiessl B, Wagner N (1987) TNM-Klassifikation maligner Tumoren. 4. Aufl, Springer, Berlin Heidelberg New York London Paris Tokyo

Kerl H (1981) Können Basaliome metastasieren? In: Eichmann F, Schnyder VW: Das Basaliom. Springer, Berlin Heidelberg New York London Paris Tokyo

Kiessling M et al. (1986) Das neuroendokrine (Merkel-Zell-) Karzinom der Haut. 9. Jahrestagung VOD, Gmünden, 5.–7. 9. 1986. Zbl Haut 152:574

Papac RJ (1984) Distant metastases from head and neck cancer. Cancer 53:342 ff.

Sitz KV, Keppen M, Johnson DF (1987) Metastatic Basal Cell Carcinom in AIDS – Related Complex. J Am Med Ass 257:340–343

Steigleder GK (1974) Haut und Hautanhangsgebilde. In: Eder M, Gedigk P: Lehrbuch der allgemeinen Pathologie und der Pathologischen Anatomie. Springer, Berlin

Stell PM et al. (1984) The fixed cervical lymph node. Cancer 53:336

Voy E-D (1982) Zur Frage der Metastasierung des Gesichtshautspinalioms. In: Pfeiffer G, Schwenzer N: Fortschritte der Kiefer- und Gesichts-Chir, Bd 27, 128–130

Lymphknotensonographie in der postoperativen Nachsorge von Hauttumoren

H. Stutte und G. Rassner

Zusammenfassung

Mit der Sonographie können bei der Untersuchung peripherer Lymphknoten Erkenntnisse gewonnen werden, die über die Ergebnisse der Palpation hinausgehen.

Bei tastbaren Lymphknoten ist das Vorhandensein von Metastasen dann auszuschließen, wenn die Lymphknoten im Sonogramm nicht sichtbar sind, oder sich dort eindeutige Hinweise auf bloß regressive Veränderungen oder dermopathische Mitreaktionen zeigen. Andererseits kann die Sonographie in vielen Fällen dringende Verdachtsmomente für das Vorliegen einer Metastase liefern. In anderen Fällen ist die differentialdiagnostische Einordnung auch mit Hilfe der Sonographie auf Anhieb nicht möglich; zur weiteren Abklärung sind dann sonographische Verlaufsuntersuchungen und klinische Daten heranzuziehen.

Mikrometastasen sind weder palpatorisch noch sonographisch zu erfassen.

Mit der Ultraschalluntersuchung können aber nicht selten auch Lymphknotenmetastasen entdeckt werden, die nicht tastbar sind.

Nachdem die Lymphknotensonographie bisher überwiegend bei Melanompatienten angewandt wurde, liegen nun erste Ergebnisse ihrer Anwendung bei Patienten mit spinozellulärem Karzinom vor.

Die Ultraschalluntersuchung der peripheren Lymphknoten sollte bei der Nachsorge von Melanomen und Karzinomen der Haut routinemäßig eingesetzt werden, insbesondere bei sog. high risk Tumoren.

Einleitung

Die Sonographie der Körperweichteile wird erst seit etwa 10 Jahren in größerem Umfang durchgeführt. Voraussetzung war die Einführung höherfrequenter Schallköpfe mit verbessertem Auflösungsvermögen im Nahbereich. Ihre Anwendung ist in den letzten Jahren vereinzelt auch auf die Untersuchung peripherer Lymphknoten ausgedehnt worden.

Die Bedeutung der Palpation als wichtigster und unersetzlicher Methode zum Nachweis oder Ausschluß peripherer Lymphknotenmetastasen muß hier nicht besonders hervorgehoben werden. Man darf aber nicht übersehen, daß die Aussagekraft der Palpation begrenzt ist.

- Zum einen ist die differentialdiagnostische Zuordnung eines palpatorisch erfaßten Lymphknotens nicht möglich.
- Zum andern sind nicht alle pathologisch veränderten peripheren Lymphknoten palpabel.

Hier kann die Lymphknotensonographie in vielen Fällen weiterhelfen.

Patienten und Methodik

In der Universität Tübingen wurde die Lymphknotensonographie bei Melanompatienten der Hautklinik 1983 bis 1987 in der Med. Poliklinik von uns durchgeführt.

Seit Februar 1988 nehmen wir die Ultraschalluntersuchungen in der Hautklinik selbst vor. Wir verwenden einen Real-time-scanner mit einer hochauflösenden 7,5 MHz-Linearschallsonde. Von Februar bis Juli 1988 haben wir bei 364 Melanompatienten 615 Lymphknotenstationen untersucht. In derselben Zeit erfaßten wir darüber hinaus unter anderem auch 19 Patienten mit spinozellulärem Karzinom.

Im folgenden geben wir eine Zusammenfassung allgemeiner Gesichtspunkte zur Lymphknotensonographie und teilen die Ergebnisse der sonographischen Nachsorgeuntersuchungen an den Patienten mit spinozellulärem Karzinom mit.

Ergebnisse und Diskussion

Allgemeine Gesichtspunkte

Inwieweit kann die Lymphknotensonographie zur Beantwortung der differentialdiagnostischen Fragen beitragen, die sich im Zusammenhang mit dem Tastbefund ergeben?

Das ist in 2 Fallgruppen möglich:
- Erstens kann mit Hilfe der Sonographie das Vorliegen einer Metastase ausgeschlossen werden, und zwar dann, wenn
  a) tastbare Lymphknoten im Sonogramm nicht sichtbar sind oder
  b) der sonographische Befund eindeutige Hinweise auf eine regressive Lymphknotenveränderung oder eine unspezifische dermopathische Lymphknotenreaktion gibt (Abb. 1) [2, 8].
- Zweitens kann die Sonographie dringende Verdachtsmomente für das Vorliegen einer Metastase liefern. Charakteristische Zeichen dafür sind die Zunahme des Tiefendurchmessers bis hin zur Kugelform des Lymphknotens und die Echoarmut des Knotens (Abb. 2) [2, 7].

Es bleiben Fälle, in denen eine Anhiebsdiagnose auch mit Hilfe der Sonographie nicht zu stellen ist. Das gilt vor allem für kleine, atypisch konfigurierte Lymphknotenmetastasen. Sie sind nicht zu unterscheiden von Lymphknotenveränderungen, die
a) akut entzündlich bedingt oder
b) im Rahmen einer lymphatischen Systemerkrankung entstanden sind [4, 6, 7].

Mikrometastasen sind nur histologisch diagnostizierbar. Man kann sie weder palpieren, noch durch die bildgebenden Untersuchungsverfahren erfassen.

Besonders schwierig kann es zudem sein, Metastasenrezidive von Hämatomen bzw. Seromen abzugrenzen, die nach einer operativen Lymphknotenrevision aufgetreten sind. Differentialdiagnostische Entscheidungshilfen geben in diesen Fällen Anamnese und die weiteren klinischen Befunde, vor allem aber die sonographische Verlaufsbeobachtung [2, 4].

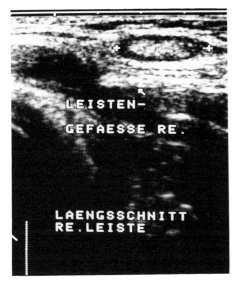

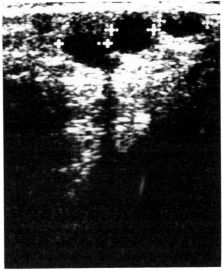

Abb. 1. Kokardenförmiger Lymphknoten (oben +.+) in der rechten Leiste mit reaktiver dermopathischer Lymphadenitis. Längsschnitt

Abb. 2. Drei echoarme subkutane benachbarte Melanommetastasen (am oberen Bildrand ++) in der linken Axilla. Längsschnitt

Zur beschriebenen Problematik der differentialdiagnostischen Einordnung von Lymphknotenveränderungen kommt die Tatsache, daß nicht alle Lymphknotenmetastasen tastbar sind.

Besonders am Hals und in den Axillen können pathologisch veränderte Lymphknoten schwer zu tasten sein [3, 5]. Im Halsbereich betrifft dies vor allem die Region der hohen Jugularisgruppe (Abb. 5), die Region hinter dem M. sternocleidomastoideus und über bzw. unter der Clavicula [6].

In den Axillen sind tiefliegende Lymphknotenmetastasen mitunter nicht zu tasten, selbst wenn sie groß sind: So haben wir im Jahre 1988 während 5 Untersuchungsmonaten bei 259 Axillauntersuchungen an Melanompatienten 7mal das Vorliegen von Axillametastasen festgestellt. Nur 2 der 7 Befunde waren eindeutig tastbar, beim 3. Patienten bestand ein sehr unsicherer Tastbefund. In den restlichen 4 Fällen lag ein negativer Tastbefund vor. Der mittlere Breitendurchmesser der nicht palpablen Metastasen lag bei 20 mm. Die kleinste Metastase war 12 mm und die größte 38 mm breit (Abb. 3 u. 4).

Spinozelluläre Karzinome

Bei 4 der 19 Patienten mit spinozellulären Karzinomen waren sonographisch Lymphknotenmetastasen zu diagnostizieren. 2 Patienten hatten Unterlippenkarzinome, beim 3. Patienten war das Karzinom an der li. Helix und beim 4. Patienten präaurikulär lokalisiert.

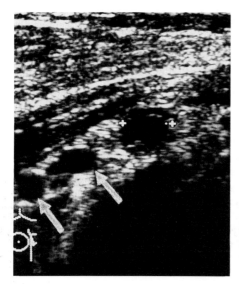 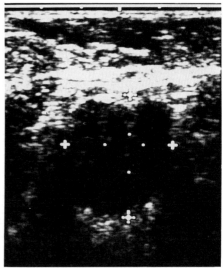

Abb. 3. Nicht palpable tiefliegende Melanom-metastase (Bildmitte, +.+) in der linken Axilla unter dem Musc. pectoralis minor und caudal der quergetroffenen Axillargefäße (Pfeile). Längs-schnitt

Abb. 4. Große nicht palpable Melanommeta-stase (Bildmitte, +..+) in der linken Axilla, Querdurchmesser 27 mm. Tiefendurchmesser 32 mm. Querschnitt

Die Unterlippenkarzinome befanden sich beide im Stadium T1, sie besaßen eine Tumordicke von 3,2 mm bzw. 6,1 mm. Die beiden Gesichtstumoren befanden sich im Stadium II und hatten beide eine Tumordicke von 6 mm.

Entsprechend der Lokalisation der Primärtumoren lagen auch alle 4 Metastasen im Kopf-Hals-Bereich. Beim 1. Patienten war die Metastase nicht tastbar, bei den anderen 3 waren die Metastasen palpabel.

Die reflexarme, nicht tastbare Lymphknotenmetastase des 1. Patienten mit spino-zellulärem Karzinom der Unterlippe saß der V. jugularis hoch auf und lag lateral der Glandula submandibularis (Abb. 5).

Bei dem 2. Patienten mit Unterlippenkarzinom zeigte die Metastase einen inhomo-genen Aufbau mit reflexärmeren Anteilen ventral und reflexreicheren Anteilen dorsal. Die reflexärmeren Anteile entsprechen einem karzinomatös umgewandelten Lymphknoten, die reflexreicheren Anteile dem karzinomatös infiltrierten Bindege-webe (Abb. 6).

Bei dem 3. Patienten waren 2 reflexarme Metastasen in der Parotis lokalisiert.

Im 4. Fall lag eine Metastase retroaurikulär vor, die als postoperative Narbenver-dickung angesehen wurde.

Bei der sonographischen Erstuntersuchung sah man einen echoarmen Knoten, der 12 × 14 × 4 mm maß (Abb. 7a). Bei der Kontrolle einen Monat später hatte der Knoten um 5 mm an Länge und 3 mm an Tiefe zugenommen. Es wurde ein zweiter kleiner Knoten zusätzlich nachgewiesen und bestärkte die Diagnose von Karzinom-metastasen (Abb. 7b).

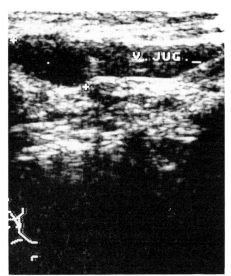

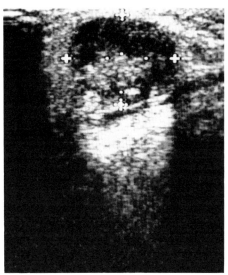

Abb. 5. Nicht palpable Metastase (oben links +.+) eines spinozellulären Karzinoms, der Vena jugularis aufsitzend. Längsschnitt

Abb. 6. Inhomogen strukturierte große Metastase (oberer Bildrand, Mitte ++), rechts submandibulär gelegen, eines spinozellulären Karzinoms. Schrägschnitt

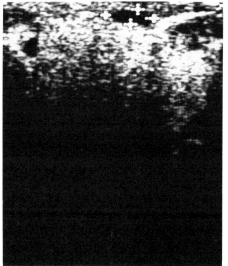

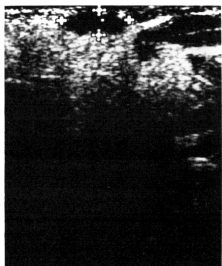

Abb. 7a. Metastase (oberer Bildrand, Mitte, ++) eines spinozellulären Karzinoms am Unterrand der li. Wange. Größe 12 × 14 × 4 mm. Längsschnitt

Abb. 7b. Befund bei Kontrolluntersuchung nach 4 Wochen. Größenzunahme der Metastase auf 17 × 15 × 7 mm. Schnitt wie in Abb. 7a

Dies sind einige Beispiele für sonographisch dargetellte Lymphknotenmetastasen beim spinozellulären Karzinom. Weitergehende Aussagen zu diesem Thema werden uns erst nach dem Vorliegen der Ergebnisse größerer Untersuchungsreihen möglich sein.

Schlußfolgerungen

Es ist offensichtlich, daß die Lymphknotensonographie eine Bereicherung und Erweiterung der diagnostischen Möglichkeiten in der onkologischen Nachsorge von Hauttumoren darstellt. Mit der Sonographie lassen sich sowohl überflüssige Lymphonodektomien vermeiden als auch vorher unentdeckte Lymphknotenmetastasen diagnostizieren [7] und der Therapie zuführen.

Den Kollegen, die die Möglichkeit haben, Lymphknotensonographien selbst durchzuführen oder durchführen zu lassen, möchten wir die folgenden Empfehlungen geben:

Alle Patienten mit Melanomen oder spinozellulären Karzinomen sollten präoperativ sonographiert werden. In der Nachsorge sollten high-risk Melanompatienten bis einschließlich dem 3. postoperativen Jahr halbjährlich, später einmal jährlich, sonographisch untersucht werden. Das gilt gleichermaßen für Karzinompatienten mit Ausnahme der no-risk Gruppe nach Breuninger [1]. Alle Patienten mit low-risk-Melanomen sollten postoperativ einmal jährlich nachkontrolliert werden. Unabhängig von diesen Zeitintervallen gilt: Immer wenn bei der klinischen Nachsorgeuntersuchung ein positiver Palpationsbefund erhoben wird, sollte zur weiteren Abklärung eine Ultraschalluntersuchung angeschlossen werden.

Literatur

1. Breuninger H, Langer B, Rassner G (1988) Untersuchungen zur Prognosebestimmung des spinozellulären Karzinoms der Haut und Unterlippe anhand des TNM-Systems und zusätzlicher Parameter. Hautarzt 39:430–434
2. Brockmann WP, Maas R, Voigt H, Thoma G, Schweer S (1985) Veränderungen peripherer Lymphknoten im Ultraschall. Ultraschall 6:164–169
3. Bruneton JN, Normand F, Balu-Maestro C, Kerboul P, Santini N, Thyss A, Schneider M (1987) Lymphomatous Superficial Lymph Nodes: US Detection. Radiology 165:233–235
4. Eichhorn Th, Schroeder Hg, Glanz H, Schwerk WB (1987) Die Rolle der Sonographie bei der posttherapeutischen Kontrolle von Tumoren im Kopf-Hals-Bereich. HNO 35:462–467
5. Ernst R, Weber A, Zumtobel V, Friemann J (1986) Entscheidungshilfe zur Festlegung der Therapie des Mammakarzinoms durch präoperatives Staging mit Anwendung von Sonographie und Computertomographie. Langenbecks Arch Chir 369:423–425
6. Gritzmann N, Czembirek H, Hajek P, Karnel F, Türk R, Frühwald F (1987) Sonographie bei zervikalen Lymphknotenmetastasen. Radiologe 27:118–122
7. Kraus W, Nake-Elias A, Schramm P (1985) Diagnostische Fortschritte bei malignen Melanomen durch die hochauflösende Real-Time-Sonographie. Hautarzt 36:386–392
8. Marchal G, Oyen R, Verschakelen J, Gelin J, Baert AL, Stessens RC (1985) Sonographic Appearance of Normal Lymph Nodes. J Ultrasound Med 4:417–419

Diagnostische Richtlinien bei der Ultraschalluntersuchung von Tumoren der Haut und Metastasen

W. Strasser und R. Niedner

Das bildgebende Ultraschallverfahren wird immer häufiger in der dermatologischen Diagnostik angewendet (Tabelle 1). Durch die Einführung hochauflösender Geräte mit 5 bzw. 1,5 MHz-Schallköpfen werden wichtige Informationen über die untersuchten Befunde gewonnen (Tabelle 2).

Die diagnostischen Kriterien sind in Tabelle 3 zusammengefaßt. Sie müssen als fakultativ gelten, denn immer wieder findet man Befunde, die sich nicht nach einem

Tabelle 1. Indikation

Gutartige und bösartige Hauttumoren
Kutane und subkutane Metastasen
Lymphknotenmetastasen
Tastbefunde

Tabelle 2. Diagnostischer Wert

Lage, Eindringtiefe, Größenbestimmung:	Bei tieferen Prozessen und Tastbefunden Entfernung des Prozesses von der Hautoberfläche. Dreidimensionale Ausmessung des Befundes (Eindringtiefe, Tumorgröße) Nachbarschaft zu anderen Strukturen (Gefäße, Knochen, Gelenke)
Operationsplanung:	Art der Anästhesie (nach exakter Ermittlung der Größe) Art des Eingriffes (Inzision, Exzision, Extirpation usw.)
Verlaufskontrolle:	Festhalten der genauen Ausmaße im Sofortbild. Vergleiche im weiteren Verlauf möglich. Größenzunahme und Wachstumsgeschwindigkeit können bestimmt werden

Tabelle 3. Diagnostische Kriterien

Echoreich:	Kutis, Muskulatur, Periost
Echoarm:	Fettgewebe, häufig gutartige Tumoren
Echolos:	Melanome und deren Metastasen, Serome, Zysten, Gefäße
Randbereich/Begrenzung:	verschwommen, undeutlich echoreiches Band schmaler echoreicher Streifen deutlicher Übergang vom echolosen bzw. echoarmen Tumor zur Umgebung

Schema einordnen lassen. Abb. 1 zeigt das praktische Vorgehen. Mit der „Sonar-aid"
Gelplatte als 13 mm dicke Vorlaufstrecke gelingt die Untersuchung immer und der
Patient wird nicht durch herumfließendes Ultraschallgel belästigt. Abb. 2 zeigt den
Aufbau eines Ultraschallbildes, das mit der Sofortkamera festgehalten wurde (hier
eine subkutane Melanommetastase über dem rechten Schulterblatt):

1 = Schallkopfgrenze
*` = Echolose Sonar-aid Platte
2 = Hautoberfläche
C = Corium

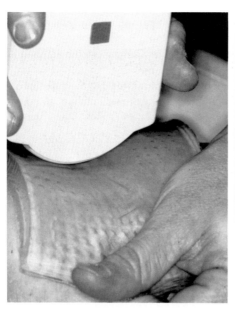

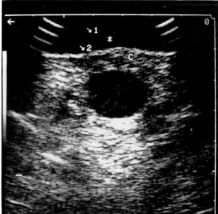

Abb. 2. Aufbau des Ultraschallbildes (Erläute-
rungen s. Text)

Abb. 1. Sonografische Untersuchung mit Hilfe
der Sonar-Aid Gelplatte

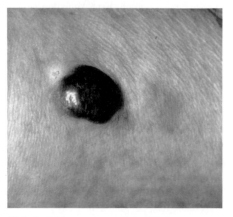

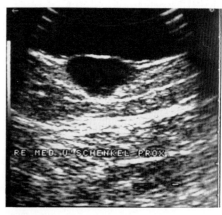

Abb. 3. Melanom an medialer Wade   **Abb. 4.** Sonografisches Bild des Melanoms

Die Metastase zeigt sich als absolut echoloses Gebilde. Hier sind dann metrische Ausmessungen im Millimeterbereich möglich. Abb. 3 und 4 zeigen klinischen Befund und Ultraschallbild eines amelanotischen malignen Melanoms an der medialen Wade einer Patientin. Der ausgedehnte sichtbare Befund findet seine Entsprechung in der keilförmigen Ausbreitung zur Tiefe hin. Sehr gut können sonografisch Hautmetastasen und Metastasen der regionären Lymphknotenregionen differenziert werden. Besonders hilfreich ist die Abgrenzung pathologischer Veränderungen von wichtigen Umgebungsstrukturen.

Die Darstellung benachbarter Strukturen zu den zu untersuchenden Befunden zeigen die Abb. 5 und 6.

Die Bildfolge 7 und 8 zeigt die Grenzen der Ultraschalluntersuchung. Hier handelt es sich um Aufnahmen, die bei einem 62jährigen Melanompatienten durchgeführt

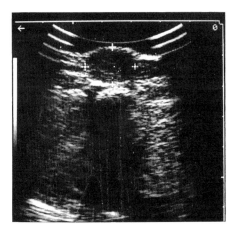

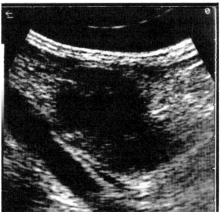

Abb. 5. Außenknöchel direkt unter einem Granuloma anulare bei einem 9jährigen Mädchen (sehr hilfreich bei der Operationsplanung. Gefahr der Eröffnung der Gelenkskapsel)

Abb. 6. Drohende Arrosion der A. carotis externa durch eine Melanommetastase

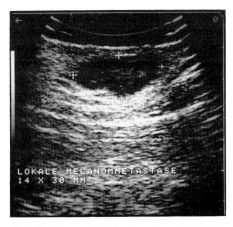

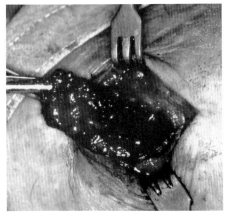

Abb. 7. Sonografisch hochgradiger Verdacht auf eine subkutane Melanommetastase

Abb. 8. Granatsplitter mit Granulationsgewebe

wurden. Primärtumoroperation ungefähr drei Jahre zuvor über dem linken Außen-knöchel. Jetzt war eine Schwellung in einer Kriegsverletzungsnarbe rechts prätibial aufgetreten. Zunächst als Muskelhernie gedeutet, wurde einen Monat später mit ziemlicher Sicherheit sonografisch eine Melanommetastase angenommen (Abb. 7). Intraoperativ wurde dann dieser – mittlerweile fast vierzig Jahre symptomlose – Granatsplitter aus der grün-schwarzen Detritushöhle geborgen (Abb. 8).

Literatur

1. Alexander H, Miller DL (1979) Determining skin thickness with pulsed ultrasound. J Invest Dermatol 73:17–19
2. Breitbart EW, Rehpenning W (1983) Möglichkeiten und Grenzen der Ultraschalldiagnostik zur Invivo-Bestimmung der Invasionstiefe des malignen Melanoms. Zentralbl Hautkr 58:975–987
3. Kirsch JM, Hanson ME, Gibson JR (1984) The determination of skin thickness using conventional diagnostic ultrasound equipment. Clin Exp Dermatol 9:280–285
4. Kraus W, Nake-Elias A, Schramm P (1985) Diagnostische Fortschritte bei malignen Melanomen durch die hochauflösende Real-Time-Sonographie. Hautarzt 36:386–392
5. Kraus W, Nake-Elias A, Schramm P (1986) Hochauflösende Real-Time-Sonographie in der Beurteilung regionaler lymphogener Metastasen von malignen Melanomen. Zentralbl Hautkr 61:9–14
6. Neimann H, Vogelzang L (1984) Diagnostic ultrasound. Arch Dermatol 120:248–253
7. Rukavina B, Mohar N (1979) An approach of ultrasound diagnostic techniques of the skin an subcutaneous tissue. Dermatologica 158:81–92
8. Serup J, Staberg B, Klemp P (1984) Quantification of cutaneous oedema in patch test reactions by measurement of skin thickness with high-frequency pulse ultrasound. Contact Dermatitis 10:88–93
9. Tikjob G, Kassis V, Sondergaara J (1984) Ultrasonic-B-scanning of the human skin. Acta Derm Venereol (Stockh) 64:67–70

Die Röntgentherapie der malignen epithelialen Hauttumoren

R. PANIZZON

Die malignen epithelialen Hauttumoren, vor allem das Basaliom und das Spinaliom, gehören zu den strahlensensibelsten Hauttumoren überhaupt. Sie stellen also die Indikation „par excellence" für eine Röntgentherapie dar [3, 5, 13].

Unter den *Vorteilen* der Strahlentherapie steht die Gewebeerhaltung sicher im Vordergrund. Deshalb eignet sich die Röntgentherapie vor allem für Karzinome im Gesichtsbereich und hier besonders in der Augenregion, an der Ohrmuschel, an der Nase und an den Lippen.

Was die *Nachteile* der Strahlentherapie betrifft, so denken wir vor allem an die Spätveränderungen. Dies ist auch der Grund, weshalb wir in der Regel nur Patienten ab 45 Jahren bestrahlen.

Zum *Bestrahlungsplan* gehört vorerst die Sicherung der klinischen Diagnose mit Hilfe der Biopsie und nachfolgender histologischer Untersuchung. Dies erlaubt uns, die Art und Wachstumsform, aber auch die Invasionstiefe des Tumors zu bestimmen. Wir geben beim Histologiebefund immer den Clark-Level, wie er beim Melanom bekannt ist, an. Dies stellt für den Therapeuten eine Hilfe dar. Ist die Tumordicke bekannt, bestimmen wir, je nach Eindringtiefe des Tumors, die Strahlenqualität, d. h. 12 kV (Grenzstrahlen), 30 kV, 40 kV oder 50 kV kombiniert mit den entsprechenden Filtern von 1,0 mm Cellon, 0,5 mm, 1,0 mm und 2,0 mm Aluminium.

Anhand des Tumordurchmessers wird die Feldgröße, d. h. das zu bestrahlende Feld ermittelt. Meist wird dazu ein Rand von 0,5 cm bis 1,0 cm gesunde Haut um den sichtbaren Tumorrand eingezeichnet. Die Feldgröße bestimmt uns

1. den Fokushautabstand, da letzterer mindestens doppelt so groß sein soll wie die Feldgröße und
2. die Einzeldosis (s. unten).

Strahlenqualität und Fokushautabstand zusammen ergeben die Gewebehalbwertstiefe (GHWT). Diese ist definiert als diejenige Gewebetiefe, wo 50% der Strahlung absorbiert wird. In der Dermatoröntgentherapie gilt als Faustregel, daß die Tumordicke der GHWT entsprechen sollte [3, 4]. Wie oben erwähnt, bestimmt die Feldgröße auch die Einzeldosis. Als Richtwerte gelten in Zürich: Bei Feldgrößen bis ca. 4 cm Durchmesser bestrahlen wir mit Einzeldosen von 8 Gy, bei Feldgrößen zwischen 4 cm und 8 cm mit 4 Gy, und bei Feldern über 8 cm mit 2 Gy Einzeldosis. Die Fraktionierung beträgt bei 8 Gy Einzeldosis in der Regel 5 bis 6 Sitzungen 1 × pro Woche, für 4 Gy 10 bis 12 Sitzungen 2 × pro Woche und für 2 Gy 26 bis 28 Sitzungen 5 bis 6 × pro Woche. Die Gesamtdosen liegen je nach Fraktionierung zwischen 40 Gy und 56 Gy [12]. Mit diesem Fraktionierungsschema für Basaliome und Spinaliome

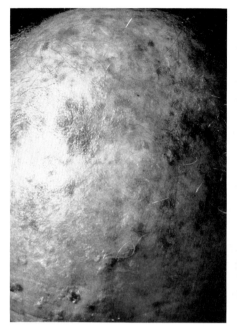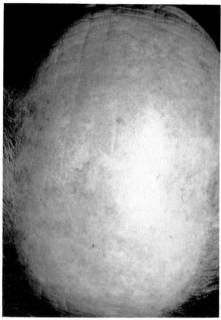

Abb. 1a. Ausgedehnte senile Keratosen an der Stirn-Scheitelglatze bei 78jährigem Patienten

Abb. 1b. Nach Bestrahlung mit 6 × 8 Gy, 12 kV, 1.0 Cellon-Filter (Grenzstrahlen), FHD 20 cm, 2 × pro Woche (für Grenzstrahlen keine TDF-Werte verfügbar, dürfte aber TDF-Wert Weichstrahlen von 50 entsprechen)

erhalten wir TDF (Time-Dose-Fractionation-Factor)-Werte um 100, d. h. ein optimaler Richtwert, der uns angibt, daß wir nicht über- oder unterbestrahlen [8].

Multiple und ausgedehnte *aktinische Keratosen* sind eine dankbare Indikation für eine Röntgentherapie, sowohl Grenz- wie Weichstrahlen kommen zur Anwendung, je nachdem die Herde flachschuppend (6 × 8 Gy, 12 kV, 1.0 Cellon-Filter, Abb. 1 a u. b) bzw. dick-keratotisch sind (6 × 4 Gy, 30 kV, 0.5 Al-Filter; [10]). Bei Präkanzerosen ist, im Gegensatz zu Basaliomen und Spinaliomen, eine Wiederholung (zweiter Turnus) der Röntgentherapie möglich. Der entsprechende TDF-Wert für aktinische Keratosen liegt somit bei 50 [11]. Der *Morbus Bowen* und die Erythroplasie Queyrat stellen ebenfalls dankbare, gewebeerhaltende Indikationen für eine Röntgenbehandlung dar (Abb. 2 a u. b). Wegen des etwas aggressiveren Verhaltens wählen wir hier eine etwas höhere Gesamtdosis als bei aktinischen Keratosen (10 × 4 Gy, 30 kV, 0.5 Al-Filter; [2, 15] TDF-Wert um 80).

Eine Untersuchung an 433 primär bestrahlten *Basaliomen* zeigte, daß der Histologie-Typ des Basalioms für den Therapieerfolg entscheidend ist. Nicht szirrhöse Basaliome rezidivierten in 5,1% gegenüber histologisch szirrhösen Basaliomen mit einer Rezidivrate von 30,9% ($p \leq 0,001$). Ferner zeigte sich eine Tendenz zu besseren Resultaten, wenn die Einzeldosis über 4 Gy bzw. die Gesamtdosis über 50 Gy betrug [1]. Besonders günstige Resultate werden bei Basaliomen im Augen- (Abb. 3 a u. b), Nasen-, Ohren- und Lippen-Bereich erzielt [6, 9, 14, 16].

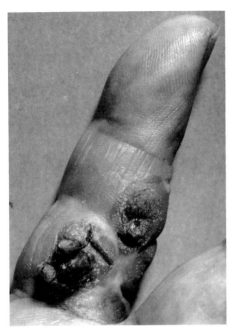

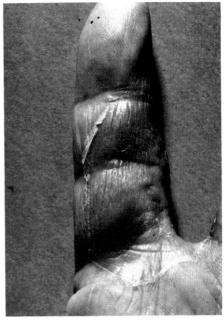

Abb. 2a. M. Bowen des rechten Kleinfingers medial bei 81jährigem Patienten

Abb. 2b. Nach Bestrahlung mit 10 × 4 Gy, 30 kV, 0.5 Al-Filter, FHD 12 cm, 2 × pro Woche (TDF-Wert: 83)

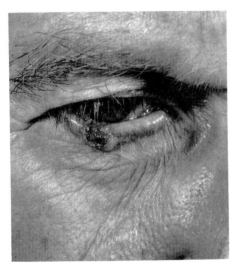

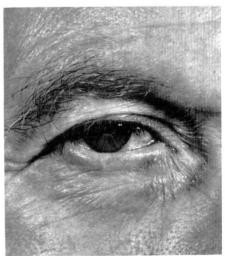

Abb. 3a. Basaliom des rechten Unterlids bei 76jährigem Patienten

Abb. 3b. Nach Bestrahlung mit 5 × 8 Gy, 30 kV, 0.5 Al-Filter, FDH 12 cm, 1 × pro Woche (TDF-Wert: 109)

Was das Basaliom betrifft, so sind folgende klinische Formen *nicht* für eine Röntgentherapie geeignet: Das Ulcus terebrans, Basaliome im Rahmen des Basalzellnaevus-Syndroms und vorbestrahlte Rezidiv-Basaliome.

Das *Spinaliom* behandeln wir, wie oben erwähnt, grundsätzlich nach dem gleichen Dosierungsschema. Die Erfolgsrate ist jedoch lokalisationsabhängig.

Ob auch hier der Histologie-Typ von Bedeutung ist, werden weitere Resultate zeigen. Eine höhere Gesamtdosis ist unserer Ansicht nach nicht nötig, wird jedoch in verschiedenen Zentren empfohlen [11]. Wichtig scheint uns die vorgängige klinische Untersuchung und Überprüfung, ob regionäre Lymphknoten-Metastasen vorliegen. Im positiven Falle ist die chirurgische Therapie vorzuziehen. Sowohl für Basaliome wie für Spinaliome gilt, daß bei Infiltration in Knorpel oder Knochen eine Röntgentherapie nicht in Frage kommt. Große exophytische Tumoren werden mit Vorteil zuerst planiert, dann bestrahlt. Ein Beispiel für Indikationen zur Röntgentherapie sollen das Gesagte untermauern (Abb. 4a u. b).

Wir kennen bezüglich *Rezidiven* sowohl technische wie biologische Ursachen. Zu den technischen Ursachen gehören

1. zu kleines Bestrahlungsfeld, d.h. ein zu kleiner Sicherheitsabstand,
2. zu niedrige Einzel- bzw. Gesamtdosis,
3. zu weiche Strahlenqualität.

Die biologischen Ursachen der Rezidive umfassen

1. die histologischen Untertypen, z.B. szirrhöse Basaliome,
2. schlechte Durchblutung und
3. vorbehandelte Tumoren [9].

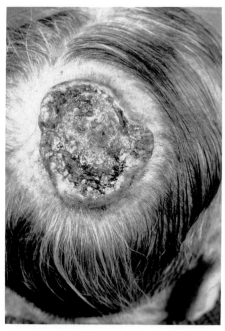 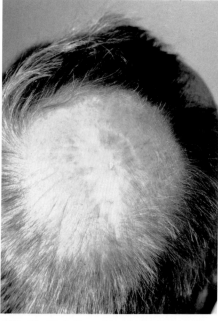

Abb. 4a. Spinaliom am Hinterkopf bei 80jährigem Patienten

Abb. 4b. Nach Bestrahlung mit 29 × 2 Gy, 50 kV, 2.0 Al-Filter, FHD 20 cm, 6 × pro Woche (TDF-Wert: 98)

Es scheint uns wichtig, auch das *Pseudorezidiv* zu kennen. Es handelt sich hier um meist erhabene Tumor-ähnliche Veränderungen, die nach Bestrahlung (weiter-)-bestehen und sich nur langsam, innert Wochen bis Monaten, zurückbilden. Nach abgeschlossener „lege artis" durchgeführter Röntgentherapie ist es wichtig, den Patienten in solchen Fällen monatlich zu kontrollieren. Besteht die Veränderung noch nach 3 bis eventuell 6 Monaten, ist eine Biopsie angezeigt [9]. Beim Pseudorezidiv findet sich histologisch kein Tumorgewebe, im Falle von *verzögertem Tumorrückgang* können Tumorreste gefunden werden.

Die wichtigste und häufigste *Nebenwirkung* der Röntgentherapie stellt die Radiodermatitis dar. Diese kann auf ein Minimum beschränkt werden, wenn die bereits oben beschriebenen Punkte beachtet werden:

1. Fraktionierung, d.h. je größer der Tumor, desto kleiner die Einzeldosis. Eine Hilfe hierzu ist der oben erwähnte TDF-Faktor.
2. die Lokalisation: Bestrahlungen am Stamm und an Extremitäten neigen zu stärker ausgeprägter Radiodermatitis [7].

Eine Zusammenstellung aus unserer Klinik hat ergeben, daß am häufigsten Teleangiektasien und Atrophien, am seltensten Ulzerationen (in weniger als 1%) gefunden werden. Wie aus den therapeutischen Beispielen ersichtlich geworden ist und entsprechend den Ergebnissen an insgesamt 1144 bestrahlten Basaliomen und Spinaliomen hier in Zürich fanden sich in 80 bis 95% kosmetisch gute bis sehr gute Resultate.

Ein Wort noch zu den *Kosten*. Bei Annahme eines mittelgroßen Feldes (4 bis 8 cm) und etwa 12 Bestrahlungssitzungen käme die Röntgentherapie bei einem Schweizer Patienten auf SFr. 182,60 zu stehen. Eine einfache ambulante Exzision kostet SFr. 451,60. Findet die Exzision (Lappenplastik) unter stationären Bedingungen (8 Tage) statt, so belaufen sich die Kosten auf SFr. 2875,60, die gleiche Behandlung mit Thierschung kostet dann SFr. 3448,40.

Literatur

1. Ballinari M (in Vorbereitung) Dissertation Zürich
2. Blank A, Schnyder UW (1985) Soft X-ray therapy in Bowen's disease and erythroplasia of Queyrat. Dermatologica 171:89–94
3. Braun-Falco O, Lukacs S (1973) Dermatologische Röntgentherapie. Springer, Berlin Heidelberg New York, pp 84–104
4. Goldschmidt H (1978). Physical modalities in dermatologic therapy. Springer, New York Heidelberg Berlin, pp 95–137
5. Goldschmidt H, Sherwin WK (1983) Office radiotherapy of cutaneous carcinomas. I. Radiation techniques, dose schedules, and radiation protection. J Dermatol Surg Oncol 9:31–46
6. Goldschmidt H, Sherwin WK (1983) Office radiotherapy of cutaneous carcinomas II. Indications in specific anatomic regions. J Dermatol Surg Oncol 9:47–76
7. Miescher G, Plüss J, Weder B (1954) Die Röntgenteleangiektasie als Spätsymptom. Strahlentherapie 94:223–233
8. Orton CG, Ellis F (1973) A simplification in the use of the NSD concept in practical radiotherapy. Br J Radiol 46:529–537
9. Panizzon R (1981) Die Strahlentherapie des Basalioms. In: Das Basaliom. (Hrsg) Eichmann F, Schnyder UW. Springer, Berlin Heidelberg New York, pp 103–112
10. Stevens DM, Kopf AW, Gladstein A, Bart RS (1977) Treatment of Bowen's disease with grenz rays. Int J Dermatol 16:329–339

11. Storck H (1978) Radiotherapy of cutaneous cancers and some other malignancies. J Dermatol Surg Oncol 4:573–584
12. Storck H (1978) Zur Strahlentherapie der Hautkarzinome. Z Hautkr 53:67–74
13. Storck H, Schwarz K, Ott F (1972) Haut, Teil B. In: Handbuch der Medizinischen Radiologie. Springer, Berlin Heidelberg New York, pp 119–129
14. Schneiter M, Krebs A (1982) Therapeutische, funktionelle, und kosmetische Spätergebnisse von 103 Patienten mit mittels Weichstrahltherapie behandelten 117 Basaliomen. Dermatologica 165:342–351
15. Schoefinins HH, Lukacs S, Braun-Falco O (1974) Zur Behandlung von Morbus Bowen, Bowen-Karzinom und Erythroplasie Queyrat unter besonderer Berücksichtigung der Röntgenweich-strahltherapie. Hautarzt 25:489–493
16. Schnyder UW (1976) Vor- und Nachteile der Röntgenweichstrahltherapie der Basaliome. Ther Umschau 33:524–528

Laser-Therapie von epithelialen Hauttumoren

M. Landthaler, D. Haina †, G. Donhauser und U. Hohenleutner

Bei der Behandlung von Hauttumoren mit Lasern werden die thermisch-destruktiven Effekte im Gewebe genutzt. Tumoren können entweder koaguliert, unter Rauchentwicklung abgetragen oder mit Lasern exzidiert werden. Überwiegend werden dafür der Neodym-YAG-Laser und der CO_2-Laser verwendet.

Neodym-YAG-Laser

Dieser Laser emittiert im nahen infraroten Bereich (Wellenlänge 1060 nm). Licht dieser Wellenlänge wird vor allem im Wasser und zu einem gewissen Teil auch im Hämoglobin und Melanin absorbiert. Gegenüber dem Argon- und CO_2-Laser dringt das Licht des Neodym-YAG-Lasers relativ tief in die Haut ein; so erfolgt eine Reduktion auf 10% nach einer Hautschichtdicke von 3,7 mm. Die mit diesem Laser erzielbaren Koagulationstiefen sind deshalb etwa um den Faktor 1,7 größer als mit dem Argon-Laser. Bei höheren Leistungen und längeren Bestrahlungszeiten kommt es jedoch auch bei Anwendung des Neodym-YAG-Lasers zu einer Vaporisation der Haut. Durch eine Kühlung der Hautoberfläche während der Bestrahlungen kann diese vermieden werden. Nach eigenen Untersuchungen an der Haut von Minischweinen lassen sich somit Koagulationstiefen bis zu 6 mm erreichen.

CO₂-Laser

Der CO_2 emittiert im infraroten Bereich (Wellenlänge 10600 nm). Licht dieser Wellenlänge wird sehr stark vom Wasser absorbiert. Unabhängig vom Pigmentgehalt der Haut wird mit diesem Laser Gewebe verdampft. Mit einem fokussierten Strahl ist es möglich zu schneiden (Lichtskalpell). Da gleichzeitig bis zu einer Tiefe von 0,2 mm Gewebe koaguliert wird, kommt es zu einem Verschluß kleinerer Blut- und Lymphgefäße.

Vorteile des CO_2-Lasers sind deshalb eine geringe Blutungsneigung, geringe postoperative Schwellungen, eine sterilisierende Wirkung des Laserlichtes und die präzise Handhabung. Mit einem defokussierten Strahl (Durchmesser 2–3 mm) können oberflächliche Tumoren schichtweise unter Rauchentwicklung abgetragen werden.

Klinische Anwendungen

Von 1982 bis 1985 wurden 50 Patienten mit epithelialen Tumoren mit dem Neodym-YAG-Laser behandelt. Es handelte sich um 40 Männer und 10 Frauen. Nur acht Patienten waren jünger als 60 Jahre, 42 Patienten 60 Jahre und älter. Insgesamt wurden bei den 50 Patienten 172 Tumoren behandelt. Dabei handelt es sich in der überwiegenden Mehrzahl um kleinere Basaliome, in Einzelfällen um aktinische Keratosen, um kleine spinozelluläre Karzinome oder um einen Morbus Bowen. 60% der Veränderungen waren im Kopf-Hals-Bereich lokalisiert, 30% am Stamm und 10% an den Extremitäten.

Nach drei Jahren war es bei 6 von 30 Patienten zu einem Rezidiv gekommen, bei denen ein solitärer Tumor mit dem Laser koaguliert worden war. Daraus errechnet sich eine Heilrate von 80%. Bei 20 Patienten mit 142 Tumoren kam es innerhalb von drei Jahren zu 20 Rezidiven (Heilrate 86%).

Seit 1984 wurden auch 27 Patienten mit epithelialen Tumoren mit dem CO_2-Laser behandelt. Zu nennen sind bowenoide Genitalpapeln (n = 10), Leukoplakien der Mundschleimhaut (n = 6), Morbus Bowen (n = 4), Basaliome (n = 4) Buschke-Löwenstein-Tumor (n = 1), aktinische Keratosen (n = 1) und extramammärer Morbus Paget (n = 1). Da die Nachbeobachtungszeit zu kurz und die Fallzahlen zu klein sind, lassen sich jedoch keine definitiven Aussagen über die Heilraten machen. Der CO_2-Laser hat sich bei uns aber besonders im Genitalbereich und an der Mundschleimhaut bewährt, da hier die verminderte Blutungsneigung und die gut kontrollierbare Defekttiefe von großem Vorteil sind.

Schlußfolgerungen

Nach unseren Erfahrungen haben Laser die Behandlung von epithelialen Tumoren bereichert und sie besitzen auch Vorteile. So handelt es sich meist um eine ambulante Therapie, die in Lokalanästhesie möglich ist. Oft ist nur eine Sitzung notwendig. Das Blutungs- und Infektionsrisiko ist deutlich reduziert und nach Koagulation mit dem Neodym-YAG-Laser sind keine Verbände notwendig. Die Lagerung der Patienten ist unproblematisch, ebenso gibt es keine Probleme mit Herzschrittmacher-Patienten. Die Laser können in nahezu allen Lokalisationen angewandt werden und beliebig oft wiederholt werden.

Nachteile der Laser-Therapie sind die fehlende histologische Kontrolle, die verzögerte Wundheilung, der apparative Aufwand und die starke Rauchentwicklung bei Anwendung des CO_2-Lasers. Auch gibt es bislang zu wenig Langzeiterfahrung bei der Behandlung von malignen epithelialen Tumoren. Unsere Dreijahres-Heilraten mit 80 und 86% sind sicher wesentlich zu verbessern. In die Rezidive sind auch die ersten Patienten mit eingeschlossen, bei denen die Therapie möglicherweise zu vorsichtig und ohne ausreichenden Sicherheitsabstand erfolgt. Es sollte auch mit dem Neodym-YAG-Laser möglich sein, die Heilraten der Röntgenweichstrahlen-Therapie und der Kryotherapie zu erreichen.

Zusammenfassend ergibt sich, daß unserer Meinung nach die Laser-Therapie von malignen epithelialen Tumoren derzeit *keine* Routine-Methode darstellt. Indikationen für den Einsatz des Neodym-YAG-Lasers oder des CO_2-Lasers sind ein hohes

Alter der Patienten, das multiple Auftreten von Tumoren, beispielsweise bei Patienten mit Basalzellnaevus-Syndrom, oder Tumoren in vorgeschädigter Haut und Tumoren in speziellen Lokalisationen. Zu nennen sind vor allem die Mundschleimhaut und das Genitale. Aber auch im Bereich der Augenlider konnten kleinere Basaliome bei Patienten mit Basalzellnaevus-Syndrom mit geringem Aufwand und sehr gutem Ergebnis behandelt werden.

Literatur

1. Bahmer FA (1988) Neodym-YAG-Laser in der Dermatologie. In: Haneke E (Hrsg) Gegenwärtiger Stand der operativen Dermatologie. Springer, Berlin Heidelberg New York London Paris Tokyo, SS 25–32
2. Brunner R, Landthaler M, Haina D, Waidelich W, Braun-Falco O (1985) Treatment of benign semimalignant, and malignant skin tumors with the Nd-Yag-laser. Lasers Surg Med 5:105–110
3. Haina D, Landthaler M, Waidelich W (1981) Physikalische und biologische Grundlagen der Laseranwendung in der Dermatologie. Hautarzt 32:397–401
4. Haina D, Landthaler M, Braun-Falco O, Waidelich W (1984) Optische Eigenschaften menschlicher Haut. In: Waidelich W (Hrsg) Laser 83. Optoelektronik in der Medizin. Springer, Berlin Heidelberg New York Tokyo, S 187–197
5. Haina D, Landthaler M, Braun-Falco O, Waidelich W (1987) Comparison of the maximum coagulation depth in human skin for different types of medical lasers. Lasers Surg Med 7:355–362
6. Hohenleutner U, Landthaler M, Braun-Falco O, Schmoeckel C, Haina D (1988) Condylomata acuminata gigantea (Buschke-Löwenstein-Tumor) Behandlung mit dem CO_2-Laser und Interferon. Dtsch Med Wschr 113:985–987
7. Landthaler M, Brunner R, Haina D, Frank F, Waidelich W, Braun-Falco O (1984) Der Neodym-YAG-Laser in der Dermatologie. Münch Med Wsch 126:1108–1112
8. Landthaler M, Haina D, Brunner R, Waidelich W, Braun-Falco O (1986) Laser therapy of bowenoid papulosis and Bowen's disease. J Dermatol Surg Oncol 12:1253–1257
9. Landthaler M, Haina D, Hohenleutner U, Seipp W, Waidelich W, Braun-Falco O (1988) Der CO_2-Laser in der Dermatotherapie – Anwendung und Indikation. Hautarzt 39:198–204

Kryochirurgische Therapie des Basalioms

E. Dachów-Siwiec

Zusammenfassung

520 unselektierte Patienten mit insgesamt 584 primären oder nach vorausgegangener konventioneller chirurgischer Exzision oder Radiotherapie rezidivierten Basaliomen wurden kryochirurgisch behandelt.

Die Läsionen wurden hinsichtlich des Zeitraumes der Nachbeobachtung in 3 Gruppen unterteilt:

1. Gruppe: Nachbeobachtungsdauer 4–5 Jahre, Heilungsrate 88,1%.
2. Gruppe: Nachbeobachtungsdauer 2–3 Jahre, Heilungsrate 90,5%.
3. Gruppe: Nachbeobachtungsdauer 1 Jahr, Heilungsrate 95,9%.

Die insgesamt 61 Rezidive in allen 3 Gruppen traten hauptsächlich im Nasenbereich (24,6%), den Nasolabialfalten (21,3%) sowie bei Tumoren auf, die schon vorher mit verschiedenen anderen Verfahren wie konventioneller chirurgischer Exzision (31,2%) und Radiotherapie (7,4%) behandelt worden waren.

Von den bereits mittels Kryochirurgie therapierten 41 Rezidiven traten 34,1% erneut auf. Insgesamt verbesserte sich die Heilungsrate durch Kryochirurgie mit zunehmender technischer Erfahrung und besserer Patientenselektion.

Unseren Beobachtungen zufolge liegen die Indikationen für eine kryochirurgische Therapie vor allem bei primären Basaliomen im Augenlid- und im Ohrbereich, an Lokalisationen also, an den sonst oft ausgedehnte, schwierige Operationen durchgeführt werden müssen oder an denen nach konventionellen Behandlungsmethoden meist schlechte kosmetische Resultate entstehen.

Kontraindikationen für eine kryochirurgische Therapie stellen bereits ein- oder mehrfach rezidivierte Tumoren dar, abgesehen von Basaliomen nach Radiotherapie, Läsionen im Nasolabialbereich und mangelnde praktische Erfahrung in der technischen und apparativen Durchführung der Methode.

Kryochirurgie ist eine Methode, mittels der Gewebe durch Vereisung bei tiefen Temperaturen in situ zerstört wird. Sie stellt eine gute Alternative zu herkömmlichen Methoden wie chirurgischer Exzision, Radiotherapie, Chemochirurgie, Kürettage oder Kauterisation dar und ist vor allem auch ambulant durchführbar, so daß eine stationäre Einweisung der Patienten, die sich oft in einem höheren Lebensalter befinden, nicht notwendig ist [1]. Die Durchführung der Therapie nimmt wenig Zeit in Anspruch und stellt aufgrund der lediglich nötigen Lokalanästhesie nur ein minimales Risiko für die Patienten dar. Die kosmetischen Resultate sind anderen Behandlungsformen um ein Vielfaches überlegen. Die Heilungsraten sind anderen Therapieformen durchaus vergleichbar [2, 3, 4, 5].

An der Universitäts-Hautklinik Warschau wurden in einem Zeitraum von 5 Jahren 520 Patienten mit insgesamt 584 primären und ein- oder mehrfach rezidivierten Basaliomen kryochirurgisch therapiert. Aus der Untersuchung wurden Patienten herausgenommen, die sich einer Nachbeobachtung entzogen.

Es wurde ein in Polen hergestelltes Gerät mit auswechselbarem Kontakt und Sprayapplikator, passend zur jeweiligen Tumorgröße und -form, verwendet. Die Behandlung wurde mit flüssigem Stickstoff mittels intermittierendem Besprühen des Tumors für 60–120 sec. durchgeführt. Direkte Kontaktvereisung erfolgte aufgrund der schlechteren Verträglichkeit nur selten. Das behandelte Areal umschloß einen Kreis von 5–10 mm normaler Haut.

Die Auftauzeit der entsprechenden Fläche nach erfolgter Vereisung wurde gemessen und sollte mindestens 2 min. betragen. Es wurden auch doppelte und dreifache Vereisungs- und Auftauzeiten angewandt, um optimale Krynekrosen innerhalb des gesamten Tumorgewebes zu erhalten. Vereisungs- und Auftauzeiten können mittels temperatursensibler Nadeln, die in das Tumorgewebe eingeführt werden, und einem Kryometer gemessen werden. Ein erfahrener Kryochirurg sollte genügend Übung besitzen und lediglich die Auftauzeit des Tumorgewebes als Parameter benutzen.

Die Läsionen wurden hinsichtlich des Zeitraumes der Nachbeobachtung in 3 Gruppen unterteilt (Tabelle 1). Die erste Gruppe bestand aus 343 Patienten mit insgesamt 386 Tumoren, einer Nachbeobachtungszeit von 4–5 Jahren und einer Heilungsrate von 88,1%. Die zweite Gruppe enthielt 123 Patienten mit 126 Läsionen, einer Nachbeobachtungszeit von 2–3 Jahren und einer Heilungsrate von 90,5%. Die dritte Gruppe bestand aus 54 Patienten mit 72 Läsionen, einer Nachbeobachtungszeit von 1 Jahr und einer Heilungsrate von 95,9%. Die Patienten wurden postoperativ nach 2 und nach 6 Wochen untersucht. Die Wundheilung betrug 4–6 Wochen, abhängig von der Größe und Lokalisation der Tumoren. Nach kompletter Wundheilung wurden die Patienten in 3monatigem Abstand über das erste Jahr, darauf in 6monatigem Abstand über das zweite Jahr und im folgenden Zeitraum einmal jährlich zur Nachbeobachtung in unsere Klinik einbestellt.

Tabelle 1. Nachbeobachtungsdauer von insgesamt 584 Basaliomen

	Dauer der Nachbeobachtungszeit		
	4–5 Jahre	2–3 Jahre	1 Jahr
Zahl der Patienten	343	123	54
Zahl der Tumoren	386	126	72
Zahl der Rezidive	46	12	3
Rezidivrate in %	11,9	9,5	4,1
Heilungsrate in %	88,1	90,5	95,9

91% der behandelten Basaliome hatten einen Durchmesser von weniger als 2 cm, 9% wiesen mehr als 2 cm auf. Von allen Läsionen wurde vor Therapiebeginn eine Biopsie entnommen. Unter den insgesamt 61 Rezidiven lag der Prozentsatz im Bereich der Nase (24,6%) und der Nasolabialfalten (21,3%) am höchsten (Tabelle 2).

41 Rezidive wurden erneut kryochirurgisch angegangen, 11 wurden exzidiert und 9 wurden mittels Radiotherapie behandelt. Es bestehen keine Nachbeobachtungsdaten für die letztgenannten 20 Fälle. Immerhin fanden sich unter den 41 kryochirurgisch therapierten Tumoren 14 neue Rezidive (34,1%) (Tabelle 3), von denen die meisten im Bereich der Nasolabialfalten auftraten (Tabelle 4).

Tabelle 2. Lokalisation und Häufigkeit der Rezidive

	Zahl der Rezidive	Prozent
Nase	15	24,6
Nasolabialfalte	13	21,3
Kinn	5	8,2
Wange	5	8,2
Schläfe	10	16,4
Stirn	8	13,1
Rumpf	5	8,2
Gesamtzahl	61	100,0

Tabelle 3. Ergebnisse der Therapie der Rezidive

Therapieart	Rezidive	Erneute Rezidive
Chirurgische Exzision	11	*
Radiotherapie	9	*
Kryochirurgie	41	14 (34,1%)

* Es liegen keine vollständigen Daten der Nachbeobachtung vor

Tabelle 4. Lokalisation der erneuten 41 von insgesamt 61 Rezidiven nach erneuter Kryochirurgie

Lokalisation	Zahl der Rezidive	Zahl der erneuten Rezidive	Prozent
Nase	8	3	7,3
Nasolabialfalte	7	5	12,2
Kinn	3	0	0,0
Wange	4	1	2,4
Schläfe	6	3	7,3
Stirn	8	2	4,9
Rumpf	5	0	0,0
Gesamt	41	14	34,1

Die übrigen 20 erneuten Rezidive wurden durch chirurgische Exzision oder durch Radiotherapie behandelt

Die Gesamtgruppe der Läsionen enthielt 43 rezidivierte Fälle, die vorher mit konventioneller chirurgischer Exzision oder Radiotherapie behandelt worden waren. Während von 16 nach anfänglicher chirurgischer Therapie rezidivierten Tumoren nach Kryochirurgie immerhin noch 31,2% erneute Rezidive aufwiesen, zeigten von den ursprünglich mit Strahlentherapie behandelten Tumoren nach kryochirurgischer Therapie lediglich 7,4% Rezidive (Tabelle 5).

Wichtige Komplikationen nach erfolgter Behandlung stellten hypertrophe Narbenbildung in 45 Fällen und teilweiser Verlust des Ohres, Deformation der Unterlippe und Fistelbildung im Nasenrückenbereich durch zu tiefe Nekrosenbildung aufgrund zu langer Gefrierzeit in je einem Fall dar (Tabelle 6). Insgesamt war das kosmetische

Tabelle 5. Therapie von 43 Rezidiven unter insgesamt 584 Basaliomen mittels Kryochirurgie. (Primärtherapie durch chirurgische Exzision oder Radiotherapie)

Vorherige Therapie	Zahl der Tumoren	Zahl der Rezidive nach Kryochirurgie	Prozent
Exzision	16	5	31,2
Radiotherapie	27	2	7,4

Tabelle 6. Komplikationen nach Kryochirurgie 584 Basaliomen

	Anzahl	Prozent der Gesamtfälle
Hypertrophe Narbenbildung	45	7,7
Ektropion	1	0,1
Teilweiser Verlust des Ohres	1	0,1
Deformation der Unterlippe	1	0,1
Fisteln im Nasenbereich	1	0,1

Ergebnis hinsichtlich der Narbenbildung akzeptabel, wenn auch gewöhnlich hypopigmentierte Areale auftraten.

Den vorliegenden Ergebnissen zufolge stellen Tumoren im Bereich der Augenlider (Abb. 1 und 2), der Ohren (Abb. 3 und 4) und der Nasenspitze spezielle Indikationen für eine kryochirurgische Therapie dar, da an diesen Lokalisationen herkömmliche chirurgische Techniken oft aufwendig und kompliziert sind und zu kosmetisch wenig befriedigenden Ergebnissen führen. Kontraindikationen für die Kryochirurgie stellen Läsionen im Bereich der Nasolabialfalten aufgrund der hohen Rezidivrate an dieser

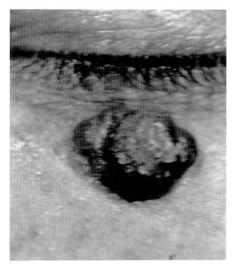

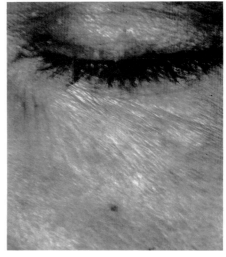

Abb. 1. Basaliom im Bereich des unteren Augenlides

Abb. 2. Narbe nach Kryochirurgie (6 Monate nach Therapie)

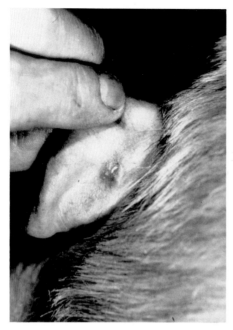

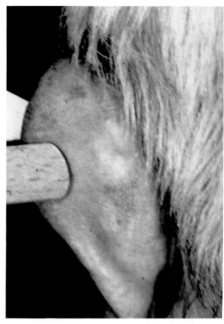

Abb. 3. Basaliom im Bereich der Ohrmuschel

Abb. 4. Narbe nach Kryochirurgie (12 Monate nach Therapie)

Lokalisation sowie Tumoren in der Umgebung der Unterlippe aufgrund einer möglichen Deformation derselben nach abgeschlossener Behandlung durch hypertrophe Narbenbildung dar. Wenig Erfolg verspricht ebenso die Therapie rezidiver Läsionen, mit möglicher Ausnahme von Tumoren mit vorangegangener Strahlenbehandlung.

Eine weitere relative Kontraindikation stellt der Mangel an Erfahrung des Therapeuten mit der Methode dar. Um optimale Heilungsraten und gute kosmetische Resultate zu erzielen, sollte die Kryochirurgie nur von erfahrenen oder speziell geschulten Ärzten durchgeführt werden. Fraunfelder et al. berichten über 25% Rezidive und nicht akzeptable kosmetische Ergebnisse, wenn kryochirurgische Behandlungsmethoden von niedergelassenen Ärzten ohne ausreichende Einweisung und Ausbildung durchgeführt werden. [2].

Literatur

1. Albright SD (1982) Treatment of skin cancer using multiple modalities. J Am Acad Dermatol 7:143–171
2. Fraunfelder FT, Zacarian SA, Limmer BL, Wingfield D (1980) Cryosurgery for Malignancies of the Eyelid. Ophtalmology 87:461–465
3. Graham GF (1983) Statistical Data on Malignant Tumors in Cryosurgery: 1982. J Dermatol Surg Oncol 9:3, 138–239
4. Kuflik EG (1985) Cryosurgery for Carcinoma of the Eyelids: A 12-Year Experience. J Dermatol Surg Oncol 11:3, 243–246
5. Zacarian SA (1983) Cryosurgery of Cutaneous Carcinomas. J Am Acad Dermatol 9:947–956

Der Beitrag der medizinischen Basisdokumentation zur Vor- und Nachsorge von Hauttumoren

A. Grootens, H. Drepper und M. Hundeiker

Zusammenfassung

Berichtet wird über den Einsatz einer computerunterstützten medizinischen Basisdokumentation in der Fachklinik Hornheide. Sie dient einer langfristig angelegten und umfassenden Überwachung von Krankheitsverläufen, ebenso wie der Vorsorge von Patienten mit Risikofaktoren für maligne Tumoren.

Zum allgemeinen Verständnis sei zunächst eine Bestimmung der Begriffe „Basisdokumentation", „Vorsorge" und „Nachsorge" erlaubt

Basisdokumentation umfaßt die vollzählige Erfassung aller Patienten einer Klinik mit einem relevanten, aber minimalen Datensatz. Die Frage der Relevanz hat schon in zahlreichen Veröffentlichungen ihre Schwierigkeit bewiesen und soll hier nicht erörtert werden. Allerdings existieren schon einige wohl durchdachte und erprobte Merkmalskataloge, wie zum Beispiel die ADT-Basisdokumentation für Tumorkranke [4].

Unter Vorsorge seien alle Maßnahmen zur Verhinderung oder Früherkennung zusammengefaßt, unter Nachsorge alle Maßnahmen zur Unterstützung des Patienten im Kampf gegen ein weiteres Tumorwachstum.

Welche der Maßnahmen zur Vor- und Nachsorge können von einer medizinischen Basisdokumentation unterstützt werden?

Risikofaktoren und Risikogruppen, die der besonderen Aufmerksamkeit bedürfen, müssen bestimmt werden. Eine Studie von Suter et al. [1] hat zum Beispiel Kriterien für die Atypie von Naevi erbracht. Die atypischen Naevi sind mittlerweile bekannte Risikofaktoren für das maligne Melanom.

Auf ähnlichem Wege lassen sich Vorläufer von Tumoren, wie solare Keratosen für das Plattenepithelkarzinom, feststellen und beobachten.

Nur mit einer vollzähligen Falldokumentation kann man überprüfen, wie sich in situ Tumoren in ihrer Häufigkeit zu invasiven Tumoren verhalten und ob sich dieses Verhältnis unter bestimmten Bedingungen ändert.

Eine langfristig angelegte Dokumentation gibt die Möglichkeit, Patienten unter Beobachtung zu behalten, ohne therapeutisch tätig zu werden. Dabei ist es wichtig, reproduzierbare und vergleichbare Befunde zu erheben und vor allem Größenangaben in metrischer Form – und nicht in Form von Kirschkernen und Hülsenfrüchten – in der zeitlichen Entwicklung zur Verfügung zu haben.

Ergänzend hierzu ist die Fotodokumentation, wenn sie konsequent durchgeführt wird, eine wichtige weitere Dimension. Die Archivierung der auf Dauer großen Zahl von Filmen und Dias ist ebenfalls einer Computerunterstützung wert. Dadurch kann die Selektion der Bilder sowohl patientenbezogen als auch nach anderen Suchkriterien, zum Beispiel nach Diagnose oder Lokalisation schnell und einfach vorgenommen werden.

Die Nachsorge von Tumorpatienten stellt einen wichtigen Einsatzbereich für die Basisdokumentation dar. Nachsorge ist dabei nicht nur im engeren, medizinischen Sinn als Nachuntersuchung zu verstehen, sondern auf alle Belange und Bedürfnisse des Patienten bezogen.

Die Vielzahl von Patienten und Parametern, die hierbei auftreten, verlangen nach einer strukturierten und konsequent geführten Befunddokumentation und Fortschreibung des Follow-up.

Dabei ist ein alternierender Untersuchungsmodus zwischen Klinik und niedergelassenem Arzt häufig angebracht, bei dem es vor allem auf die gute Information und Kommunikation zwischen den Kollegen ankommt.

Hier kann Dokumentation auch Kosten sparen, wenn statt wiederholter Untersuchung die Befunde zur Verfügung gestellt werden. Vorbereitete Nachsorgeschemata und Befundbögen erhöhen die Vollzähligkeit der Erfassung von Nachsorgeuntersuchungen und damit ihre Auswertbarkeit. Die Erkenntnisse, die aus diesen Verlaufsdaten gezogen werden können, sind für die Weiterbehandlung von großem Wert.

Die Basisdokumentation sollte aber auch zur Qualitätskontrolle der sehr aufwendigen Vor- und Nachsorgemaßnahmen herangezogen werden. Der effektive Nutzen ist regelmäßig zu überprüfen und Fragen zur Dauer, Intervallen und weiteren Maßnahmen, z. B. im psycho-sozialen Bereich sind zu klären.

Welche Anforderungen stellt eine derartige Dokumentationsform an die Informationsverarbeitung?

Bedingt durch die langfristige Anlage der Datenhaltung ergeben sich große Datenmengen, die jederzeit verfügbar und schnell im Zugriff sein müssen. Auch nach Jahren noch sind der Anfangsbefund und alle Verlaufswerte unvermindert wichtig. Die vollzählige Erfassung aller Patienten führt zu einem rasch ansteigenden Datenvolumen, zumal die Zunahme der Nachuntersuchungen nicht linear, sondern eher exponentiell verläuft. Die Zahl der ausscheidenden Patienten ist ungleich geringer, als die der hinzukommenden. Hier sind Verfahren zur Datenreduktion und -komprimierung ohne Informationsverlust angezeigt.

Hohe Anforderungen stellt eine derartige Datenstruktur auch an die Auswertung. Einfaktorielle Tests reichen in der Regel nicht aus. Multifaktorielle Statistik-Verfahren sind jedoch rechenintensiv, so daß es ratsam ist, sich hierfür eine Schnittstelle zu einem statistischen Auswertungssystem zu verschaffen. Die meisten Universitäts-Rechenzentren bieten solche an, aber auch PC-Lösungen sind bereits auf dem Markt.

Die Komplexität vieler Fragestellungen fordert die Verknüpfung mehrerer Informationskreise, d. h. Dateien, um verschiedene Aspekte gleichzeitig betrachten zu können. Beispielsweise ist eine Untersuchung über den Spontanverlauf unbehandelter Naevi nur möglich, wenn für die betroffenen Patienten ein Datenverbund aus den Bereichen der Stammdaten, Naevusdaten, OP-Buch und Histologie-Journal, evtl. auch Dia-Archiv hergestellt werden kann. Dabei wird in diesem Fall das OP-Buch und das Histologie-Journal auf Nicht-Vorhandensein eines Eintrags geprüft.

Für diesen Verbund sind eine gemeinsame Fallidentifikation und ein einheitlicher Aufbau der Dateien sowie ein entsprechendes Umsetzungsprogramm notwendig.

Nicht zu unterschätzen ist bei einem solchen Dokumentationsprojekt die Wichtigkeit einer kontinuierlichen personellen Besetzung und der Festschreibung der Kriterien für eine gleichbleibende Kodierung und Klassifikation der Informationen.

Diese grundsätzlichen Überlegungen gelten für viele Kliniken.
Dagegen ist die in unserer Klinik erarbeitete Form der konkreten Realisierung
nur bedingt auf andere Häuser übertragbar

Die Patientendatenbank der Fachklinik Hornheide wurde mit Kraztur, einem allgemeinen Dokumentationssystem mit vielfältigen Variationsmöglichkeiten, aufgebaut [2]. Kraztur ist eine Programmierhilfe, mit der man in einem Baukastenverfahren seine eigenen Vorstellungen bzgl. Inhalten, Organisation und Auswertung in die Praxis umsetzen kann.

Die oben erwähnten Informationskreise entsprechen Dateien in einem Verbundsystem, das sich sternförmig um eine zentrale Datei gruppiert (Abb. 1). Die Verbindungen werden hergestellt über eine allen Dateien gemeinsame Patientenidentifikation. Diese eindeutige, unveränderliche Patientennummer kann nur in einer Datei, der Stammdatei, auf die persönlichen Daten des Patienten zurückgeführt werden. Alle

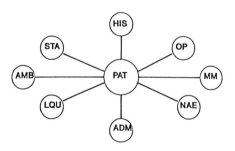

Patientenstammdaten	PAT
Ambulante Befunde	AMB
Stationäre Aufenthalte	STA
Histologie-Journal	HIS
OP-Buch	OP
Melanom-Dokumentation	MM
Naevus-Dokumentation	NAE
Lebensqualitäts-Daten	LQU
Vormerkung zur stat. Aufnahme	VOR \
Krankenblatt-Archiv	ARC - ADM
Dia-Archiv	DIA /

Abb. 1. Informationskreise

anderen Dateien sind voll anonymisiert und können unbedenklich statistisch ausgewertet werden.

Dieses Konzept erleichtert auch den Zugriffschutz, der in Kraztur im übrigen auf jeder Ebene getrennt festgelegt werden kann.

Die vielfältigen Auswertungsmöglichkeiten in Kraztur, die auch Verknüpfungen von Dateien zulassen, reichen für die meisten Fragestellungen aus. Weitergehende statistische Verfahren, wie z. B. multifaktorielle Analysen, erfordern aus rechentechnischen Gründen Rückgriff auf die Einrichtungen des Univ.-Rechenzentrums.

Erwähnenswert ist hier eine Studie zur Lebensqualität von Patienten mit lebensbedrohenden Hauttumoren und entstellenden Tumorfolgen [3] von Mawick et al. Die umfangreichen Erhebungsdaten aus Fragebögen wurden mittels Kraztur erfaßt, geprüft und verdichtet. Vorhandene klinische Daten aus anderen Dateien konnten durch Verknüpfung genutzt werden. Streng anonymisiert wurden sie am Univ.-Rechenzentrum mit Verfahren wie Korrelationsanalyse und Varianzanalyse ausgewertet. Wichtige Hinweise zur Nachbetreuung in psychosozialer Hinsicht konnten hieraus gewonnen werden.

Zusammenfassend kann man die medizinische Basisdokumentation als eine heute für kontrolliertes wissenschaftliches Arbeiten unentbehrliche Hilfswissenschaft betrachten

Sie ermöglicht mit entsprechenden Methoden und Techniken, die Vielzahl der Informationen aus Vor- und Nachsorgebemühungen transparent und übersichtlich zu machen. Sie ermöglicht auch, Zustände zu verschiedenen Zeitpunkten zu vergleichen oder Merkmalsgruppen in einem großen Kollektiv wiederzufinden.

Der Überblick über ein Patientengut, das eine erhöhte Aufmerksamkeit erfordert, ist gewährleistet.

Untersuchenswerte Entwicklungen werden schneller erkannt.

Die Methodik muß keineswegs unbedingt computerunterstützt sein. Bei manueller Verarbeitung kommt man aber doch schnell an die Grenzen des ohne Maschinenhilfe Machbaren.

Der Computer wird als Werkzeug dafür auch dort, wo spezielle Fachabteilungen für Dokumentation und Informatik nicht vorhanden sind, um so interessanter, je einfacher er zu handhaben ist und je preiswerter er wird. Die Forderung nach Benutzerfreundlichkeit ist an die Entwickler solcher Systeme zu richten.

Literatur

1. Balkau D, Gartmann H, Wischer W, Grootens A, Hagemeier H, Hundeiker M, Suter L (1988) Architectural Features in Melanocytic Lesions with Cellular Atypia. Dermatologica 177:129–137
2. Ellsässer K-H, Trull B (1988) Kraztur-Systembeschreibung. Heidelberg
3. Mawick R, Sommerfeld S, Strittmatter G, Tilkorn M (1988) Entwicklung eines Instrumentes zur Erfassung der Lebensqualität von Patienten mit lebensbedrohenden Hauttumoren und entstellenden Tumorfolgen. Münster
4. Wagner G, Wiebelt H (1981) Die Basisdokumentation für Tumorkranke der Arbeitsgemeinschaft Deutscher Tumorzentren (ADT). Med Informatik und Statistik 28:431–440

Nachsorge bei Hauttumoren – Probleme einer effizienten Organisation und Dokumentation

W. Schippert und H. Breuninger

Zusammenfassung

Von 1981 bis Mitte 1988 sind an der Universitäts-Hautklinik Tübingen insgesamt 3200 Patienten wegen Hauttumoren primär operativ behandelt worden. Für die Nachsorge von 1045 Melanompatienten wurde eine eigene Nachsorgeambulanz installiert. Für die anderen Hauttumoren bei ca. 2000 Patienten war dies aus personellen Gründen nicht möglich. Die Nachsorge dieser Patienten wurde durch ein Briefsystem in Zusammenarbeit mit den niedergelassenen Kollegen organisiert. Während die Nachsorge beim Melanom nahezu lückenlos möglich war, gelang dies bei den anderen onkologischen Patienten erst mit Einführung eines computergestützten Nachsorgesystems mit Hilfe des interdisziplinären Tumorzentrums der Universität Tübingen.

Einleitung

Jeder operativ tätige Dermatologe und erst recht jede Klinik sieht sich mit dem Problem der Nachsorge ihrer operierten Tumorpatienten konfrontiert. Was beinhaltet dieser Begriff? Im Nachsorgeleitfaden „Onkologie" des Baden-Württembergischen Ministeriums für Arbeit, Gesundheit, Familie und Sozialordnung [1] wird Nachsorge folgendermaßen definiert:
1. Erkennen und Behandeln von
   - Rezidiven
   - Metastasen
   - Zweittumoren
2. Erkennen und Behandeln von
   - Therapiefolgen
3. Qualitätskontrolle und Qualitätssicherung für den behandelnden Arzt.

Material

In der Hautklinik Tübingen wurden von 1981 bis Mitte 1988 ca. 3200 Patienten wegen Hauttumoren operiert. Davon waren 1045 Patienten mit Melanom, 1685 mit Basaliom und 489 Patienten mit spinozellulärem Karzinom. Einige dieser Patienten waren naturgemäß Träger von mehreren Tumoren, auch von Tumoren verschiedener histologischer Typen. Die unterschiedliche Dignität dieser Tumoren bedingt naturgemäß eine differenzierte Nachsorge [2].

Abb. 1. Nachsorgeprogramm

postop. Jahr	1	2	3	4	5	6–10
Zwischenanamnese	XXXX	XXXX	XXXX	XX	XX	X
Klinische Untersuchung	XXXX	XXXX	XXXX	XX	XX	X
Kontrolle des Pigmentsystems	XXXX	XXXX	XXXX	XX	XX	X
Labor (BSG + Enzyme)	XXXX	XXXX	XXXX	XX	XX	X
Rö-Thorax	X X	X X	X X	X	X	X
Sonographie vom Abdomen und 1. Lymphknoten- station	X	X	X	X	X	X

Bei unklaren Beschwerden oder Befunden weitergehende Diagnostik

Melanom

Die Nachsorge des Melanoms als hochmalignem Tumor erfolgt bei uns im Rahmen einer speziellen Nachsorgeambulanz. Die Patienten führen mit den Ärzten der Nachsorge schon während des stationären Aufenthaltes zur Operation ein erstes Gespräch und erhalten hierbei bereits ihren ersten ambulanten Nachsorgetermin. Das aufwendige Nachsorgeprogramm (Abb. 1) bedingt einen hohen Einsatz an Personal. Schon seit ca. 3 Jahren beansprucht die Melanomnachsorge eine ärztliche Vollzeitstelle sowie eine ganze Pflegekraft. Dafür muß dieser Form der Nachsorge eine sehr hohe Erfassungsquote und Effizienz attestiert werden.

Spinozelluläres Karzinom und Basaliom

Hier ist die Situation nun anders. Zum einen liegen die Patientenzahlen sehr viel höher, zum anderen ist der Malignitätsgrad deutlich niedriger. Beim spinozellulären Karzinom der Haut besteht nach der Literatur ein Metastasierungsrisiko um 4% über die Gesamtheit aller Karzinome, diese Rate läßt sich auch an unseren Patienten gut bestätigen; wir fanden bei 630 spinozellulären Karzinomen 21 Metastasierungen, was 3,3% [2] entspricht. Beim Basaliom als lokalmalignem Tumor ist lediglich das Auftreten von Lokalrezidiven zu erwarten, wenn man vom ebenfalls nicht unbeträchtlichen Risiko von Zweitbasaliomen absieht [4].

Zur Nachkontrolle dieser Patienten wurde nun ein Briefsystem aufgebaut, das auf einer engen Kooperation zum einen mit dem Patienten, zum andern mit dem niedergelassenen Arzt basiert. Es setzt zunächst eine intensive Aufklärung des Patienten voraus, der auf die für ihn speziell bedeutsamen Risiken eindringlich hingewiesen wird. Zum zweiten basiert das System auf der Mitarbeit der niedergelassenen Haus- und Hautärzte, und wir können sagen, daß die Resonanz bei den Kollegen auf unser Briefsystem seit Jahren ganz überwiegend sehr positiv ist.

In der Praxis sieht es so aus, daß die Patienten in regelmäßigen Abständen einen Brief erhalten, in dem sie gebeten werden, sich bei einem Arzt ihrer Wahl zur Kontrolle vorzustellen. Dieser Kollege erstellt auf der Rückseite dieses Briefes einen einfachen Befundbericht, den wir wieder zugesandt erhalten. Für die Klinik reduziert sich dadurch der Nachsorgeaufwand erheblich, desweiteren erhalten wir eine relativ objektive Beurteilung z. B. auch der kosmetischen Ergebnisse unserer Eingriffe.

Abgesehen von einer bestimmten Anzahl von Patienten, die wir wegen spezieller Risikofaktoren selbst im Rahmen unserer operativen Ambulanz nachkontrollieren (high-risk Karzinome, ausgedehnte Basaliome, mehrfach rezidivierte Basaliome usw.), bemühen wir uns, möglichst alle Tumorpatienten mit diesem System zu erfassen. Zwischen 1981 und 1985 geschah dies über eine einfache Kartei, die teils von den Ärzten, teils vom Pflegepersonal auf der OP-Station im Rahmen der operativen Sprechstunde geführt wurde. Mit zunehmenden Patientenzahlen und bei wechselndem Personal wurde dieses System immer aufwendiger und die Anzahl der Patienten, die aus rein organisatorischen Gründen nicht erfaßt wurden, erschien uns mit um die 29% zu hoch.

1986 wurde daher die Dokumentation und Organisation dieser Nachsorge der Datenverarbeitung des Interdisziplinären Tübinger Tumorzentrums sowie einer speziell eingewiesenen, stundenweise tätigen Hilfskraft übergeben. Dies hatte eine deutliche Verbesserung der Effizienz in der Nachsorge zur Folge (Tabelle 1).

Tabelle 1. Liste der Pat. aus dem Tumorzentrum. Stand: März 1988

Spinozelluläres Karzinom	
Insgesamt	219
Unbekannt verzogen	2
Nicht gemeldet	19
Verstorben	10
V. a. neuen Tumor	7
Ausgeschieden	3
Nicht angeschrieben	8
Basaliom	
Insgesamt	694
Unbekannt verzogen	5
Nicht gemeldet	59
Verstorben	22
V. a. neuer Tumor	3
Ausgeschieden	1
Nicht angeschrieben	53

Ergebnisse

Mit der Beurteilung der kosmetischen Ergebnisse unserer Eingriffe durch die niedergelassenen Kollegen sind wir zufrieden; wir haben die Ergebnisse von etwa 1 Jahr anhand von 377 Rückläufen tabellarisch zusammengefaßt (Tabelle 2). Man sieht, daß ca. 95% der Ergebnisse zwischen befriedigend und sehr gut beurteilt wurden. Bei den Basaliomen wurden 2 von 9 festgestellten Rezidiven direkt durch die Nachsorge

Tabelle 2. Beurteilung des kosmetischen Ergebnisses

Gesamt:	377	
Sehr gut	126	33,4%
Gut	143	37,9%
Befriedigend	64	17,0%
Mäßig	15	4,0%
Schlecht	1	0,3%
ohne Angabe	28	7,4%

erfaßt, die übrigen 7 Patienten kamen zwischen den Aufforderungsterminen aus eigenem Antrieb oder durch Überweisung der niedergelassenen Kollegen. Beim spinozellulären Karzinom wurden 6 von 21 Metastasierungen im Rahmen der Nachsorge erfaßt, 15 wiederum kamen spontan von sich aus oder durch Einweisung ihres Haus- bzw. Hautarztes.

Schlußfolgerungen

1. Speziell die letztgenannten Zahlen zeigen deutlich, daß die Information des Patienten und seine Motivation zur Selbstbeobachtung einen wesentlichen Faktor im Rahmen der Nachsorge darstellen.
2. Sie zeigen auch, daß eine gründliche und sorgfältige Information der niedergelassenen Kollegen sowie ihre Motivation durch das Interesse der Klinik am Krankheitsverlauf ebenfalls einen wichtigen Faktor darstellen.
3. Sie zeigen, daß bei zunehmenden Patientenzahlen ohne elektronische Datenverarbeitung eine ausreichend zuverlässige Organisation und Nachsorge kaum mehr möglich ist.

Im Zuge dieser zwangsweisen Entwicklung hin zur elektronischen Datenverarbeitung ist zu überlegen, ob dies nicht eine Chance wäre, Tumornachsorge und Dokumentation möglichst weitgehend zu vereinheitlichen, so daß das von jeder Einzelklinik mühsam gesammelte und dokumentierte Datenmaterial auch in größerem Rahmen vergleichbar und auswertbar wäre.

Literatur

1. Nachsorge-Leitfaden Onkologie (1983) Ministerium für Arbeit, Gesundheit, Familie und Sozialordnung, Stuttgart
2. Breuninger H, Langer B, Rassner G (1988) Untersuchungen zur Prognosebestimmung des spinozellulären Karzinoms der Haut und Unterlippe anhand des TNM-Systems und zusätzlicher Parameter. Hautarzt 39:430–434
3. Grootens A, Hugel G, Lüke K, Obit D (1988) Computerunterstützte OP-Dokumentation der dermatochirurgischen Eingriffe in der Fachklinik Hornheide von 1973–1987. In: Gegenwärtiger Stand der operativen Dermatologie. Haneke E. Springer, Heidelberg
4. Haneke E (1983) Ministerium für Arbeit, Gesundheit, Familie und Sozialordnung, Stuttgart. In: Nachsorge-Leitfaden Onkologie

Primäre chronisch venöse Insuffizienz

Die Bedeutung funktionsdiagnostischer Möglichkeiten in der Planung selektiver phlebochirurgischer Eingriffe

R. KAUFMANN

Zusammenfassung

Die moderne Varizenchirurgie verfolgt das Ziel einer funktionellen Abtrennung defekter Mündungsstellen sowie die selektive Entfernung insuffizienter Venenabschnitte. Während verschiedene wissenschaftliche Untersuchungstechniken das Verständnis über die Pathogenese CVI-assoziierter Hautveränderungen vertiefen konnten, dienen einfache, nicht-invasive Screeningmethoden (Doppler-Ultraschall, Infrarot-Photoplethysmographie resp. Licht-Reflexions-Rheographie) und gegebenenfalls auch aufwendigere funktionsdiagnostische Zusatzverfahren (aszendierende Preßphlebographie, Phlebodynamometrie, Venenverschlußplethysmographie) heute neben Anamnese und klinischer Untersuchung nicht nur als Entscheidungshilfe für eine Indikationsabwägung bezüglich des geeigneten therapeutischen Vorgehens, sondern auch zur prä- und postoperativen Erfolgsbeurteilung der gewählten Maßnahmen im Einzelfall. Dem phlebochirurgisch tätigen Dermatologen bietet sich damit die Möglichkeit zu einem differenzierten funktionsdiagnostisch begründeten Vorgehen unter Abwägung der Erfolgsaussichten und Kontraindikationen.

Einführung

In variablem Umfang werden heute von verschiedenen Dermatologen operative Eingriffe am Oberflächenvenensystem ergänzend oder alternativ zur Verödungsbehandlung praktiziert. Die diversen Möglichkeiten konzentrieren sich hierbei nicht alleine auf den stationär-klinischen Bereich. In der modernen Varizenchirurgie hat sich ein Wandel vom radikaloperativen unselektiven Vorgehen hin zur individuell angepaßten, funktionell ausgerichteten Therapie vollzogen. Zielsetzung in diesem restriktiven Konzept bleibt die Erhaltung intakter Venenabschnitte [9]. Angestrebt wird lediglich die Ausschaltung insuffizienter Mündungen und die Exhairese insuffizienter Venenabschnitte (Tabelle 1).

Hierdurch gewinnt die subtile prätherapeutische Diagnostik eine entscheidende Bedeutung. Unter den unterschiedlichen funktionsdiagnostischen Möglichkeiten

Tabelle 1. Selektive Eingriffe bei primärer Varikose

Auschaltung insuffizienter Mündungsstellen
– Crossektomie
– Zentrale Parvaligatur
– Perforantesoperationen
Exhairese insuffizienter Venenabschnitte
– Stripping
– Seitenastexhairese, Phlebektomie

Tabelle 2. Phlebologische Funktionsdiagnostik

Nichtinvasive Techniken
– Klinische Funktionsproben
– Doppler-Ultraschall Sonographie
– Licht-Reflexionsrheographie
resp. Photoplethysmographie
– Venenverschlußplethysmographie
– (Duplex-Sonographie)
– (Thermographie)
Invasive Techniken
– Phlebodynamometrie
– Aszendierende Preßphlebographie nach Hach

(Tabelle 2) sind es vor allem die auf breiter Ebene einfach anwendbaren nicht-invasiven Verfahren, die neben Anamnese und klinisch-phlebologischem Status als Entscheidungshilfe in der Therapieplanung, aber auch zur prä- und postoperativen Erfolgsabschätzung zunehmend zum Einsatz gelangen. Aufwendigere Zusatzverfahren kommen in Einzelfällen bei gezielter Fragestellung in Betracht. Dem Dermatologen bietet sich hierdurch die Möglichkeit zu einem differenzierten Vorgehen, gegebenenfalls in interdisziplinärer Zusammenarbeit. Hierbei besitzt er die Möglichkeit in seiner therapeutischen Konzeptionsplanung neben phlebodiagnostischen Informationen und dermatochirurgischem Wissen auch Kenntnisse der Sklerotherapie, der lokalen Dermatotherapie (Ulcus cruris) oder auch der Allergologie berücksichtigen zu können.

Nicht-invasive Untersuchungsverfahren

Einfache klinische Funktionsproben

Trotz aller apparativ-diagnostischer Möglichkeiten orientieren die Anamnese, das klinische Bild und der phlebologische Status oft bereits wegweisend über Lokalisation und Ausmaß der pathologischen Veränderungen am Oberflächen- und/oder Tiefenvenensystem. An Bedeutung verloren hingegen haben die einfachen klinischen Funktionsproben (Undulationsprobe n. Schwarz, Perthes, Mahorner-Ochsner) mit Ausnahme des Trendelenburgtestes, der in Kombination mit Okklusionsproben (selektiver Fingerdruck, Tourniquets) in verschiedenen Etagen bedingt Aussagen über eine mögliche Zugehörigkeit variköser Venenabschnitte zu bestimmten insuffizienten Mündungsstellen (Saphena magna Crosse, Parvamündung, V. perforantes) zuläßt.

Doppler Ultraschall

Das nicht-invasive Doppler-Ultraschall-Verfahren findet in breitem Umfang zur präoperativen Diagnostik Anwendung. Es erfaßt epifasziale Venenabschnitte (8–10 MHz Sonde), tiefe subfasziale Gefäßsegmente (4–5 MHz Sonde) sowie Verbindungen zwischen beiden Systemen. Bidirektionale Geräte ermöglichen die zusätzliche

Bestimmung von Strömungsrichtungen, die akustisch und graphisch (Zwei-kanalschreiber) wiedergegeben werden können [23, 28].

Praktische Konsequenzen aus einer subtilen Refluxdiagnostik ergeben sich vor allem für die Therapieplanung bei primärer Varikose und bei Ulcus cruris.

In der tiefen venösen Refluxdiagnostik werden zur Erfassung retrograder Strömungen (postthrombotisches Syndrom, tiefe Leitveneninsuffizienz) die Vv. tibiales anteriores et posteriores bei Unterschenkelkompression, die V. poplitea bei Oberschenkelkompression und Unterschenkeldekompression sowie die proximale V. femoralis bei Oberschenkeldekompression und Valsalva auskultiert [23].

In der epifaszialen Refluxdiagnostik sind mögliche insuffiziente Mündungsstellen (Magna Crosse, Parvamündung, Perforansvenen) als Ausgangspunkt von Varizenbildungen in Verbindung mit dem Valsalvaversuch und Kompressions-/Dekompressionstests zu orten (Abb. 1a/b). Weiterhin wird bei Stammvarikosen die Reflux-

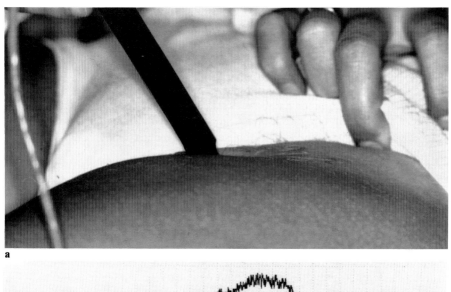

a

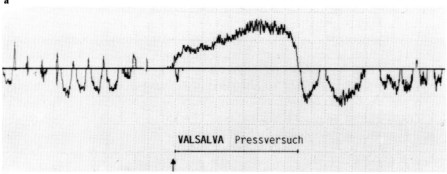

VALSALVA Pressversuch

b

Abb. 1a, b. Dopplersonographischer Nachweis der Crosseninsuffizienz. **a)** Positionierung der 8-MHz-Sonde über der Crosse, Valsalva Preßversuch, **b)** Aufzeichnung des Dopplersignals mit inspiratorisch retrogradem- (in der Abb. nach oben gerichtet) und exspiratorisch antegradem flow (in der Abb. nach unten gerichtet). Bei Valsalvaversuch retrogrades Strömungsgeräusch über der Crosse während der Preßphase

strecke bestimmt (Stammvarikose Stadium I-IV n. Hach). Der Beginn markiert den sog. proximalen Insuffizienzpunkt (z.B. Magna-Crosse bei Saphenastammvarikose, Doddsche Perforansvene bei inkompletter Stammvarikose vom Perforanstyp), der Endpunkt des Refluxes markiert den sog. distalen Insuffizienzpunkt. Ferner sind atypische Refluxe im Rahmen seitenastvermittelter Stammvarizen oder isolierter Seitenastvarikosen zu verfolgen [23].

Insgesamt orientiert die dopplersonographische Untersuchung damit präoperativ über selektiv auszuschaltende Tiefvenenverbindungen (z.B. Crossektomie, hohe Parvaligatur, Perforantes-Op) und über das Ausmaß etwaig zu entfernender defekter Venensegmente (z.B. Stripping nach Mayo oder Babcock, isolierte Seitenastexhairese).

Licht-Reflexions-Rheographie (LRR)

Vor allem zur präoperativen Erfolgsabschätzung in funktioneller Hinsicht hat in den vergangenen Jahren die Lichtreflexionsrheographie in Verbindung mit Okklusionstests als nicht-invasive, schmerzlose, einfach zu handhabende, beliebig wiederholbare Methode alternativ zur blutigen Phlebodynamometrie weite Verbreitung gefunden [1, 3, 12].

Nach dem Prinzip der Photopthlethysmographie registriert die LRR optoelektronisch Helligkeitsänderungen im oberen kutanen Gefäßplexus [2]. Im Rahmen eines definierten Bewegungsprogrammes mit Messung am Unterschenkel lassen sich indirekt Rückschlüsse auf die globale venöse Hämodynamik der unteren Extremität gewinnen.

Als reproduzierbare Meßgröße dient lediglich die venöse Auffüllzeit. In Abhängigkeit von deren pathologischer Verkürzung wurden verschiedene Schweregrade der venösen Pumpleistung unterschieden (Tabelle 3). Vergleiche zu Befunden der exakt quantifizierbaren Phlebodynamometrie sind nur bei Simultanmessungen bezüglich der Auffüllzeiten unter Vorbehalten möglich [11, 18, 27], insbesondere ist die LRR keine „unblutige Venendruckmessung".

Venöse Rückflußstörungen dokumentieren sich in einer verkürzten Auffüllzeit. Durch selektives Ausschalten insuffizienter Mündungen oder Venensegmente (Fingerdruck, Tourniquetokklusion) läßt die erzielte Verbesserung Rückschlüsse auf die epifasziale Komponente der gestörten Hämodynamik und damit auch auf die zu erwartende Erfolgsaussicht des geplanten operativen Eingriffes zu (Beispiel Abb. 2a/b). Nicht besserbare Befundkonstellationen lassen abgesehen von der Tiefvenenthrombose an eine CVI bei postthrombotischem Syndrom und tiefer Leitveneninsuffizienz und/oder an nicht erfaßte insuffiziente Perforansvenen distal der angelegten Tourniquetokklusion denken.

Tabelle 3. Einteilung der Insuffizienzgrade (LRR)

Auffüllzeit (sec)	Schweregrad
> 25	Normalbefund
20–25	leicht I
10–19	mittel II
< 10	schwer III

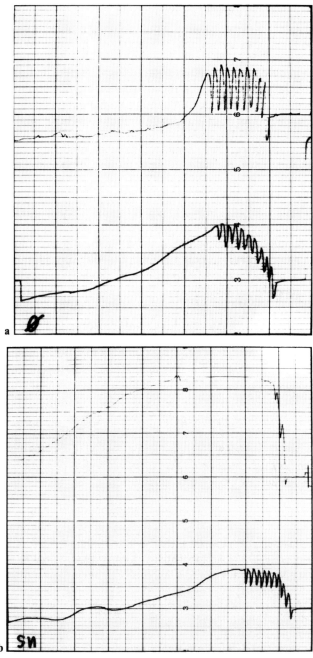

Abb. 2a, b. LRR-Befund bei inkompletter Stammvarikose (Dodd-Perforansvene) links (obere Kurve) und Normalbefund rechts (untere Kurve). Klinisch sichtbare Varizen vom distalen Oberschenkel caudalwärts reichend. Dopplersonographisch Reflux über der Saphena am distalen Oberschenkel bei intakter Crosse. **a)** Ohne Tourniquet und bei Tourniquet am Oberschenkel unverändert pathologisch verkürzte Auffüllzeit links, Normalbefund rechts. **b)** Normalisierung links erst bei Abstauung am distalen Oberschenkel oder am proximalen Unterschenkel

Venenverschlußplethysmographie

Als weiteres nicht-invasives Verfahren gibt die Verschlußplethysmographie in unterschiedlichen technischen Varianten (vor allem Impedanzplethysmographie, Luftmanschettenplethysmographie, Quecksilberdehnungsmeßstreifenphlethysmographie) Aufschluß über hämodynamische Teilfunktionen des Venensystems [28]. Quantitativ erfaßt und im weiteren Verlauf kontrollierbar werden die venöse Kapazität (ml/100 ml Gewebe) und die venöse Pumpleistung (ml/100 ml Gewebe). Auch diese Funktionsgrößen lassen nur bedingt in Kombination mit Okklusionsproben Abschätzungen über mögliche Therapieaussichten zu.

Thermographische Verfahren

Diese kamen zunächst als Kontaktthermometrie (Plattenthermographie n. Tricoire, Folienthermographie) zur Anwendung [5, 25]. Über temperaturabhängige Farbänderungen mikroverkapselter Flüssigkeitskristalle auf Cholesterinbasis verfärbt sich die schwarze Schicht über braun nach grün und blau. Visuell sind Temperaturdifferenzen von ca. 0,15 °C zu erfassen.
Weiterhin steht die Tele-Thermographie (Fernthermographie) mit Infrarot-Kameras (örtliche Auflösung ca. 2,5 mm, Temperaturauflösung ca. 0,5 °C, Darstellung der Isothermen als Grau-Weiß oder als Farbthermogramm) zur Verfügung [4, 21].
    Im Rahmen der präoperativen Abklärung bei primärer Varikose spielen beide Verfahren lediglich eine mögliche Rolle in der Lokalisationsdiagnostik insuffizienter Vv. perforantes, die thermographisch als scharf umschriebene hypertherme Bezirke zur Darstellung gelangen [5, 7, 21].

Duplex-Sonographie

Die Duplex-Sonographie vereinigt die Möglichkeit der funktionellen Doppler-Strömungs-Analyse mit der Gefäßdarstellung im hochauflösenden B-Bild. Damit lassen sich Venenquerschnittsveränderungen sowie Fließgeschwindigkeiten und -Richtungen simultan auf nicht invasivem Wege objektivieren. Hierdurch besitzt die Methode ein großes Potential als phlebodiagnostisches Werkzeug. Bisher gelangt sie überwiegend in der Thrombosediagnostik, der Differenzierung von tiefen Leitveneninsuffizienzen (primär degenerativ-dilatativ oder postthrombotisch) und zur differentialdiagnostischen Abklärung zystoider Strukturen der Leistenbeuge und Kniekehle zum Einsatz [16]. Im Rahmen der präoperativen Varizendiagnostik kommt vor allem der Möglichkeit zur Darstellung der Parvamündungsverhältnisse und der Saphena magna Crosse, ferner der exakten Lokalisation von Perforansvenen mit simultanem Insuffizienznachweis eine erfolgversprechende Bedeutung zu. Nachteilig für eine breite Anwendung des Verfahrens sind gegenwärtig noch die hohen Anschaffungskosten sowie der zeitaufwendige (u. a. mangels Erfahrung) Untersuchungsgang.

Invasive Untersuchungsverfahren

Phlebodynamometrie

Aufgrund der weit verbreiteten Anwendung photophlethysmographischer Systeme in Verbindung mit der dopplersonographischen Refluxdiagnostik hat die invasive blutige Venendruckmessung in der präoperativen Routinediagnostik zur Abklärung primärer Varikosen an Bedeutung verloren. Dennoch liefert sie in kompliziert gelagerten Fällen (z. B. hämodynamische Relevanz von Varizenbildung bei postthrombotischen Tiefvenenveränderungen) als funktionsdiagnostisches Verfahren mit direkt meßbaren Parametern (Druckabfall, Druckanstiegszeit) bei definiertem Bewegungsprogramm eine oft unverzichtbare zusätzliche Entscheidungshilfe bezüglich der Indikation für eine mögliche operative Intervention [8, 19]. Neben aufwendigeren Geräten mit elektronischen Druckwandlern wird im Routineeinsatz häufig das einfachere Steigrohrmamometer bevorzugt [22, 26].

Phlebographie

Die Phlebographie erlaubt als derzeit wertvollstes bildgebendes Verfahren eine umfassende Darstellung des oberflächlichen und tiefen Venensystems zur präzisen Abklärung „morphologischer" Veränderungen. Durch die Einführung der aszendierenden Preßphlebographie [10] wurden zusätzlich Aussagen über pathologische Refluxstrecken mit Einteilung der Saphena-magna-Stammvarikose in 4 verschiedene Schweregrade ermöglicht. Neben Tiefvenenveränderungen, Stammvarizen (z. B. variantenreiche Einmündungsverhältnisse bei Parvavarikose) oder Vv. Perforantes

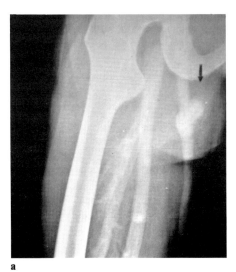 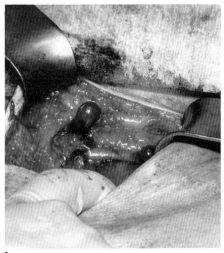

a   b

Abb. 3a, b. Aszendierende Preßphlebographie n. Hach bei Saphena magna Stammvarikose. Pseudoaneurysmatische Aussackung distal der Crosse. **a)** Phlebographischer Befund mit massiv dilatierter Vena saphena magna (Pfeil) und sichtbarem Pseudoaneurysma. **b)** Op-Befund mit divertikelartig hervorspringendem zylinderförmigem Pseudoaneurysma

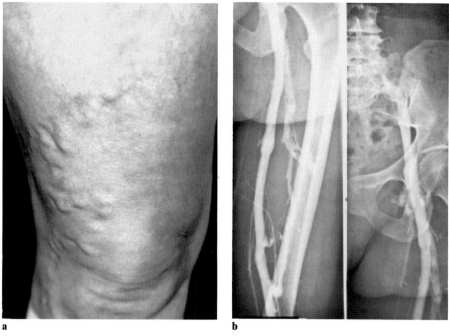

a   b

Abb. 4a, b. Aszendierende Preßphlebographie bei isolierter Seitenastvarikose der Vena saphena accessoria lateralis (V. subcutanea femoris lateralis) mit supravalvulärer inguinaler Einmündung. Dopplersonographisch retrogrades Strömungsgeräusch (Valsalva) lediglich entlang der Varize, Vena saphena magna unauffällig. **a)** Klinisches Bild; **b)** Phlebographischer Befund mit dünnkalibriger nicht-variköser Saphena magna. Indikation zur selektiven Ligatur der Einmündung in die Vena femoralis (im Rahmen einer Crossektomie) und ergänzender Seitenastexhairese oder Sklerotherapie der Varize

lassen sich verschiedene Formen der inkompletten Stammvarikose, isolierte Seitenastvarikosen (vgl. Abb. 4), Anastomosenbildungen, anatomische Varianten (z. B. Gefäßdoppelungen, Dysplasien) oder Besonderheiten (z. B. pseudoaneurysmatische Erweiterungen, vgl. Abb. 3) präoperativ abklären. In Einzelfällen kann die Herkunft und Zuordnung einer Varizenbildung durch die direkte Kontrastmittelinjektion als Varikographie n. May und Nissl [17] exakt verfolgt werden. Im Gefolge des Einsatzes einer zunehmend differenzierten dopplersonographischen Befunderhebung in Kombination mit der Lichtreflexrheographie oder Phlebodynamometrie als zusätzliches funktionsdiagnostisches Routineinstrument wird heute jedoch die Indikation zur phlebographischen Untersuchung insbesondere bei unkompliziert gelagerten Fällen von zahlreichen Operateuren restriktiver gestellt.

Weitere Verfahren

Optoelektronische Beinvolumetrien [13] können prä- und postoperativ zur vergleichenden Objektivierung von Ödembildungen herangezogen werden. Nuklearmedizinische Verfahren, wie der nicht bildgebende radioaktiv markierte Fibrinogen- oder Plasmintest oder die bildgebende Radionuklidphlebographie haben zum Thrombosescreening Bedeutung erlangt [15, 20, 24], nicht jedoch in der Abklärung der Varikose. Venendarstellungen mittels computertomographischer- oder MRT-Untersuchungstechniken als Schnittbildverfahren oder zur Erfassung des Blutflusses (MR-Angiographie) sind überwiegend wissenschaftlichen Fragestellungen vorbehalten [6]. Meßmethoden der kutanen Mikrozirkulation [14] kommen im Rahmen der Phlebologie bei Ulcus cruris Patienten in Betracht, zur Indikationsabwägung selektiver phlebochirurgischer Eingriffe sind sie jedoch ebenfalls nicht von routinemäßiger Bedeutung.

Literatur

1. Blank, AA (1987) Haben neue nicht-invasive Untersuchungsmethoden die blutige Venendruckmessung in der Dermatophlebologie ersetzt? Hautarzt 38:385−387
2. Blazek V (1984) Medizinisch-technische Grundlagen der Licht-Reflexions-Rheographie. In: May R, Stemmer R (Hrsg) LRR. Die Licht-Reflexions-Rheographie. Perimed Erlangen S 15−29
3. Feuerstein W (1984) LRR und Differentialindikation zur Varizentherapie. LRR-Befunde beim postthrombotischen Syndrom. In: May R, Stemmer R (Hrsg) LRR. Die Licht-Reflexions-Rheographie. Perimed, Erlangen S 85−91
4. Fobbe F, Felsenberg D, Laaß C, Sörensen R (1988) Tele-Thermographie zur Diagnostik tiefer Bein- und Beckenvenenthrombosen. Fortschr Röntgenstr 149:31−34
5. Funke C, Teichmann W, Becker HW (1981) Zur Diagnostik insuffizienter Venae perforantes cruris mit Hilfe der Folienthermographie. Z Gesamte Inn Med 36:818−821
6. Gehl HB, Bohndorf K, Günther RW (1988) MRT-Untersuchungen der Venen mit Spin-Echo- und Gradienten-Echo-Sequenzen. Phlebol u Proktol 17:8
7. Gloor M, Vielhauer E (1974) Über den Wert der Plattenthermographie nach Tricoire für die phlebologische Diagnostik. Phlebol u Proktol 3:200−208
8. Goor W (1980) Bedeutung und Technik der Venendruckmessung in der Praxis. Schweiz Rundschau Med 69:1384−1389
9. Hach W (1981) Die Erhaltung eines transplantationswürdigen Venensegmentes bei der partiellen Saphenaresektion als Operationsmethode der Stammvarikose. Phlebol u Proktol 10:171−173
10. Hach W (1985) Phlebographie der Bein- und Beckenvenen. 3. Aufl. Schnetztor, Konstanz S 61−68
11. Hartmann (1984) Phlebodynamometrie und LRR, ein Vergleich. In: May R, Stemmer R (Hrsg) LRR. Die Licht-Reflexions-Rheographie S 49−53
12. Hübner K (1986) Ist die Licht-Reflexions-Rheographie (LRR) als Screening-Methode für die phlebologische Praxis geeignet? Phlebol u Proktol 15:209−212
13. Hübner K (1987) Das Volometer − ein neuartiges Gerät zur schnellen Volumenbestimmung von Extremitäten. Phlebol u Proktol 16:40−42
14. Keller J, Grytzmann B (1988) Messung kutaner Mikrozirkulation. Eponychiale Kapillaroskopie, Thermographie (Infrarot-Telethermographie), Doppler-Laser-Fluxmessung und kutane pO_2-Messung. Phlebol u Proktol 17:167−175
15. Lofferer O, Mostbeck A, Partsch H (1978) Nuklearmedizinische Untersuchungen in der Phlebologie. Phlebol u Proktol 7:199−262
16. Marshall M (1988) Duplex-Sonographie in der phlebologischen Diagnostik. Phlebol u Proktol 17:13
17. May R, Nissl R (1973) Phlebographie der unteren Extremität. Thieme, Stuttgart
18. Mühl T (1984) LRR und invasive Venendruckmessung: Vergleich der Methoden anhand von Simultanmessungen. In: May R, Stemmer R (Hrsg) LRR. Die Licht-Reflexions-Rheographie. Perimed, Erlangen S 41−48
19. Partsch H (1981) Venendruckmessung in der Phlebologie. Hautarzt 32:53−58

20. Partsch H, Mostbeck A, Lofferer O (1985) Nuklearmedizinische Verfahren in der Venendiagnostik. In: Holzmann H, Altmeyer P, Hör G, Hahn K (Hrsg) Dermatologie und Nuklearmedizin. Springer, Berlin Heidelberg New York Tokyo S 381–388
21. Pierchalla P, Roeser B, Tronnier H (1988) Telethermographische Untersuchungen bei chronisch-venöser Insuffizienz und arterieller Verschlußkrankheit. Zbl Haut 154:673
22. Quehenberger P (1978) Die Venendruckmessung mit einfachsten Mitteln. In May R (Hrsg) Periphere Venendruckmessung. Thieme, Stuttgart S 6–7
23. Schultz-Ehrenburg U, Hübner HJ (1987) Refluxdiagnostik mit Doppler-Ultraschall. Ergebnisse der Angiologie und Phlebologie 35. Schattauer, Stuttgart New York S 21–40
24. Sommer B, Heidenreich P, Vogt H, Klotz E (1979) Die Radionuklidphlebographie: Methodik, Indikationen und klinische Bedeutung. Fortschr Röntgenstr 131:414–419
25. Tricoire J (1970) La thermographie en plaques. Technique nouvelle d'utilisation des cristaux liquides. Press Med 78:2481–2482
26. Varady Z (1978) Venendruckmessung in der phlebologischen Praxis. In: May R (Hrsg) Periphere Venendruckmessung. Thieme, Stuttgart S 159–170
27. Weindorf N, Schultz-Ehrenburg U (1986) Der Wert der Photoplethysmographie (Lichtreflexionsrheographie) in der Phlebologie. VASA 15:397–406
28. Wuppermann Th (1986) Diagnostik. In: Wuppermann Th (Hrsg) Varizen, Ulcus cruris und Thrombose. 5. Aufl, Springer, Berlin Heidelberg New York Tokyo S 77–131

Einfluß der präoperativen Diagnostik auf die Operationsplanung in der Varizenchirurgie

B. TRAUTNER

Zusammenfassung

Voraussetzung für die Durchführung eines operativen Eingriffs an den Varizen ist eine genaue Diagnostik, um anatomische Varianten, Lokalisation und Ausdehnung zu erfassen. Hierdurch kann die Quote der Komplikationen und Rezidive sehr gering gehalten werden. Gesunde Venenanteile lassen sich somit schonen und sind für ggf. später notwendig werdende rekonstruktive Maßnahmen an den Gefäßen als Interponat zur Verfügung.

Die Durchführung einer differenzierten operativen Varizentherapie verlangt eine eingehende Diagnostik zur Festlegung des chirurgischen Vorgehens. Anhand des Beispiels verschiedener Formen der Stammvarikose der Vena saphena magna soll dies im einzelnen erläutert werden.

Diagnostisches Vorgehen

Die Anamnese gibt bereits Hinweise, ob eine primäre, also genuine, oder sekundäre Varikose, z.B. im Rahmen eines postthrombotischen Syndroms vorliegt. Das Beschwerdebild des Patienten kann unspezifisch sein. Insbesondere sind Störungen aus dem orthopädisch-neurologischen Fachgebiet abzugrenzen. Eine schwere arterielle Verschlußkrankheit muß ausgeschlossen sein [14].

Die klinische Untersuchung erfolgt am stehenden Patienten mit leicht außenrotiertem Bein. In den meisten Fällen ist die varikös erweiterte Vena saphena magna sicht- bzw. tastbar. Faszienlücken, die auf insuffiziente Venae perforantes hinweisen, lassen sich besser an der entspannten horizontal gelagerten Extremität palpieren.

Nun schließt sich die Ultraschall-Doppler-Untersuchung an. Sie sollte die Beschallung der tiefen Leitvenen und des extrafaszialen Venensystems sowie der Perforansvenen und des extrafaszialen Venensystems sowie der Perforansvenen umfassen. Schwerere postthrombotische Zustandsbilder, insbesondere der Oberschenkel- und Beckenregion mit Einschaltung der Vena saphena magna als Kollaterale, lassen sich erkennen [11]. Weiterhin können proximaler und distaler Insuffizienzpunkt einer Stammvarikose ermittelt werden. Als proximaler Insuffizienzpunkt wird die Stelle bezeichnet, an der die variköse Degeneration durch eine insuffiziente transfasziale Verbindung ihren Ausgang nimmt. Durch den distalen Insuffizienzpunkt ist der Gefäßbereich definiert, an dem noch schlußfähige Venenklappen nachweisbar sind [5, 7].

Die Venenfunktionsmessungen geben Aufschluß darüber, ob durch einen chirurgischen Eingriff eine Verbesserung der venösen Hämodynamik zu erwarten ist. Von den nicht invasiven Methoden sei die Lichtreflexionsrheographie genannt, die weite Verbreitung gefunden hat [12, 13]. Die Phlebodynamometrie erscheint als invasives Verfahren zuverlässiger [2]. Sie sollte insbesondere dann angewandt werden, wenn die Operationswürdigkeit einer sekundären Varikose infolge eines postthrombotischen Syndroms abgeklärt werden muß.

In der überwiegenden Zahl der Fälle läßt sich die Indikation und Planung einer Varizenoperation durch die genannten diagnostischen Möglichkeiten festlegen [13]. Allerdings gilt es unklare dopplersonographische Befunde oder anatomische Varianten zu berücksichtigen. Auch das Bild einer Rezidivvarikose zeigt vielfach atypische Venenverläufe. In diesem Rahmen erscheint die Durchführung einer Phlebographie präoperativ unerläßlich [1, 7, 14]. Sie kann durch die Varikographie ergänzt werden [14].

Operatives Vorgehen

Im Hinblick auf die rekonstruktive Gefäßchirurgie mit autologen Transplantaten müssen gesunde Venenanteile erhalten werden, um sie als Interponat z. B. für eine aortokoronare Bypassoperation oder einen Eingriff an den peripheren Arterien zur Verfügung zu haben, sofern sich in späteren Jahren hierzu die Notwendigkeit ergibt [9]. Die Venenexhairese sollte demnach nur die varikös veränderten Anteile zwischen dem proximalen und distalen Insuffizienzpunkt umfassen [4, 5, 10].

Einteilung der Stammvarikose der Vena saphena magna in Insuffizienzstadien

Zur Dokumentation der insuffizienten Gefäßabschnitte der Stammvarikose der Vena saphena magna dient die Einteilung in die Stadien I–IV nach Hach [5, 7]. Stadium I bezeichnet die Insuffizienz der Schleusenklappen im Leistenbereich. Schreitet die Varikose nach distal fort bis zu einer Klappe, die regelmäßig etwa handbreit oberhalb des Knies angelegt ist, so wird das Stadium II beschrieben. Stadium III umfaßt die Gefäßinsuffizienz bis zu einer regelmäßig angelegten Klappe handbreit distal des Knies. Stadium IV erfaßt die variköse Degeneration der Vene in ihrem Gesamtverlauf bis zum Innenknöchel [3, 7].

Diese Insuffizienzstadien lassen sich mit der Dopplersonde auffinden. Ebenso dokumentiert die aszendierende Preßphlebographie ihre Lokalisation. Der Patient wird dabei aufgefordert, den Valsalva-Preßversuch durchzuführen, um den retrograden Kontrastmittelstrom aus dem tiefen Venensystem in die Vena saphena magna darstellen zu können [7].

Die Operationsplanung muß den ermittelten Untersuchungsergebnissen Rechnung tragen. Liegt eine komplette Stammvarikose vor, d. h. es besteht eine Insuffizienz der Krosse, so erfolgt die Krossektomie mit Präparation der Mündungsregion. Einmündende Seitenäste werden dargestellt, ligiert und durchtrennt. Die Vena saphena magna wird unmittelbar an ihrem Übertritt in die Vena femoralis communis unterbunden und abgetragen [8]. In der überwiegenden Zahl der Fälle schließt sich nun die partielle Saphenaresektion an. Die Ausdehnung dieses Eingriffs hängt vom ermittelten Insuffizienzstadium des Gefäßes ab [10]. Die Operation nach Babcock, also die Exhairese der gesamten Vene, bleibt dem Stadium IV vorbehalten [7].

Inkomplette Stammvarikose der Vena saphena magna

Definitionsgemäß liegt bei der kompletten Form einer Stammvarikose eine Krossen-insuffizienz vor. Hiervon ausgehend entwickelt sich die Varikose nach peripher. Seltener finden sich die inkompletten Formen. Die Häufigkeit der kompletten Form der Stammvarikose der Vena saphena magna im Vergleich mit der inkompletten Variante wird von Hach mit 12:1 angegeben [7]. Die Klappen der Mündungsregion schließen bei den inkompletten Formen regelrecht. Die Stammvene wird erst weiter distal durch Einmündung einer insuffizienten transfaszialen Verbindung varikös. Durch sorgfältige klinische und dopplersonographische Untersuchung läßt sich der Befund einer inkompletten Stammvarikose bereits eingrenzen. Eine Sicherung der Diagnose sollte jedoch präoperativ zur Klärung der jeweiligen anatomischen Situation durch die Phlebographie erfolgen.

Inkomplette Form vom Seitenasttyp

In 55% der Fälle einer inkompletten Stammvarikose der Vena saphena magna erfolgt die Ausbildung der Varikose über die Verbindung mit der varikösen Vena saphena accessoria lateralis, die in der Oberschenkelregion mit der Stammvene anastomo-siert. Von diesem Punkt an bildet sich die Varikose der Vena saphena magna nach distal aus. Ursächlich ist häufig ein vergrößerter Saphenamündungstrichter, über den der Seitenast in Verbindung mit der Vena femoralis communis steht und seinerseits insuffizient wird.

Therapeutisch wird in diesem speziellen Fall die Krossektomie durchgeführt. Liegt keine Anomalie des Saphenatrichters zugrunde, so wird der Seitenast lediglich an seiner Einmündung in die Stammvene unterbunden und die Krosse geschont. Die Seitenastvarize wird exstirpiert und die Stammvene distal ihrer Accessoria-Anasto-mose durch Stripping entfernt. Der proximale Abschnitt der Vena saphena magna wird belassen, da er gesunde Klappen besitzt [5, 6, 7] (Abb. 1).

Inkomplette Form vom Perforanstyp

Eine weitere Variante der Stammvarikose der Vena saphena magna stellt die inkom-plette Form vom Perforanstyp dar. Nach Hach wird sie in 27,8% des Patientenguts mit inkompletter Stammvarikose gefunden. Die Varikose wird meistens über eine insuffiziente Dodd'sche Vena perforans induziert. Proximal deren Verbindung zur Vena saphena magna zeigt diese funktionstüchtige Klappen und eine intakte Krosse.

Die operative Behandlung umfaßt die Darstellung und selektive Ligatur der Per-foransvene. Die Exhairese der Stammvene von diesem Punkt aus nach distal schließt sich an.

Der gesunde proximale Gefäßabschnitt bleibt unangetastet [5, 6, 7] (Abb. 2).

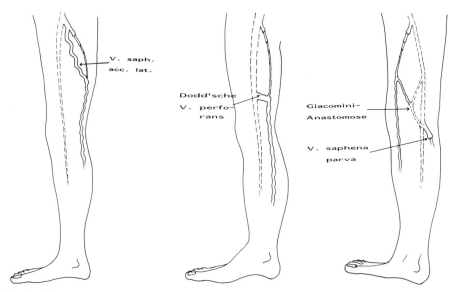

Abb. 1. Schematische Darstellung einer inkompletten Stammvarikose der Vena saphena magna vom Seitenasttyp

Abb. 2. Schematische Darstellung einer inkompletten Stammvarikose der Vena saphena magna vom Perforanstyp

Abb. 3. Schematische Darstellung einer inkompletten Stammvarikose der Vena saphena magna vom dorsalen Typ

Inkomplette Form vom dorsalen Typ

Die Häufigkeit der inkompletten Stammvarikose der Vena saphena magna vom dorsalen Typ bezogen auf die Gesamtzahl der inkompletten Formen wird mit 16,7% angegeben. Das anatomische Korrelat bildet meist eine Erweiterung des Mündungstrichters der Vena saphena parva bzw. eine Insuffizienz der Vena femoro-poplitea, worüber unter Einschaltung der Vena saphena accessoria medialis eine Verbindung zur Vena saphena magna vorliegt. Der retrograde Blutstrom gelangt über diesen Weg der Giacomini-Anastomose in die Stammvene, so daß diese distal der genannten Konjunktion varikös entartet.

Der chirurgische Eingriff muß sich auf die Krossektomie der Vena saphena parva bzw. das Abtragen der Vena femoro-poplitea erstrecken. Die Vena saphena magna wird distal des einmündenden medialen Astes entfernt. Die Vena saphena parva wird in ihrem weiteren Verlauf geschont, da sich die Dilatation des Gefäßes auf die Mündungsregion beschränkt. In gleicher Weise wird der proximale Bereich der Vena saphena magna einschließlich der Krosse belassen [5, 6, 7] (Abb. 3).

Die Durchführung einer genauen Diagnostik zur Planung einer Varizenoperation ist Voraussetzung für einen gezielten Eingriff. Gesunde Venenabschnitte können geschont und das Auftreten von Komplikationen weitgehend vermieden werden. Es sei z. B. auf eine übersehene Dodd'sche Vena perforans verwiesen. Wird sie während des Strippvorgangs abgerissen, kann eine nur schwer zu lokalisierende Blutung eintreten. Auf der anderen Seite verringert sich die Häufigkeit von Rezidiven, wie sie evtl. bei Vernachlässigung einer Krossektomie der Vena saphena parva beim dorsalen Typ einer inkompletten Stammvarikose der Vena saphena magna resultieren kann [7].

Literatur

1. Baumann G (1984) Optimales Phlebogramm. MMW. 126/20:684–650
2. Eberth-Willershausen W (1984) Funktionelle Venendiagnostik. MMW. 126/20:644–647
3. Hach W, Girth E, Lechner W (1977) Einteilung der Stammvarikose der Vena saphena magna in vier Stadien. Phleb Prokt 6:116–123
4. Hach W (1980) Die inkomplette Stammvarikose. In: Hach W (Hrsg) Die Röntgenuntersuchung des Venensystems. Erg Ang 22. Schattauer, Stuttgart New York, 49–53
5. Hach W Spezielle Diagnostik der primären Varikose. Demeter, Gräfelfing
6. Hach W (1985) Die inkomplette Stammvarikose. In: Hach W (Hrsg) Die Chirurgie der primären Varikose. Beiersdorf, Hamburg Varitex Emmerich, 71–75
7. Hach W (1985) Die Phlebographie der Bein- und Beckenvenen. Schnetztor, Konstanz
8. Hartmann M, Grau M (1980) Einteilung der Krosseninsuffizienz der Vena saphena magna in Schweregrade – Indikation und Technik der Krossektomie. Phleb Prokt 9:100–106
9. Hehrlein FW (1985) Die autologe Vene als Transplantat in der Herz- und Arterienchirurgie. In: Hach W (Hrsg) Die Chirurgie der primären Varikose. Beiersdorf, Hamburg, Varitex Emmerich, 41–48
10. Kasikova K, Hach W (1982) Die partielle Saphenaresektion. In: Hach W, Salzmann G (Hrsg) Die Chirurgie der Venen. Erg Ang 25, Schattauer, Stuttgart New York, 207–210
11. Kriessmann A (1982) Chronischer Verschluß der Becken- und tiefen Beinvenen, postthrombotisches Syndrom. In: Kriessmann A, Bollinger A, Keller H (Hrsg) Praxis der Dopplersonographie. Thieme, Stuttgart, New York, 72–87
12. Partsch H (1980) „Besserbare" und „nicht besserbare" chronisch venöse Insuffizienz. VASA 9:165
13. Partsch H (1982) Primäre Varikose der Vena saphena magna und parva. In: Kriessmann A, Bollinger A, Keller H (Hrsg) Praxis der Dopplersonographie. Thieme, Stuttgart New York, 101–111
14. Varady Z (1984) Gezielte Phlebographie. Phleb Prokt 13:127–131
15. Waibel P (1974) Fehler, Gefahren und Komplikationen bei Varizenoperationen. In: Hach W (Hrsg) Moderne Diagnostik und Therapie der Venenkrankheiten. Schattauer, Stuttgart New York, 47–52

Krossektomie der Vena saphena magna –
Anatomische und kosmetische Gesichtspunkte

W. Groth

Zusammenfassung

Die Behandlung der primären Stammvarikosis der Vena saphena magna infolge Mündungsklappen-insuffizienz setzt eine eingehende anamnestisch-klinische und apparative Diagnostik voraus, die verzahnt ist mit der richtigen Indikation für das am besten geeignete Therapieverfahren [4], um ein kosmetisch-funktionell optimales Behandlungsergebnis zu erzielen (Abb. 6).

Die Ausschaltung der insuffizienten Krosse der V. s. m. beseitigt die gestörte Hämodynamik der Blutzirkulation des Beines und verhindert bei frühzeitiger Durchführung die volumenbedingte Über-lastung der tiefen Leitvenen mit Ausbildung des Madelung'schen Privatkreislaufes [6]. Varizenrezi-dive werden nur durch eine sachgerecht durchgeführte Krossektomie vermieden [7].

Einleitung

Die Krossektomie umfaßt die Unterbindung und Abtragung des Varizenstammes mit sämtlichen Seitenästen an der Einmündung in das tiefe Leitvenensystem. Diesem Punkt entspricht im Falle der Vena saphena magna (V. s. m.) das Foramen ovale. Hier drängen sich mehrere anatomisch und funktionell bedeutende Strukturen – Arteria/Vena femoralis communis, ventromedialer Lymphgefäßstamm und Nerven – regional dicht zusammen.

Die Krossektomie besitzt zentrale Bedeutung in der Therapie der primären Stammvarikosis der V. s. m., um den proximalsten Insuffizienzpunkt der gestörten Hämodynamik auszuschalten. Der erforderlichen radikalen Beseitigung aller den Venenstern bildenden Seitenäste mit mündungsnaher Ligatur der V. s. m. stehen die subtile Schonung der Umgebung gegenüber, um ein kosmetisch-funktionell optima-les Therapieergebnis zu erreichen [1, 2, 3].

Indikation zur Krossektomie

Aufgrund unterschiedlich hämodynamisch wirksamer Ventilfunktionsstörungen unterscheiden wir zwei Typen der V. s. m.-Stammvarikosis:
1. Der kompletten Form der V. s. m.-Stammvarikosis liegt eine Mündungsklappen-insuffizienz (= Krosseninsuffizienz) zugrunde. Eine bleibende Sanierung der Varikosis ist nur durch eine Krossektomie möglich.

2. Bei der inkompletten Form der V.s.m.-Stammvarikosis (Seitenast-/Perforans-Typ) ist die Mündungsklappe dicht. Es müssen lediglich der in Frage kommende Seitenast oder die insuffiziente Perforansvene als proximale Insuffizienzpunkte ausgeschaltet werden, die V.s.m.-Mündung und die übrigen Seitenäste werden geschont.

Beim inguinalen Mündungstyp der varikös veränderten Vena saphena accessoria lateralis ist der sackförmig erweiterte Mündungstrichter der V.s.m. ebenfalls pathogenetisch in die gestörte Hämodynamik einbezogen [8], so daß die Krossektomie zusätzlich zur Venenexhairese des Seitenastes indiziert ist.

Präoperative Diagnostik

Gelegentlich ist die aneurysmatische Erweiterung der V.s.m.-Mündung ca. 2–3 QF unterhalb des Leistenbandes medial des A. femoralis-Pulses schon im Stehen sichtbar. Häufiger kann die Aussackung erst beim Hustentest im Stehen palpiert werden. Bei sichtbarem Varizenverlauf der V.s.m. im oberen/mittleren Oberschenkeldrittel eignet sich auch der Trendelenburg-Test zum klinischen Nachweis der insuffizienten Mündungsklappe, indem sich beim Wechsel vom Liegen zum Stehen der Varizenstamm retrograd auffüllt.

Ein sicherer Nachweis der Mündungsklappeninsuffizienz der V.s.m. gelingt mit der Ultraschall-Doppler-Sonografie. Die Betätigung der Bauchpresse während des Valsalva-Manövers löst ein lang anhaltendes Refluxgeräusch aus, das akustisch oder mittels Zeigerinstrumente über die in der Mündungsregion der V.s.m. aufgesetzte Dopplersonde nachgewiesen und mit Hilfe eines Papierschreibers aufgezeichnet werden kann [5].

Bei der unkomplizierten V.s.m.-Stammvarikosis kann auf die aszendierende Preßphlebografie bei eindeutig klinisch-doppler-sonografischem Befund verzichtet werden. Lediglich bei einer Rezidivvarikosis oder bei inkompletter Stammvarikosis und zur Klärung des Mündungstyps der V.saph.accessoria lat.-Varikosis ist die Phlebografie unerläßlich.

Eine subtile präoperative Diagnostik mit Farbstiftmarkierung der V.s.m. in der Mündungsregion der Leiste und im Verlauf am Bein bietet die beste Gewähr für einen komplikationslosen Operationsverlauf und ein kosmetisch-funktionell einwandfreies Therapieergebnis.

Technik der Krossektomie der Vena saphena magna

Die Krossektomie besitzt zentrale Bedeutung im Therapiekonzept der V.s.m.-Stammvarikosis. Ziel der Krossektomie ist die umfassende Beseitigung aller hämodynamisch wirksamen Störungen der Mündungsklappeninsuffizienz.

Die Krossektomie erfolgt in leichter Abduktion und Außenrotation des Beines. Sie beginnt mit einem 4–5 cm langen Schnitt etwa 1 cm oberhalb der Inguinalfalte, medial des A.fem.-Pulses; bei Adipösen ist der Schnitt auf 7 cm zu verlängern. Diese Schnitthöhe entspricht der oberen Begrenzung des Foramen ovale und ermöglicht die

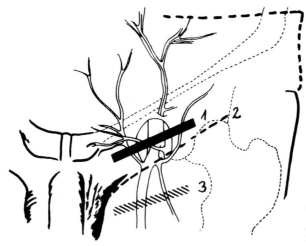

Abb. 1. Schnittführung in der Leiste bei der Krossektomie der V.s.m. Optimaler (1), ungünstiger (3) Schnittverlauf; Inguinalfalte (2) aus (9)

von Brunner [2] geforderte Präparation von kranial auf den Mündungstrichter der V.s.m. zu, um den ventromedialen Lymphgefäßstamm zu schonen (Abb. 1).

Weiter distalwärts durchgeführte Hautschnitte bergen die Gefahr, Lymphgefäße oder sensorische Nerven zu verletzen; sie hinterlassen zudem eine auffallende Narbe, während der Hautschnitt oberhalb der Inguinalfalte nicht nur optimale Sichtverhältnisse bei der Präparation bietet, sondern die p. op verbleibende Narbe in der Schambehaarung kaum sichtbar ist. Die Durchtrennung von Kutis/Subkutis erfolgt scharf bis zur dünnen Fascia inguinalis, die stumpf in Richtung des Gefäßverlaufs der V.s.m. gespalten wird. In gleicher Richtung wird auch das Fettgewebe über dem Foramen ovale mit Präpariertupfern oder dem Finger beiseite geschoben bis der Venenstamm auftaucht.

Durch Perkussion auf markierte Varizenabschnitte der V.s.m. am distalen Oberschenkel kann nochmals durch Palpation der im distalen OP-Feld der Leiste durchschimmernden Vene überprüft werden, ob es sich tatsächlich um den mündungsnahen V.s.m.-Stamm handelt, indem unter dem Finger die zentripetale Pulswelle gefühlt wird. Dieser Venenabschnitt wird sorgfältig aus dem umgebenden Fettgewebe freipräpariert und aus seiner bindegewebigen Umhüllung herausgelöst.

Mittels einer größeren, vorne rechtwinkelig gebogenen Klemme (Baby Ätze) wird das Gefäß unterminiert. Durch Anheben der Klemme kann nochmals durch Zug der auf die Haut des Oberschenkels markierte V.s.m.-Verlauf kontrolliert werden. Eine möglicherweise doppelt angelegte V.s.m. kann durch strangförmige Anspannung der Haut parallel zur Markierung erahnt werden. 3–5 cm distal der Einmündungsstelle wird dann zwischen 2 Klemmen der Varizenstamm durchtrennt. Es hat sich bewährt, proximal eine gebogene, distal eine gerade Klemme zu verwenden.

Mit der gebogenen proximalen Klemme besteht größere Mobilität bei der weiteren Präparation, da die Klemme stets in der Längsachse der V.s.m. gehalten wird. Die distale Klemme wird horizontal auf die Haut gelegt und wird durch die Elastizität und Spannung der V.s.m. am distalen Wundpol fixiert, ohne bei der weiteren Präparation zu stören.

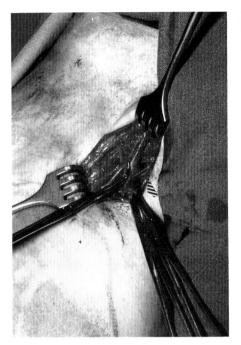

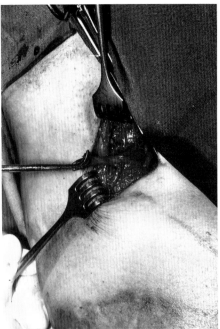

Abb. 2. Präparierter Venenstern mit mündungsnahem V.s.m.-Stamm. Pfeil weist auf Lymphgefäße

Abb. 3. V.s.m.-Mündungstrichter nach Skelettierung sämtlicher Seitenäste am Gefäßstumpf

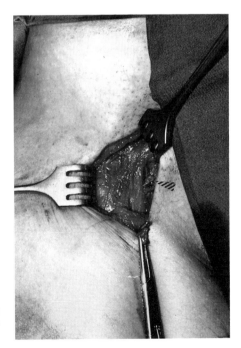

Abb. 4. Foramen ovale mit durchgeführter Krossektomie. Pfeil: Unterbundener Mündungsstumpf der V.s.m.

Der proximale V. s. m.-Stumpf kann dann von distal bis zum Foramen ovale einschließlich sämtlicher Seitenäste freipräpariert werden. Der Mündungstrichter läßt sich erst nach Ligatur aller den Venenstern bildenden Seitenäste gut überblicken. Dazu werden die einmündenden Venenäste soweit als möglich peripher mit Vicryl metric 4/0 ligiert. Die Skelettierung des Venensterns im Uhrzeigersinn bietet den Vorteil einer geordneten, zügigen Präparation in einem aufgeräumten OP-Feld, so daß keine Seitenäste übersehen werden.

Venae dorsales, die sich im Bereich des V. s. m.-Mündungstrichters befinden, werden ebenfalls ligiert, um ein Varizenrezidiv in der Leiste zu verhindern. Die Arteria pudenda externa, die gelegentlich den Mündungstrichter überkreuzt, wird geschont. Sie muß gegebenenfalls vom Venenstamm freipräpariert werden. Die Einmündung der V. s. m. in die Vena femoralis communis ist jetzt ungehindert zu übersehen. Der Mündungstrichter wird direkt oberhalb der weißlich schimmernden Linie auf der Oberfläche der V. fem. comm.-Wandung ligiert (Abb. 2–4).

Die Ligatur wird mit einem Vicrylfaden metric 4/0 durchgeführt. Unmittelbar darüber wird zur Sicherung eine Durchstechungsligatur mit Prolene 4/0 gelegt. Die Fadenenden werden zur Markierung auf 0,5 cm gekürzt, um bei einem nachfolgenden Eingriff in der Leiste aus anderer Indikation die Unterbindungsstelle sofort zu erkennen. Ein Längerlassen der Fadenenden vermeidet zusätzlich ein vorzeitiges Lösen des Knotens. Die Resektion des Mündungstrichters der V. s. m. mit seinen Seitenaststümpfen (Abb. 5) schließt die Krossektomie ab.

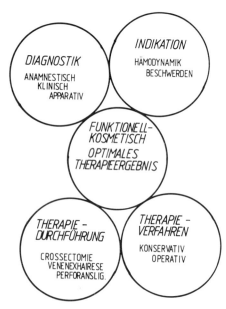

Abb. 6. Bedingungen für ein kosmetisch-funktionell optimales Ergebnis der Varizentherapie

Abb. 5. Krossenpräparat der Vena saphena magna

Die Leistenwunde wird durch eine fortlaufende, durchschlungene Intradermalnaht mit PDS 5/0 verschlossen. Diese Nahttechnik gewährleistet eine sichere und belastungsstabile Wundrandadaptation; Entzündungszeichen, Strickleiterphänomen der Einzelknopfnaht fehlen, die Entfernung von Hautfäden entfällt. Die Wunde ist nach 2 Tagen dicht geschlossen und damit vor Infektionen geschützt, so daß gerade bei pflasterallergischen Patienten auf eine offene Wundbehandlung übergegangen werden kann; frühzeitiges Duschen ist möglich.

Literatur

1. Bischof J, Bischof G, Nitzsche H (1987) Peripheres Lymphabflußsystem der unteren Extremitäten bei chronischer Veneninsuffizienz. 2. Mitteilung: Lymphabflußsystem der unteren Extremitäten nach Varizenoperation. Phlebol u Proktol 16:153–157
2. Brunner U (1985) Ergebnisse eines Versuchs zur gemeinsamen Erarbeitung für moderne Varizenchirurgie. Angio arch, 8
3. Fischer R (1976) Die chirurgische Behandlung von Varizen. Aktuelle Probleme in der Angiologie: 29, Verlag H. Huber, Bern
4. Giessler R (1974) Indikation und Kontraindikation zur Operation der primären Varikose. Fortbildungskongreß für Angiologie, Bad Nauheim
5. Girth E, Hach W (1976) Vergleichende Untersuchung der Stammvarikose der V. saphena magna mit der Doppler-Ultraschall-Strömungsmessung und der aszendierenden Preßphlebografie, S. 75–82. In: Ludwig H, Kurz E (Hrsg): Die Beinvenen. Ergebnisse der Angiologie, FK Schattauer, Stuttgart New York
6. Hach W (1988) Neue Aspekte zum Spontanverlauf einer Stammvarikose der Vena saphena magna. Phlebol u Proktol 15:79–82
7. Netzer CO, Ertl L, Noe R, Sturm B (1986) Das Varizenrezidiv nach operativer Behandlung. Phlebol u Proktol 15:166–171
8. Trautner B (1988) Seitenastvarikose der V. saphena accessoria lateralis (V. subcutanea femoris lateralis). Phlebol u Proktol 17:118–119
9. Varady Z, Krause E (1987) Lymphsystemschonende Schnittführungen in der Gefäßchirurgie. Phlebol u Proktol 16:202–204

Die Insuffizienz der Vena saphena parva. Diagnostik, Therapie und Nachsorge

W. Schippert, H. Breuninger und B. Rahmel

Zusammenfassung

In einem Patientengut von 136 Patienten mit insgesamt 153 operierten Extremitäten wurden bestimmt die Häufigkeit einer Insuffizienz der Vena saphena parva, die hämodynamische Auswirkung einer Vena saphena Parva-Insuffizienz mittels der Licht-Reflexions-Rheographie sowie eine postoperative Erfolgskontrolle mit Hilfe der LRR zur Beurteilung der funktionellen Verbesserung der Krossektomie bzw. des Strippings der Vena saphena parva.

Einleitung

Die Vena saphena parva als „kleine Schwester" der Vena saphena magna fristet häufig noch sowohl in der Diagnostik als auch in der Therapie ein Schattendasein. Von vielen Therapeuten wird die hämodynamische Bedeutung der Vena saphena parva unterschätzt; häufig wird sie wie eine zwar kosmetisch störende, sonst aber wenig bedeutsame Seitenastvarikose eingeschätzt und auch behandelt. Das mag zum einen daran liegen, daß das klinische Bild selten ähnlich eindrucksvoll ist wie bei einer ausgeprägten Magnainsuffizienz, die Vena saphena parva liegt bekanntlich in der Regel über gut die Hälfte ihrer Länge subfaszial; zum zweiten ist die operative Therapie, weil die Mündung in die Vena poplitea ebenfalls tief subfaszial liegt, ein operativer Eingriff, den viele operativ tätige Dermatologen nicht durchführen.

Wir wollten nun in unserem Patientengut die hämodynamische Bedeutung der Insuffizienz der Vena saphena parva im Vergleich zur Vena saphena magna Insuffizienz erfassen.

Material und Methoden

Ausgewertet wurden 136 Patienten mit insgesamt 153 operierten Beinen, die wir in 3 Gruppen aufgliederten:
1. isolierte Insuffizienz der Vena saphena magna (alle Schweregrade) 122 Extremitäten.
2. isolierte Insuffizienz der Vena saphena parva (alle Schweregrade) 19 Extremitäten.
3. Insuffizienz der Vena saphena magna plus Insuffizienz der Vena saphena parva (alle Schweregrade) 12 Extremitäten.

Aus diesen Zahlen ergibt sich eine Relation von 6,4 : 1 für Magnainsuffizienzen zu Parvainsuffizienzen; rechnet man die kombinierten Formen zur Parvainsuffizienz hinzu, erhöht sich das Verhältnis sogar auf 4 : 1. Diese Relationen stimmen mit den von Hach angegebenen überein, die Insuffizienz der Vena saphena parva ist also durchaus nicht selten.

Die präoperative Diagnostik umfaßte die klinische Untersuchung, die dopplersonographische Abklärung der Stammvenen sowie der möglichen Insuffizienzpunkte, Lichtreflexionsrheographiemessungen sowie die Phlebographie. Speziell auf die Ergebnisse der prä- und postoperativen LRR-Werte als aussagekräftiger Funktionsparameter wurde Wert gelegt [Lit. 2, 3, 4].

OP-Technik

Das operative Vorgehen erfolgte in Anlehnung an das von Hach beschriebene wie folgt: Nachdem am Tage vor der Operation mit Hilfe der Dopplersonographie die Mündungsstelle der Vena saphena parva in die Vena poplitea auf der Haut mit einem wasserfesten Stift markiert wurde, erfolgt in Bauchlage des Patienten von einem entsprechend höher liegenden Querschnitt in einer Hautfalte der Kniekehle nach Spaltung der Faszie die Darstellung des Gefäßes. Es wird sodann bis unmittelbar an die Einmündung in die Vena poplitea freipräpariert und dort nach Ligatur abgetragen. Die Exstirpation der Vena saphena parva erfolgte danach in retro- oder anterograder Richtung bis zum distalen Insuffizienzpunkt; falls irgend möglich strippten wir von distal nach proximal und folgten dem Sondenkopf mit einem festen Kompressionsverband vom Knöchel bis zum Knie, auf diese Art gelang es uns, postoperative Hämatome auf ein Minimum zu reduzieren.

Ergebnisse und Diskussion

Abbildung 1 zeigt die prä- und postoperativen arithmetischen Mittelwerte von t 1/2 (t 0 zeigt auf einen anderen Wertelevel identische Verhältnisse); aufgeschlüsselt nach den oben angeführten Gruppen. Man erkennt, daß präoperativ die Funktionseinschränkung in der Licht-Reflexions-Rheographie bei Insuffizienzen der Vena saphena parva identisch sind mit denen bei einer Insuffizienz der Vena saphena magna; lediglich die kombinierten Formen zeigen für beide Werte deutlich niedrigere Ausgangszahlen, das bedeutet eine deutlich größere Beeinträchtigung des venösen Rückstroms. Nach Anlegen eines Tourniquets in der Leiste besserte sich naturgemäß das Ergebnis für die Magnainsuffizienzen; die isolierten oder kombinierten Parvainsuffizienzen bleiben logischerweise unbeeinflußt. Nach Anlegen eines zweiten Tourniquets unter dem Knie bessern sich die Werte aller 3 Gruppen bis in den Normalbereich, lediglich die kombinierten Formen schneiden auch hier etwas schlechter ab. Die letzten Säulen stellen das postoperative Kontrollergebnis 6 Wochen nach OP dar, abgesehen wiederum von den kombinierten Formen ergeben sich für die isolierten Insuffizienzen der Vena saphena magna und Vena saphena parva vergleichbare Ergebnisse zur Voruntersuchung mit 2 Tourniquets, die postoperativen Ergebnisse sind in der Regel sogar etwas günstiger.

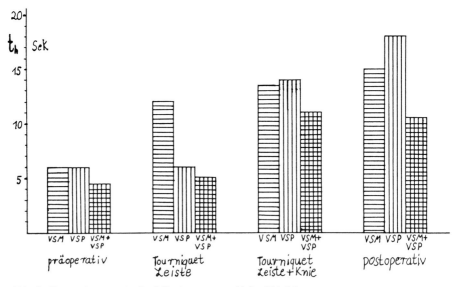

Abb. 1. Prä- und postoperative Mittelwerte von t ½ der Lhh Messungen

Die Abb. 2 und Tabelle 1 zeigen die Anzahl der Extremitäten, die prä- und postoperativ in der Licht-Reflexions-Rheographie Normalwerte zeigten. Die Prozentzahlen der präoperativen Normalwerte liegen für Patienten mit Vena saphena magna und Vena saphena parva-Insuffizienzen zwischen 10 und 15%, in der Gruppe der kombinierten Insuffizienzen war präoperativ kein Normalbefund zu erheben. Nach Anlegen eines Tourniquets erhöht sich erwartungsgemäß der Anteil mit Normalbefunden bei der Gruppe der Vena saphena magna-Patienten, die anderen beiden Gruppen blieben unbeeinflußt. Nach dem 2. Tourniquet steigt die Anzahl der Nor-

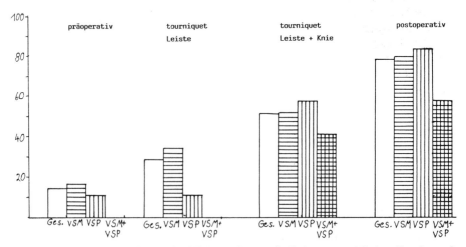

Abb. 2. Anzahl der Extremitäten mit LRR-Normalwerten (in %, bezogen auf die jeweilige Gruppe)

Tabelle 1

	LRR-Werte:	präoperativ normal	mit 1 Tourniquets normal	mit 2 Tourniquets normal	postoperativ normal
Insuff. der VSM	n = 122	20 = 16,4%	42 = 34,4%	64 = 52,5%	98 = 80,3%
Insuff. der VSP	n = 19	2 = 10,5%	2 = 10,5%	11 = 57,9%	16 = 84,2%
Komb. Insuff.	n = 12	0 = 0 %	0 = 0 %	5 = 41,6%	7 = 58,3%
Gesamt	n = 153	22 = 14,4%	44 = 28,8%	80 = 52,3%	121 = 79,1%

malwerte für das Gesamtkollektiv auf 51% an, die Einzelergebnisse der 3 Gruppen verteilen sich um diesen Wert.

Die postoperativen Kontrollergebnisse sehen auch hier erheblich günstiger aus. Für das gesamte Kollektiv ließ sich eine Normalisierung der LRR-Werte bei 79% erreichen, die Schwankungen zwischen Vena saphena magna und Vena saphena parva-Insuffizienz sind geringfügig, lediglich die kombinierten Formen schneiden auch postoperativ schlechter ab, Normalwerte erreichen hier lediglich 58%.

Diskussion

Wir glauben, daß wir aus dem hier Dargestellten ableiten können, daß eine Insuffizienz der Vena saphena parva je nach Schweregrad eine ebenso große funktionelle Beeinträchtigung des venösen Rückstroms der unteren Extremität bedingt, wie eine Insuffizienz der Vena saphena magna entsprechenden Schweregrades. Analog zur erzielbaren Funktionsverbesserung durch eine adäquate differenzierte Therapie der Vena saphena magna-Insuffizienz läßt sich auch bei einer Insuffizienz der Vena saphena parva diese hämodynamische Beeinträchtigung mit guten bis sehr guten Erfolgsaussichten operativ angehen. Patienten mit kombinierten Formen der Insuffizienz erreichen zwar in einem geringeren Teil der Fälle eine vollständige Normalisierung der LRR-Werte, doch muß natürlich in Rechnung gestellt werden, daß die primäre Varikose bei diesen Patienten unabhängig von der Stammvarikose selbst in der Regel insgesamt erheblich weiter fortgeschritten ist.

Daraus folgt, daß bei Patienten mit primärer Varikose in der Routinediagnostik die Mituntersuchung der Vena saphena parva und eine daraus abgeleitete Therapie obligat ist.

Literatur

1. Hach W (1978) Spezielle Diagnostik der primären Varikose. Demeterverlag, Gräfelfing
2. Deichmann B (1984) Die Indikation zur Varizenoperation. Erarbeitung mit Hilfe der LRR. In: Die Licht-Reflexions-Rheographie; May R, Stemmer R, Perimed, Erlangen
3. Mayer W (1984) LRR vor und nach der Operation von Babcock. In: Die LRR; May R, Stemmer R, Perimed, Erlangen
4. Wienert V (1988) Lichtreflexionsrheographie, Fotoplethysmographie. In: Aktuelle Diagnostik und Therapie in der Angiologie. Kriessmann A, Georg Thieme, Stuttgart New York

Intraoperative Kathetersklerosierung der Vena saphena magna

S. Borowka und J. Kunze

Die intraoperative Kathetersklerosierung versteht sich als alternative Behandlung der chronisch venösen Insuffizienz. Die ersten Anwendungen an unserer Klinik erfolgten bei der Vena saphena magna-Varikosis.

Bei kritischer Betrachtung der herkömmlichen Behandlungsmöglichkeiten der venösen Insuffizienz wird man erkennen, daß sie für den Patienten mit einigen Unannehmlichkeiten verbunden sind. Das Vena saphena magna-Stripping nach Babcock wird derzeit von den meisten Phlebologen in Vollnarkose durchgeführt und bedeutet für den Patienten einen stationären Aufenthalt. Das Herausziehen der Vene ist traumatisierend und rechtfertigt für manche Operateure immerhin einen 1–2wöchigen Klinikaufenthalt. Der Patient muß mit Komplikationen rechnen, wie z.B. mit Hämatomen oder, was sehr unangenehm sein kann, mit Sensibilitätsstörungen. Auf der anderen Seite wird von einigen Phlebologen bei der Vena saphena magna-Varikosis lediglich eine Crossektomie durchgeführt, um später Perforansvenen und Seitenäste zu sklerosieren. Das erfolgt dann oft in mehreren ambulanten Sitzungen und auch hier sind wieder Komplikationen möglich, insbesondere bei paravenöser Injektion.

Aus diesen Gründen erschien es uns sinnvoll, nach der Vena saphena magna-Crossektomie direkt intraoperativ die gesamte Vena saphena magna über einen intravenös liegenden Katheter zu sklerosieren. Im Prinzip ist das Verfahren genauso für die Vena saphena parva geeignet.

Methodik

Für die Sklerosierung der gesamten Vena saphena magna ist ein Gerät erforderlich, welches problemlos und ohne Perforationsgefahr durch eine ektatische Vene geschoben werden kann. Die üblichen Gefäßkatheter sind dafür im allgemeinen zu weich oder am vorderen Ende zu spitz. Optimal geeignet ist der Einmal-Stripper Vastrip der Firma Astra-Meditec, wenn er für eine Sklerosierung „umgerüstet" wird (Abb. 1). Diese Umrüstung erfolgt einstweilen manuell durch den Operateur. In Kürze wird dieses Gerät jedoch firmenmäßig hergestellt. Am spiraligen Stripperende wird mit dem spitzen Skalpell ein kleines Loch gebohrt – das ist sehr leicht zu bewerkstelligen – am besten etwas unterhalb der Spirale, weil hier der Stripper stabiler ist. Am anderen Stripperende werden die Scheiben mit einer Schere abgeschnitten. Hierdurch entsteht ein Lumen, auf welches eine Einmal-Spritze gesteckt werden kann. Hierzu verwenden wir die Einmal-Spritze Pharma Plast (Firma Becton-Dickinson, Braunschweig GmbH), weil dies die einzige Spritze mit exakter Paßform ist. Durch das vorhandene Lumen des Einmal-Strippers kann nun jede beliebige Flüssigkeit gespritzt werden wie Kontrastmittel oder Sklerosierungsmittel (Abb. 2). Zunächst einmal wird der Stripper mit Kochsalz aufgefüllt, damit er sich beim Einschieben nicht mit Blut und Koageln verstopfen kann.

Operatives Vorgehen

Zunächst erfolgt in üblicher Weise die Vena saphena magna-Crossektomie. Dieser Eingriff kann in Lokal- oder Leitungsanästhesie vorgenommen werden. Nach Präparation der Vena saphena magna am Innenknöchel wird von hier aus der Stripper bis zur Leiste hochgeschoben, wo er im Vena saphena magna-Stumpf erscheint. Bei diesem Vorgehen ist man auf jeden Fall sicher, daß der Stripper exakt im Lumen der Vene liegt. Der Stripper wird etwas zurückgezogen und es erfolgt Wundverschluß in der Leiste. Es ist wichtig, daß der Vena saphena magna-Stumpf nach distal doppelt vernäht wird, so daß kein Sklerosierungsmittel ins Gewebe gelangen kann (Abb. 3). Beim Zurückziehen des Strippers kann man jetzt die Vena saphena magna in ihrem gesamten Verlauf sklerosieren, ohne weiteres auch ganz gezielt die Perforansvenen. Eventuell ist zuvor eine Kontrastmitteldarstellung durchaus möglich. Im Bereich der letzten sklerosierten Perforansvene wird der Stripper mit Kochsalz durchgespült und danach erst völlig aus der Vene herausgezogen.

Eine andere Möglichkeit ist, den Stripper von der Leiste aus nach distal zu schieben. Dieses Vorgehen erspart den Zusatzschnitt am Knöchel oder am Unterschenkel.

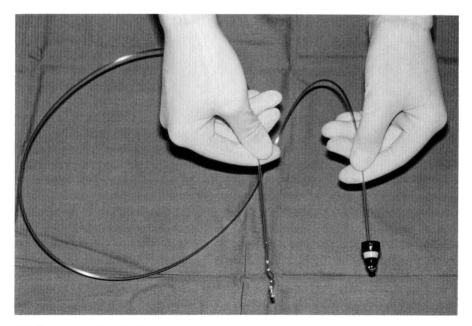

Abb. 1. Einmalstripper Vastrip

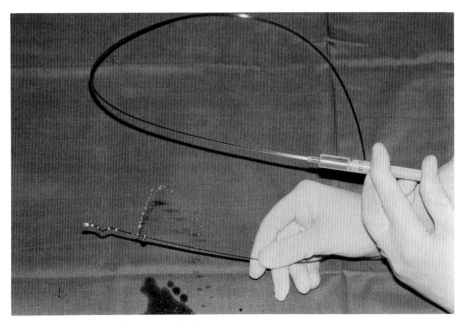

Abb. 2. Stripper, zum Sklerosierungskatheter umgerüstet

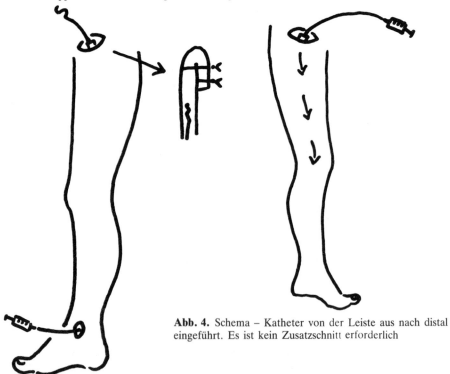

Abb. 4. Schema – Katheter von der Leiste aus nach distal eingeführt. Es ist kein Zusatzschnitt erforderlich

Abb. 3. Schema – Katheter von distal nach proximal eingeführt. Die Sklerosierung erfolgt beim Zurückziehen von proximal nach distal

Man sollte jedoch sicher sein, daß der Stripper auf keinen Fall paravenös zu liegen kommt (Abb. 4).

Sofort während der Venensklerosierung bringen wir einen Kompressionsverband mit gerollten Kompressen und Fixomull an. Im Anschluß an die Operation wird ein weiterer Kompressionsverband mit Autosana und Kurzzug-Binden in Pütter-Technik angelegt.

Der Patient kann sofort nach dem Eingriff laufen, aber auch wenn er nach Vollnarkose oder Leitungsanästhesie erst einige Stunden später mobilisiert wird, haben wir keine Komplikationen gesehen.

Ergebnisse

Insgesamt 25 Patienten wurden mit Varikocid 5% (6–9 ml), oder mit Varigloban 8% (4–6 ml) über den Vena saphena magna-Katheter sklerosiert. Aufgrund der kleinen Fallzahl soll hier keine Statistik erstellt werden. Es zeichnet sich jedoch folgender Trend ab:

Intraoperative Komplikationen

Sowohl bei der Verödung mit Varikocid 5% als auch mit Varigloban 8% sahen wir intraoperativ keinerlei Komplikationen, allerdings wurden Patienten mit bekannten Kontraindikationen gegen o. g. Sklerosierungsmittel sorgfältig von dem Verfahren ausgeschlossen.

Eine Nachbeobachtung der Patienten erfolgte in der ersten postoperativen Woche und nach einem Monat. Hier sahen wir einige unangenehme Nebenwirkungen unter Varikocid 5%, die jedoch unter Varigloban 8% nicht oder in wesentlich geringerem Umfange auftraten. Nach der Sklerosierung mit Varikocid zeigten mehrere Patienten eine schmerzhafte, teilweise fieberhafte Phlebitis mit postinflammatorischer Hyperpigmentierung. Diese Nebenwirkung fanden wir bei Varigloban nicht oder nur so gering ausgeprägt, daß die Patienten sich subjektiv nicht gestört fühlten. Eine tastbare Venenverhärtung ist ja an sich ein gewünschter Effekt, der aber bei Varikocid stärker ausgeprägt war, als bei Varigloban. Zu Hämatomen kam es unter beiden Präparaten kaum. Hämatomrevisionen waren in keinem Fall erforderlich. Sensibilitätsstörungen wie nach einer Stripping-Operation möglich, traten in keinem Fall auf.

Die Ultraschall-Doppler-Sonographie zeigte nach einer Woche und einem Monat in allen Fällen den vollständigen Verschluß der Vena saphena magna. Die Ausnahme bildete ein Fall unter Varikocid, bei dem nach einem Monat teilweise ein leises Strömungsgeräusch in der Vena saphena magna hörbar war, obwohl Varizen und Seitenastvarizen verschwunden waren.

Die Licht-Reflexions-Rheographie zeigte in allen Fällen nach einer Woche und einem Monat eine normalisierte Funktionsleistung.

Bei drei Patienten wurde an einem Bein die herkömmliche Stripping-Operation durchgeführt, an der Gegenseite die Katheterklerosierung mit Varigloban. Nach ihrer subjektiven Meinung gefragt, gaben diese Patienten der Sklerosierung den Vorzug.

Diskussion

Die Venensklerosierung ist eine altbewährte Therapiemöglichkeit mit bekannten und abschätzbaren Komplikationen. Der Vorteil der Kathetersklerosierung liegt darin, daß die wichtigste Komplikation der Sklerosierung, nämlich die paravenöse Injektion, sicher umgangen wird. Hierdurch können hochprozentige Sklerosierungsmittel in sonst unüblicher Menge injiziert werden.

Gegenüber dem Stripping nach Babcock hat die Kathetersklerosierung den Vorteil, daß keine Sensibilitätsstörungen auftreten. Es zeigt sich insbesondere bei der Verödung mit Varigloban, daß die postoperativen Schmerzen geringer ausgeprägt sind, das postoperative Hämatom ist nicht oder nur minimal vorhanden. Ein weiterer großer Vorteil für den Patienten, aber auch evtl. für den niedergelassenen Phlebologen ist, daß der Eingriff problemlos in Lokalanästhesie durchgeführt werden kann. Die Patienten können direkt im Anschluß an die Operation uneingeschränkt laufen. Es ist also vertretbar, den Eingriff in geeigneten Fällen ambulant durchzuführen.

Wir können bislang in unserer Klinik lediglich eine kleine Fallzahl von 25 Patienten aufweisen. Unsere Klinik ist jedoch nicht die erste, die dieses Verfahren durchführt. Es existieren z.B. ähnliche Studien von der Dermatologischen Gesellschaft der DDR. In einer Langzeitbeobachtung von Ermisch werden 2700 Fälle mit ausgezeichneten Resultaten beschrieben [1].

Auch unsere Erfahrungen sind bisher sehr ermutigend, so daß wir glauben, man kann das Verfahren bereits jetzt zur Nachahmung empfehlen.

Literatur

1. Ermisch H (1984) Intraoperative Sklerotherapie statt Stripping. Z ärzt Fortbild 78:327–328
2. Hobbs JT (1984) Surgery or Sclerotherapie for Varicose Veins in Superfical and Deep Venous Diseases of the Lower Limbs. Edizion: Minerva Medica:243–248
3. Kerner G, Schultz-Ehrenburg U (1988) Funktionelle Auswirkungen unterschiedlicher Angriffspunkte bei der Sklerosierungstherapie. Phlebol u Proktol 17:101–106
4. Leu HJ, Walker H (1972) Die kombinierte chirurgisch-sklerosierende ambulante Behandlung der Saphenavarizen. Schweiz Rundschau Med 61:1360–1363
5. Moszkowicz L (1932) Chirurgische Verödungsbehandlung der Krampfadern. Zbl Chir:2755–2760
6. Schmitz R et al (1980) Zwischenfälle bei der Sklerotherapie. Swiss Med 4a:45

Paratibiale Fasziotomie bei therapieresistenten Ulcera cruris venosa

W. Vanscheidt, R. Niedner, H. F. Wokalek, E. Glatt und E. Schöpf

Die gravierendste dermatologische Komplikation der chronischen Veneninsuffizienz ist das Ulcus cruris, das sich infolge eines postthrombotischen Syndroms, einer Stammvarikosis mit Perforanteninsuffizienz oder auch einer dysplastischen Fehlbildung des Venensystems der unteren Extremität ausbilden kann. Entscheidendes Element der Therapie des Ulcus cruris venosum bleibt zunächst die Kompressionstherapie und die Ausschaltung pathologischer Refluxbahnen durch Sklerosierung oder Operation. In manchen Fällen gelingt es jedoch nicht, ein Ulcus cruris venosum durch derartige Maßnahmen zur Abheilung zu bringen. In diesen Fällen wurde bereits vor Jahrzehnten eine direkte chirurgische Intervention am Ulcus cruris angestrebt.

Die klassische Ulkusexzision hat die Entfernung des Ulcus cruris einschließlich der darunter liegenden Faszie zum Ziel. Dabei liegen die Beugemuskeln des Unterschenkels frei, insbesondere die des M. flexor digitorum longus. Nach Durchstechung insuffizienter Perforansvenen im Wundbereich geht von dem gut vaskularisierten subfaszialen Gewebe eine sekundäre Wundheilung aus. Der Nachteil der Ulkusexzision besteht in einer zuweilen extrem langen Behandlungsdauer.

Chirurgische Maßnahmen, die die Faszie des Unterschenkels zum Ziel einer operativen Therapie des Ulcus cruris haben, besitzen eine längere Tradition. Bereits 1912 führte Kondoleon [2] eine lange seitliche Hautinzision durch und resezierte einen 5–7 cm langen breiten Streifen der Unterschenkelfaszie mit dem darüber liegenden subkutanen Gewebe.

Die Lintonsche Operation wurde über einen langen Hautschnitt mit Inzision der Faszie und Durchtrennung aller erreichbaren Perforanten durchgeführt [3, 4]. Als wesentlicher Nachteil dieser Methode galt die lange Operationszeit, die erhebliche Gewebetraumatisierung und – bei dermatoliposklerotischer Haut –, langwierige Wundheilungsstörungen. Die von Hach [1] entwickelte paratibiale Fasziotomie vermeidet die negativen Effekte früherer Operationstechniken. Durch die Schnittführung im gesunden Hautareal werden die Komplikationen einer postoperativen Wundheilungsstörung im Schnittbereich vermieden. Durch die streng paratibiale Fasrienspaltung lassen sich Verletzungen der subkutanen Lymphgefäße und auch der Vasa tibiales posteriores vermeiden.

Präoperative Diagnostik

Durch eine supra- und subfasziale dopplersonographische Refluxmessung werden die Refluxbahnen markiert. Mittels Lichtreflexionsrheographie werden die venösen

Wiederauffüllzeiten vor und nach Okklusion der Refluxwege mit einem Tourniquet bestimmt. Kommt es nicht zu einer Verlängerung der Wiederauffüllzeit to, ist eine „konventionell nicht besserbare chronische Veneninsuffizienz" vorhanden. Dieser Befund wird von uns vor einer Fasziotomie grundsätzlich phlebodynamometrisch verifiziert, erst danach wird eine gezielte Phlebographie durchgeführt.

Besteht eine „besserbare chronische Veneninsuffizienz", werden die Refluxbahnen operativ saniert. Findet sich zusätzlich eine klinisch faßbare Verhärtung der Unterschenkelfaszie, wird diese in gleicher Sitzung mittels paratibialer Fasziotomie durchtrennt. Bei einer „konventionell nicht-besserbaren chronischen Veneninsuffizienz" wird der Wundheilungsverlauf unter konsequenter Kompressionstherapie verfolgt. Kommt es nicht innerhalb von vier Wochen zu einer Verkleinerung der Ulkusfläche auf die Hälfte, führen wir eine paratibiale Fasziotomie durch.

Perioperatives Management

24 Stunden präoperativ wird ein Wundabstrich durchgeführt, um die aktuelle Keimbesiedlung des Ulcus cruris festzustellen. Anschließend wird das Ulcus cruris bis zum Operationsbeginn mit antiseptischen feuchten Umschlägen behandelt. Bei Narkoseeinleitung wird einmalig ein Cephalosporin als perioperative Antibiotikaprophylaxe appliziert. Der Hautschnitt wird zwei Querfinger paratibial weit oberhalb des Ulcus cruris gesetzt, die Faszie präpariert, durchtrennt und der Subfaszialraum digital mobilisiert. Anschließend wird die Unterschenkelfaszie paratibial bis zum Malleolus medialis durchtrennt. Es wird eine Redondrainage eingelegt, die für vier bis fünf Tage belassen wird.

Postoperativ wird das Bein auf einer Braun'schen Schiene für 24 Stunden hochgelagert. Die Entlassung aus stationärer Behandlung kann in der Regel am 7. postoperativen Tag erfolgen. Bis zur endgültigen Abheilung des Ulcus cruris wird das Bein gewickelt, anschließend ein Kompressionsstrumpf der Kompressionsklasse II mit integrierter Pelotte verordnet.

Ergebnisse der paratibialen Fasziotomie

Bei insgesamt 36 Patienten konnten wir die Resultate bis zu 15 Monate postoperativ kontrollieren (Tabelle 1). Bei 11 dieser Patienten war eine Krossektomie und proximale Saphenektomie in Kombination mit einer Fasziotomie durchgeführt worden.

Bei 33 Patienten kam es zu einer kompletten Abheilung des Ulcus cruris. Bei zwei Patienten bestand 6 Monate postoperativ noch ein maximal 6 mm im Durchmesser großes Restulkus. Bei einer Patientin, die kontinuierlich seit 44 Jahren ein Gamaschenulkus hat, zeigte die paratibiale Fasziotomie keine Verbesserung.

Tabelle 1. Resultate der paratibialen Fasziotomie bei 36 Patienten (Nachbeobachtungszeit 6 Monate bis 15 Monate)

Komplette Abheilung	33
Inkomplettte Abheilung	2
Keine Verbesserung	1

Tabelle 2. Transkutane Sauerstoffdrucke (44°C) bei Patienten mit Ulcera cruris postthrombotica vor und 8 Wochen nach paratibialer Fasziotomie. Meßstelle 2 cm oberhalb des Malleolus medialis 1 cm paratibial

Alter	$tcPO_2$ vor Fasziotomie	$tcPO_2$ nach Fasziotomie
58 Jahre	25	70
55 Jahre	0	67
54 Jahre	0	7
47 Jahre	0	86
59 Jahre	12	52
52 Jahre	43	56

Zwei der 33 Patienten, deren Ulzera zunächst rasch verheilt waren, entwickelten nach 12 bzw. 14 Monaten ein erosionsartiges Ulkusrezidiv perimalleolär. Einer dieser Patienten hatte zusätzlich eine arterielle Verschlußkrankheit im Stadium I.

Bei 6 Patienten mit einem Ulcus cruris postthromboticum konnten wir nach der Fasziotomie teils erhebliche Anstiege des transkutanen Sauerstoffdruckes ($tcPO_2$) bei 44°C am liegenden Patienten feststellen. Der transkutane PO_2 ist in dermatoliposklerotischer Haut erniedrigt bis gegen O. Wir beobachteten bei einer Kontrolle des $tcPO_2$ prä- und 8 Wochen postoperativ Anstiege bis auf maximal 87 mm Hg (Tabelle 2).

Bei einer Patientin, die 12 Monate postoperativ ein Rezidiv entwickelte, konnte prä- und postoperativ der $tcPO_2$ gemessen werden. Der Anstieg des $tcPO_2$ war hier nur gering von 0 auf 7 mm Hg. Dies könnte auf eine technisch unzureichende Fasziotomie zurückgeführt werden mit zu schmalem Fasziotomiespalt. Daher führen wir neuerdings eine postoperative Ultraschallkontrolle nach Fasziotomie durch (Abb. 1).

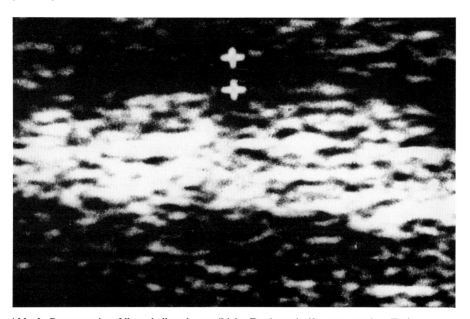

Abb. 1. Postoperativer Ultraschall nach paratibialer Fasziotomie (8. postoperativer Tag)

Diskussion

Aufgrund unserer ersten, vorläufigen Resultate liefert die paratibiale Fasziotomie nach Hach [1] ermutigende Resultate. Die Effekte dieses neuen Therapieverfahrens scheinen durch eine verbesserte Vaskularisation der Unterschenkelhaut durch Neueinsprossung von Kapillaren aus subfaszialen Strukturen, insbesondere der Muskulatur erklärbar. Der Anstieg des $tcPO_2$ nach einer Fasziotomie könnte so erklärt werden.

Unsere klinischen Ergebnisse bestätigen die, von Hach [1] an einem größeren Kollektiv gewonnenen Resultate.

Inwieweit langfristig mit Rezidiven gerechnet werden muß, kann derzeit noch nicht beurteilt werden. Ein unzureichender postoperativer Anstieg des $tcPO_2$ könnte auf eine ineffektive Fasziotomie hinweisen. Da es klinisch nicht möglich ist zu überprüfen, ob die Faszie breit genug durchtrennt wurde, führen wir daher postoperativ eine Ultraschalluntersuchung des Unterschenkels durch, bei der die Breite der Fasziotomiewunde gemessen wird.

Bisher haben wir bei insulinpflichtigem Diabetes mellitus und massiven Lymphödemen noch keine paratibiale Fasziotomie durchgeführt. Auch ein Ulcus cruris mixtum mit einer arteriellen Verschlußkrankheit ab dem Stadium IIa ist bisher als Kontraindikation für diesen Eingriff anzusehen.

Möglicherweise kann in der Zukunft die Indikation der paratibialen Fasziotomie erweitert werden, in dem sie auch bei Ulcera cruris mit einer arteriellen Verschlußkrankheit im Stadium IIb durchgeführt wird.

Nach unseren Erfahrungen bietet die paratibiale Fasziotomie die Möglichkeit, konservativ nicht beherrschbare Ulcera cruris zur raschen Abheilung zu bringen.

Literatur

1. Hach W, Vanderpuye R (1985) Operationstechnik der paratibialen Fasciotomie. Med Welt 36:1616–1618
2. Kondoleon J (1912) Die operative Behandlung der elephantiastischen Ödema. Zbl Chir 39:1022–1025
3. Linton PR, Hardy IB (1948) Postthrombotic syndrome of the lower extremity. Treatment by interruption of the superficial femoral vein and ligation and stripping of the long and short saphenous vein. Surgery 24:452–468
4. Linton PR (1953) The postthrombotic ulceration of the lower extremity and surgical treatment. Ann Surg 38:415–433

Erfolgskontrolle bei Varizenoperationen

P. Mischer und B. Charwat-Pessler

Die Diagnostik von Venenerkrankungen der unteren Extremitäten soll klären, ob der Venopathie eine Insuffizienz der extrafascialen, der intrafascialen oder der transfascialen Venen bzw. eine Kombination derselben zugrunde liegt, um daraus ein Therapiekonzept zu erstellen.

Zu den nichtinvasiven diagnostischen Möglichkeiten gehören neben der dopplersonographischen Refluxdiagnostik hämodynamische Untersuchungen mittels PPG oder LRR, um durch Okklusionsversuche festzustellen, ob eine „besserbare" oder eine „nicht besserbare" venöse Insuffizienz vorliegt und erstere einer operativen Therapie und die zweitere einer Dauerkompressionsbehandlung zuzuführen [1, 2, 3, 4, 5, 6, 7, 9].

Bei Vorliegen einer „besserbaren" venösen Insuffizienz wird von uns eine Crossektomie mit Stripping der insuffizienten Stammvenenanteile verbunden mit Perforantenligaturen durchgeführt. In einzelnen Fällen sind auch nur Teileingriffe erforderlich. Um die Ergebnisse dieser operativen Interventionen beurteilen zu können, haben wir 111 Patienten, die sich von 1984–1987 an unserer Abteilung einem solchen operativen Eingriff unterzogen haben nachuntersucht, die Untersuchungen von 104 Patienten waren letztendlich verwertbar.

Neben dem objektiven Kriterium einer vergleichenden prä- und postoperativen Venenfunktionsuntersuchung mittels PPG oder LRR führten wir eine eingehende klinische Untersuchung durch [1, 2]. Weiters wurden die Patienten anhand eines standardisierten Fragebogens nach ihrer subjektiven Beurteilung des Operationsergebnisses befragt (Abb. 1).

Von diesen 104 Patienten waren 73 Frauen und 31 Männer; operiert wurden 63 mal das rechte und 57 mal das linke Bein, bei 16 Patienten operierten wir beide Beine. Es wurden also insgesamt 120 operierte Beine nachuntersucht. Das Alter der Patienten betrug zum Zeitpunkt der Operation im Durchschnitt 44,7 Jahre (19–64 Jahre) und die Nachuntersuchungen wurden im Mittel nach 7,8 Monaten (1–52 Monaten) durchgeführt.

Präoperativ zeigte sich eine durchschnittliche venöse Wiederauffüllungszeit von 11,15 sec., im Okklusionstest konnte eine Verlängerung der Rückfüllzeit auf durchschnittlich 25,3 sec. erzielt werden. Die postoperativen Messungen ergaben ein mittleres t_0 von 27,2 sec. Die Verbesserung betrug somit im Mittel 16,07 sec. (Abb. 2).

Bei 48 Beinen, also bei 40% stimmten die prä- und postoperativen Werte überein, einkalkuliert wurde dabei eine Abweichung von ± 5 Sekunden. Bei 42 Beinen, bei 35%, wurde die präoperativ diagnostizierte Verlängerung der Auffüllzeiten um mehr als 5 Sekunden überschritten und bei 30 Beinen, bei 25%, wurde sie um mehr als 5

```
Sehr geehrte Frau! Sehr geehrter Herr!


Sie haben sich in den letzten Jahren an unserer Hautabteilung
einer Krampfadernoperation unterzogen.
Zur Kontrolle bzw. eventuellen Verbesserung unserer Arbeit
bitten wir Sie die unten angeführten Fragen zu beantworten
und anschließend den Fragebogen mittels beiliegendem Antwort-
kuvert an uns rückzusenden.
```

IHRE BESCHWERDEN	VORHER		NACHHER			
	Ja	Nein	keine	wesentl.besser	besser	unveränd.
Sichtbare Krampfadern	O	O	O	O	O	O
Schweregefühl	O	O	O	O	O	O
Schwellungsneigung	O	O	O	O	O	O
Krämpfe	O	O	O	O	O	O

```
Empfindungsstörungen im Operationsgebiet:   Ja: O        Nein: O


Kosemtisches Ergebnis der Operation:

                 zufriedenstellend (wie erwartet):  O

                 besser als erwartet:               O

                 schlechter als erwartet:           O

                 unzufrieden:                       O


Mit bestem Dank im voraus.

                                 Ihre Hautabteilung
```

Abb. 1. Fragebogen zur Beurteilung des Operationsergebnisses

Sekunden unterschritten, lag jedoch deutlich über dem präoperativen Wert. Es konnte also bei insgesamt 75% die präoperativ in Tourniquettests erreichte Besserung der Hämodynamik postoperativ bestätigt werden (Tabelle 1).

LRR und PPG bestätigen sich somit als gut geeignete, nicht invasive apparative Methoden zur präoperativen Funktionsdiagnostik und zur postoperativen Therapiekontrolle [1, 2].

Mit der Besserung der Venenfunktion kam es auch zum deutlichen Rückgang der subjektiven Beschwerden wie Schweregefühl, Krämpfe und Schwellneigung (Abb. 3/a–d).

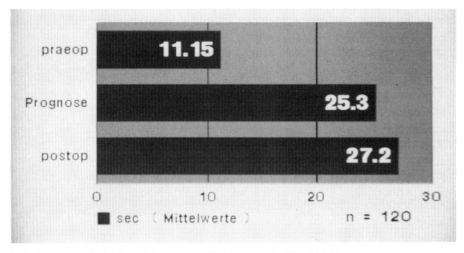

Abb. 2. Venöse Rückfüllzeit (t_0) operative Verbesserung im Mittel 16,07 sec.

Tabelle 1. Wertigkeit der präoperativen Prognose (LRR–PPG)

postoperatives t_0 = prognostiziertes t_0	($\pm$ 5 sec) 48 (40%)
postoperatives t_0 = prognostiziertes t_0	(+ > 5 sec) 42 (35%)
postoperatives t_0 = prognostiziertes t_0	(− > 5 sec) 30 (25%)

t_0 = venöse Rückfüllzeit

Das kosmetische Ergebnis war für 63 Patienten (60,5%) den Erwartungen entsprechend, 32 Patienten, das sind 30,7%, gaben an, ihre Erwartungen seien übertroffen worden. 7 Patienten (6,7%) bezeichneten das Ergebnis als schlechter wie erwartet und 2 Patienten (1,9%) waren mit dem kosmetischen Ergebnis unzufrieden (Tabelle 2).

Tabelle 2. Kosmetisches Ergebnis der Operation

zufriedenstellend, wie erwartet	63 (60,5%)
besser als erwartet	32 (30,7%)
schlechter als erwartet	7 (6,7%)
unzufrieden	2 (1,9%)

Bei 23 Beinen (22,1%) fanden sich postoperativ Empfindungsstörungen, meist handelte es sich um perimalleoläre Hypästhesien.

In 7 Fällen, in 5,8%, traten intra- oder postoperativ Komplikationen auf (Tabelle 3).

Zweimal kam es postoperativ zum Auftreten eines Erysipels am Unterschenkel und einmal zum Auftreten eines entzündlichen Infiltrats in der Leiste sowie eines Leistenhämatoms. In einem Fall kam es zu einer stärkeren intraoperativen Blutung,

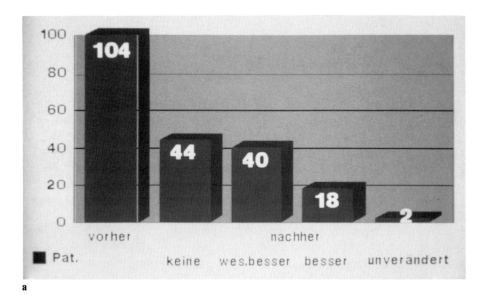

a

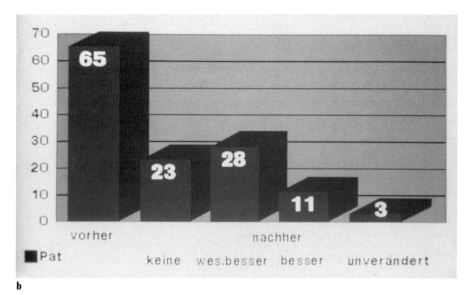

b

Abb. 3a–d. a sichtbare Varizen, **b** Schweregefühl, **c** Schwellungsneigung, **d** Krämpfe

Tabelle 3. Komplikationen 7 (5,8%)

postop. Erysipel	2×
entzündliches Infiltrat	1×
Leistenhämatom	1×
intraop. Blutung	1×
Fadengranulom	1×
(Beckenvenenthrombose?	1×)

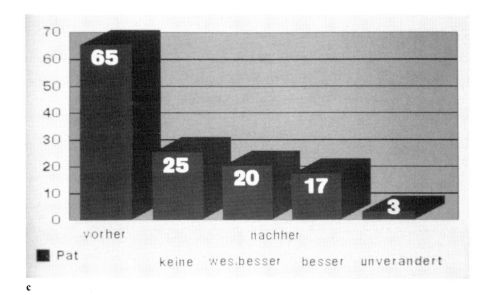

c

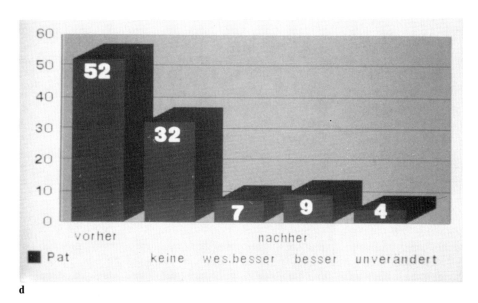

d

die Bluttransfusionen notwendig machte, einmal mußte ein Fadengranulom entfernt werden. Bei einem Patienten kam es einige Monate postoperativ nach einer längeren Autobusfahrt zum Auftreten einer Beckenvenenthrombose, wobei als auslösender oder zumindest begünstigender Faktor ein inguinaler Narbenstrang möglich war.

Zusammenfassend kann gesagt werden, daß in einem hohen Prozentsatz die präoperativ diagnostizierten mit der tatsächlich erreichten Funktionsverbesserung übereinstimmt und naturgemäß eine Verbesserung der Hämodynamik eine Verringerung der subjektiven Beschwerden bewirkt. Diese Tatsachen zusammen mit den zufriedenstellenden kosmetischen Ergebnissen und der geringen Komplikationsrate bestärken uns darin, den von uns eingeschlagenen Weg in der Diagnostik und Therapie von Venenerkrankungen weiterzugeben.

Literatur

1. Meyer W (1984) LRR vor und nach der Operation von Babcock. Die Lichtreflexionsrheographie – perimed Fachbuch Verlags-Ges mbH, Erlangen
2. Partsch H (1978) Periphere Venendruckmessung und Fußplethysmographie zur Vorhersage und Kontrolle therapeutischer Effekte bei chron ven Insuffizienz. Therapiekontrolle in der Angiologie – Jahrestagung der Deutschen Gesellschaft für Angiologie, Heidelberg
3. Wienert V (1988) Besserbare und nicht besserbare Beinveneninsuffizienz. Phlebologie und Proktologie 3:93–95
4. Mühl T (1984) LRR und invasive Venendruckmessung: Vergleich der Methoden anhand von Simultanmessungen. Die LRR – perimed Fachbuch Verlag Ges mbH, Erlangen
5. Wuppermann Dr, Strosche H (1986) Funktionsdiagnostik und Klinik der Venae perforantes. Ergebnisse der Angiologie und Phlebologie. Schattauer, Stuttgart New York, Bd 34
6. Uslar D von, Schultz-Ehrenburg U (1988) Falsche nicht besserbare chronische Veneninsuffizienz. Phlebologie und Proctologie 3:96–100
7. Wuppermann Dr (1985) Präoperative Dokumentation des phlebologischen Status. Referateband des 12. Fortbildungskongresses für Angiologie, Frankfurt
8. Hach W (1985) Ästhetische Aspekte in der Chirurgie der prim Varikose. Referateband des 12. Fortbildungskongresses für Angiologie, Frankfurt
9. Schultz-Ehrenburg U, Hübner H-J (1987) Refluxdiagnostik mit Doppler-Ultraschall. Bedeutung f Diagnose, Indikationsstellung und Therapiekontrolle in d Phlebologie, Ergebnisse der Angiologie und Phlebologie. Schattauer, Stuttgart New York, Bd 35

Operationstechniken

Rekonstruktionstechniken an der Unterlippe nach Entfernung von Präkanzerosen und malignen Neoplasien

A. KIRCHHOFF und J. PETRES

Den Plattenepithelkarzinomen des Unterlippenbereichs geht häufig eine Cheilitis actinica voraus oder besteht zeitgleich mit dem Karzinom. Da sich die Zellatypien bei der cheilitis actinica (Einzelzellverhornungen, Kernpolymorphie atypische Mitosen) auf das Epithel der Lippenschleimhaut beschränken, ist die knappe Exzision der betroffenen Schleimhautbezirke gleichbedeutend mit einer Restitutio ad integrum.

Meistens ist die gesamte Unterlippenschleimhaut betroffen, so daß sich als Standardoperation in der Regel die Unterlippenplastik nach von-Langenbeck-von-Bruns

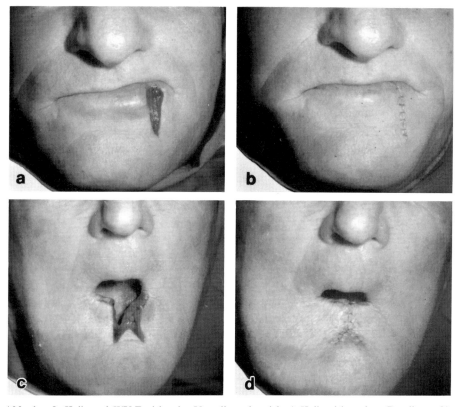

Abb. 1a–d. Keil- und WY-Exzision im Unterlippenbereich **a)** Keilexzision eines Basalioms, **b)** Nahtreihe am Ende der OP, **c)** W-förmige Exzision eines Plattenepithelkarzinoms, **d)** Y-förmige Nahtreihe am Ende der OP

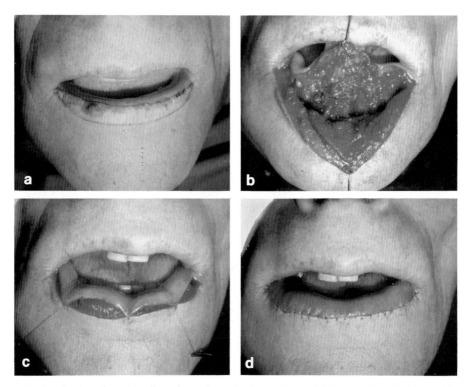

Abb. 2a–d. Unterlippenplastik nach von-Langebeck-von-Bruns **a)** intraoperative Markierung der Schnittführung, **b)** Mobilisation der enoralen Schleimhaut in der Schicht aus M. orbicularis oris **c)** Vorziehen und Annähen der mobilisierten Schleimhaut an der Unterlippenhaut, **d)** Nahtreihe am Ende der OP

Abb. 3a–d. Treppenplastik als Beispiel für eine seitliche Verschiebung. Diese Technik kann ein- oder doppelseitig ausgeführt werden und eignet sich besonders zum Verschluß von (para) medianen Defekten bis 3 cm Breite **a)** Karzinom der Unterlippe, **b)** eingezeichnete OP-Planung, **c)** Exzision des Tumors und Mobilisation der Unterlippe, **d)** Nahtreihe am Ende der OP

Abb. 4a–d. Wangenverschiebung kombiniert mit ausgedehnter enoraler Schleimhautverschiebung bis zur Mündung des Paratisgangs **a)** großes Karzinom der Unterlippe, **b)** Operationsplanung. Die gestrichelte Linie zeigt die enorale Schnittführung. Diese muß etwa 1 cm kranial des äußeren Schnittes erfolgen, damit die Schleimhaut auf den Unterlippenersatz umgeschlagen werden kann, **c)** Zustand nach Mobilisation der Schleimhaut und des Hautlappens, **d)** Nahtreihe am Ende der OP

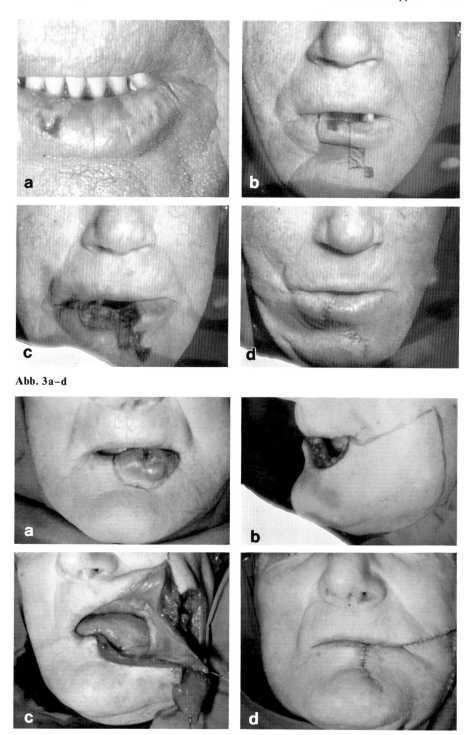

Abb. 3a–d

Abb. 4a–d

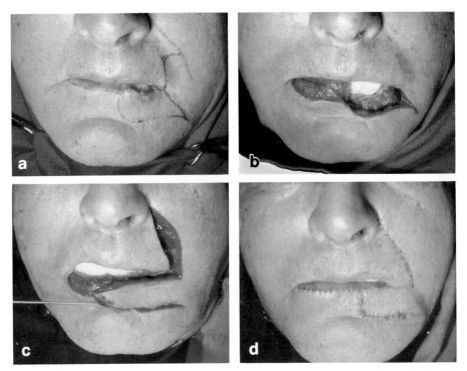

Abb. 5a–d. Rekonstruktion der lateralen Unterlippe durch Schwenklappenplastik aus der Nasolabialfalte **a)** Unterlippenkarzinom mit eingezeichneter OP-Planung, **b)** Z.n Exzision des Karzinoms und der zusätzlichen Cheilitis antinica, **c)** Verlagerung des Lappens auf den Defekt nach Schwenken um den Mundwinkel, **d)** Nahtreihe am Ende der OP

anbietet [9]. Bei dieser Operation wird das gesamte sichtbare Unterlippenrot exzidiert und die enorale Mundschleimhaut nach Mobilisation bis zur Umschlagsfalte vorgezogen und mit der Unterlippenhaut vernäht. Sensibilitätsstörungen der neu gebildeten Unterlippenschleimhaut sind selten, sofern die Mobilisation in der Muskulatur des M. orbicularis oris erfolgt. Aufgrund der langen Latenzzeit zwischen der chronischen Sonnenexposition und der Ausbildung einer schweren aktinischen Schädigung ist das erneute Auftreten einer Cheilitis actinica zu Lebzeiten des Patienten nicht zu erwarten. Liegt in einem kleinen Bereich der Unterlippe bereits ein invasives Karzinomwachstum vor, so kann die Unterlippenplastik nach von-Langenbeck-von-Bruns mit ein oder mehreren Keil- oder Wy-Exzisionen kombiniert werden [11] (Abb. 1, 2, 5).

Malignome von mehr als 2 cm Ausdehnung erfordern bei angestrebter sofortiger Rekonstruktion der Unterlippe aufwendigere Nah- oder Fernlappen, um ein sowohl ästhetisch als auch funktionell befriedigendes Ergebnis zu erzielen. In Betracht kommen Verschiebe- [5, 12] oder Schwenklappen [9], kombiniert mit einer enoralen Schleimhautverschiebung oder einem Schleimhautersatz durch die Zungenunterseite [3] sowie dreischichtigen Lappen aus der Oberlippe [9, 10] (Abb. 3–6).

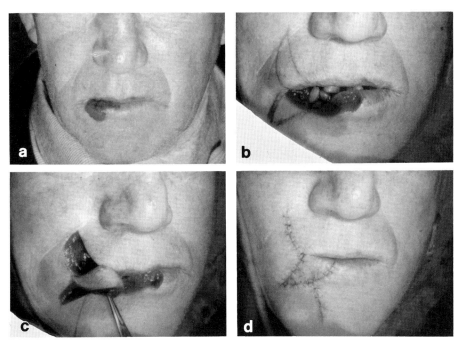

Abb. 6a–d. Unterlippenersatz durch Estlanderlappen. Substanzdefekte der Unterlippe sind funktionell störender als im Oberlippenbereich, sie können daher durch einen dreischichtigen Lappen aus der Oberlippe ganz oder teilweise aufgefüllt werden. **a)** Karzinom der Unterlippe, **b)** Z. n. Exzision des Karzinoms und eingezeichnete Lappenentnahmestelle der Oberlippe, **c)** der an der A. labialis superior medial gestielte Lappen wird um ca. 180° geschwenkt, **d)** Nahtreihe nach direktem Verschluß der Lappenentnahmestelle und Einnaht des Lappens

Literaturangaben über die Metastasierungshäufigkeit von T_2-Malignomen der Unterlippe (2–4 cm Größe) reichen bis zu 45% [4]. Aber auch T_1-Malignome können durchaus zum OP-Zeitpunkt bereits regionale Lymphknotenmetastasen aufweisen [1, 4, 8]. Möglicherweise korreliert die Häufigkeit einer regionalen Metastasierung des Unterlippenkarzinoms noch genauer mit der histologischen Eindringtiefe als mit der Tumorgröße [1].

Aus diesem Grund sollte zumindest bei Unterlippen-Karzinomen der Größe T_2, wenn histologisch die Invasion bis in das subkutane Fettgewebe reicht, die Entfernung der suprahyoidalen Lumphknoten durchgeführt werden. Die teilweise vertretene Ansicht, bei Tumorgrößen ab 1,5 cm [8] oder gar 1 cm [4] unabhängig von der histologischen Eindringtiefe elektiv die suprahyoidalen Lymphknoten zu entfernen, ist sehr umstritten [6]. Da bereits bei kleinen Unterlippenkarzinomen regionale Lymphknotenmetastasen auftreten können, ist allerdings auch für Patienten mit T_1-Karzinomen eine engmaschige Tumornachsorge lebenswichtig.

Literatur

1. Breuninger H et al (1988) Untersuchungen zur Prognosebestimmung des spinozellulären Karzinoms der Haut und Unterlippe anhand des TNM-Systems und zusätzlicher Parameter. Hautarzt 39:430–434
2. Collo D (1985) Die Rekonstruktion der Lippenregion nach Tumorresektion. In: Die Ästhetik von Form und Funktion in der Plastischen und Wiederherstellungschirurgie. 444–449 Pfeiffer G(Hrsg) Springer, Berlin Heidelberg
3. von Domarus H (1982) Möglichkeiten enoraler Rekonstruktion mit Zungenlappen in: Plastische und Wiederherstellungschirurgie bei bösartigen Tumoren, 245–251 Scheunemann H und Schnidseder R (Hrsg) Springer, Berlin Heidelberg
4. Eggert JH et al (1986) Operative Therapie der regionären Lymphknoten bei Unterlippenkarzinomen. Hautarzt 37:444–449
5. Fries R (1982) Systematik der Rekonstruktion der Mundspalte nach Karzinomexstirpation. In: Plastische und Wiederherstellungschirurgie bei bösartigen Tumoren. 239–245. Scheunemann H und Schmidseder R (Hrsg) Springer, Berlin Heidelberg
6. Heller KS und Shak JP (1979) Carcinoma of the lip. American Journal of Surgery 138:600–603
7. Landthaler M et al (1981) Röntgenweichstrahlentherapie der Lippenkarzinome. Hautarzt 32:80–83
8. Marshall KA und Edgerton MT (1977) Indications for Neck dissection in Carcinoma of the Lip. American Journal of Surgery 133:216–217
9. Pitkänen J et al (1985) Carcinoma of the lip. Scandinavian Journal of Plastic and Reconstructive Surgery 19:289–294
10. Petres J, Hundeiker M (1978) Dermatosurgery. Springer, New York
11. Schneider R (1979) Operationsmethoden bei Karzinomen im Lippenbereich in: Operative Dermatologie. 155–159, Salfeld K (Hrsg) Springer, Berlin Heidelberg New York
12. Sebastian G et al (1986) Der Treppen-Verschiebelappen zur Wiederherstellung der Unterlippe nach Spinaliomresektion. Dermatologische Monatsschrift 172:145–152
13. Weerda H (1987) Kompendium plastisch-rekonstruktiver Eingriffe im Gesichtsbereich. Ethicon

Defektversorgung im Gesichtsbereich durch Nahlappenplastiken in Abhängigkeit der Basaliomlokalisation

W. Groth

Zusammenfassung

Aufgrund der Fortschritte in der plastisch-rekonstruktiven Chirurgie kann gerade im Gesichtsbereich die überwiegende Zahl von Defekten im Anschluß an eine Tumorexzision durch Einsatz von Nahlappenplastiken mit kosmetisch-funktionell gutem Resultat versorgt werden. Das Primat einer vollständigen Tumorentfernung kann bedingungslos erfüllt werden. Unsere 1987 operierten Basaliome im Kopfbereich wurden durch Serienschnitte und Wundrand-/Wundgrundkontrollen aufgearbeitet und histologisch untersucht.

Gewebeschonendes Präparieren gewährt problemlose Wundheilung. Gerade bei Nahlappenplastiken sollte zuerst die Lappenentnahmestellen und dann fortlaufend die Wundränder mit der geringsten Wundspannung vernäht werden, um Lappenspitzen- oder -randnekrosen infolge zu häufiger Traktion zu vermeiden.

Einleitung

Das Basaliom repräsentiert den häufigsten Tumor der Altershaut und bevorzugt die zentralen Gesichtspartien. Gerade die Lage im zentralen Blickpunkt erfordert optimale Therapieergebnisse, die durch Haut aus der benachbarten Umgebung am ehesten erfüllt werden können. Die Wahl geeigneter Lappenplastiken wird der häufig diametral gegenüberstehenden Forderung nach vollständiger Tumorentfernung mit einwandfreiem kosmetisch-funktionellem Resultat am besten gerecht [1, 3].

Die Defektversorgung im Gesichtsbereich verlangt eine genaue OP-Planung (Abb. 1), da zahlreiche anatomische Strukturen sich auf engem Raum zusammendrängen

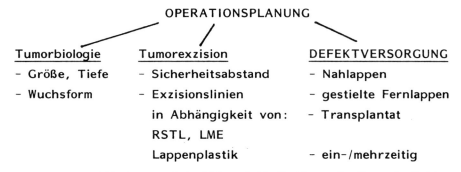

Abb. 1. Einflüsse auf OP-Planung und -durchführung bei der Exzision von Basaliomen des Gesichts

und nur kleine, regional abgrenzbare Flächen (Stirn, Schläfe, Wangen, Nase, Periorbital-/Periorbitalregion, Kinn) vorhanden sind. Zum Defektverschluß stehen in Abhängigkeit von der Tumorlokalisation und der Exzisionsgröße mehrere, plastisch-rekonstruktive Techniken zur Verfügung [2, 4].

Krankengut

1987 wurden in der Universitäts-Hautklinik Köln insgesamt 518 Basaliome operativ entfernt. Der überwiegende Anteil war im Kopf-/Halsgebiet lokalisiert; 67% aller Basaliome war im Gesicht entstanden (Tabelle 1).

Tabelle 1. Lokalisation – Basaliome 1987

	n	%
Kopf/Hals	370	71,4
– Gesicht	– 348	– 67,2
– Hals	– 21	– 4,1
Stamm	129	24,9
Extremitäten	19	3,56

Über ⅓ der Gesichtsbasaliome war auf die Nase beschränkt, so daß dieser Gesichtsteil flächenmäßig die dichteste Basaliomverteilung aufweist. 72,7% der Gesichtsbasaliome war auf die zentrale Gesichtsregion begrenzt (Tabelle 2), während die restlichen Basaliome die peripheren Gesichtsanteile (Schläfen, Ohr- und Periaurikular-region, Kieferwinkel) und den behaarten Kopf betrafen (Abb. 2).

Tabelle 2. Basaliome 1987 – Kopf

	n	%
Gesicht	341	97,7
– zentral	– 248	– 72,7
– peripher	– 93	– 27,3
Behaarter Kopf	8	2,3
	349	100,0

Die Defektversorgung nach operativer Entfernung von Basaliomen des Kopfes erfolgte hauptsächlich durch Nahlappenplastiken. Das Basaliom entsteht meist auf Altershaut mit unterschiedlich ausgeprägter Dermatochalasis; durch Dehnungsplastik nach Koriolyse gelingt auch bei größeren Defekten noch der Primärverschluß, da genügend Haut aus der benachbarten Umgebung zur Verfügung steht (Tabelle 3).

Nahlappenplastiken mit kurzen OP-Zeiten kommen gerade dem älteren Patienten entgegen, da gelegentlich mehrere Basaliome oder häufig zahlreiche Vorerkrankungen/Risikofaktoren bei ihm bestehen. Die resultierenden Narben lassen sich in der Regel im Faltenverlauf der Gesichtshaut gut verbergen. Durch eine von uns entwik-

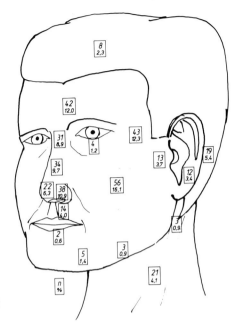

Abb. 2. Verteilung von Basaliomen im Kopf-/Halsbereich – 1987

Tabelle 3. OP-Techniken zur Defektversorgung nach Basaliomentfernung im Gesicht 1987

	n	%
Nahlappenplastiken	303	86,8
– Dehnungsplastik	193	55,3
– Verschiebeplastik	65	18,6
– Rotationslappenplastik	11	3,2
– Schwenklappenplastik	9	2,6
– Zoltanplastik	7	2,0
– Verschieb-/Schwenklappen- plastik mit modifizierter Z-Plastik	6	1,7
– Limberg-Plastik	5	1,4
– Rieger-Plastik	4	1,1
– DuFourmentel-Plastik	3	0,9
Vollhauttransplantate	39	11,2
Kürettagen	7	2,0
	349	100,0

kelte fortlaufende, durchschlungene intradermale Nahttechnik mit PDS metric 5/0 oder 6/0 (Abb. 3), kann häufig auf eine zusätzliche kutane Naht und damit auf die Entfernung von Fäden verzichtet werden. Die kosmetischen Ergebnisse sind durchweg ausgezeichnet.

Vollhauttransplantate werden bei ausgedehnten Basaliomen, insbesondere bei Basaliomrezidiven erforderlich; Defekte nach Basaliomentfernung in der Nähe von Augeninnenwinkel, Nasenflügelkante oder Ohrmuschel lassen sich einfacher und

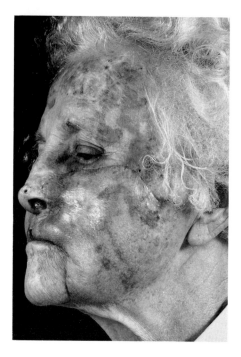

Abb. 3. Wangenrotationslappen zu Defektre-konstruktion nach Basaliomentfernung an Nase, Wange und Oberlippe mit intradermaler Naht-technik

problemloser durch Vollhauttransplantate anstelle einer Nahlappenplastik decken, insbesondere wenn Gesichtsareale betroffen sind, wo Vollhauttransplantate auf-grund der Hautdicke und Oberflächenstruktur der jeweiligen Region günstige kos-metische Ergebnisse bieten.

Regionale OP-Techniken

Die Wangen- und Stirnregion stellen die größten, anatomisch abgrenzbaren Flächen des Gesichts dar. Auch bei größerer Wundspannung kann ein Verziehen von benach-barten, das Gesicht prägenden Strukturen, vermieden werden, wenn das Basaliom nicht zu nahe von Augenbraue, Unterlid oder Mundwinkel/Lippenrotgrenze lokali-siert ist. Die Dicke und Oberflächenstruktur der Haut in den einzelnen Gesichtsregio-nen, die Basaliomgröße und der Wachstumstyp bestimmen die OP-Planung. Die Entscheidung über die Art der Wundversorgung erfolgt in Abhängigkeit der Defekt-größe unter Berücksichtigung der RSTL's (relaxed skin tension lines) und LME's (lines of maximal extension), die senkrecht zu den RSTL's verlaufen und die Entnah-megröße der regionalen Lappenplastik beeinflussen (Abb. 1).

Primärverschluß durch Dehnungsplastik nach Koriolyse war erwartungsgemäß an Wange, Stirn, Schläfe präaurikulär meist möglich. Da im Ober-/Unterlippenbereich durch die periorale Faltenbildung im Alter reichlich Haut zur Verfügung steht, konnte hier ebenfalls der Primärverschluß nach spindelförmiger Basaliomexzision erreicht werden. Kleine Basaliome im Nasenwurzelbereich können ebenfalls durch

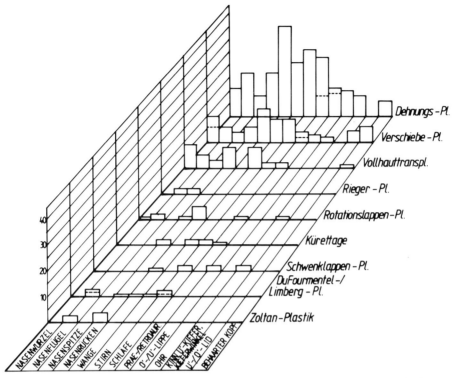

Abb. 4. Häufigkeit verschiedener Lappenplastiken in Abhängigkeit der Basaliomlokalisation im Kopf-/Halsbereich – 1987

horizontale oder vertikale, ovale Schnittführung, die sich nach der Längsausdehnung des Basalioms richtet, exzidiert werden.

Defekte der Nasenspitze lassen sich elegant mit der Rieger-Plastik versorgen. Nach Basaliomentfernung am Nasenflügel bieten sich subkutan gestielte Verschiebelappen aus der Nasolabialfaltenregion der Wange (Zoltan-Plastik) an; dabei bestehen weder Niveauunterschiede noch Abweichungen in der Oberflächentextur im Defektbereich und die Nasenflügel-/Nasolabialfalte bildet sich postoperativ wieder aus. Alternativ bieten sich Limberg- oder DuFourmentel-Plastik an. Diese eignen sich jedoch nur bei kleineren Nasenflügel-/Nasenwanddefekten, da sonst Verziehung der Nasenflügelkante oder Lappenspitzennekrosen drohen infolge zu großer Hautspannung.

Rhomboidlappen wurden von uns gelegentlich auch im Stirn-, Schläfen-, Wangenbereich eingesetzt. Schwenklappen wurden an Kinn, Ober- und Unterlippe bevorzugt (Abb. 4), da sie kurze Narbenstrecken aufweisen.

Domäne der Rotationslappenplastik war die Wangenregion, sofern ein Primärverschluß durch Dehnungsplastik nicht möglich war. Besonders eignet sich diese Plastik bei Lokalisation von Basaliomen in der Nähe des Unterlides; durch Überkorrektur mittels konvexbogiger Schnittführung im lateralen Bereich der Regio zygomatica läßt sich einerseits ein bestehendes, altersbedingtes Unterlidektropium bessern oder

216   W. Groth

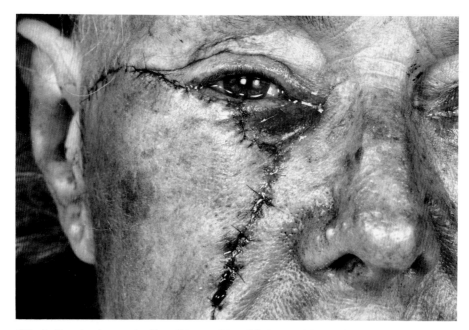

Abb. 5. Rotationslappenplastik zur Wangen-/Unterlidrekonstruktion nach Entfernung von Basaliomen der medialen Wange, Unterlidkantenmitte und lateralem Unterlid mit Keilexzision aller Unterlidschichten im mittleren Drittel und Primärverschluß durch Konjunktiva-/Tarsus-Naht

beheben, andererseits kann diese Lappenplastik auch zur Unterlidrekonstruktion eingesetzt werden (Abb. 5). Gelegentlich können mit einem Wangenrotationslappen auch mehrere Defekte der Nasen-/Wangenregion und der Oberlippe infolge Basaliomexzision gleichzeitig versorgt werden (Abb. 3).

Gelegentlich konnte auf Vollhauttransplantate nicht verzichtet werden. Ihr Einsatz verteilte sich gleichmäßig auf seitliche Nasenwurzel/Augeninnenwinkel, Nasenrücken und Stirn (Abb. 4); an den beiden letzten Orten waren 1987 auch sämtliche Basaliomrezidive lokalisiert.

Literatur

1. Eichmann F, Schnyder UW (1981) (Hrsg) Das Basaliom. Springer, Heidelberg Berlin New York
2. Harahap M (1985) (Hrsg) Skin Surgery. Warren H Green, Inc, St Louis, USA
3. Hirsch RD (1978) Das Basaliom. 2. überarbeitete Auflage. Minerva Publikation, München
4. Kaufmann R, Landes E (1987) Ermatologische Operationen. Thieme, Stuttgart New York

Dermatologische Konzepte nach radikaler Exstirpation von Hautmalignomen an der Nase

A. FRATILA, H. BILTZ und H. W. KREYSEL

Zusammenfassung

Die zentrofaziale Region – und hier vor allem die Nase – wird von Spinaliomen und Basaliomen ganz besonders befallen. Die Zahl der früher nicht seltenen Rezidive nach lokaler chirurgischer Exstirpation kann heutzutage dank der mikroskopisch kontrollierten Chirurgie (MKC) erheblich gesenkt werden. Andererseits bringt die Ausdehnung der Exzisionen Probleme mit sich, die vor allem in der Deckung von großen und tiefreichenden Defekten zu sehen sind. Bei dem Verschluß derartiger Defekte müssen die verschiedensten Gesichtspunkte berücksichtigt werden. Anhand von Operationsbeispielen werden diejenigen Aspekte, die die Operationsplanung beeinflussen, beleuchtet: die Lokalisation, Ausdehnung und Tiefe des Defektes, kosmetische, anatomische und funktionelle Gesichtspunkte.

Basaliome im Nasenbereich neigen zu tiefreichender Invasion. Auch seitlich, über die Grenzen der sichtbaren Effloreszenz hinaus, finden sich häufig Basaliomausläufer unter makroskopisch völlig unauffälliger Epidermis. Zur radikalen Tumorentfernung ist daher die mikroskopisch kontrollierte Chirurgie (MKC) unerläßlich.

Bei der Auswahl der Operationsmethode sollten vor allem Beschaffenheit und Farbe der Nasenhaut in Abhängigkeit von der Lokalisation berücksichtigt werden [5]. Ein primärer Verschluß sollte, wenn immer es die Defektgröße zuläßt, angestrebt werden. Bei einer Patientin konnten wir einen 1,5 cm durchmessenden Defekt ohne Probleme senkrecht primär verschließen. Bei kleinen Defekten und längeren Nasen ist jedoch der horizontale Verschluß im Verlauf der RSTL vorzuziehen.

Verschiebelappenplastiken wie: U-Plastik nach Schimanowski (1870) (Abb. 1) (am Nasenrücken als Rintala-Lappen bekannt – 1969) [9], der glabellare V-Y-Lappen nach Sanvenero-Rosselli (1931) (Abb. 2), die verschiedenen Varianten der Technik mit 2 oder 3 Dreiecken nach Burow (1838) (Abb. 3), die subkutan gestielten Verschiebelappen nach Zoltan (Abb. 4) oder nach Dufourmentel und Talaat (1971) (Abb. 5) oder der Verschiebelappen nach Farrior (Abb. 6) können sowohl im Glabella-Bereich als auch am Nasenrücken und den seitlichen Nasenpartien angewandt werden.

Der Rintala-Lappen kann zur Defektdeckung im Bereich der gesamten Nasenrückenmitte durchgeführt werden. Wenn er aber länger als 2:1 geschnitten werden muß, können Wundheilungsstörungen bis zur Lappennekrose sowie auffällige Narbenbildungen auftreten. Ferner kann eine Hebung der Nasenspitze resultieren, die bei älteren Patienten mit entsprechendem Absinken der Nase kosmetisch durchaus günstig wirkt.

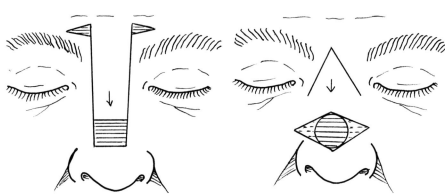

Abb. 1. U-Plastik nach Schimanowski (Rintala-Lappen)

Abb. 2. Glabellarer V-Y-Lappen nach Sanvenero-Rosselli

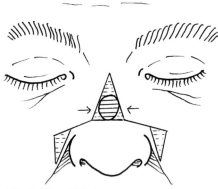

Abb. 3. Verschiebelappen mit 3 Dreiecken nach Burow

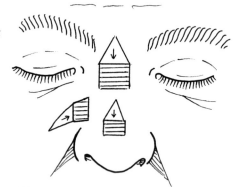

Abb. 4. Subkutan gestielter Verschiebelappen nach Zoltan

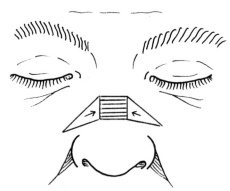

Abb. 5. Subkutan gestielter Verschiebelappen nach Dufourmentel und Talaat

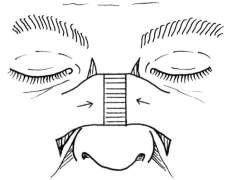

Abb. 6. Verschiebelappen nach Farrior

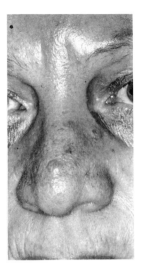 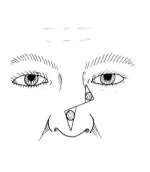 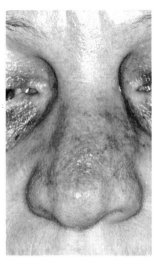

Abb. 7a. Zwei solide Basaliome im Bereich des Nasenrückens

Abb. 7b. Schematische Darstellung der Operationsmethode. Beide Defekte wurden mittels Verschiebelappen mit 2 Dreiecken nach Burow gedeckt

Abb. 7c. Klinisches Bild zwei Wochen postoperativ

Wir haben bei unserer Patientin zwei Basaliome jeweils mit 1 cm ∅ gleichzeitig entfernt und beide Defekte mittels Verschiebelappen mit zwei Dreiecken nach Burow gedeckt (Abb. 7a–c).

Bei allen diesen Verschiebelappenplastiken, seien sie uni- oder bilateral, nach vorne oder seitwärts verschoben, ist zu berücksichtigen, daß überall nur geringes subkutanes Fettgewebe vorhanden ist und eine beträchtliche Mobilisation des Lappens oft nicht gelingt. Wegen der häufig auffälligen Narbenbildung sollten diese Techniken als Methoden der zweiten Wahl eingestuft werden.

Ein optimales kosmetisches Ergebnis ist bei korrekter Durchführung mit den verschiedenen Varianten der Schwenk-, Rotations- und Insel-Lappen zu erreichen.

Die Methode der Wahl für die meisten Fälle stellt der einfache Schwenklappen nach Schrudde (1963) dar, mit dem bis zu 90 Grad versetzte Defekte gedeckt werden können. Der Lappen läßt sich in den oberen ⅔ der Nase besser durchführen, da hier die Elastizität der Haut größer als an der Nasenspitze ist. Schrudde nannte sein Verfahren „Verschiebe-Schwenk-Plastik", weil durch Unterminierung der Wundränder und Verschiebung der Haut zum Verschluß der Spenderstelle (wie bei einer modifizierten Z-Plastik) der ursprüngliche Defekt verkleinert wird, was bereits beim Schneiden des Lappens berücksichtigt werden sollte. Der evtl. entstehende Bürzel am Lappenfuß distal sollte erst am Ende der Operation vorsichtig beseitigt werden, ohne dadurch allerdings die Basis des Lappens zu verkleinern und somit die Blutversorgung des Lappens zu gefährden.

Elliot war der erste, der diesen Lappen 1969 im Bereich des gesamten Nasenrückens zeichnete, er nannte ihn „Banner-flap". Er benutzte diese Technik für Defekte,

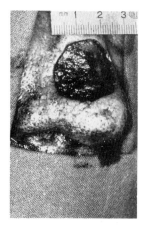

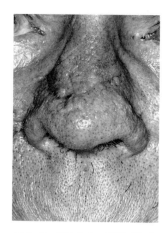

Abb. 8a. 3 cm durchmessender Defekt am Nasenrücken bei einem 83jährigen Patienten mit Thrombozytopenie

Abb. 8b. Schematische Darstellung der Operationsmethode. Der Defekt wurde mit dem Frontonasallappen von Marchac in Kombination mit einem Schwenklappen von der Nasolabialfalte gedeckt

Abb. 8c. Klinisches Bild. Drei Wochen postoperativ

die kleiner als 1,2 cm ∅ waren, währenddessen Masson und Mendelson Defekte zwischen 1,5 bis 2 cm ∅ (extremer Fall 2,5 cm ∅) deckten [6].

Für Defekte im Bereich der unteren Hälfte der Nase beschrieb Gilles 1920 einen Rotationsverschiebungslappen, der später zu einem breit gestielten Glabellarlappen von Rieger und einem Frontonasal-Lappen mit schmalem vaskulärem Stiel von Marchac modifiziert wurde. Die Technik wurde für Defekte bis 2 cm ∅ benutzt [8, 11]. Eine allzu große Rotation trotz ausgedehnter Unterminierung des Lappens ist bei jüngeren Patienten mit straffer Haut nicht möglich. Auch kann bei erhöhter Spannung eine Asymmetrie der Nase vor allem bei lateral lokalisierten Defekten entstehen.

Wir haben bei unserem 93jährigen Patienten den Frontonasal-Lappen von Marchac mit einem Schwenklappen von der Nasolabialfalte kombiniert, um somit einen 3 cm durchmessenden Defekt zu decken (Abb. 8a–c).

Obwohl Schwenklappen von der Nasolabialfalte einfach durchführbar sind, sind wir mit dieser Methode eher zurückhaltend, weil qualitativ von der Nasenhaut unterschiedliche Wangenhaut auf die Nase eingeschwenkt wird. Auch ist bei diesen Lappen besonders häufig postoperativ eine polsterartige Auftreibung zu sehen. Der Lappen kann als einfacher oder doppelter Schwenklappen durchgeführt werden und sollte nicht bei Defekten der lateralen Ala nasi verwendet werden, da hierdurch die anatomische Konkavität der Region verschwindet. Diese Methode kann auch nur dann angewendet werden, wenn die Nasenschleimhaut intakt bleibt.

Bei penetrierenden Nasenflügeldefekten ohne eine Brücke am Nasenflügelrand kann ein entsprechend langer Schwenklappen aus der Nasolabialfalte in den Operationsdefekt transportiert werden. Hierbei wird der distale Lappenanteil nach innen

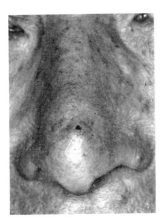

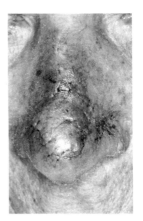

Abb. 9a. Sklerodermiformes Basaliom an der Nasenspitze

Abb. 9b. Schematische Darstellung der Operationsmethode. Der Defekt wurde durch einen bilobed-flap nach Esser und Zimany gedeckt

Abb. 9c. Postoperatives Ergebnis, fünf Tage nach Defektdeckung

umgeschlagen und bildet somit die Nasenschleimhaut. Liegt der Defekt weiter nach medial, wird eine zweizeitige Operation vorgezogen. Der nasolabiale Lappen wird an der Nasenspitze angeschlagen vernäht, die Entnahmestelle sofort verschlossen und der Stiel offen gelassen. 14 Tage postoperativ wird er abgetrennt und der Überschuß in die Nasolabialfalte zurückverlegt.

Bei randständigen, nicht penetrierenden Defekten der Ala nasi, aber auch bei Defekten an der Nasenspitze (Abb. 9a–c), führen wir den bilobed-flap von Esser (1918) und Zimany (1953) durch. Es werden zwei Lappen geschnitten, die mit jeweils 45–90 Grad abweichendem Winkel von einem gemeinsamen Stiel ausgehen. Der erste Lappen ist größer als der zweite Lappen, dessen Spenderstelle primär verschlossen wird. Eine ausgedehnte Unterminierung des Lappens ist erforderlich, um eine spannungsfreie Rotation durchzuführen und möglichst wenig "dog ears" zu bekommen.

Wenn immer es möglich ist, versuchen wir nur mit subkutan versenkter Einzelknopfnaht die Lappen zu fixieren. Das kosmetische Ergebnis ist aber nicht unbedingt schlechter, wenn Einzelknopfhautnähte mit monophilen Nylon 6/0 doch noch angelegt werden müssen. Sie werden nach 3–4 Tagen entfernt und durch Klebeverbände ersetzt.

Wenn der Defekt mit einer der oben beschriebenen Plastiken nicht gedeckt werden kann, sind unter anderem Vollhauttransplantate zu erwägen. Spalthauttransplantate sind farblich sehr unterschiedlich im Vergleich zur Nasenhaut und neigen zur Schrumpfung. Entnahmestellen der Vollhautlappen sind die retroaurikuläre Region, die präaurikuläre Region sowie die laterale Halsregion und die Innenseite des Oberarms. Zur Prophylaxe von Pigmentverschiebungen im Transplantat ist es wichtig, einen mehrmonatigen postoperativen Lichtschutz durchzuführen.

222   A. Fratila et al.

Abschließend ist zu betonen, daß aus unserer Sicht die Operationsplanung erst *nach* vollständiger Tumorexzision einsetzen sollte. Gerade an der Nase kann eine nicht in toto durchgeführte Exzision mit vorschneller Lappendeckung zu unangenehmen Situationen führen. Fest steht, daß der einfache primäre Verschluß und die einfache Schwenklappenplastik die Methoden der Wahl zu sein scheinen, das Vollhauttransplantat bleibt dagegen die ultima ratio.

Literatur

1. Barton FE Jr (1982) Principles of nasal reconstruction. J Dermatol Surg Oncol 8:568–574
2. Esser JFS (1918) Gestielte lokale Nasenplastik mit zweizipfligem Lappen. Deckung des sekundären Defektes vom ersten Zipfel durch den zweiten. Dtsch Z Chirurg 143:385–390
3. Herbert DC (1978) A subcutaneous pedicled cheek flap for reconstruction of alar defects. Br J Plast Surg 31:79–92
4. Herbert DC, De Geus J (1975) Nasolabial subcutaneous pedicle flaps. II. Clinical experience. Br J Plast Surg 28:90–96
5. Jackson IT (1985) Local Flaps in Head and Neck Reconstruction. The C. V. Mosby Company, St Louis Toronto Princeton
6. Masson JK, Mendelson BC (1977) The Banner flap. Am J Surg 134:419–423
7. McGregor JC, Soutar DS (1981) A critical assessment of the bilobed flap. Br J Plast Surg 34:197–205
8. Rieger RA (1967) A local flap for repair of the nasal tip. Plast Reconstr Surg 40:147–149
9. Rintala AE, Asko-Seljavaara S (1969) Reconstruction of the midline skin defects of the nose. Scand J Plast Reconstr Surg 3:105–108
10. Whitacker DC, Goldstein GD (1988) Lateral Nose and Perinasal Defects: Options in Management Following Mohs Micrographic Surgery for Cutaneous Carcinoma. J Dermatol Surg Oncol 2:177–183
11. Zoltan J (1984) Atlas der Hautersatzverfahren. S Karger AG, Basel mit Akademiai Kiado, Budapest

Deckung von Defekten auf Nasenrücken und Nasenflügel mittels gestielter Lappenplastik von der Nasolabialfalte

P. Dücker und H. K. Pullmann

Die Tumordichte im Kopf-Hals-Bereich ist 7–9mal größer als die durchschnittliche Tumordichte am übrigen Integument [3].

75–90% aller Basaliome sind im Kopf-Hals-Bereich lokalisiert, bevorzugt auf chronisch lichtgeschädigter Haut. Dabei besitzt die Nasenregion die größte Tumordichte für Basaliome, gefolgt von der Stirn-Schläfen-Region sowie der Wange [7, 3].

Die Basaliomhäufigkeit im Nasenbereich wird mit 19–23% angegeben [7, 9], mit folgender Verteilung [7, 9]:

Nasenflügel	50% ± 7%
Nasenrücken	25% ± 6%
Nasenspitze	19% ± 6%
Nasenwurzel	6% ± 3%

Neben einem guten funktionellen Ergebnis – schon geringe Deviationen des Nasengerüstes können von Störungen der Nasenatmung gefolgt sein – muß die Operationsplanung in dieser Lokalisation insbesondere kosmetische Aspekte berücksichtigen.

Die relativ straff gespannte Haut über dem knorpeligen und knöchernen Nasenskelett läßt nur bei sehr kleinen Tumoren einen primären Wundverschluß zu.

Anerkannte Operationsverfahren im Nasenbereich sind:
- einfache oder doppelte Schwenklappenplastik, evtl. mit Einschlag bei Schleimhautdefekten,
- Rotationslappenplastik,
- Verschiebelappenplastik nach caudal, cranial und labial,
- Insellappenplastiken,
- subkutan gestielte Lappenplastik,
- freies Transplantat,

selten: Fernlappenplastik als Rundstiellappen von Hals, Thorax oder Arm [1, 2, 4, 5, 6, 8, 10].

Bevorzugte Verfahren bei größeren Tumoren auf dem Nasenrücken, insbesondere an der Nasenspitze sind das freie Transplantat [10] und die Stirnlappenplastik als U- oder medialer Stirnlappen.

Letzteres Verfahren birgt das Risiko der Durchtrennung der A. supratrochlearis in sich, deren Intakt-sein das Überleben des Stirnlappens bedingt [10].

Wir haben in dieser Lokalisation insbesondere bei Defekten, die bis zum Limbus nasi reichten, gute Erfahrungen mit der gestielten Lappenplastik gemacht. Hierbei wird der Tumor zunächst dreieckförmig exzidiert. Es erfolgt die Mobilisation eines

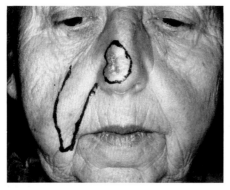

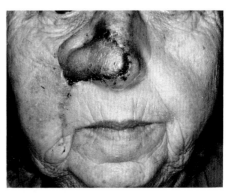

Abb. 1. Patientin H.J., 79 Jahre, 3. Basaliom-rezidiv rechte Nasenseite – histologisch: solides Basaliom – präoperativ

Abb. 2. Defektdeckung mittels gestielter Lappenplastik

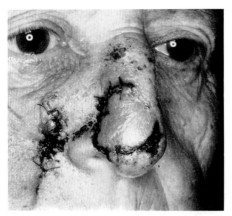

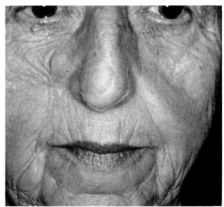

Abb. 3. Zustand nach Stieldurchtrennung

Abb. 4. Zustand 3 Jahre postoperativ

gestielten Lappens aus der Nasolabialfalte mittels V-förmiger Schnittführung. Der gestielte Lappen wird flach mit etwas subkutanem Fettgewebe präpariert, die Lappenspitze in den Defekt eingepaßt und mit Einzelknopfnähten fixiert, der Lappenstiel sodann mit Jodoformgaze zur Wunddrainage umschlungen. Es erfolgt ein Zwei-Drittel-Wundverschluß der Nasolabialfalte. Die Stieldurchtrennung ist nach etwa 10 Tagen möglich.

Bei den vorgestellten Patienten konnte eine rasche Wundheilung und ein gutes funktionelles Operationsergebnis erzielt werden. Dies führen wir auf die gute Vaskularisation im Versorgungsgebiet der A. facialis bzw. im Anastomosenbereich von A. carotis externa und interna zurück. Die nötige Stieldrehung bis 90° wurde toleriert, wir beobachteten bei den von uns bislang operierten Patienten [8] in keinem Fall Durchblutungskomplikationen.

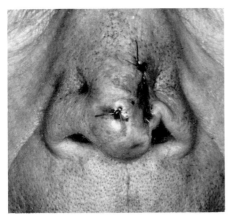

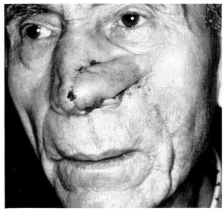

Abb. 5. Patient E.S., 77 Jahre, 1978 und 1979 Radiatio wegen Basaliom linke Nasenseite, seit 1980 erneutes Tumorwachstum, sklerosierend wachsendes Basaliom in Strahlennarbe, präoperativ

Abb. 6. Defektdeckung mittels gestielter Lappenplastik

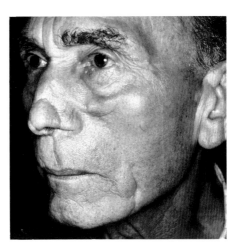

Abb. 7. Zustand 5 Monate postoperativ

Während der Primäreingriff in Intubationsnarkose durchgeführt wurde, erfolgte die Stieldurchtrennung etwa 10 Tage später in Lokalanästhesie. Die Lappenentnahmestelle kommt in der Nasolabialfalte zu liegen und wird kosmetisch als wenig störend empfunden.

Literatur

1. Chmelizek-Feuerstein C, Staindl O (1984) Konzepte der Defektrekonstruktion nach Basaliomen im Nasenbereich. In: Müller RPA, Petres J, Friederich HC. Operative Dermatologie im Kopf-Hals-Bereich. Springer, Berlin Heidelberg New York Tokyo, Bd 1, S 171–178
2. Konz B (1984) Subkutan gestielte Lappen im Gesichtsbereich. In: Müller RPA, Petres J, Friederich HC. Operative Dermatologie im Kopf-Hals-Bereich. Springer, Berlin Heidelberg New York Tokyo, Bd 1, S 233–238

3. Müller RPA, Petres J (1984) Semimaligne und maligne Tumoren der Haut im Kopf-Hals-Bereich. In: Müller RPA, Petres J, Friederich HC. Operative Dermatologie im Kopf-Hals-Bereich. Springer, Berlin Heidelberg New York Tokyo, Bd 1, S 23–68

4. Petres J, Müller RPA (1984) Dermatochirurgische Möglichkeiten bei epithelialen Tumoren im Nasenbereich. In: Müller RPA, Petres J, Friederich HC. Operative Dermatologie im Kopf-Hals-Bereich. Springer, Berlin Heidelberg New York Tokyo, Bd 1, S 160–170

5. Petres J, Hundeiker M (1975) Korrektive Dermatologie – Operationen an der Haut. Springer, Berlin Heidelberg New York

6. Schmeller W (1984) Der doppelte Schwenklappen zur Defektdeckung nach Basaliomentfernung im Augen-Nasen-Winkel. In: Müller RPA, Petres J, Friederich HC. Operative Dermatologie im Kopf-Hals-Bereich. Springer, Berlin Heidelberg New York Tokyo, Bd 1, S 193–196

7. Schubert H (1984) Über die Häufigkeit und Verteilung von Basaliomen im Kopf-Hals-Bereich. In: Müller RPA, Petres J, Friederich HC. Operative Dermatologie im Kopf-Hals-Bereich. Springer, Berlin Heidelberg New York Tokyo, Bd 1, S 69–70

8. Schulz H, Päuser P, Rebling W (1984) Defektdeckung nach operativer Entfernung epithelialer Tumoren der Nase. In: Müller RPA, Petres J, Friederich HC. Operative Dermatologie im Kopf-Hals-Bereich. Springer, Berlin Heidelberg New York Tokyo, Bd 1, S 179–181

9. Schulz H (1986) Häufigkeit präkanzeröser, semimaligner und maligner Hauttumoren in der dermatologischen Praxis. Akt Dermatol 12:66–69

10. Schulz H (1988) Operative Dermatologie im Gesicht – Praxisfähige Eingriffe. Diesbach, Berlin

Operative Versorgung eines breiten Unterlippendefektes nach Spinaliom-Rezidiv

R. H. Pleier, K. J. Hundhammer und B.-R. Balda

Zusammenfassung

Die Kombination der Estlander-Plastik und der Mundwinkelerweiterungsoperation nach Bernard eignet sich als funktionell und kosmetisch befriedigendes Operationsverfahren zum Verschluß breiter Lippendefekte.

Die Deckung breiter Unterlippendefekte, die insbesondere nach der Exzision von Spinaliom-Rezidiven entstehen, kann Schwierigkeiten bereiten und ist oftmals nur in unbefriedigender Weise durchführbar. Das spiegelt sich auch in den zahlreichen zur Lösung dieses Problems angegebenen Operationsverfahren wider [2].

Sind die zu schließenden Gewebslücken vergleichsweise klein, so kann nach der von Estlander [3] vorgeschlagenen Technik vorgegangen werden. Auch in unseren Händen hat sich diese Methode in ihren verschiedenen Modifikationen gut bewährt. Wir schätzen dabei vor allem das funktionelle Ergebnis durch den Erhalt des M. orbicularis oris.

Grundsätzlich können mit der Estlander-Plastik sowohl Unterlippen- als auch Oberlippendefekte versorgt werden, weil der Substanzverlust der einen Lippe durch einen an der A. labialis gestielten Lappen der jeweils anderen ersetzt wird. Zwangsläufig ist das jedoch mit einer Verkleinerung der Zirkumferenz des Orificium oris verbunden.

Da letzteres aber auch aus ganz anderen Gründen gegeben sein kann, wurde als Abhilfe von Bernard schon 1853 eine Mundwinkel-Erweiterungsplastik beschrieben [1]. Ihr Prinzip ist es, daß unter Erhalt der bukkalen Schleimhaut im Mundwinkelbereich ein Burow'sches Dreieck angelegt wird. Mit dieser Schleimhaut wird dann an der Basis des Dreiecks das Lippenrot ersetzt.

Es ist naheliegend, für die eingangs beschriebene Situation beide Operationsverfahren miteinander zu kombinieren. Anhand der nachfolgenden Kasuistik soll ein solches Vorgehen demonstriert werden.

Bei dem 85jährigen Patienten (D. V., 29. 12. 1902) war ein Jahr zuvor ein Spinaliom der Unterlippe mit dem Dermopan-Gerät mit einer Gesamtdosis von 63 Gy bestrahlt worden. Bereits kurze Zeit später entwickelte sich am linken Tumorrand ein derber Knoten, der bei Klinikaufnahme exulzeriert war und in einer Breite von 5 cm asymmetrisch die Unterlippe einnahm (Abb. 1). Die Mundwinkel waren tumorfrei. Durch Probeexzision konnte histologisch ein mäßig differenziertes Plattenepithelkarzinom bestätigt werden (Präparat-Nr. 1548/88). Der Lymphknotenstatus war klinisch und im Computer-Tomogramm unauffällig. Nach Absprache mit der HNO-Klinik des Zentralklinikums Augsburg (Direktor: Prof. Dr. P. Bumm) wurde aufgrund des hohen Alters und des relativ schlechten Allgemeinzustandes des Patienten auf eine prophylaktische Lymphadenektomie verzichtet. Daraufhin beschlossen wir, in Intubationsnarkose den Tumor histologisch kontrolliert radikal zu entfernen und den entstandenen Gewebsdefekt durch eine Kombination der Operationsmethoden von Estlander und Bernard zu schließen.

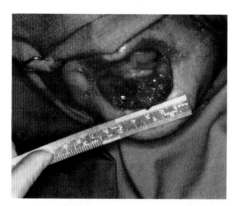

Abb. 1. 85jähriger Patient mit 5 cm breitem Spinaliom-Rezidiv an der Unterlippe nach Radiatio

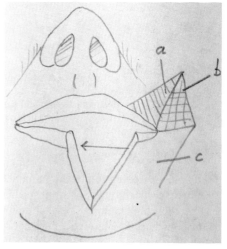

Abb. 2. Skizze zum geplanten operativen Vorgehen. Estlander-Lappen (a), Burow'sches Dreieck (b) und Schwenklappen von der lateralen Unterlippe (c)

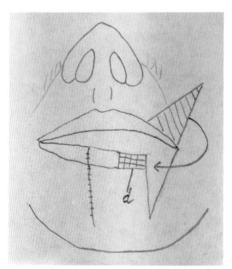

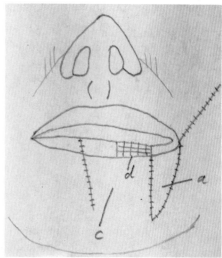

Abb. 3. Skizze zum geplanten operativen Vorgehen. Aus bukkaler Schleimhaut wird zusätzliches Lippenrot (d) gewonnen, der Schwenklappen ist medial adaptiert, der Defekt liegt lateral

Abb. 4. Skizze zum geplanten operativen Vorgehen. Postoperative Situation von Estlander-Lappen (a), zusätzlich gewonnenem Lippenrot (d) und lateralem Schwenklappen (c)

Die Schemazeichnungen verdeutlichen das gewählte Vorgehen: Dargestellt sind der (a) Estlander-Lappen, das (b) Burow'sche Dreieck und der (c) Schwenklappen von der lateralen Unterlippe (Abb. 2). Zunächst wurde das Burow'sche Dreieck exzidiert, und aus der (d) stehengelassenen bukkalen Schleimhaut zusätzliches Lippenrot gewonnen (Abb. 3). Durch Einschwenken des Unterlippenlappens und mediales Adaptieren konnte der Defekt nach lateral verlagert werden (Abb. 3). Abschließend erfolgte Defektverschluß durch Rotation des Lappens von der Oberlippe (Abb. 4). Weitere Einzelheiten können den intra- und postoperativen Bildern mit ihren Legenden entnommen werden (Abb. 5–8).

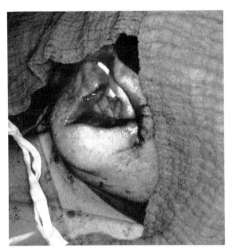

Abb. 5. Operationssitus. 6 cm breiter Defekt nach histologisch kontrollierter Exzision des Tumors im Gesunden

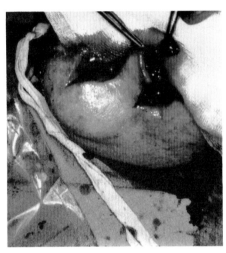

Abb. 6. Operationsitus. Mundwinkelerweiterung mit bukkaler Schleimhaut

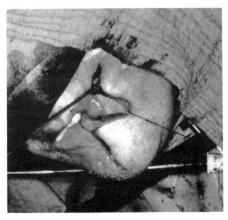

Abb. 7. Operationssitus. Die erweiterte Unterlippe ist bereits medial adaptiert, der Estlander-Lappen wird in den Defekt rotiert

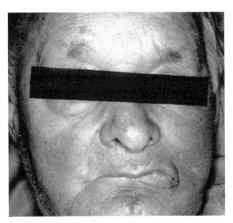

Abb. 8. Behandlungsergebnis 2 Wochen postoperativ

Der postoperative Heilungsverlauf war weitgehend komplikationslos. Bei den klinischen Wiedervorstellungen war der Patient bisher über mehr als ein halbes Jahr tumor- und beschwerdefrei. Die übliche Mundwinkelkorrektur nach Estlander-Plastik war nicht erforderlich.

Zusammenfassend läßt sich feststellen, daß die hier von uns vorgestellte Kombination zweier bewährter Operationsmethoden zu einem kosmetisch und funktionell zufriedenstellenden Ergebnis führen kann. Durch die in gleicher Sitzung erfolgte Erweiterungsplastik kann die Zirkumferenz des Orificium oris um bis zu 2 cm größer als bei alleinigem Vorgehen nach Estlander gebildet werden. Nach unserer Meinung sollte dieses Procedere vor allem bei erhaltenen Mundwinkeln als alternative Möglichkeit zu den bekannten operativen Verfahren zum Verschluß breiter Lippendefekte gesehen werden.

Literatur

1. Bernard C (1853) Cancer de la lèvre inférieure opéré par un procédé nouveau. Bull Mém Soc Chir Paris 3:357
2. Converse JM, Wood-Smith D (1977) Techniques for the repair of the lips and cheeks. In: Converse JM (ed): Reconstructive plastic surgery, vol III. WB Saunders, Philadelphia London Toronto, pp 1540–1594
3. Estlander JA (1872) Eine Methode, aus der einen Lippe Substanzverluste der anderen zu ersetzen. Arch klin Chir 14:622–631

Dermatochirurgie der Hand

E.-M. Olszewsky

Zusammenfassung

Operationen der Haut an der Hand beginnen mit Desinfektion und Anästhesie vor der entsprechend dem Operationsgebiet angelegten Blutleere. Bei der Operationstechnik ist es vorteilhaft, verschiedene Regeln zu beachten. Der postoperative Verlauf kann wesentlich durch Ruhigstellung, Lagerung und richtige Behandlung im Falle von Komplikationen beeinflußt werden. Dies gilt besonders für infizierte und chronische Wunden.

Einleitung

Die Handchirurgie hat als Spezialgebiet im Rahmen der allgemeinen Chirurgie Bedeutung gewonnen. Aufgrund der anatomischen Dichte von funktionell wichtigen Strukturen an der Hand ist ein sehr differenziertes Vorgehen in der chirurgischen Technik entscheidend. Als Dermatochirurgen können wir einige wertvolle Grundregeln von den Handchirurgen übernehmen, die große Erfahrung auf dem Gebiet der Hautplastiken haben.

Präoperative Maßnahmen

Neben der sorgfältigen Operationsplanung sind Desinfektion der Hand, regionale Anästhesie und die Blutsperre durchzuführen.

Die Hand wird unter Umgehung von mechanischen Irritationen bis zum Ellenbogen desinfiziert. Wir benützen Teilbäder, etwa über 10 Minuten, mit Polyvidonjodlösung bzw. Cetrimide (Cetavlon). Sieht man von einer Vollnarkose, einer intravenösen Leitungsanästhesie oder einer supraclaviculären Plexusanästhesie ab, so bieten sich zur Betäubung der Haut die Leitungsanästhesie am Handgelenk, an der Mittelhand oder an der Fingerbasis an. Mit der Leitungsblockade am Handgelenk läßt sich die Anästhesie der ganzen Hand herbeiführen. Für die Ausschaltung des Nervus medianus orientiert man sich an der Sehne des M. palmaris longus. Der N. ulnaris kann, ebenfalls auf Höhe des volaren Handgelenkes, radial der Sehne des M. flexor carpi ulnaris betäubt werden. Vom dorsalen Handgelenk aus werden der Ramus dorsalis nervi ulnaris sowie der Nervus radialis betäubt [3].

Für die Hautchirurgie an der Hand reicht meist eine Oberarmblutsperre mit einem Druck von 50 mm Quecksilbersäule über dem systolischen Blutdruck des Patienten aus. Vor Anlegen der Blutleere wird der Arm 2 bis 3 Minuten lang hochgehalten, dann mit einer Esmarchbinde von den Fingerspitzen bis zum mittleren Oberarm ausgewickelt.

Operationstechnik an der Hand

Das atraumatische Operieren beschränkt sich nicht auf die geeignete Größe der Werkzeuge bzw. das Fadenmaterial. Jede unnötige Berührung des Gewebes mit Tupfern oder Pinzetten, von seiten des Operateurs, aber auch des Assistenten, ist zu vermeiden. Manche Chirurgen halten mit physiologischer Kochsalzlösung getränkte Tupfer für saugfähiger und gewebeschonender als trockene Tupfer. Der Exsiccation von präparierter Haut kann man durch mäßige Berieselung mit NaCl-Lösung bzw. Ringerlösung vorbeugen. Der Einsatz des Skalpells anstatt der Schere wird oft vorgezogen, um Gewebequetschungen zu umgehen. Die Arbeit mit der Pinzette ist nicht unbedingt erforderlich, wenn Einzinkerhäkchen und Haltefäden verwandt werden [2].

Vor der Hautnaht kann die Blutsperre eröffnet werden. Die Phase der reaktiven Hyperämie wird abgewartet. Währenddessen kann man warme Kochsalz- und Ringerkompressen auflegen. Hier sollte man sich Zeit nehmen. Nur stark blutende Gefäße werden gezielt ligiert, umstochen, bzw. koaguliert, um Schäden des Gewebes durch Hitzeapplikation oder Granulationsreize zu unterdrücken. Die Hautnähte werden, ob in Einzelknopftechnik oder als überwendliche Naht gelegt, nicht zu eng gelegt bzw. nur locker adaptiert. Gerade an der Hand findet bei längerer Operationsdauer eine verstärkte Gewebeschwellung statt [4]. Um dieser Platz zu geben und Drucknekrosen zu umgehen, verbietet sich eine zu straffe und dicht gesetzte Wundadaptation. Dadurch wird für die Phase des Ödems ein Sekretabfluß geschaffen, der oft eine Gummilaschen- bzw. Vakuumdrainage überflüssig macht.

Vorgehen bei infizierten Hautveränderungen

Der primäre Wundverschluß ist an der Hand von großer Wichtigkeit und sollte immer angestrebt werden. Granulationsgewebe ist als keimtragend anzusehen und stellt, in Anbetracht der nahegelegenen, teilweise bradytroph versorgten Strukturen, eine Gefahr für die Hand dar. Deshalb führen wir bei infizierten Hautgebieten bzw. bei primären oder postoperativen Nekrosen eine frühzeitige, ausreichende Nekresektomie durch [5]. Bei Infektionen wird die Demarkierung und Abszedierung mit Fluktuation nicht abgewartet. Es wird am Ort der höchsten Schmerzsensation die Haut großzügig eröffnet. Dabei richten wir uns nicht, oder nur, wenn mit dem klinischen Bild zu vereinbaren, nach den Spannungslinien der Haut. Beugefalten von Gelenken werden nur ausnahmsweise senkrecht gekreuzt, (z. B. Panaritium, Mittel- und Grundphalanx einbeziehend), dann auf der volaren oder dorsalen Ulnar- oder Radialseite. Die Wunderöffnung durch oväläre Hautexcision schafft meist genügend Raum zum Sekretabfluß. Von einer Gegenincision oder Laschendrainage, verbunden mit der Entstehung einer nekrosegefährdeten Hautbrücke, kann häufig abgesehen werden. Keinesfalls finden Tamponaden zur Offenhaltung der Wunde Anwendung (z. B. Jodoform-Gaze). Wir spülen im Handbad mit desinfizierenden Lösungen bzw. spreizen die Wunde ein- bis zweimal täglich.

Postoperative Behandlung

Ruhigstellung, Hochlagerung, Schmerzkontrolle und Übungsbehandlung nicht ruhiggestellter Gelenke sind vor allem bei ausgedehnten Eingriffen vorteilig. Die Ruhigstellung von Gelenken der Hand wird durch eine Unterarm-Finger-Gips-schiene erreicht. Meist wird die Schiene auf der Gegenseite der Läsion angelegt, je nach Erfordernis individuell, evtl. auch kombiniert mit einer Aluminiumfinger-schiene, modelliert. Wir richten uns nach der Funktionsstellung nach James (Tabelle 1). Es wird dadurch ein mittlerer Spannungszustand des Kapselbandapparates der Gelenke erreicht [6]. Das Muskelgleichgewicht von Agonisten und Antagonisten bleibt erhalten und Kontrakturen können unterdrückt werden. Dabei wird von einer Ruhigstellungszeit von vier Wochen ausgegangen, die bei Hauteingriffen oft nicht erforderlich ist. Ob eine Unterarm- oder Oberarmgipsschiene Anwendung findet, richtet sich nach der Lokalisation der Läsion. Grundsätzlich wird die Gelenkbeweg-lichkeit distal und proximal der Läsion ausgeschaltet [7].

Tabelle 1. Funktionsstellung der Hand nach James

Handgelenk	30° Dorsalextension
Metacarpophalangealgelenk	70° Volarflexion
Mittleres Phalangealgelenk	20° Volarflexion
Distales Phalangealgelenk	10° Volarflexion
Oppositionsstellung des Daumens	

Die Hochlagerung ist an der Hand konstant aufrecht zu erhalten, besonders während der ersten postoperativen Tage. Ideal ist ein Zügelverband, befestigt an der Gipsschiene, der über dem Kopf des Patienten am Bettgalgen fixiert wird. Bei starker Ödembildung befürworten wir eine frühzeitige medikamentöse Behandlung.

Die aktive Übungsbehandlung nicht ruhiggestellter Gelenke an derselben Extre-mität ab dem zweiten postoperativen Tag ist bei älteren Patienten wichtig, wird die Extremität länger als zwei Wochen fixiert. Wir vermeiden entlastende Dreieckstü-cher, um die restlich mögliche Muskelarbeit nicht zu nehmen [7].

Den ersten Verbandwechsel führen wir gewöhnlich am zweiten postoperativen Tag durch, unter möglichst sterilen Bedingungen. Treten vorher vermehrt Schmerzen oder Mißempfindungen auf, wird der Verband sofort geöffnet, um aufgetretene Komplikationen beheben zu können. Im Anschluß sollen Bilder über zwei erfolgrei-che Operationsverläufe bei einem zweimal voroperierten Morbus Bowen an Dau-menkuppe und radialer Nagelfalz und bei einer Fingerkuppennekrose bei progressi-ver systemischer Sklerodermie Typ I a gezeigt werden (Abb. 1–5).

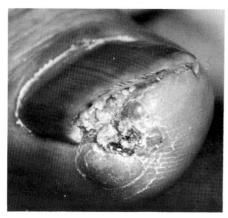

Abb. 1. M. Bowen radiale Fingerkuppe D_1 linke Hand

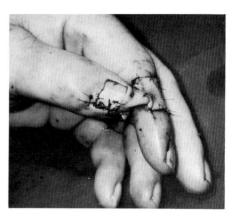

Abb. 2. Operationssitus nach Lappenaufnaht auf den Daumenkuppendefekt

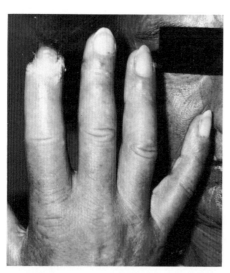

Abb. 3. Fingerkuppennekrose D_2 rechte Hand bei progressiver systemischer Sklerodermie

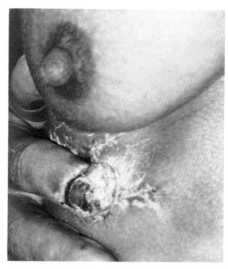

Abb. 4. Prinzip der Lappenpräparation am linken Oberbauch

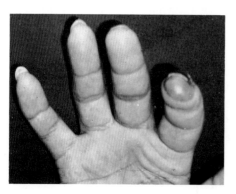

Abb. 5. Befund 4 Wochen nach Operation 2. Sitzung

Schlußfolgerung

Unter Beachtung der präoperativen Vorbereitungsmaßnahmen, der Regeln des atraumatischen Operierens an der Hand und der postoperativen, die Wundheilung fördernden Maßnahmen, können wir manche komplizierte Situation mit besserem Erfolg angehen. Wir wollen uns zwar auf die Läsionen der Haut beschränken, müssen aber bei Tumoren und Entzündungen auch Kenntnis über die tiefen Strukturen, insbesondere über das komplizierte Gefüge von Streck- und Beugesehnen haben.

Literatur

1. Berger A, Meissl G (1975) Wiederherstellung der sensiblen Qualitäten der Endphalangen durch gestielte und freie Hauttransplantation. Handchirurgie 7:169
2. Buck-Gramcko D (1967) Handchirurgie in der Praxis. Allgemeine Operationstechnik und postoperative Behandlung. Chir Praxis 11:419
3. Buck-Gramcko D, Geldmacher J (1965) Leitungsanästhesie in der Handchirurgie, Chirurg 36:513
4. Chadab P, Geldmacher J (1968) Das posttraumatische Ödem der Hand. Med Welt (Stuttg) 19:972 und 1144
5. Hentschel M (1969) Moderne Aspekte der septischen Handchirurgie. Chirurg 40:403
6. Moberg E (1964) Dressings, splints and postoperative care in hand surgery. Surg Clin N Amer 44:941–949
7. Nigst M (1967) Moderne Aspekte der Nachbehandlung von Handverletzungen. Landarzt 43:164

Neurofibromatose von Recklinghausen – dermatochirurgische Möglichkeiten und Grenzen

V. Voigtländer und X. Miller

Zusammenfassung

Mit einer geschätzten Inzidenz von 1 : 3000 gehört die Neurofibromatose von Recklinghausen zu den häufigen Erbkrankheiten. Ihre phänotypische Variabilität ist außerordentlich groß und damit auch die Ausprägung der Neurofibrome, die sich als kleinknotig kutan-subkutane Elemente mit allen Übergängen bis hin zu wammenartigen Tumormassen manifestieren können. Nicht selten wird der betreuende Dermatologe mit dem verständlichen Wunsch konfrontiert, aus ästhethischen oder funktionellen Gründen wenigstens einige dieser Tumoren zu entfernen oder zumindest in ihrer Größe zu reduzieren. Die Indikationsstellung wird dabei von deren Ausdehnung, Lokalisation und Wachstumsdynamik bestimmt. Kleinere Neurofibrome können exzidiert, mittels Scherenschlag entfernt oder sogar dermabradiert werden. Bei größeren Neurofibromen sind meist nur palliative Eingriffe möglich. Der Versuch einer Exzision „in toto" ist insbesondere im Gesicht wenig aussichtsreich und kann zu irreversiblen Schäden führen. Ein besonderes Problem stellen intra- und postoperative Blutungen infolge der starken Vaskularisierung der Tumoren dar. Am Beispiel einer 25jährigen Patientin, bei der erschwerend ein Faktor VIII-Mangel (Subhämophilie) hinzukam, werden die dermatochirurgischen Möglichkeiten bei der Neurofibromatose von Recklinghausen diskutiert.

In der Bundesrepublik leben etwa 20000 Menschen mit einer Neurofibromatose [9]. Sie gilt als eine der häufigsten dominanten Erbkrankheiten, und wie oft bei dominant vererbten Krankheitsbildern ist die phänotypische Variabilität außerordentlich groß. Diese betrifft vor allem die Ausprägung der Neurofibrome, deren Spektrum von wenigen diskreten, kleinknotigen Elementen bis hin zu wammenartigen, entstellenden Tumormassen reicht.

Die lebenslange Betreuung und Führung eines Neurofibromatose-Kranken ist eine interdisziplinäre Aufgabe, bei der der Dermatologe eine Schlüsselstellung einnimmt. Fast immer hängt von den Veränderungen auf seinem Fachgebiet die Frühdiagnose ab, er sichert diese beim Auftreten der ersten Neurofibrome durch Probebiopsie, er untersucht die Familie auf Merkmalsträger, er veranlaßt die notwendigen konsiliarischen Zusatzuntersuchungen und die rechtzeitige genetische Beratung [12].

Neurofibrome wachsen in Schüben, vor allem in Zeiten hormoneller Umstellung. Oft wird der Dermatologe als erster mit der Frage konfrontiert, aus ästhetischen oder funktionellen Gründen wenigstens einige dieser Tumoren zu entfernen oder zumindest in ihrer Größe zu reduzieren. Vieles wird dem plastischen Chirurgen vorbehalten bleiben, innerhalb der dermatochirurgischen Grenzen bleibt aber ein reiches Betätigungsfeld. Dabei sollte unsere Haltung jedoch grundsätzlich eine konservative sein.

Tabelle 1. Neurofibromatosis v. Recklinghausen Indikationen zur Tumorexzision

- chronisch mechanische Irritationen
- sehr schmerzhafte Neurofibrome
- Verdacht auf maligne Entartung
- funktionelle Beeinträchtigung
- ästhetische Beeinträchtigung

Indikationen zur Operation

Riccardi [10] empfiehlt die prophylaktische Exzision jedes mechanisch-irritierten Neurofibroms. Weitere Indikationen bestehen bei sehr schmerzhaften Neurofibromen, bei Verdacht auf maligne Entartung, bei funktioneller Beeinträchtigung, z.B. Einschränkung des Gesichtsfelds durch Lidneurofibrome, sowie bei kosmetisch sehr störenden Neurofibromen, vor allem im Gesicht (Tabelle 1).

Operative Methoden

Für die operative Entfernung von Neurofibromen stehen verschiedene Methoden zur Verfügung (Tabelle 2). Bei kleineren Tumoren genügt die einfache Exzision. Sind diese gestielt, kann die Entfernung mittels Scherenschlag erfolgen oder mit der elektrischen Schlinge. Mit dieser Methode können bis zu 250 Tumoren in einer einstündigen Sitzung entfernt werden mit den Vorteilen einer problemlosen Blutstillung und einer überraschend guten Wundheilung [11]. Bei multiplen flach-papulösen Elementen im Gesicht kann eine Dermabrasio versucht werden. Die unmittelbare Rezidivbereitschaft ist dabei erstaunlich gering, mit Wiederholungsschleifungen alle 5 Jahre muß aber gerechnet werden [7]. In den letzten Jahren sind außerdem befriedigende Ergebnisse mit dem CO_2-Laser mitgeteilt worden [6]. Große Probleme stellen die plexiformen Neurofibrome dar. Diese sind meist schon angeboren, stark vaskularisiert und gegenüber der korkenzieherartig infiltrierten Umgebung nicht scharf abgrenzbar. Eine vollständige Exzision ist fast nie möglich, es sei denn es handelt sich um isolierte Tumoren an Stamm und Extremitäten. Grundsätzlich ist eine möglichst frühzeitige Operation anzuraten [1, 2]. Für die immer wieder geäußerte Befürchtung, daß unvollständige und wiederholte Exzisionen Malignität wecken würden, gibt es bisher keinerlei Hinweise [4]. Eine häufige Komplikation bei chirurgischen Eingriffen an Neurofibromen stellen Blutungen dar, bedingt durch die ausgeprägte Vaskularisierung vor allem der plexiformen Neurofibrome, deren Gefäße weitgestellt und auffallend dünnwandig sind. Selten kann auch einmal eine Koagulopathie Ursache einer Blutungskomplikation sein, wie die folgende Beobachtung zeigt.

Tabelle 2. Kutan-subkutane Neurofibrome – Dermatochirurgische Möglichkeiten

- Exzision
- Elektrische Schlinge
- Scherenschlag
- Dermabrasio
- CO_2-Laser

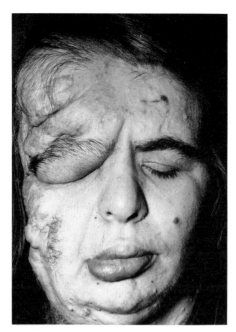 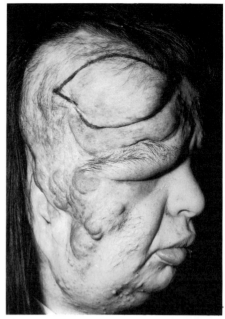

Abb. 1. Neurofibromatose von Recklinghausen. 25jährige Patientin mit plexiformen Tumoren im Bereich der rechten Gesichtshälfte

Abb. 2. Seitenansicht. Schnittführung (Stirn) vor dem ersten Eingriff

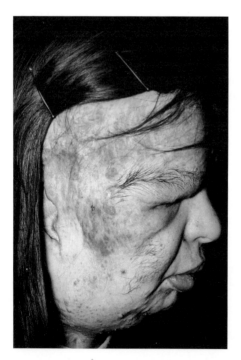

Abb. 3. Zustand 1 Jahr nach insgesamt 3 Teilexzisionen

Kasuistik

Bei der inzwischen 27jährigen, aus hautgesunder Familie stammenden Patientin
(Abb. 1) waren erstmals im Alter von 2 Jahren kutane Neurofibrome aufgetreten. Im
Alter von 13 Jahren wurde sie wegen einer rasch wachsenden Geschwulst präaurikulär rechts in unserer Hals-Nasen-Ohrenklinik operiert. Dabei kam es zu heftigen
Blutungen, Bluttransfusionen waren erforderlich. Es folgten weitere Eingriffe und
regelmäßig kam es zu kaum stillbaren Blutungen. Schließlich mußte der äußere
Gehörgang freigelegt werden, eine periphere Fazialisparese blieb zurück. Die Patientin kam zu uns mit dem Wunsch nach Entfernung der tumorösen Bezirke im Bereich
der rechten Stirn und der rechten Wange (Abb. 2). Nachdem es beim ersten Eingriff
erneut stark geblutet hatte, wurde das Gerinnungssystem näher untersucht. Dabei
ergab sich der überraschende Befund einer Subhämophilie mit einer Faktor VIII-
Konzentration von nur 40% der Norm. Inzwischen sind zwei weitere Teilexzisionen
erfolgt (Abb. 3). Komplikationen traten nicht ein, bedingt durch die präoperative
Infusion von Desmopressin (0,3 µg/kg KG), einem synthetischen Analogen von
Vasopressin. Durch Freisetzung aus endogenen Depots bewirkt Desmopressin eine
Steigerung der Faktor VIII-Konzentration um das Zwei- bis Vierfache.

Diskussion

In der Literatur finden sich nur 3 Berichte über eine angeborene Gerinnungsstörung
in Verbindung mit einer Neurofibromatose [5, 8, 13]. Betroffen waren je ein männlicher Patient mit Hämophilie A (19 Jahre), Hämophilie B (2 Jahre) und mit einer
kongenitalen Hypofibrinogenämie (22 Jahre). In allen 3 Fällen handelte es sich um
eine zufällige Koinzidenz, nicht um ein mit der Neurofibromatose gemeinsam über-
tragenes Gen. Der für die Neurofibromatose verantwortliche Gendefekt konnte
kürzlich auf Chromosom 17 in Zentromernähe lokalisiert werden [3]. Der Genlokus
für Faktor VIII liegt auf dem X-Chromosom. Allein schon aus dieser Tatsache ergibt
sich, daß es sich um 2 unabhängig voneinander vererbte Merkmale handelt.

Die Patientin wünscht die weitere Entfernung störender Tumorkonglomerate im
Gesichts- und Kopfbereich. Diese soll in vertretbarem Rahmen erfolgen, wenn auch
über den palliativen Charakter und nur bescheidenen Erfolg dieser Eingriffe kein
Zweifel bestehen darf.

Literatur

1. Adkins JC, Ravitch MM (1977) The operative management of von Recklinghausen's neurofibromatosis in children, with special reference to lesions of the head and neck. Surgery 82:342–348
2. Banzet P, Bodin B (1985) Chirurgie plastique dans la maladie de Recklinghausen. Sem Hôp Paris
   61:2705–2708
3. Barker D, Wright E, Nguyen K, Cannon L, Fain P, Goldgar D, Bishop DT, Carey J, Batey B,
   Kivlin J, Willard H, Wayne JS, Greig G, Leinwand L, Nakamura Y, O'Connell P, Leppert M,
   Lalouel J-M, White R, Skolnick M (1987) Gene for von Recklinghausen neurofibromatosis is on
   the pericentromeric region of chromosome 17. Science 236:1100–1102

4. Bloem JJ, Van der Meulen JC (1978) Neurofibromatosis in plastic surgery. Brit J Plast Surg 31:50–53
5. Farah GR, Awidi AS (1985) Massive bleeding in neurofibromatosis associated with congenital hypofibrinogenaemia: a case report. Eur J Surg Onc 11:57–60
6. Gorka T (1988) CO_2-Laser in der Dermatologie. In: Haneke E (Hrsg) Gegenwärtiger Stand der operativen Dermatologie. Springer, Berlin Heidelberg
7. Hanke CW, Conner AC, Reed JC (1987) Treatment of multiple facial neurofibromas with dermabrasion. J Dermatol Surg Oncol 13:631–637
8. Kitao T, Miyabo S, Hattori K (1976) Hemophilia associated with von Recklinghausen's disease. South Med J 69:16, 39
9. Mautner V-F, Umnus-Schnelle S, Köppen K, Heise U (1988) Diagnose der von-Recklinghausenschen Neurofibromatose. Dtsch med Wschr 113:1149–1151
10. Riccardi VM (1981) Von Recklinghausen Neurofibromatosis. New Engl J Med 27:1617–1627
11. Roberts AHN, Crockett DJ (1985) An Operation for the treatment of cutaneous neurofibromatosis. Brit J Plast Surg 38:292–293
12. Stalder J-F, Célérier PH, Litoux P (1987) Conduite à tenir devant une maladie de Recklinghausen. Ann Dermatol Venereol 114:743–748
13. Warrier RP, Kini KR, Raju U, Shumacher B, Wu K (1985) Neurofibromatosis and malignancy. Clin Pediatrics 24:584–585

Therapeutische Probleme beim Brooke-Spiegler-Syndrom

M. Winzer und W. Schmeller

Zusammenfassung

Bei einer Patientin mit am Kopf lokalisierten Trichoepitheliomen und Zylindromen (Brooke-Spiegler-Syndrom) wurden verschiedene therapeutische Verfahren (Exzision, Elektrochirurgie, Dermabrasion, Etretinat) angewandt. Die Behandlungserfolge waren nur kurzfristig. Die Progredienz der Erkrankung und insbesondere die Gefahr einer malignen Entartung der Zylindrome machen langfristige Verlaufskontrollen erforderlich.

Trichoepitheliome sind benigne, epidermale Tumoren mit pilärer Differenzierung, die solitär oder multipel auftreten können. Sie wurden erstmals 1892 durch Brooke [3] und Fordyce [6] beschrieben. Die selteneren multiplen Trichoepitheliome manifestieren sich meist in der Pubertät als derbe, hautfarbene Papeln mit bevorzugter Lokalisation im Gesicht.

Auch Zylindrome sind benigne und langsam wachsende Tumoren, die sich solitär oder multipel kalottenartig vorwiegend am Kapillitium manifestieren und in Extremfällen wie ein Turban die gesamte Kopfhaut bedecken können. Die Erstbeschreibung geht auf Ancell im Jahre 1842 zurück [24]; 1899 gab Spiegler eine ausführliche Beschreibung dieses Krankheitsbildes [22]. Die Vielzahl der für diesen Tumor verwandten Synonyme (z. B. adenoides Nävoepitheliom, nicht-papilläres hyalinisierendes Hidradenom etc.) spiegelt die Unsicherheit der Autoren in bezug auf die Histogenese wider, welche bis heute nicht eindeutig geklärt ist. Histologisch gibt es Hinweise sowohl für eine ekkrine als auch für eine apokrine Ausdifferenzierung.

Die Koinzidenz multipler Trichoepitheliome mit multiplen Zylindromen wird als Brooke-Spiegler-Syndrom bezeichnet.

Die Therapie dieser Erkrankung ist problematisch und richtet sich nach dem jeweiligen Ausmaß des Hautbefundes und den kosmetischen Erwartungen des Betroffenen.

Fallbeschreibung

Bei der 39jährigen Patientin traten seit dem 18. Lebensjahr hautfarbene Knötchen im Gesicht auf. Seit einem Jahr fanden sich auch Knoten am behaarten Kopf und auf dem Rücken. In der Familie waren keine Hautveränderungen feststellbar.

Klinisch fanden sich zentrofazial, an Stirn, Ohren und vereinzelt auch am Kapillitium weißliche, perlartige und z. T. mäßig druckschmerzhafte feste Knötchen von Stecknadelkopf- bis Erbsgröße, zum Teil mit Teleangiektasien (Abb. 1, Abb. 4).

Die histologische Untersuchung eines Knötchens aus dem Gesicht zeigt einen scharf begrenzten epidermalen Tumor aus kleinen, stark basophil angefärbten neoplastischen Zellen. Es finden sich multiple Hornzysten und eine follikuläre Ausdifferenzierung. Diagnose: Trichoepitheliom (Abb. 2).

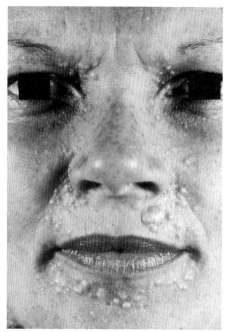

Abb. 1. Brooke-Spiegler-Syndrom.
Trichoepitheliome zentrofazial

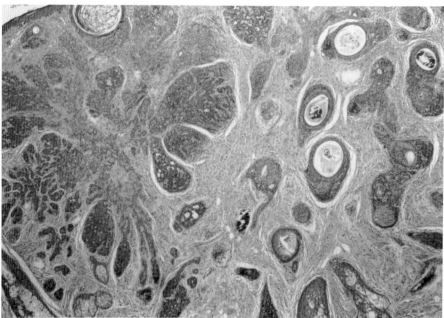

Abb. 2. Histologie: Trichoepitheliom

Die Knoten am Kapillitium weisen im Korium gelegene Inseln basaloider Zellen auf, die kleine Lumina mit eosinophilem Material umschließen. Die Tumorkonglomerate sind von einer Glashaut-ähnlichen, PAS-positiven Membran eingescheidet. Diagnose: Zylindrom (Abb. 3).

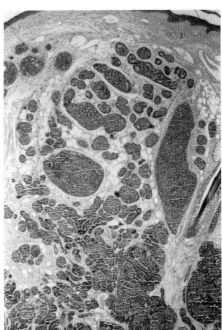

Abb. 3. Histologie: Zylindrom

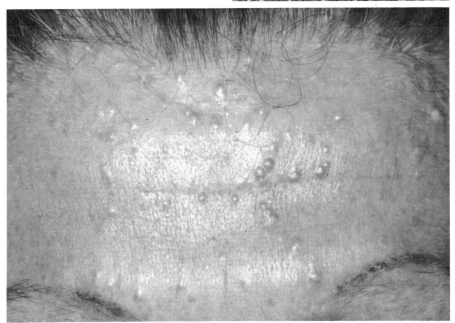

Abb. 4. Trichoepitheliome an der Stirn

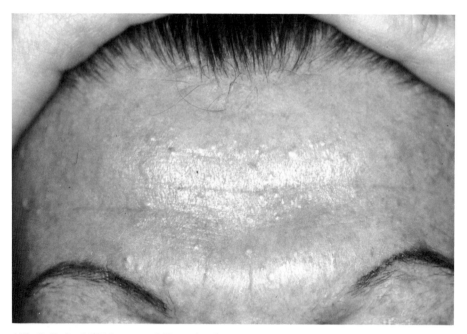

Abb. 5. Befund 3½ Monate nach Dermabrasion

Therapeutisches Vorgehen: Bei unserer Patientin wurden in den letzten 10 Jahren multiple Exzisionen, elektrochirurgische Behandlungen und zwei Dermabrasionen in Vollnarkose im Alter von 29 und 38 Jahren durchgeführt. Eine auswärts durchgeführte externe Therapie mit Tretinoin (Vitamin A Säure) über 6 Monate zeigte keine Befundbesserung. Eine interne Therapie mit Etretinat (Tigason) mußte nach 10 Wochen wegen zunehmender Gelenkbeschwerden abgebrochen werden. Die Dermabrasionen führten zu einer kurzfristigen Besserung des Erscheinungsbildes Abb. 5); etwa innerhalb eines Jahres war jedoch der vorherige Zustand weitgehend wieder erreicht. Im letzten Jahr traten zunehmend neue Herde am Kapillitium auf.

Besprechung

Die vorgestellte Patientin erfüllt die klassischen Kriterien eines Brooke-Spiegler-Syndroms: die Eruption multipler Trichoepitheliome im Gesicht im jungen Erwachsenenalter und das Auftreten von Zylindromen am behaarten Kopf [12, 14].

Als Ursache der überzufällig häufigen Koinzidenz dieser seltenen Tumoren wird eine autosomale, unregelmäßig dominante pleiotrope Vererbung angesehen [8, 10, 24]. Bei fehlender Familienanamnese werden Spontanmutationen vermutet [1, 16]. Der 15jährige Sohn der Patientin ist bisher erscheinungsfrei. Die Erstmanifestation der Erkrankung kann jedoch zwischen dem 15. und 30. Lebensjahr liegen [16, 17].

Die von unserer Patientin angegebene Druckschmerzhaftigkeit soll in etwa einem Drittel der Fälle bei Zylindromen vorhanden sein [4]. Während Zylindrome morphologisch-histologisch relativ gleichförmig imponieren, können Trichoepitheliome eine große Variationsbreite aufweisen. So werden follikuläre, lobuläre, solide, adenoide und zystische Wachstumsmuster unterschieden [26]. Manche Autoren sehen das Trichoadenom (Nikolowski) und das Trichofollikulom (Miescher) als Varianten des Trichoepithelioms an [26]. Aus der Vielzahl morphologischer Erscheinungsbilder wurde geschlossen, daß Trichoepitheliome aus unreifen, pluripotenten Zellen hervorgehen, die sich entsprechend der verschiedenen Adnexstrukturen der Haut differenzieren [11, 19].

Das therapeutische Vorgehen beim Brooke-Spiegler-Syndrom ist abhängig von Art, Anzahl, Größe und Lokalisation der Tumoren und von den kosmetischen Erwartungen des Betroffenen.

Exzisionen von Trichoepitheliomen werden wegen der Vielzahl der vorhandenen Tumoren meist nur partiell und meist nur bei größeren Herden durchgeführt. Die häufig empfohlene Dermabrasion [5] vermag zwar kurzfristig eine Besserung des Zustandsbildes herbeizuführen, führt jedoch durch in der Tiefe des Koriums verbliebene Zellnester immer wieder zu Rezidiven. Elektro- und evtl. auch kryochirurgische Maßnahmen können – abgesehen von Herden im behaarten Kopf und in Augennähe – bei kleiner und mittlerer Tumorgröße angewandt werden. Die CO_2-Laser-Therapie scheint nach den Erfahrungen der letzten Jahre eine schnelle und effektive Alternative zu den bisherigen Verfahren zu sein [18, 25]. Ob das mehrfach beobachtete gemeinsame Auftreten von Trichoepitheliomen und Basaliomen [13, 21] als Hinweis für eine maligne Entartung von Trichoepitheliomen gewertet werden kann, ist bisher nicht eindeutig zu beantworten.

Zylindrome, die eine hohe Rezidivrate von bis zu 42 Prozent besitzen [4] und die auch maligne entarten können [2, 7, 9, 15, 20, 28] müssen in toto exzidiert werden. Auch bei monströser Ausprägung dieser Tumoren („Turbantumoren") können damit gute Behandlungsergebnisse erzielt werden [27]. Demgegenüber sind Methoden wie die Röntgenweichstrahltherapie [2] und die Behandlung mit schnellen Elektronen in den Hintergrund getreten.

Ob eine Therapie bzw. Prophylaxe mit 13-cis-Retinsäure (Roaccutan) oder Etretinat (Tigason) sinnvoll ist, muß nach den bisherigen Ergebnissen [23] bezweifelt werden. Ein Versuch mit Tigason® mußte bei unserer Patientin wegen medikamentbedingter Gelenkschmerzen nach 2½ Monaten abgebrochen werden.

Abschließend muß betont werden, daß sämtliche therapeutischen Verfahren nur symptomatisch wirksam sein können und die Progredienz der genetisch determinierten Erkrankung Brooke-Spiegler-Syndrom nicht aufhalten können. Der Patient muß daher auf die Notwendigkeit regelmäßiger und lebenslanger Verlaufkontrollen und Therapiemaßnahmen hingewiesen werden.

Literatur

1. Bandmann HJ, Hamburger D, Romiti N (1965) Bericht zur Brooke-Spieglerschen Phakomatose. Hautarzt 16:450–453
2. Bourlond A, Clerens A, Sigart H (1979) Cylindrome Malin. Dermatologica 158:203–207
3. Brooke HG (1892) Epithelioma adenoides cysticum. Br J Dermatol 4:269–287
4. Craine RC, Helwig EB (1961) Dermal cylindroma (dermal eccrine cylindroma). Am J Clin Pathol 35:504–515

5. Fesel R, Kind P (1987) Multiple Trichoepitheliome im Gesicht. Akt Dermatol 13:128–130
6. Fordyce JA (1892) Multiple benign cystic epithelioma of the skin. J Cut Dis 10:459–473
7. Gertler W (1953) Spieglersche Tumoren mit Übergang in metastasierendes Spinaliom. Derm Wschr 128:673–674
8. Gottschalk HR, Graham JH, Aston EE (1974) Dermal eccrine cylindroma, epithelioma adenoides cysticum, and eccrine spiradenoma coexistent in the same lesion. Arch Dermatol 118:273–274
9. Greither A, Rehrmann A (1980) Spiegler-Karzinome mit assoziierten Symptomen. Ein neues Syndrom? Dermatologica 160:361–370
10. Guggenheim W, Schnyder H (1961) Zur Nosologie der Spiegler-Brooke'schen Tumoren. Dermatologica 122:274–278
11. Hashimoto K, Lever WF (1987) Tumors of skin appendages. In: Fitzpatrick TB, Eisen AZ, Wolff K, Freedberg IM, Austen KF (eds) Dermatology in general medicine, 3rd edn. McGraw-Hill, New York, pp 773–793
12. Kleine-Natrop HE (1959) Gleichzeitige Generalisation gutartiger Basaliome der beiden Typen Spiegler und Brooke. Arch Klin Exp Dermatol 209:45–55
13. Knoth W, Ehlers G (1960) Über das Epithelioma adenoides cysticum als Phakomatose Brooke-Spiegler, zugleich ein Beitrag zu den anlagebedingten und erworbenen Basaliomen. Hautarzt 11:535–545
14. Knoth W (1978) Epitheliomatöse Phakomatose Brooke-Spiegler (Epithelioma adenoides cysticum und Zylindrome). Dermatol Monatsschr 164:63–64
15. Korting GW, Hoede N, Gebhardt R (1970) Kurzer Bericht über einen maligne entarteten Spiegler-Tumor. Derm Mschr 156:141–147
16. Korting HC, Konz B (1982) Koinzidenz multipler Zylindrome mit Trichoepitheliomen. Hautarzt 33:34–36
17. Küchmeister B, Kuhlwein A (1988) Brooke-Spiegler-Phakomatose. Hautnah 2:59–60
18. Landthaler M (1988) CO_2-Laser in der Dermatotherapie – Anwendung und Indikation. Hautarzt 39:198–204
19. Lever WF, Schaumburg-Lever G (1983) Histopathology of the skin. 6th ed. JP Lippincott, Philadelphia
20. Lyon JB, Rouillard LM (1961) Malignant degeneration of turban tumour of scalp. Trans St John's Hosp Derm Soc 46:74–77
21. Pariser RJ (1986) Multiple hereditäte Trichoepitheliome und Basalzellkarzinome. J Cut Pathol 13(2):111–117
22. Spiegler E (1899) Über Endotheliome der Haut. Arch Dermatol Syphiligr 50:163–176
23. van Voorst Vader PC, van Oostveen F, Hasper MF (1984) Trichoepithelioma, cystic acne and 13-cis-retinoic acid. Acta Derm Venereol (Stockh) 64(4):360–361
24. Welch JP, Wells RS, Kerr CB (1968) Ancell-Spiegler cylindromas (turban tumours) and Brooke-Fordyce trichoepitheliomas: evidence for a single genetic entity. J Med Genet 5:29–35
25. Wheeland RG (1984) Carbon dioxid laser vaporisation for the treatment of multiple trichoepithelioma. J Dermatol Surg Oncol 10:470–475
26. Winkelmann RK, Diaz-Perez JL (1980) Trichoepitheliome. Hautarzt 31:527–530
27. Winter H, Sönnichsen N, Lehnert W (1983) Spezielles operationstaktisches Vorgehen bei monströsen Spiegler-Tumoren. Hautarzt 34:225–228
28. Zontschew P (1961) Cylindroma capitis mit maligner Entartung. Zentbl Chir 86:1875–1879

Subunguale Exostose unter dem Bild eines malignen Melanoms

W. Hartschuh und J. Schoel

Zusammenfassung

Die Ätiologie der subungualen Exostose ist noch umstritten. Es handelt sich dabei um eine gutartige, knöcherne, schmerzhafte Neubildung zumeist im medialen Nagelfalzbereich der Großzehe. Durch Sekundärveränderungen (wie z. B. Einblutungen) der darüberliegenden Hautanteile kann die diagnostische Abgrenzung von einem Melanom oder von anderen Tumoren schwierig sein. Das Röntgenbild sichert die Diagnose. Die Therapie der Wahl ist die chirurgische Abtragung des Knochentumors.

Einleitung

Subunguale tumoröse Prozesse bereiten bei typischem klinischem Befund und Krankheitsverlauf im allgemeinen keine diagnostischen Schwierigkeiten. Jedoch können exogene Einflüsse wie Traumen (verbunden mit Einblutungen oder Ulzerationen) oder Entzündungen [3] mitunter die makroskopische Beurteilung und die differentialdiagnostische Abgrenzung von malignen Prozessen des Nagelbettes sehr erschweren. Dies gilt im besonderen für die subungualen Exostosen, die, durch Einblutungen bedingte, schwärzliche Pigmentierungen aufweisen und dadurch ein akrolentiginöses Melanom vortäuschen können. Die Einbeziehung der subungualen Exostose in die Differentialdiagnose sub- bzw. periungualer Prozesse ist auch insofern von Bedeutung als die Röntgendiagnostik zu einer wertvollen nichtinvasiven präoperativen Klärung beitragen kann.

Kasuistik

Anamnese

Der 18jährige Patient gab an, daß sich innerhalb eines Jahres ein nicht schmerzender, allmählich an Größe zunehmender Tumor im Bereich des medialen Nagelfalzes der rechten Großzehe entwickelt habe. In früheren Jahren sei an dieser Stelle eine Warze entfernt worden. Innerhalb der letzten Wochen sei es zu einer zunehmenden schwärzlichen Verfärbung des Tumors gekommen. Eine Traumatisierung im Bereich der Zehe wurde verneint.

Hautbefund

Im Bereich des medialen seitlich-distalen Nagelfalzes wölbt ein erbsgroßer, halbkugeliger, derber, in den Randabschnitten angedeutet verruköser Tumor die Nagelplatte empor. Der Tumor ist im Zentrum von einer glatten Hornschwiele bedeckt und weist hier eine, aus tieferen Schichten durchscheinende, intensive, homogene, schwärzlich-bläuliche Pigmentierung auf (Abb. 1a).

Histologie

Unter einer dicken Hornhautschwiele erkennt man Reste einer streifenförmigen, älteren Einblutung über Anteilen von unauffälligem Knorpelgewebe sowie Knochenbälkchen.

Therapie und Verlauf

Unter der Verdachtsdiagnose einer subungualen Verruca vulgaris mit Einblutung, wobei differentialdiagnostisch in erster Linie ein malignes Melanom mit in Betracht kam, wurde in Oberst'scher Anästhesie und Blutleere zunächst der Tumor mit dem Skalpell umschnitten. Auf Grund der knöchernen Beschaffenheit der Tumorbasis wurde intraoperativ die Diagnose einer Exostose gestellt. Nach müheloser Abnahme des darüberliegenden Weichteilgewebes, das durch einen Spaltraum von der knöchernen Unterlage abgetrennt war, wurde der von Knorpel überzogene Knochensporn sichtbar (Abb. 1b). Der Sporn wurde an der Basis mit der Knochenzange entfernt und die Nachkurettage mit dem scharfen Löffel durchgeführt (Abb. 1c). Der postoperative Verlauf war komplikationslos. Bei einer Nachbeobachtungszeit von 4 Monaten bestanden Rezidiv- und Beschwerdefreiheit; der Nagel war vollständig nachgewachsen.

Diskussion

Subunguale Exostosen wurden 1839 erstmals von Dupuytren [1] an der Großzehe beschrieben. Später berichtete Hutchinson über ähnliche Veränderungen im Bereich der Fingerendglieder [2]. Es handelt sich dabei um schmerzhafte, gutartige, knorpelig überzogene (Synonym: Osteochrondrom) knöcherne Neubildungen, die zumeist an der distalen, medialen Großzehe entweder unterhalb oder seitlich des Nagels auftreten und vom knöchernen Teil der Endphalange ausgehen. Die Ätiologie der subungualen Exostosen ist nicht eindeutig geklärt [4]. Es werden schwere, einmalige Traumen im Bereich der Großzehe, aber auch Mikrotraumen sowie eine genetische Disposition diskutiert [siehe 3]. Subunguale Exostosen treten vorzugsweise in den ersten beiden Lebensdekaden auf, wobei in neueren Untersuchungen keine Geschlechtsprävalenz nachgewiesen werden konnte [4]. Differentialdiagnostisch müssen vom klinischen Bild her folgende Veränderungen in Betracht gezogen werden: Verruca vulgaris, Carcinoma spinocellulare, Granuloma pyogenicum, Glomus-

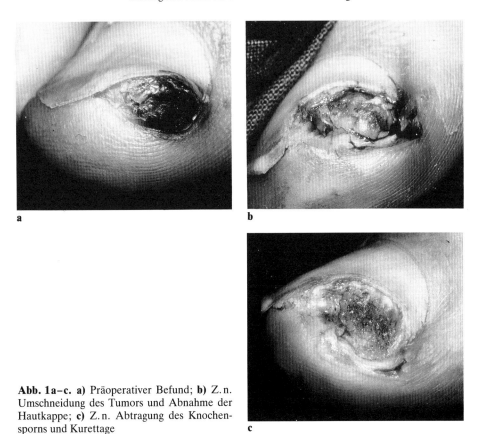

Abb. 1a–c. a) Präoperativer Befund; **b)** Z. n. Umschneidung des Tumors und Abnahme der Hautkappe; **c)** Z. n. Abtragung des Knochensporns und Kurettage

tumor sowie das akrolentiginöse Melanom. Gerade in unserem Falle war klinisch die Abgrenzung von einem malignen Melanom außerordentlich schwierig. Entzündliche tumorartige Begleitreaktionen der umgebenden Hautregion können die diagnostische Einordnung zusätzlich erschweren [4]. Eine röntgenologische Untersuchung hätte im beschriebenen Fall bereits präoperativ zur Klärung der Diagnose beitragen können.

Die Therapie der Wahl besteht in der chirurgischen Abtragung des Knochensporns mit der Zange und anschließender Kurettage. Hinweise auf Rezidive nach operativer Entfernung finden sich weder in der Literatur noch nach unserer eigenen Beobachtung.

Literatur

1. Dupuytren G (1839) Lecons orales de clin chir Paris. 11:110
2. Hutchinson J (1886) Melanosis often not black: melanotic whitlow. Br Med J I:491–496
3. Mensing H (1982) Subunguale Exostose. Differentialdiagnose subungualer Prozesse. Hautarzt 33:553–555
4. Pambor M, Neubert H (1971) Tumorartige Begleitreaktionen der Haut bei Exostosen der Zehenendphalangen. Derm Mschr 157:532–537

Multiple Basaliome auf dem Boden eines Epithelioma adenoides cysticum (Brooke): Möglichkeiten und Grenzen der operativen Behandlung

W. Hartschuh

Zusammenfassung

Die Möglichkeit einer basaliomatösen Entartung von Trichoepitheliomen ist nach der Literatur nicht allgemein anerkannt.

Anhand einer eigenen Kasuistik werden der seltene Fall einer multizentrischen Basaliomentwicklung auf dem Boden eines Epithelioma adenoides cysticum (Brooke) sowie die Problematik einer operativen Sanierung vorgestellt und diskutiert.

Einleitung

Das Epithelioma adenoides cysticum Brooke (Synonym: multiple Trichepitheliome) ist eine craniofaciale Epitheliomatose mit zumeist autosomal-dominantem Erbgang [1], die durch das Vorhandensein von kleinen, überwiegend im Gesicht lokalisierten, hautfarbenen Knötchen, gekennzeichnet ist. Die Veränderungen treten zumeist mit der Pubertät zunächst im Bereich der Nasolabialfalten auf und können sich dann im Laufe der Jahre auf den behaarten Kopf, den Nacken und den Thoraxbereich ausbreiten, wobei die einzelnen Knötchen an Größe zunehmen und auch einen rötlichen Farbton annehmen können. Nach der Literatur ist eine basaliomatöse Entartung von Trichepitheliomen als sehr selten anzusehen [1, 2].

Anhand einer eigenen Fallbeobachtung wird über eine histologisch gesicherte, multifokale basaliomatöse Entartung berichtet und die Möglichkeiten und Grenzen einer operativen Therapie vorgestellt und diskutiert.

Kasuistik

Anamnese

Bei leerer Familienanamnese bestehen bei der 76jährigen Patientin seit früher Jugend im Gesicht zahlreiche Knötchen, die im Laufe der Jahre zahlenmäßig zugenommen hätten. Auch am übrigen Körper seien einige Knötchen entstanden. In den letzten Jahren seien einige der Knötchen im Gesicht gewachsen und gelegentlich spontan aufgebrochen.

Befund

Zentrofacial, vorzugsweise im Bereich der Nasolabialfalten, zahlreiche kleine, dicht beieinanderstehende, hautfarbene, derbe Knötchen. Paranasal rechts, ein im Durchmesser fast 1 cm messendes, polyzyklisch begrenztes, exulzeriertes, flaches Areal mit aufgeworfenem, von Teleangiektasien durchsetztem, perliertem Randsaum (Abb. 1 a). Weitere basaliomverdächtige Herde auf dem linken Nasenflügel, im Bereich des linken Augenwinkels sowie über dem rechten Jochbein. Bei der klinischen und röntgenologischen Durchuntersuchung kein Anhalt für Basalzellnaevussyndrom.

Histologie

1. (Klinisch „Trichepitheliom"): Unter einer intakten Epidermis verzweigte, strangförmige, rudimentär follikuläre Proliferate von basaloiden Zellen mit teils pallisadenförmiger Anordnung in der Peripherie. Zahlreiche charakteristische, nahezu vollständig keratinisierte Hornperlen sowie abortive Haarpapillen.
2. (Klinisch „Exulzeriertes Basaliom"): In den Randabschnitten identische Veränderungen, wie oben beschrieben. Im Zentrum Anteile eines exulzerierten Knotens bestehend aus basaloiden Zellen mit charakteristischer pallisadenförmiger Anordnung und Spaltbildung an der Grenze zum umliegenden Bindegewebsstroma, weiterhin ausgeprägte Nekrosezonen mit Ausbildung von zystischen Hohlräumen.

Therapie und Verlauf

In örtlicher Betäubung erfolgte die Excision der basaliomverdächtigen Areale mit weiten Sicherheitsabständen, wobei darauf geachtet wurde, daß möglichst viele Trichoepitheliome mitentfernt wurden. Nachdem durch Sereinschnittuntersuchungen die Tumorfreiheit in den Randabschnitten der Excisate sichergestellt war, erfolgte die Defektdeckung am linken Nasenflügel durch einen kaudal gestielten nasolabialen Schwenklappen. Im Bereich der rechten Gesichtshälfte wurden die paranasalen und unter dem Auge liegenden Defekte durch eine modifizierte Wangenrotationsplastik nach Esser-Irme gedeckt, kombiniert mit einem kaudal gestielten präaurikulären Schwenklappen (Abb. 1 b, c). Das kosmetisch-funktionelle Ergebnis war gut. 1 Jahr nach der Operation fand sich kein Anhalt für Rezidivwachstum.

Diskussion

Auf die grundsätzliche Schwierigkeit der histologischen Abgrenzbarkeit keratotischer Basaliome von Trichoepitheliomen kann im Rahmen dieses Beitrags nicht näher eingegangen werden (siehe 5). Bei einer Auswertung von über 100 Fällen isolierter und multipler Trichepitheliome [2] fanden die Autoren, daß Trichepitheliome zwar exulzerieren können, aber in keinem Fall einen Übergang in basaliomatöses Wachstum. Jedoch wurden andernorts Exulzerationen mit basaliomatöser Entar-

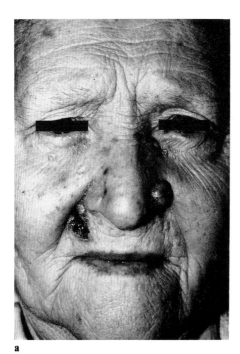

a

Abb. 1a–c. a) Trichoepitheliome im Bereich der Nasolabialfalten. Solides Basaliom am linken Nasenflügel, exulzeriertes Basaliom nasolabial rechts. **b, c)** Z. n. Excision der basaliomverdächtigen Areale der rechten Gesichtshälfte, Defektdeckung durch Wangenrotationsplastik kombiniert mit präaurikulärem kaudal gestielten Transpositionslappen. **d)** Z. n. 1 Jahr

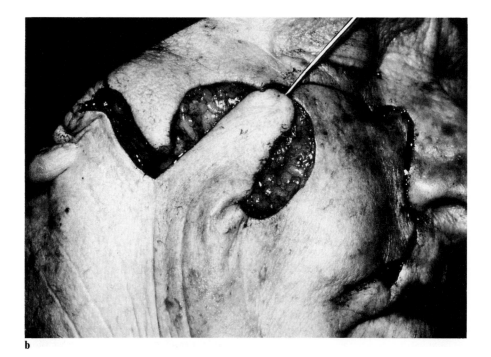

b

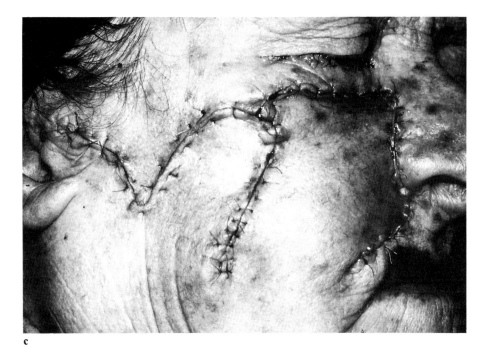

c

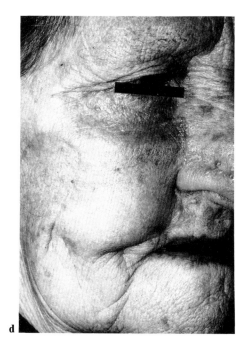

d

tung von Trichepitheliomen beschrieben [4]. Andere Autoren bezweifeln dieses Zusammentreffen und diskutieren, ob es sich in solchen Fällen nicht um multiple Basaliome, möglicherweise im Rahmen eines Basalzellnaevussyndroms gehandelt haben könnte [3]. Im vorliegenden Fall muß man aufgrund des klinischen Bildes sowie der histologischen Befunde den seltenen, gesicherten Fall einer multifokalen Basaliomentwicklung auf dem Boden multipler Trichoepitheliome annehmen. Ein Basalzellnaevussyndrom wurde klinisch, röntgenologisch und histologisch ausgeschlossen.

Die erfolgreiche, ausgedehnte operative Sanierung wurde mit der Zielsetzung ausgeführt, zum einen die Basaliome, durch Serienschnittaufarbeitung sichergestellt, vollständig zu entfernen und gleichzeitig möglichst viele der umliegenden Trichoepitheliome mitzuerfassen, um damit dem Entstehen neuer Basaliome vorzubeugen. Für die Entfernung verbliebener Trichopitheliome könnte in einem zweiten Schritt laser- oder kryochirurgische Verfahren erfolgreich eingesetzt werden.

Literatur

1. Gaul LE (1953) Heridity of multiple, benign, cystic epithelioma. Arch Dermatol 68:517–524
2. Gray HR, Helwig EB (1963) Epitheliom adenoides cysticum and solitary Trichoepithelioma. A M A Arch Dermatol 87:142–154
3. Howell, Caro MR (1959) The Basal Cell Nevus. A M A Arch Dermatol 79:67–80
4. Pinkus H (1938) Some unknown skin tumors. J Mich Med Soc 37:533–537
5. Tozawa T, Ackermann AB (1987) Basal cell carcinoma with follicular differentiation. Am J Dermatopathol 9:474–482

Intraoperative Hautexpansion

R. Niedner, W. Vanscheidt und H. Laaf

Allgemeines Ziel einer plastisch-rekonstruktiven Operation ist die Deckung eines Hautdefektes mit einem möglichst idealen Gewebe. Dies geschieht am besten mit der unmittelbar benachbarten Haut, die durch geeignete Techniken so an den Defekt herangeholt wird, daß dieser verschlossen werden kann. Das unmittelbare Nachbargewebe ist deshalb so geeignet, weil es nahezu die gleiche Dicke, Farbe, Textur, Sensitivität und Adnexe aufweist wie das entfernte Hautareal. Ist es wegen der Größe des Defektes jedoch notwendig, die Haut von weiter her an den Defekt heranzuholen, oder wird gar eine Transplantation vorgenommen, so sind die o. g. Bedingungen für einen idealen Defektverschluß nicht mehr erfüllt.

Vor mittlerweile über 30 Jahren hat man angefangen, Gewebeexpander einzusetzen, um so auch größere Defekte mit Nachbarhaut verschließen zu können. Dabei wurden in die Haut bis zu drei Expander eingebracht und diese sukzessive über Wochen bis Monate, soweit gefüllt, bis die darüber befindliche Haut genügend aufgedehnt war, um eine Defektdeckung zu ermöglichen.

Sasaki, einer der Väter der skin expansion technique führte vor acht Jahren die intraoperative Expansion ein, die er intraoperative sustained limited expansion technique (ISLE) nannte (Sasaki 1987). Diese Methode erlaubt es, die Haut noch während der Operation so aufzudehnen, daß auch größere Defekte sofort wieder primär verschlossen werden können. Es gelingt auf diese Weise, abhängig von der Lokalisation, 1,0 bis 2,5 cm Haut zusätzlich zur normalen Dehnung hinzuzugewinnen. Führt man rechts und links von dem zu deckenden Areal jeweils einen Expander ein, werden maximal 5 cm zusätzlich gewonnen.

Diese von den plastischen Chirurgen eingeführte Technik haben wir jetzt auch für die Chirurgie des Malignen Melanoms der unteren Extremität angewandt, um bei der lege artis vorgenommenen Exzision von 10 cm Durchmesser trotz der in dieser Lokalisation in nur begrenztem Maße vorhandenen Haut eine primäre Defektdeckung zu erreichen. Eine einzeitige Vorgehensweise war in diesem Falle notwendig geworden, weil die aus einem psychiatrischen Landeskrankenhaus zugewiesene Patientin nur einem einzeitigen Eingriff unterzogen werden konnte.

Wir gingen dabei folgendermaßen vor: In Vollnarkose wird das maligne Melanom mit einem Abstand von 2 cm zu allen Seiten exzidiert (Abb. 1), dann wird eine Tasche nach cranial und nach caudal gebildet und zwei passende Hautexpander eingelegt. Diese werden mit Kochsalzlösung so weit aufgefüllt, bis die darüberliegende Haut vollkommen weiß, ischämisch und prall hart ist (Abb. 2). Nach drei Minuten wird die Flüssigkeit wieder aus den Expandern entfernt, um eine Durchblutung der zuvor abgedrosselten Gefäße zu ermöglichen. Es schließen sich daran nochmals zwei weitere derartige Zyklen an, wobei die Dehnung mit jeweils etwa 50% mehr Volumen vorgenommen wird. Danach werden die Expander entfernt und die Haut nochmals so exzidiert, daß der Defekt einen Gesamtdurchmesser von 10 cm aufweist (Abb. 3). Danach erfolgt die primäre Hautnaht in üblicher Weise (Abb. 4).

Die Dehnung der Haut entscheidet über Erfolg oder Mißerfolg. Sie soll einerseits ausreichend sein, andererseits aber auch nicht zu einer Überdehnung der Haut

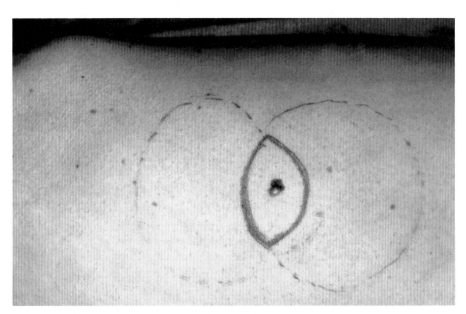

Abb. 1. Operationsplanung (—— = Exzision; .... = Unterminierung)

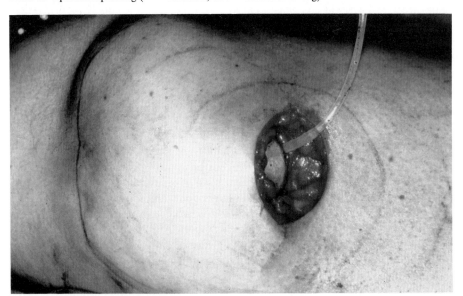

Abb. 2. Intraoperative Dehnung bis zur Weißfärbung der Haut

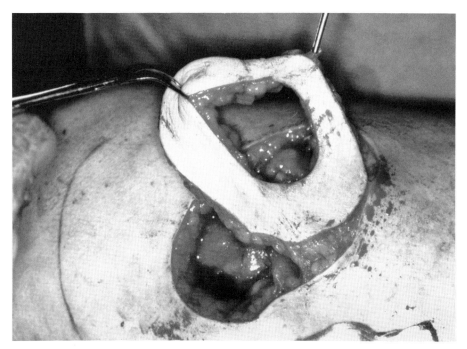

Abb. 3. Nachexzision aus dem Bereich der gedehnten Haut

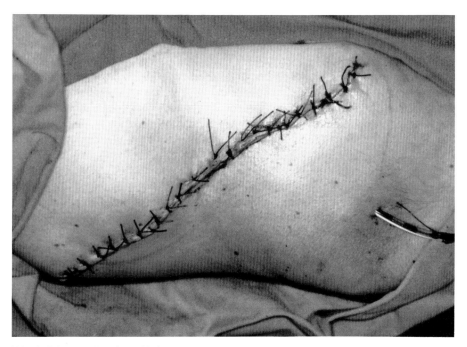

Abb. 4. Primärer Wundverschluß

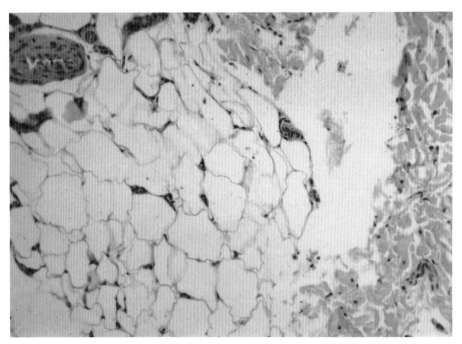

Abb. 5. Entleerte Fettzellen

führen. Es kann vorkommen, daß die Wundränder am Ende der drei Zyklen nicht mehr durchblutet werden und es zu einer Nekrose führt. Man umgeht dies durch nochmalige Nachresektion der Wundränder. Erst wenn diese frisch angeschnittenen Wundränder wieder bluten, ist die ausreichende Perfusion des gedehnten Gewebes gewährleistet.

Gewebsproben aus dem gedehnten nicht resezierten Areal ergaben weder licht- noch elektronenmikroskopisch Zeichen einer Schädigung der kollagenen oder der elastischen Fasern. Auch die Blutgefäße blieben intakt – es fanden sich keine Extravasate. Lediglich am Fettgewebe bestanden Zeichen der Dehnung. Die Fettzellen waren unter dem Druck bei der Dehnung offensichtlich geplatzt und haben ihren Inhalt abgegeben. Beim Nachlassen der Dehnung schnurrte das zwischen den Fettzellen gelegene Fasergerüst wieder zusammen (Abb. 5).

Diese Methode erlaubt den primären Wundverschluß selbst großer Areale, was an den Extremitäten üblicherweise sonst nicht möglich ist. Die ISLE stellt in bezug auf die Melanomchirurgie kein Routineverfahren dar und sollte nur bei enger Indikationsstellung angewandt werden. Bei größeren Hautläsionen anderer Genese an den Extremitäten, wie z.B. Tätowierungen oder ein großflächiger M. Bowen ist der Einsatz der ISLE indiziert.

Literatur

Sasaki GH (1987) Intraoperative sustained limited expansion (ISLE) as an immediate reconstructive technique. Clin Plast Surg 14:563–573

Operationstaktik bei torpiden, vegetierenden Geschwüren

C. Bertényi

Geschwüre und Defekte torpider, vegetierender und schlecht heilender Art landen meistens in dermatologischen Abteilungen. Am häufigsten liegen sie in geschädigter, schlecht ernährter Umgebung, sind regelmäßig bakteriell stark besiedelt und fibrinös belegt.

Eine konservative Behandlung oder eine Freihauttransplantation helfen in solchen Fällen meistens nicht. Doch spielt die konservative Therapie in der Vorbereitung zum operativen Verfahren eine sehr wichtige Rolle. Sie reinigt das Geschwür so gut wie möglich. Die Keimbestimmung und deren Resistenzprüfung sind unumgänglich, um die geeigneten Antibiotika auswählen zu können. Als ersten Schritt, solche Geschwüre zu heilen, muß eine Exstirpation durchgeführt werden. Es handelt sich dann um einen dreidimensionalen Gewebeblock, der nie eine bestimmte Grenze zwischen gesundem und geschädigtem Gewebe hat. Die Exstirpation muß möglichst im Gesunden durchgeführt werden, man kann aber nicht immer dieses Ziel ganz erreichen. In manchen Fällen von Decubitalulzera muß auch die infizierte Knochenoberfläche abgetragen werden. Speziell die Rtg. ulzera sind einer Wandlung unterworfen: Tessmer [13] wies darauf hin, daß die alten Röntgenapparate mit der "low voltage" nur eine Haut- und Subkutisschädigung verursachten, während heute die Bestrahlung in das Gewebe so tief hineindringt, daß man mit einem Defekt von wesentlicher Ausdehnung, unsicherer Tiefe und unscharfem Rand rechnen muß. Da die Grenzen der devitalisierten Gewebe auch in der Tiefe unbekannt sind, ist die Exstirpation solcher in gewissen Regionen (z.B. Ingunalgegend) ein gefährlicher Weg ins Unbekannte. Um diese Exstirpationsdefekte auszufüllen und zu decken, braucht man Gewebe, das die eigene Ernährung mit Sicherheit besorgen kann. Dies bieten die wohlvorbereiteten und gut geplanten Lappen. Diese Lappen verschiedener Art gewähren die eigene Gefäßversorgung solange, bis sie mit dem Wundboden eine neue Verbindung eingehen. In diesem Sinne ist der Gefäßreichtum eines Lappens von entscheidender Bedeutung. Deswegen wählen wir zumindest das Vorgehen der verzögerten Lappenbildung, damit die Gefäßneubildung die Lebensfähigkeit des Lappens vervielfältigt. Manche behaupten, dieses Verfahren sei ungenügend [12], doch ist es allgemein gebräuchlich und hat sich auch in unserer Praxis oft bewährt. Mit dem Erscheinen der Mikrotechnik [5, 8] haben sich die verschiedenen freien Lappen als nützlich erwiesen [2]. Als eine Besonderheit werden die freien Omentumtransplantate [1, 12] – höchstwahrscheinlich wegen deren besonderen biologischen Eigenschaften – vorzüglich empfohlen. Doch sind im Rahmen unseres Themas die Muskelund Myokutanlappen von viel größerer Bedeutung. Ohne einen Anspruch auf Vollständigkeit zu erheben, müssen hier Ger, Mathes und Vascones erwähnt werden [3, 7,

14] und besonders McGraw [9, 10, 11], der mit seinem Atlas dem operierenden Arzt einen praktischen Wegweiser zur Hand gibt. Die Muskel- und Myokutanlappen haben die gemeinsame Eigenschaft, daß sie eine hervorragende Gefäßversorgung haben und sind infolgedessen zur Deckung der oben erwähnten Defekte ein sehr geeignetes und sicheres Mittel. Zu den vorteilhaften Eigenschaften gehört noch die große Variabilität und eine hochgradige Biegsamkeit. Um einen Myokutanlappen anzuwenden, braucht der Arzt und O. P. keine sehr viel weiterreichenden Kenntnisse und Einrichtung, als für die Anwendung von Lappen anderer Art.

Sobald die verzögerten Lappen, Muskellappen oder Myokutanlappen nach der Einheilung durch die mitgebrachten neuen Gefäße und Lymphbahnen die Ernährung auch der Umgebung wesentlich verbessern können, üben sie auch eine besondere Wirkung auf den Wundboden aus, nämlich eine sogenanne „biologische Exzision" [6]. Diese besteht im Aufsaugen nekrobiotischer Reste. Offensichtlich ist, daß die oben genannten Lappen diese Vorteile, ihrem Gefäßreichtum nach, in einem hohen Maß anbieten können.

Um eine erfolgreiche Eliminierung vegetierender Geschwüre auf chirurgischem Weg zu erreichen, ist es erforderlich, zwei weitere Kautelen in Betracht zu ziehen. Dies sind: Die adäquate Anwendung von Antibiotika und eine korrekte Saugdrainage. Die Anwendung ausgewählter Antibiotika während dem Ablauf der Wundheilung – natürlich parenteral – ist wegen der meist außerordentlich reichen Bakterienflora unvermeidlich. Es muß aber festgestellt werden, daß der Erfolg nicht von einem Wunderantibiotikum, sondern vom intensiven Aneinanderliegen der Wundoberflächen abhängen wird. Die Saugdrainage ist einerseits wegen des Vakuumeffekts wichtig, da die Wundoberfläche meist aneinandergepreßt werden kann, andererseits aber sorgt sie auch für die Beseitigung unerwünschter und gefährlicher Sekrete. Allerdings wird ein niedrigeres Vakuum bevorzugt, sonst wird das Gewebe die Öffnungen der Drainage leicht verstopfen können. Die Aufrechterhaltung der Drainage für 5–6 Tage ist vernünftig.

Die Behandlung vegetierender Geschwüre wird in Zukunft immer mehr die Aufgabe dermatochirurgischer Abteilungen. Zweifelsfrei sind die Muskelokutanlappen eine Methode, die von einem wohlausgebildeten operativen Dermatologen erlernt und auch beherrscht werden können. Mit diesen schweren Zuständen fertig zu werden, bedeutet jedem, der chirurgisch tätig ist, eine richtige Herausforderung und eine wichtige Aufgabe.

Literatur

1. Dijkstra R, Sillevis Smitt WG (1975) Treatment of X Ray. Ulcers by Omental Transposition. Arch Chir Neerl 27:35
2. Di Meo L, Jones BM (1984) Surgical Treatment of Radiation – included Scalp Lesions. Br J Plast Surg 37:373
3. Ger R, Levin SR (1976) The management of decubitus ulcers by muscle transposition. Plas Reconst Surg 58:419
4. Hamm H, Happle R (1982) Zweizeitige Verschiebelappen (delayed flap) zur Deckung eines Röntgenulkus am Thorax. Zbl Haut u Geschlkr 3:234
5. Krizek TJ, Tani T, Desprez JD, Kiehn CL (1965) Experimental transplantation of composite grafts by microsurgical vascular anastomoses. Plast Reconstr Surg 36:538

6. Marino H (1967) Biologic Excision: Its Value in Treatment of Radionecrotic Lesions. Plast Reconstr Surg 40:180
7. Mathes SJ, Alpert B, Chang N (1982) Use of the muscle flap in chronic osteomyelitis: Experimental and clinical correlation. Plast Reconstr Surg 69
8. McGregor IA, Jackson IT (1972) The Groin Flap. Br J Plast Surg 25:3
9. McGraw, Arnold. Atlas of Muscle and Musculocutaneous flaps. Hamptom Press Publishing Company, Inc Norfolk, Virginia, 1986
10. McGraw JB, Dibbell DG (1977) Experimental definition of independent myocutaneous vascular territories. Plast Reconstr Surg 60:212
11. McGraw JB, Dibbell DG, Carraway JH (1977) Clinical definition of independent myocutaneous vascular territories. Plast Reconstr Surg 60:341
12. Ross R (1982) Complications of Surgery for Radiotherapy Skin Damage. Plast Reconstr Surg 70:179
13. Tessmer CF (1971) Radiation Effects in Skin. Pathology of Irradiation. The Williams and Wilkins Comp, Baltimore 146
14. Vascones L, Bostwick J III, McGraw JB (1974) Coverage of exposed bone by muscle transposition and skin grafting. Plast Reconstr Surg 53:526

Aktuelles

Pemphigus chronicus benignus familiaris Hailey-Hailey: Heilung durch Fräsung?

H. Hamm

Zusammenfassung

Bei vier Patienten mit Pemphigus chronicus benignus familiaris Hailey-Hailey (PCBF) wurde eine großflächige Dermabrasion intertriginöser Herde durchgeführt. Sämtliche gefrästen Areale heilten narbenlos ab und blieben im Nachbeobachtungszeitraum von 11 bis 34 Monaten mit einer Ausnahme (Skrotum) erscheinungsfrei. Nach unseren bisherigen Erfahrungen scheint sich die Dermabrasion als neue Methode der Wahl bei allen Fällen von PCBF herauszustellen, die nicht mit kortikosteroidfreien Externa beherrschbar sind.

Der Pemphigus chronicus benignus familiaris Hailey-Hailey (PCBF) ist eine seltene, autosomal dominante Genodermatose mit sehr variabler Expressivität [6]. Klinisch manifestiert sich die Erkrankung vorwiegend in den intertriginösen Räumen in Form von ausgedehnten, nässenden, superinfizierten Plaques mit relativ scharfer Begrenzung. Durch Juckreiz, Brennen, üblen Geruch und Bewegungseinschränkung kann die Lebensqualität der Patienten erheblich beeinträchtigt sein.

Histologisches Charakteristikum ist eine Akantholyse mit suprabasaler Spalt- und Blasenbildung, die offenbar nicht auf das Epithel der Hautanhangsgebilde übergreift [4, 5].

Die Vielzahl der Therapieempfehlungen verdeutlicht, daß eine medikamentöse Behandlung, die gleichzeitig sicher wirksam und langfristig vertretbar ist, nicht existiert. Als ultima ratio blieb bisher nur die großflächige Exzision therapieresistenter PCBF-Herde mit plastischer Deckung. Seit der Erstbeschreibung durch die Ungarn Biro und Maday [1] ist die Effektivität dieser Methode durch eine Reihe weiterer Publikationen bestätigt worden [3]; ihre Nachteile bestehen außer der aufwendigen Operation und langen Immobilisation des Patienten vor allem aber in der nicht geringen Gefahr schlechter funktioneller und kosmetischer Spätergebnisse. Wir haben daher nach einer operativen Behandlung ohne diese Nachteile gesucht.

Patienten und Methode

Vier nicht miteinander verwandte Patienten, drei Männer und eine Frau im Alter von 36 bis 57 Jahren, litten seit 13 bis 23 Jahren an einem PCBF, der zuletzt auf konservativem Wege nicht mehr beherrschbar war. Bei ihnen wurde eine großflächige Dermabrasion befallener Areale durchgeführt. Im einzelnen wurden folgende Regionen gefräst: Leisten (3×), Perianalregion (2×), Skrotum (2×), Axillen (2× beidseits),

Ellenbeuge (1 ×) und Periumbilikalregion (1 ×). Die histologisch kontrollierte Ebene der Fräsung lag im oberen bis mittleren Korium; Schweißdrüsen und untere Follikelanteile waren erhalten. Die Wunden wurden mit antiseptischer Salbe und einer Fettgaze verbunden, die bis zur vollständigen Reepithelisierung belassen wurde. Um ein Verkleben der zentralen Anteile der gefrästen Flächen zu verhindern, wurden die jeweiligen Extremitäten einige Tage lang in abduzierter Stellung gelagert.

Ergebnisse

Die Reepithelisierung trat überraschend schnell ein; mehrfach war schon am fünften postoperativen Tag histologisch wieder eine mehrlagige Epidermis vorhanden. In den meisten Fällen konnte die Fettgaze um den siebten postoperativen Tag ohne Blutung entfernt werden. Histologische Kontrollen am zehnten postoperativen Tag zeigten regelmäßig eine deutliche Akanthose der Epidermis ohne krankheitstypische Veränderungen.

Sämtliche gefrästen Areale heilten narbenlos ab und blieben mit einer Ausnahme im Nachbeobachtungszeitraum von 11 bis 34 Monaten erscheinungsfrei (Abb. 1a, b). Lediglich am Skrotum eines 40jährigen Patienten trat ein rasches Rezidiv auf, während Leisten und Perianalregion krankheitsfrei blieben. Im Nachbeobachtungszeitraum entwickelten sich bei allen Patienten in unmittelbarer Umgebung der gefrästen Stellen vorübergehend umschriebene krankheitstypische Effloreszenzen.

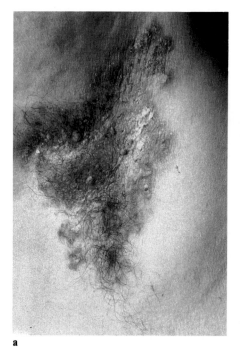 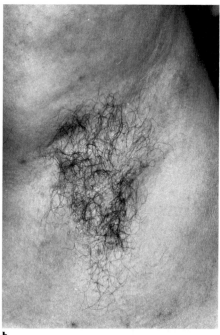

a   b

Abb. 1a, b. a) Rechte Axilla einer 57jährigen Patientin mit Pemphigus chronicus benignus familiaris Hailey-Hailey: präoperativer Zustand, **b)** Dieselbe Axilla 24 Monate nach Dermabrasion

Mindestens ein Jahr nach Fräsung wurden einige erfolgreich behandelten Areale erneut histologisch untersucht. Außer diskreten Hinweisen auf die vorausgegangene Dermabrasion im Korium waren keine Veränderungen, insbesondere keine Akantholyse, mehr nachweisbar.

Diskussion

Die Dermabrasion stellt eine neue, sehr effektive operative Behandlungsmöglichkeit des PCBF dar. Im Vergleich zur Exzision der Herde mit plastischer Deckung ist sie wesentlich weniger eingreifend; ihr größter Vorteil besteht jedoch in den ausgezeichneten funktionellen und kosmetischen Spätergebnissen.

Der erste und bislang einzige Hinweis auf die Effektivität der Dermabrasion bei PCBF findet sich bei Bonafé et al. [2]; die Autoren hielten es jedoch für schwierig oder unmöglich, diese Behandlung in den großen Körperfalten und bei ausgedehntem Befall durchzuführen.

Zu einem ähnlich guten postoperativen Ergebnis wie wir gelangten kürzlich Don et al. [4] mit der Verdampfung oberflächlicher Hautschichten mittels CO_2-Laser. Allerdings wurde lediglich die linke innere Oberschenkelregion eines einzigen Patienten auf diese Weise behandelt, und die Nachbeobachtungszeit betrug nur acht Monate. Eine endgültige Beurteilung der Wirksamkeit der CO_2-Laser-Therapie ist somit noch nicht möglich.

Sowohl bei der Dermabrasion als auch bei der CO_2-Laser-Behandlung besteht das Behandlungsprinzip in einer flächigen Entfernung oberflächlicher Hautschichten, wobei es offensichtlich nur darauf ankommt, die gesamte Epidermis zu beseitigen. Als mögliche Erklärung für die Wirksamkeit der Dermabrasion bietet sich an, daß die epithelialen Zellen der Hautanhangsgebilde, die für die Reepithelisierung sorgen, im Gegensatz zu den Epidermiszellen nicht den genetischen Defekt des PCBF tragen.

Literatur

1. Biro FA, Maday P (1969) Familial chronic pemphigus. Arch Dermatol 100:385
2. Bonafé JL, Fontan B, Pieraggi M-T, Divoux D (1983) Action positive de l'étrétinate (Ro 10.9359) dans un cas de pemphigus bénin familial. Ann Dermatol Venereol 110:151–153
3. Crotty CP, Scheen SR III, Masson JK, Winkelmann RK (1981) Surgical treatment of familial benign chronic pemphigus. Arch Dermatol 117:540–542
4. Don PC, Carney PS, Lynch WS, Zaim MT, Hassan MO (1987) Carbon dioxide laserabrasion: A new approach to management of familial benign chronic pemphigus (Hailey-Hailey disease). J Dermatol Surg Oncol 13:1187–1194
5. Lever WF, Schaumburg-Lever G (1983) Histopathology of the skin, 6th edn. Lippincott, Philadelphia
6. Michel BM (1982) Commentary: Hailey-Hailey disease. Familial benign chronic pemphigus. Arch Dermatol 118:781–738

Thymidinkinase (TK) und Sialinsäure bei Patienten mit malignem Melanom

H. Biltz, I. Antal, J. Petres, P. Oehr und H. W. Kreysel

Die frühzeitige Aufdeckung einer Tumorprogression ist beim malignen Melanom, wie bei jedem bösartigen Tumor, die Hauptaufgabe der onkologischen Nachsorge. Für das maligne Melanom ist bis heute die klinische Untersuchung in dieser Hinsicht jeder apparativen oder labortechnischen Methode weit überlegen. Dieses liegt vor allem im Fehlen eines sensitiven und spezifischen Tumormarkers begründet. Die Verfügbarkeit eines klinisch praktikablen Tumormarkers wäre aus diesem Grunde eine wichtige Hilfe in der Nachsorge.

Auf die Eignung als Tumormarker für das maligne Melanom wurden zahlreiche Parameter überprüft, keiner war allerdings bis heute so überzeugend, so daß er in größerem Maße Eingang in die Routinenachsorge gefunden hätte [1, 2, 3, 4]. Aus der Reihe der bisher überprüften serologischen Parameter zeigte vor allem die Sialinsäure eine eventuell klinisch verwertbare Sensitivität beim m. M. [2]. Vergleichend zur Sialinsäure wurde die Thymidinkinase im Serum, ein etablierter Proliferationsmarker vor allem für Lymphome und Leukämien [5, 6], an einem Kollektiv von Melanompatienten bestimmt.

Patienten und Methoden

Gesunde Blutspender dienten als Kontrollen. Die Melanompatienten wurden drei klinischen Stadien zugeordnet, wobei Stadium I einem alleinigen Primärtumor, Stadium II einer locoregionären Metastasierung und Stadium III einer Fernmetastasierung entsprach. Die Sialinsäurebestimmungen wurden mit dem Kit der Firma Boehringer, Mannheim, an einem Eppendorfphotometer durchgeführt. Die Thymidinkinasewerte wurden mittels des Radioenzymassays der Firma Mallinkrodt, Dietzenbach ermittelt. Die statistische Auswertung erfolgte mittels des Student's T-Test.

Ergebnisse

Wie aus Tabelle 1 zu ersehen ist, nehmen mit höherem Tumorstadium die Durchschnittswerte sowohl für Sialinsäure als auch für TK statistisch signifikant zu. Hierbei ist allerdings die Sensitivität bei einer Spezifität von 90% für die Patienten im Stadium I und II für beide Parameter recht gering [7, 8]. Für Patienten im Stadium der Fernmetastasierung ergaben sich hier für Sialinsäure 39%, für die TK dagegen 55% (Abb. 1).

Tabelle 1. Thymidinkinase (TK) und Sialinsäure bei Patienten mit malignem Melanom

Kontrolle	Stadium I	Stadium II	Stadium III
67,5 ± 10,0	72,3 ± 13,1	79,3 ± 11,4	101,7 ± 32,1 Sialinsäure
n = 50	n = 66	n = 12	n = 11 (mg/100 ml)
	p 0,05	p 0,001	p 0,001
3,2 ± 1,3	4,1 ± 2,57	4,1 ± 1,6	6,8 ± 3,6 TK (U/1)
n = 94	n = 86	n = 16	n = 24
	p 0,005	p 0,02	p 0,001

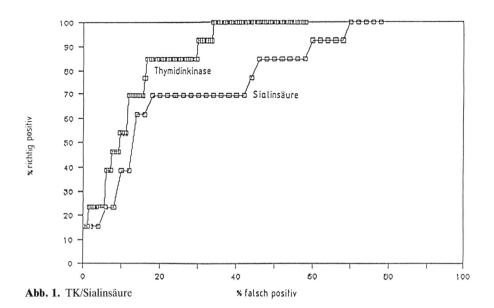

Abb. 1. TK/Sialinsäure

Diskussion

Da bis heute die klinische Untersuchung in der Nachsorge des malignen Melanoms nicht wie beispielsweise bei kolorektalen Karzinomen durch die Bestimmung von Tumormarkern wesentlich unterstützt wird, ist die Entwicklung eines praktikablen Tumormarkers ein vordringliches Ziel.

Die Sialinsäure wurde als verhältnismäßig sensitiver Tumormarker für das m. M. beschrieben [2] und aus diesem Grunde mit dem sehr spezifischen Proliferationsmarker TK verglichen. Die Ergebnisse der vorliegenden Studie zeigen, daß die Sensitivität der TK beim Melanom höher ist als in der Sialinsäure. Einschränkend muß allerdings gesagt werden, daß alle diese Werte noch durch Längsschnittuntersuchungen ergänzt werden müssen.

Soweit bisher aus den bei uns vorliegenden Daten über Sialinsäure und TK-Werte unter fortschreitender Metastasierung bekannt ist, ist bis heute noch kein Fall auffällig geworden, in dem die Werte nicht zumindest leicht angestiegen wären. Allerdings ist diese Beobachtung noch in keiner Weise ausreichend zahlenmäßig untermauert.

Literatur

1. Faraj BA, Camp VM, Murray DR, Kutuer M, Hearn J, Nixon D (1986) Plasma L-Dopa in the diagnosis of malignant melanoma Clin Chem 32:159–161
2. Klarnot D, Decaux F, Berthelot P, Kalis B, Jarodither JC, Warren L (1983) Urine excretion of 5-S-Cysteinyldopa and serum sialic acid as tumor markers in human melanomas Cancer Detection and Prevention 6:303–310
3. Küchle HJ, Dieckhues B (1987) Zum Stellenwert verschiedener Tumormarker im Serum bei malignem Melanom der Aderhaut. Untersuchung an 350 Fällen. In: G Wust, Tumormarker, Steinkopf-Verlag Darmstadt
4. Ghanem G, Lienard D, Hanson P, Lejeure F, Frühling J (1986) Increased serum alpha-melanocyte stimulating hormone (alpha-MHS) in human malignant melanoma Eur J Cancer Clin Oncol 22:535–536
5. Källander CFR, Simonsson B, Hagberg H, Gronowitz JS (1984) Serum deoxythymidine kinase gives prognostic information in chronic lymphocytic leukemia Cancer 54:2450–2455
6. Gronowitz JS, Hagberg H, Källander CFR, Simonsson B (1983) The use of serum deoxythymidine kinase as a prognostic marker and in the monitoring of patients with non-hodgkin's lymphoma Brit J Cancer 47:487–495
7. Oehr P, Wustrow A, Derigs G, Bormann R (1981) Evaluation and characterization of tumorassociated antigens by the inverse distribution function Tumor Diagnostik 2:195–198
8. Oehr P, Derigs G, Altmann R (1981) Evaluation and characterization of tumor-associated antigens by conversion of inverse distribution function values into specificity-sensitivity diagrams Tumor Diagnostik 2:283–290

Erste Erfahrungen mit Fibrel – einem neuen Hautimplantat

M. Hagedorn und G. Sattler

Zusammenfassung

Die Verwendung von Hautimplantaten zur Anhebung von athropischen Narben spielt in der korrektiven Dermatologie eine immer größere Rolle. Mit den bisher auf dem Markt befindlichen Implantaten lassen sich aus kosmetischer Sicht gute Erfolge erzielen, mit der Einschränkung, daß die Korrekturen nicht dauerhaft sind. Fibrel, ein neues Implantat, bestehend aus synthetischem Gelatinpulver, Epsilonaminocapronsäure und Patientenserum, soll eine geringere Antigenität und eine längere Bestandsdauer haben. Die Anwendung von Fibrel bei 25 Patientinnen mit athropischen Narben unterschiedlicher Genese, erbrachte in 16 Fällen sehr gute bis gute Behandlungsergebnisse. Bei 9 Patientinnen konnte nur mäßige bis geringe Korrektur erzielt werden. Unbestreitbarer Vorteil ist die Möglichkeit, größere Mengen zu injizieren und damit auch größere Defekte auszugleichen, während das technische Vorgehen und die Injektionsmethode aufwendig ist. Systemische Nebenwirkungen ließen sich in keinem Fall nachweisen.

Einleitung

Mit steigendem Gesundheitsbewußtsein in der Bevölkerung, wobei der ästhetische Aspekt eine immer größere Rolle spielt, nimmt auch die Nachfrage nach kosmetischen Korrekturverfahren zu. In allererster Linie kommen hier Hautimplantate in Frage. Wir möchten nun über erste Erfahrungen mit einem neuen Hautimplantat berichten, welches gegenüber den bisher zur Verfügung stehenden Produkten Vorteile aufweisen soll. So besitzt es nach Chvapil [2, 3] eine wesentlich geringere Antigenität und vermag nach Gottlieb [1] auch körpereigene Kollagenproduktion zu induzieren und ermöglicht damit eine längere Bestandsdauer.

Gottlieb hat dieses Fibrel genannte Implantat analog der physiologischen Wundheilung entwickelt. Fibrel setzt sich aus einem synthetisch hergestellten, absorbierbaren, nicht löslichen Gelatinpuder, Epsilonaminocapronsäure, Patientenplasma und Benzylalkohol als Konservierungsstoff zusammen. Mikroskopisch handelt es sich bei dem Gelatinpuder um schneeflockenartige angeordnete Fasern, die das Grundgerüst des Implantats darstellen. Das gleichzeitig gegebene Patientenplasma enthält Fibrinogen, wobei dieses Fibrinogen durch Thrombin in Fibrin umgewandelt wird, was wiederum Fibroblasten zur Kollagenbiosynthese anregt. Die physiologischerweise bestehende fibrinolytische Aktivität des Plasmas wird durch die gegebene Epsilonaminocapronsäure gehemmt. Durch diesen Mechanismus können Substanzdefekte der Haut ausgeglichen werden (Abb. 1).

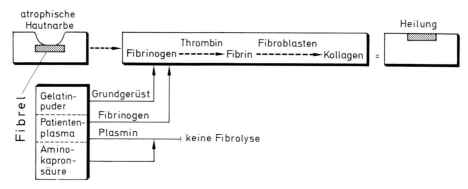

Abb. 1. Fibrel Wirkungsmechanismus

Material und Methode

Vier Wochen vor dem geplanten Eingriff erfolgt die Fibrel-Testinjektion. Die Testampulle wird mit 10 ml physiologischer Kochsalzlösung gemischt und 0,1 ml dieser Lösung werden in den Unterarm intracutan injiziert. Wenn keine lokale Reaktion nach vier Wochen erfolgt, wird Fibrel mit 0,5 ml Patientenplasma und 0,5 ml physiologischer Kochsalzlösung gemischt und entsprechend der von Gottlieb [1] angegebenen Zickzacktechnik injiziert.

Wir haben Fibrel in der angegebenen Weise bei 25 Patienten eingesetzt. Hierbei handelt es sich in sieben Fällen um flache Aknenarben, die durch Spannung zweier Finger ausgleichbar waren. Außerdem wurden vier Patienten mit Windpockennarben, neun Patienten mit Unfallnarben und Operationsnarben sowie fünf Patienten mit Falten bei Alterselastose behandelt.

In der Tabelle 1 wird das Patientengut, Alter und Geschlecht, die Lokalisation, die Genese und die Anzahl der zu korrigierenden Hautveränderungen dargestellt. Ausgeschlossen wurden Patienten mit Autoimmunerkrankungen, Keloidanamnese und Patienten mit sogenannten Icepick-Narben. Aufgrund unserer Erfahrungen ist das Behandlungsergebnis entscheidend abhängig von der Injektionstechnik. Bei der empfohlenen Zickzacktechnik penetriert die Injektionsnadel ca. 10 bis 20 mm von der angestrebten Implantationsstelle die Haut und wird in serpentinenartigem Verlauf bis dorthin vorgeschoben. Mit fächerartigem Vor- und Zurückziehen wird dann unterhalb der Narbe im Bereich der Dermis eine Tasche geschaffen, in welche das Fibrel-Plasma-Gemisch implantiert wird. Andernfalls kommt es wegen der erforderlichen ca. 50prozentigen Überkorrektur zur Entleerung des Transplantats durch den Stichkanal. Diese Injektionstechnik läßt sich in den meisten Fällen nur in Lokalanästhesie durchführen, wobei von uns eine Ringwallanästhesie mit einprozentigem Scandicain verwendet wurde.

Tabelle 1. Patientenkollektiv und Ergebnisse

Nr.	Patient	Ge-schlecht	Alter	Lokalisation	Genese der Narben	Anzahl der Narben	Anzahl der Implanta-tionen	Kor-rektur-er-gebnis
1.	H.S.	w	23	Nasenspitze, Glabella	Varicellen	2	1	+
2.	B.V.	w	26	li. Wange	Varicellen	1	1	+++
3.	M.S.	w	46	Nasolabialfalten, Kinn, Glabella	Elastose	4	1	++
4.	M.B.	w	38	re. Wange	Unfall	1	1	++++
5.	I.G.	w	59	Oberlippe	Elastose	4	2	+++
6.	B.T.	w	54	Oberlippe	Elastose	4	2	++++
7.	U.Z.	w	43	Nasolabialfalten	Elastose	2	1	++
8.	C.S.	w	26	li. Unterschenkel	Unfall	1	1	+++
9.	A.H.	w	34	re. Unterschenkel	Unfall	1	1	+++
10.	E.A.	w	39	Wangen, Nasenflügel	Akne	5	2	+++
11.	H.A.	w	34	li. Wange	Operation	1	1	++++
12.	E.R.	w	32	Glabella, Nasen-rücken	Akne	3	2	+++
13.	E.R.	w	32	re. Gluteus	Unfall	1	1	+++
14.	A.E.	w	39	Glabella	Akne	2	1	+++
15.	R.S.	w	44	li. Kinn	Operation	1	3	++++
16.	S.S.	w	32	re. Stirn	Varicellen	1	1	+++
17.	R.Z.P.	w	35	li. Wange	Operation	1	2	++++
18.	W.T.	w	40	bd. Wangen	Akne	6	2	++++
19.	R.B.	w	32	bd. Wangen	Akne	5	2	++
20.	O.B.	m	22	Glabella	Akne	1	1	++
21.	J.M.	w	39	re. Mundwinkel	Operation	1	2	+++
22.	E.H.	w	50	li. Wange	Operation	1	1	++
23.	J.W.	w	38	bd. Mundwinkel	Akne	4	1	++
24.	G.K.	w	44	Nasolabialfalten	Elastose	2	1	++
25.	P.F.	w	25	re. Wange, Nasen-rücken	Varicellen	2	1	+

+   = gering (25%)
++   = mäßig (50%)
+++   = deutlich (75%)
++++ = vollständig (100%)

Ergebnisse

Die Ergebnisse der 25 Patienten ist in Tabelle 1 aufgeführt. Bei sechs Patienten zeigte sich eine vollständige, bei zehn Patienten ein deutliche Korrektur, bei sieben Patienten eine mäßige und bei zwei Patienten eine geringe Korrektur. Die vollständige Korrektur entspricht einem 100%igen Ersatz, deutlich 75%, mäßig 50% und gering 25% (Abb. 2 a/b).

In der durchschnittlichen neunmonatigen Nachbeobachtungszeit haben sich keine allergischen Reaktionen gezeigt, wobei der erzielte kosmetische Erfolg erhalten blieb. Allerdings klagten ¾ der Patienten als direkte Injektionsfolge über Rötung,

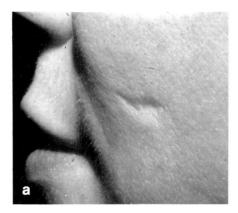
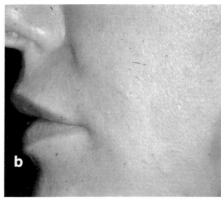

Abb. 2a, b. Unfallnarbe mit vollständiger Korrektur nach 2 Implantationen (Pat. R. Z. P.)

Schwellung und Schmerzen, die in einem Fall 14 Tage post injektionem und in einem 4 Wochen anhielten.

Diese Ergebnisse wurden im Rahmen einer Studie ermittelt, bei welcher vor Therapie und 6 Monate nach Therapie alle laborchemischen Blut- und Urinwerte bestimmt wurden. Hierbei konnte jedoch keine pathologische Abweichung von der Norm festgestellt werden.

Diskussion

Fibrel hat sich in dieser Studie analog einer multizentrischen Studie [2, 3] als geeignet in der Behandlung von athrophischen Narben erwiesen, wobei Icepick-Narben ausgeschlossen sind. Ein wesentlicher Vorteil erscheint uns, daß auch größere Substanzdefekte aufgrund der injizierbaren Menge behandelbar sind. Selbstverständlich kann auch mehrmals injiziert werden. In einem Fall haben wir dreimal in Abständen von 4 Wochen implantiert. Von erheblichem Nutzen ist auch die niedrige Antigenität von Fibrel. Testinjektionen bei über 50 Probanden ergaben keine pathologischen Reaktionen. Ähnliche Ergebnisse wurden von der multizentrischen Studie aus den Vereinigten Staaten ermittelt; hier zeigten sich bei 324 Patienten eine positive Testreaktion in 1,8% der Fälle, also bei sechs Patienten.

Von besonderer Bedeutung erscheint uns, verglichen mit herkömmlichen Implantaten, daß Fibrel längere Zeit erhalten bleibt, ja sogar durch die Induktion der Kollagenbiosynthese das Korrekturergebnis festigt. Wir haben bei einigen der 25 Patienten den Eindruck, daß dies in der Tat zutrifft.

Von Nachteil sind sicherlich die aufwendige Präparation, die Injektion in Lokalanästhesie, und die unmittelbaren Injektionsfolgen.

Literatur

1. Gottlieb S (1985) An Assessment of the Efficacy and Safety of Fibrel for the Elevation of Depressed Cutaneous Scars. Unpublished report
2. Chvapil M, Tulli P, Forni L, Cohan IS (1985) A Clinical Summary of Multicenter Clinical Trial with Fibrel, an Intradermal Implant for the Elevation of Depressed Cutaneous Scars. Unpublished report
3. Chvapil M, Cohan IS (1985) A Statistical Summary of Multicenter Clinical Trial with Fibrel, an Investigational Intradermal Implant for the Elevation of Depressed Cutaneous Scars. Unpublished report

Immunmodulation des malignen Melanoms nach Kältechirurgie – erste Ergebnisse der randomisierten Studie Kryochirurgie versus konventionelle Chirurgie

U. Weyer, I. Petersen, C. Ehrke, A. Carstensen, A. Nüssgen, C. Russ, B. Göttsch, L. Kowalzick, R. Arndt und E. W. Breitbart

Zusammenfassung

Kältechirurgie ist eine ausgezeichnete, wohl bekannte Methode, Tumorgewebe durch lokale Gefriervorgänge zu zerstören. Die ersten Untersuchungen über die zu erwartende Immunantwort nach Kältechirurgie wurden von R.J. Ablin und B. Helpap beschrieben.

Bei 32 Patienten mit einem malignen Melanom im Stadium II (pN1, pM1) führte die zeitlich versetzte, wiederholte kältechirurgische Zerstörung von Metastasen zu einer Reduktion auch peripherer Tumormassen.

In dem die Therapie begleitenden immunologischen Monitoring im peripheren Blut konnte der in der Literatur beschriebene booster-Effekt ebenfalls nachgewiesen werden.

Um das immunologische Geschehen weiter zu untersuchen, entwickelten wir eine randomisierte klinische Studie, in der das periphere Blut immunologisch untersucht wurde. Anhand der zur Zeit in der Studie rekrutierten 16 Patienten werden die ersten Ergebnisse diskutiert.

Einleitung

Die Inzidenz des malignen Melanoms im deutschsprachigen Raum, die 1966 mit etwa 1,8 auf 100 000 Einwohner noch als vergleichsweise niedrig angesehen werden konnte [27], ist mittlerweile auf etwa 5,4 für Frauen und 5,0 für Männer angestiegen [19].

Für das maligne Melanom werden in den letzten Jahren weltweit erhöhte Inzidenzzahlen angegeben [21, 28, 29, 33], wobei ein besonders schneller Anstieg in Australien und in den Südstaaten der USA zu verzeichnen ist. Aber auch in den nordeuropäischen Ländern muß alle 10–17 Jahre mit einer Verdoppelung gerechnet werden [6].

Die Zahl der am malignen Melanom Verstorbenen in der Altersgruppe der 40–70jährigen hat sich in den letzten 25 Jahren fast verdoppelt [18]. Um die Prognose dieses äußerst bösartigen Tumors zu verbessern, ist es unbedingt notwendig, neben der Früherkennung die Entwicklung neuer Therapiekonzepte zu verfolgen.

Vor ca. zehn Jahren wurde an unserer Klinik die Methode der Kältechirurgie etabliert, die neben zahlreichen anderen Indikationen (Basaliome, solare Keratosen, Keratoakanthom, Veruccae etc.) zur palliativen Vereisung von Hautmetastasen bei Patienten mit malignem Melanom angewendet wurde.

An zahlreichen dokumentierten Fallbeispielen machten wir die klinische Beobachtung, daß so behandelte Patienten nach wiederholten Vereisungszyklen über einen relativ langen Zeitraum rezidivfrei gehalten werden konnten. Außerdem konnte mehrfach gezeigt werden, daß nach Vereisung von einer oder mehrerer Hautmetastasen sich die anderen, nicht kryochirurgisch behandelten Metastasen ebenfalls zurückbildeten. Mit der indirekten 2 Stufen-Immunfluoreszenzmethode im peripheren Blut, die wir bei unseren Patienten jeweils vor und nach Kryotherapie durchführten, konnten wir einen Anstieg der Gesamt-T-Lymphozyten, der Helfer-T-Lymphozyten, der Ratio und der HLA-DR-positiven Zellen nachweisen, der durch einen erneuten Vereisungszyklus noch verstärkt werden konnte.

Um diese Daten zu überprüfen und ihre mögliche Bedeutung für die Prognose zu ermitteln, wurde an unserer Klinik vor einem Jahr mit einer klinisch kontrollierten, randomisierten Studie „Kryochirurgie versus konventionelle Chirurgie" begonnen, deren erste Ergebnisse vorgestellt werden sollen.

Material und Methoden

In der Studie sind bisher 16 Melanompatienten zur Auswertung gekommen, von denen 8 mit konventioneller Chirurgie und 8 mit Kryochirurgie behandelt wurden. Sie wurden aus dem Intermediate-risk-Bereich rekrutiert und nach einem Random-plan zufällig auf die beiden Therapiearme verteilt.

Die Aufteilung der beiden Gruppen hinsichtlich Alter, Geschlecht und Histologie sieht wie folgt aus (Tabelle 1).

Die beiden Patientengruppen wurden völlig identischen Bedingungen zugeführt, d. h. beide wurden in Lokalanästhesie operiert.

Die Kryochirurgie erfolgte durch flüssigen Stickstoff unter Benutzung des offenen Sprayverfahrens (E. W. Breitbart et al., 1985) mit einem Sicherheitsabstand von 3 cm gesunder Haut zu jeder Seite und einer Vereisungstiefe bis auf die Muskelfaszie. Bei der konventionellen Chirurgie wurde das Melanom mit einem Sicherheitsabstand von 3 cm und einer Schnittiefe bis auf die Muskelfaszie exzidiert und anschließend mit einem primären Wundverschluß versorgt.

Drei Wochen nach der Operation wurde die prophylaktische Lymphonodektomie der regionären Lymphknotenstation, die bei den am Rumpf gelegenen Melanomen durch die vorangegangene Lymphszintigraphie bestimmt worden war, in Allgemein-narkose durchgeführt.

Tabelle 1

	Alter (x̄)	Geschlecht	Histologie	
Kryochirurgie (1–8)	42–69 (55)	M = 5 F = 3	SSM3 NM 2 n. k.	= 3 = 2 = 3
konventionelle Chirurgie (9–16)	44–69 (58)	M = 6 F = 2	SSM NM n. k.	= 5 = 2 = 1

(SSM : superfiziell spreitendes Melanom
NM : noduläres Melanom
n.k. : nicht sicher klassifizierbares Melanom
M : Männer
F : Frauen)

Indirekte 2-Stufen-Immunfluoreszenzmethode

Für die nachfolgenden Untersuchungen wurde den Patienten einen Tag vor der Operation (Tag 0), am 2., 6. und 21. Tag 20 ml heparinisiertes und 2 ml EDTA-Vollblut jeweils morgens um 8 Uhr abgenommen.

Aus dem EDTA-Vollblut wurden durch Leukozytenzählung und Differentialblutbild die absoluten Lymphozytenzahlen ermittelt.

Aus den 20 ml heparinisiertem Blut erfolgte die Lymphozytenseperation durch Zentrifugation über einem Dichtegradienten (Lymphoprep, Dichte 1,077 g/l) nach Böyum [10]. Anschließend wurden die gewaschenen Zellen zur Monozytenabtrennnung mit 20 ml RPMI-1640-Medium (GIBCO) resuspendiert und in einer Kunststoffpetrischale für 60 min bei 37°C bebrütet. Die gewonnenen Lymphozyten wurden dann mit den verschiedenen monoklonalen Antikörpern gemischt (à 50 µl in fertigen Verdünnungen) und 30 min bei +4°C im Kühlschrank inkubiert (Tabelle 2).

Tabelle 2. Monoklonale Antikörper

Antikörper	Spezifität	Bezugsquelle
Anti-Leu-1	Pan-T-Zellen (CD 5)[a]	Beckton Dickinson
Anti-Leu-3a	Helfer/Inducer (CD 4)	Beckton Dickinson
Anti-Leu-2a	Suppressor/Cytotoxic (CD 8)	Beckton Dickinson
Anti-Leu-7	Natural killer cells	Beckton Dickinson
Anti-Leu-14	Pan-B-Zellen	Beckton Dickinson
OKB 7	Pan-B-Zellen	Ortho Diagnostics
L 243	HLA-DR	Dr. J. Johnson, Labor Riethmüller, München
Il-2-R	Interleukin-2 (Il-2) Rezeptor (CD 25)	DAKOPATTS
[a] FITC-conj. Goat Anti-Mouse Sekundärantikörper		TAGO

Nach dem Waschvorgang erneute Inkubation mit dem Sekundärantikörper (50 µl Goat Anti-Mouse FTIC* konjugiert) für 30 min im Kühlschrank, anschließend zweimaliger Waschvorgang mit Medium. Im Fluoreszenzmikroskop zunächst im Durchlicht die intakten Lymphozyten eines Blickfeldes zählen, dann den prozentualen Anteil der markierten Zellen (200 bzw. 100 positive Zellen) an der Gesamtzahl der betrachteten Lymphozyten bestimmen.

Ergebnisse

Indirekte 2-Stufen-Immunfluoreszenzmethode im peripheren Blut

Zur vergleichenden Betrachtung beider Patientengruppen wurden die relativen bzw. absoluten Differenzen bezogen auf den jeweiligen Ausgangswert (0. Tag) berechnet.

---

* FTIC: Fluoreszeinisothiocyanat, Gipfel des Emissionsspektrum im Grünbereich

In den nachfolgenden graphischen Darstellungen wurden die Differenzen zum 2., 6. und 21. Tag mit 0/2, 0/6 und 0/21).

Der statistische Vergleich zwischen Kryochirurgie und konventioneller Chirurgie erfolgte jeweils pro Lymphozytensubpopulation und Zeitpunkt der Messung (0/2, 0/6 und 0/21 beschriftet).

Der statistische Vergleich zwischen Kryochirurgie und konventioneller Chirurgie erfolgte jeweils pro Lymphozytensubpopulation und Zeitpunkt der Messung (0/2, 0/6 und 0/21).

Zwischen den mit Kryochirurgie und konventioneller Chirurgie behandelten Patientengruppen bestehen im postoperativen Verlauf der Lymphozytenwerte der Gesamt-T-, (Anti-Leu 1), Helfer-T-, (Anti-Leu 3a), HLA-DR positiven Zellen (L243) und der Ratio Unterschiede, auf die im Folgenden noch näher eingegangen wird.

Zur Objektivierung dieser Unterschiede wurde der t-Test angewendet ($p \leqslant 0.001$ – hochsignifikanter, $p \leqslant 0.01$ – signifikanter Unterschied, $p \leqslant 0.05$ – wahrscheinlich unterschiedlich).

Für die übrigen Lymphozytensubpopulationen der Suppressor-T-, (Anti-Leu 2a), der IL-2-Rezeptor positiven Zellen, der Gesamt-B- (Anti-Leu 14, OKB 7) und der NK-Zellen (Anti-Leu 7) ergaben sich keine signifikanten Unterschiede.

Gesamt-T-Zellen

Die Gesamt-T-Zellen steigen nach Kryochirurgie am 2. Tag im Mittel um 237 Zellen/µl, bzw. 24,1% an, während nach Chirurgie ein Abfall im Mittel um 369 Zellen/µl, bzw. 29,4% zu beobachten ist. Dieser Unterschied ist hochsignifikant.

Am 6. Tag beträgt der Anstieg des Mittelwertes nach Kryochirurgie 160 Zellen/µl, bzw. 38,8% und nach Chirurgie der Abfall des Mittelwertes 239 Zellen/µl, bzw. 20,4%. Dieser Unterschied ist ebenfalls hochsignifikant.

Am 21. Tag besteht nach Kryochirurgie ein mittlerer Zellzuwachs von 174 Zellen/µl, bzw. 26%, während die Zellen nach Chirurgie im Mittel um 252 Zellen/µl, bzw. 31,2% abnehmen. Zwischen diesen Wertepaaren besteht ein signifikanter Unterschied (Abb. 1).

Helfer-T-Zellen

Die Helfer-T-Zellen steigen nach Kryochirurgie am 2. Tag im Mittel um 357 Zellen/µl, bzw. 64,6% an, während nach Chirurgie ein Abfall im Mittel um 381 Zellen/µl, bzw. 33,8% zu beobachten ist. Dieser Unterschied ist hochsignifikant.

Am 6. Tag beträgt der Anstieg des Mittelwertes nach Kryochirurgie 190 Zellen/µl, bzw. 54,9% und nach Chirurgie der Abfall des Mittelwertes 309 Zellen/µl, bzw. 24,7%. Dieser Unterschied ist ebenfalls hochsignifikant.

Am 21. Tag besteht nach Kryochirurgie ein mittlerer Zellzuwachs von 291 Zellen/µl, bzw. 49,8%, während die Zellen nach Chirurgie im Mittel um 206 Zellen/µl, bzw. 26,2% abnehmen. Zwischen diesen Wertepaaren besteht ein signifikanter Unterschied (Abb. 2).

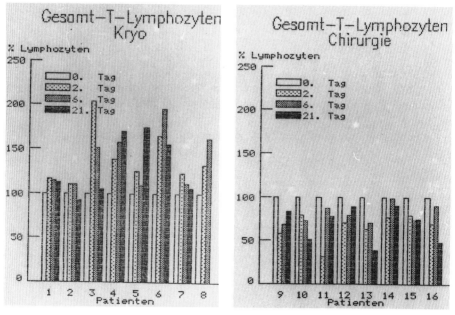

Abb. 1. Graphische Darstellung der Gesamt-T-Lymphozyten für die Kryochirurgie und Chirurgie-patienten. Die Ausgangswerte sind aus graphischen Gründen mit 100% angegeben

	Kryo			*Chirurgie*			
Gesamt-T abs.	x̄	s	n	x̄	s	n	t-Test
0/2	237	± 166	8	− 369	± 179	8	p ≤ 0.001
0/6	160	± 95	7	− 239	± 156	8	p ≤ 0.001
0/21	174	± 214	8	− 252	± 132	7	p ≤ 0.01
Gesamt-T rel.	x̄	s	n	x̄	s	n	t-Test
0/2	24.1	± 10.1	6	− 29.4	± 8.2	7	p ≤ 0.001
0/6	38.8	± 32.0	8	− 20.4	± 10.8	8	p ≤ 0.001
0/21	26.0	± 34.6	8	− 31.2	± 20.0	8	p ≤ 0.01

HLA-DR$^+$-Zellen

Die Anzahl der HLA-DR$^+$-Zellen nimmt am 2. Tag nach Kryochirurgie im Mittel um 53 Zellen/µl, bzw. 108% zu, während sie nach Chirurgie im Mittel von 32 Zellen/µl, bzw. 20,3% abnimmt. Dieser Unterschied ist hochsignifikant.

Am 6. Tag nach Kryochirurgie beträgt der mittlere Anstieg 61 Zellen/µl, bzw. 71,5% und nach Chirurgie der Abfall im Mittel 42 Zellen/µl, bzw. 22,7%. Diese Wertepaare sind wahrscheinlich unterschiedlich.

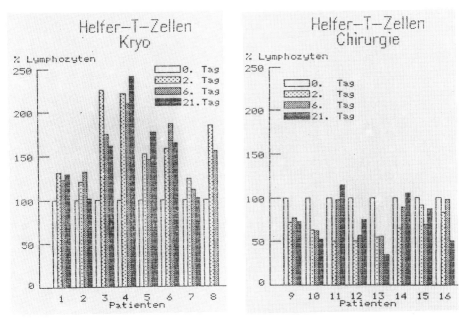

Abb. 2. Graphische Darstellung der Helfer-T-Zellen für Kryochirurgie und Chirurgie

	Kryo			Chirurgie			
Helfer-T abs.	x̄	s	n	x̄	s	n	t-Test
0/2	357	± 170	8	− 381	± 276	8	p ≤ 0.001
0/6	190	± 51	6	− 309	± 297	8	p ≤ 0.001
0/21	291	± 272	8	− 206	± 219	7	p ≤ 0.01
Helfer-T rel.	x̄	s	n	x̄	s	n	t-Test
0/2	64.6	± 42.0	8	− 33.8	± 15.0	8	p ≤ 0.001
0/6	54.9	± 33.7	8	− 24.7	± 17.4	8	p ≤ 0.001
0/21	49.8	± 46.7	8	− 26.2	± 27.8	8	p ≤ 0.01

Am 21. Tag nach Kryochirurgie besteht ein mittlerer Zellzuwachs von 89 Zellen/µl, bzw. 116%, während nach Chirurgie ein mittlerer Zellabfall von 33 Zellen/µl, bzw. 4,6% besteht. Dieser Unterschied ist signifikant (Abb. 3).

Ratio (Helfer-T: Suppressor-T)

Die Ratio nimmt am 2. Tag nach Kryochirurgie im Mittel um 0,71 zu (relativer mittlerer Zuwachs um 23%), während die Ratio nach Chirurgie im Mittel um 0,7, bzw. 25,5% abnimmt, dieser Unterschied ist hochsignifikant.

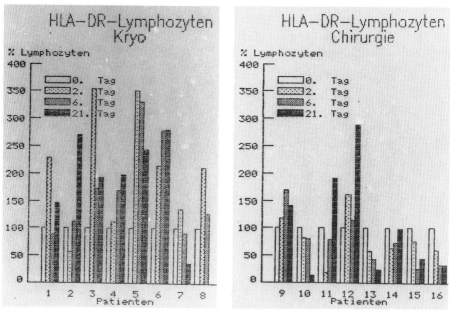

Abb. 3. Graphische Darstellung der HLA-DR positiven Zellen für Kryochirurgie und Chirurgie

	Kryo			Chirurgie			
HLA-DR⁺ abs.	x̄	s	n	x̄	s	n	t-Test
0/2	53	± 39	7	– 32	± 37	8	p ≤ 0.001
0/6	61	± 94	8	– 42	± 59	8	p ≤ 0.005
0/21	89	± 56	7	– 33	± 75	8	p ≤ 0.01
HLA-DR⁺ rel.	x̄	s	n	x̄	s	n	t-Test
0/2	108.0	± 106.7	8	– 20.3	± 42.8	8	p ≤ 0.01
0/6	71.5	± 88.7	8	– 22.7	± 46.9	8	p ≤ 0.05
0/21	116.0	± 97.5	8	– 4.6	± 97.0	8	p ≤ 0.01

Am 6. Tag besteht nach Kryochirurgie ein mittlerer Zuwachs um 0,71, bzw. 20,7% und nach Chirurgie ein mittlerer Abfall um 0,57, bzw. 20,6%. Dieser Unterschied ist ebenfalls hochsignifikant.

Am 21. Tag beträgt nach Kryochirurgie der mittlere Anstieg der Ratio 0,88, bzw. 37,3%, während nach Chirurgie ebenfalls ein minimaler Anstieg im Mittel von 0,003, bzw. ein minimaler relativer Abfall um 3,2% zu verzeichnen war. Trotzdem konnte hier ein signifikanter Unterschied zwischen Kryochirurgie und Chirurgie festgestellt werden (Abb. 4).

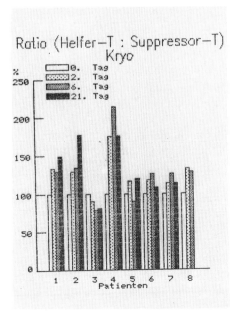
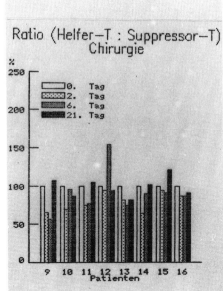

Abb. 4. Graphische Darstellung der Ratio (Helfer-T: Suppressor-T) für Kryochirurgie und Chirurgie

	Kryo			*Chirurgie*			
Ratio abs.	x̄	s	n	x̄	s	n	t-Test
0/2	0.71	± 0.30	8	− 0.70	± 0.40	8	p ≤ 0.001
0/6	0.71	± 0.56	8	− 0.57	± 0.40	8	p ≤ 0.001
0/21	0.88	± 0.61	8	0.003	± 0.30	7	p ≤ 0.01
Ratio rel.	x̄	s	n	x̄	s	n	t-Test
0/2	23.0	± 8.3	7	− 25.5	± 12.1	8	p ≤ 0.001
0/6	20.7	± 14.2	7	− 20.6	± 13.7	8	p ≤ 0.001
0/21	37.3	± 29.5	8	− 3.2	± 19.1	8	p ≤ 0.01

Diskussion

Die Annahme, daß die Kryochirurgie neben der Tumorzerstörung eine Immunstimulation darstellt, d.h. daß neben der physikalischen Phase und Gefäßphase auch eine immunologische Phase existiert [30], basierte bisher nur auf Fallkasuistiken und zahlreichen Publikationen am Tiermodell [2, 9, 17, 26, 32, 34, 37, 38, 39].

Es sind vor allen Dingen Arbeiten von der Kryoimmunotherapeutischen Arbeitsgruppe um R.J. Ablin [5], die tierexperimentell zeigen konnten, daß es sowohl zur Induktion von tumorspezifischen, zytotoxischen Antikörpern als auch zur T-Zell-übertragenen Destruktion kryochirurgisch zerstörten Gewebes kommt.

Die theoretischen Überlegungen hierzu sind folgende:
Die Kryochirurgie führt zur Alteration der Zellmembran und zur Veränderung von Oberflächenantigenen (Proteindenaturierung). Intrazelluläre Antigene, die zuvor

keinen Kontakt mit dem Immunsystem hatten, werden freigesetzt und können als Autoantigene wirken [4, 23].

Ebenso kann es zur Freisetzung intrazellulärer oder membrangebundener, tumorassoziierter Antigene kommen, die eine spezifische immunologische Reaktion auslösen und damit primäres Tumorgewebe sowie Tochtergeschwülste zerstören [2]. Da im Gegensatz zur konventionellen Chirurgie der Tumor zwar zerstört, aber im Körper belassen wird, findet eine verlängerte Antigenexposition und damit eine gesteigerte Tumorimmunität statt [4, 23].

Die bisher gewonnenen tierexperimentellen Daten lassen sich nicht auf den Menschen übertragen. Deshalb war es unser Ziel, durch eine auf mindestens zehn Jahre angelegte Studie einen möglichen Unterschied in der prognostischen Bedeutung der Kryotherapie zu evaluieren.

Einige Untersuchungen an T-Zellsubpopulationen lassen einen Zusammenhang zwischen der Höhe der Lymphozytenwerte und der Prognose vermuten [7, 13, 16]. Die Arbeitsgruppe Bernengo [8] stellte bei Untersuchungen an Melanompatienten fest, daß metastasierte Patienten signifikant niedrigere Werte ihrer Gesamt-T- und Helfer-T-Zellen hatten als die nicht metastasierten und die Kontrollgruppe. Die Ratio (Helfer T: Suppressor T) blieb bei den nicht metastasierten Patienten konstant oder stieg an, während metastasierte Patienten einen zunehmenden Abfall ihrer Ratio zeigten.

Um einen Einblick in das immunologische Geschehen zu bekommen und gegebenenfalls später mit der Klinik korrelieren zu können, war im Studienprotokoll die immunhistochemischen Untersuchungen des Blutes und normaler Haut um die Tumorresektionsränder integriert.

Bei den ersten 16 Studienpatienten, die zur Auswertung gekommen sind, fiel auf, daß bei den Kryochirurgiepatienten die Werte von Gesamt-T-, Helfer-T-, HLA-DR positiven Zellen und der Ratio im peripheren Blut im Vergleich zu den Ausgangswerten angestiegen waren, während sie sich bei den konventionell operierten Patienten eher abfallend bis gleichbleibend verhielten. Dieser Unterschied ist statistisch hochsignifikant bis signifikant (siehe Ergebnisse).

Im Gewebe konnten wir keine statistisch bedeutsamen Unterschiede nachweisen.

Diese Studienergebnisse sind als präliminär aufzufassen, da für eine definitive Aussage eine zufriedenstellende Patientenzahl noch nicht erreicht ist.

Mit aller Vorsicht läßt sich jedoch sagen, daß sich die Tendenz eines spezifischen Effekts nach Kryochirurgie abzeichnet, der erwartungsgemäß im Blut und nicht in der Peripherie des Tumors nachzuweisen ist.

Ob es sich hierbei auch um einen antitumorspezifischen Effekt oder lediglich um einen spezifischen Effekt nach einer bestimmten Art der Gewebszerstörung handelt, muß die Zukunft erbringen wie auch die Frage nach der prognostischen Bedeutung.

Inwieweit es in Zukunft sinnvoll sein kann, die Kryochirurgie mit Immunmodulatoren zu kombinieren [37], bleibt ebenfalls abzuwarten.

Literatur

1. Ablin RJ (1975) Cryo-immunotherapy: Clinical and experimental considerations of the immune response. In Normal and Abnormal Growth of the Prostate (M Goland, ed) Chas C Thomas, Springfield, III, pp 788–832
2. Ablin RJ et al (1977) Biphasic effect of cryosurgery of the prostate on lymphocyte proliferation. Cryobiology 14:60–67
3. Ablin RJ, Fontana G (1980) Cryoimmunotherapy: continuing studies toward determining a rational approach for assessing in candidacy of the prostatic cancer patient for cryoimmuno-therapy and postoperative responsiveness. An interim report. Cryobiology 17:170–177
4. Ablin RJ et al (1980) Immunological considerations of cryosurgery. In: Handbook of cryosurgery (RJ Ablin, ed) Dekker, New York
5. Ablin RJ, Fontana G, Helpap B and the Cryoimmunotherapeutic Study Group (1981) Cryo-immunotherapy: A conference report. Tumor Diagnosis 2, 246–249
6. Balda BR (1981) Epidemiologie kutaner Melanome. MMW 123, 50:1923–1926
7. Bernengo MG, Capella G, Peruccio M, Zina G (1978) Relationship between T and B lymphocyte values and prognosis in malignant melanoma. Br J Derm 98:655–662
8. Bernengo MG, Lisa F, Puiatti P, Meregalli M, Berruto G, Zina G (1983) T-cell-subsets in melanoma patients evaluated by anti-T-cell monoclonal antibodies. Thymus 5:223
9. Blackwood CE, Cooper IS (1972) Response of experimental tumor system to cryosurgery. Cryobiology 9:508–515
10. Böyum A (1968) Isolation of mononuclear cells and granulocytes from human blood. Scand J Clin Lab Invest 21 (97):77–89
11. Bröcker EB, Macher E (1981) Der Einfluß von Narkose und Operation auf das Immunsystem. Klin Wochenschr 59:1297–1301
12. Breitbart EW (1978) Neue Gesichtspunkte in der kryochirurgischen Behandlung von Neubildun-gen der Haut. In: Operative Dermatologie. Hrsg: K Salfeld, Springer, Berlin Heidelberg New York, 230–233
13. Butterworth C, Oon CJ, Westbury G, Hobbs JR (1974) T-lymphocyte responses in patients with malignant melanoma. Eur J Cancer 10:639–646
14. Clement LT, Grossi CE, Gartland L (1984) Morphologic and phenotypic features of the subpopu-lation of Leu-2$^+$ cells that suppresses B cell differentiation. J Immunol 133:2461–2468
15. Cochran AJ, Spilg WG, Mackie R, Thomas CE (1972) Postoperative depression of tumor-directed cell-mediated immunity in patients with malignant disease. Brit Med J 4:67–70
16. De Gast GC, The TH, Koops HS et al (1975) Humoral and cell-mediate immune response in patients with malignant melanoma. Cancer 36:1289–1297
17. Faraci RP et al (1975) In vitro demonstration of cryosurgical augmentation of tumor immunity. Surgery 77:433–438
18. Garbe C, Bertz J, Orfanos CE (1985) Malignes Melanom: Zunahme von Inzidenz und Mortalität in der Bundesrepublik Deutschland. Z Hautkr 61:1751–1764
19. Garbe C, Orfanos CE (1988) Epidemiologische Daten des Zentralregisters malignes Melanom: Inzidenz, Risikofaktoren, Prognose. 19. Deutscher Krebskongreß in Frankfurt
20. Hattori T et al (1979) Experimental studies on operative stress in surgery for cancer. J Jap Surg Soc 80:1385–1389
21. Heite HJ (1981) Epidemiologie und Prognose. In: Weidner F, Tonak J (Hrsg) Das maligne Melanom der Haut. Perimed, Erlangen, S11–26
22. Helpap B, Grouls V (1979) Tissue reperation of the liver after thermo- and cryosurgical lesions: comparative cell analytical investigations. Cryobiology 16:473
23. Helpap B (1980) Der kryochirurgische Eingriff und seine Folgen. Georg Thieme, Stuttgart
24. Eskandari H et al (1978) Effect of cryosurgery on anti-tumor cell-mediated immunity (Abstract) Cryobiology 15:726
25. Kaiser RE, Mühlbauer JA (1986) Elementare Tests zur Beurteilung von Meßdaten. B.I. Hoch-schultaschenbücher Bd 774, 2. Aufl
26. Kimura H et al (1978) Comparative immunological studies on cryosurgery and surgical operations using moloney murine sarcoma virusinduced primary tumors in balb/c mice. Gann, August 69:507–515

27. Korting GW (1966) Dtsch med Wschr 91:501–505
28. Lee JAH (1976) The current rapid increase in incidence and mortality from malignant melanoma in developed societies. In: Riley V (eds) Pigment Cell, Vol 2, Karger, Basel, 412–420
29. Lee JAH (1983) Epidemiology of Malignant Melanoma: 10 years progress. In: Mackie R (ed) Pigment Cell, Vol 6, Karger, Basel, pp 1–21
30. Le Pivert P et al (1979) Predict tability of cryonecrosis by impedancemetry. LLM (Cryotherapien 2), 15:385
31. Le Pivert P (1980) Basic considerations of the cryolesion, in: Handbook of Cryosurgery Ablin RJ, Ed, Marcel Dekker, New York 15
32. Lersch C et al (1986) Induktion einer cellulären Immunantwort durch Kryochirurgie. Aus: Chirurgisches Forum 86 f. experim u klinische Forschung. Hrsg H-J Streicher. Springer, Berlin Heidelberg
33. Mackie R (1983) The pathogenesis of cutaneous malignant melanoma. Brit med J 287:1568–1569
34. Matsumara K et al (1982) Antitumor immunologic reactivity in the relatively early period after cryosurgery: experimental studies in the rat. Cryobiology 19:263–272
35. Soanes WA, Ablin JR, Gonder MJ (1970) Remission of metastatic lesions following cryosurgery in prostatic cancer: Immunologic considerations. J Urol 104:154–159
36. Stein H, Lennert K, Feller AS, Mason DY (1984) Immunhistological analysis of human lymphoma: correlation of histological and immunological categories. Adv Cancer Res 42:67–142
37. Tanaka S (1978) Intensification of cryoimmunological reaction using adjuvant immunopotentiators. Cryobiology 15 (Abstract), 702
38. Tanaka S (1982) Immunological aspects of cryosurgery in general surgery. Cryobiology 19:247–262
39. Tanemura H et al (1982) Influences of operative stress on cellmediated immunity and on tumor metastasis and their prevention by nonspecific immunotherapy: experimental studies in rats. J of Surg Onc 21: 189–195

Histochemische Untersuchungen zum Nachweis proteolytischer Aktivität im Basaliom

B. Schlagenhauff, C. Klessen, S. Teichmann-Dörr und H. Breuninger

Zusammenfassung

Thema der vorliegenden Studie war die Darstellung proteolytischer Aktivität an Gefrierschnitten von Basaliomen. Hierbei kamen eine unspezifische Inkubationsmethode zur Erfassung von Endopeptidasen sowie substrathistochemische Techniken für den spezifischen Nachweis einiger Peptidasen zur Anwendung.

Einleitung

Eine Reihe von Befunden experimenteller Untersuchungen deuten darauf hin, daß Proteasen bei Proliferation, Invasion und Metastasierung von Tumoren eine wichtige Rolle spielen. Eine wesentliche Voraussetzung für das infiltrierend-destruierende Tumorwachstum ist offenbar die lokale Auflösung der extrazellulären Matrix, d.h. der das Tumorgewebe umgebenden Strukturen, durch tumorassoziierte proteolytische Enzyme (Goldfarb und Liotta 1986).

Tatsächlich konnten in malignen Tumoren erhöhte Aktivitäten verschiedener Proteasen nachgewiesen werden. Beispielhaft seien genannt: Verschiedene Kollagenasen, Plasminogenaktivator und Cathepsin B (Dresden et al. 1972, Goldfarb und Liotta 1986, Sloane et al. 1986). Darüber hinaus ist damit zu rechnen, daß dem Tumor benachbarte Bindegewebszellen durch von Tumorzellen gebildete Faktoren zu einer vermehrten Synthese und Sekretion proteolytischer Enzyme angeregt werden (Liotta 1986).

Ziel der vorliegenden Studie war es, mittels zweier prinzipiell verschiedener histochemischer Techniken proteolytische Aktivität sowohl im Basaliomgewebe als auch im extratumoralen Stroma darzustellen.

Material und Methoden

Die Untersuchungen wurden an vorwiegend aus dem Kopfbereich stammenden soliden Basaliomen durchgeführt. Als Kontrollgewebe diente nicht pathologisch verändertе Haut, die im Rahmen plastisch chirurgischer Eingriffe gewonnen wurde. Die Gewebeproben wurden über Isopentan in flüssigen Stickstoff gebracht und hierin bis zur Weiterverarbeitung belassen. Einige der substrathistochemischen Proteasennachweise (DPP I, Cathepsin B) gelingen nur an fixiertem Gewebe. Die hierfür vorgesehenen Gewebeproben wurden durch Einbringen in 4% Formol mit 30% Saccharose für 24 Std. bei 4 °C fixiert, anschließend in Holtscher Lösung ebenso lange gespült und sodann wie oben beschrieben eingefroren (Einzelheiten bei Lojda et al. 1976). Für die enzymhistochemischen Untersuchungen wurden 10 μm dicke Kryostatschnitte angefertigt.

Unspezifische Methode zum Nachweis neutraler Proteasen (Endopeptidasen)

Hierzu wurden unfixierte Gefrierschnitte in 0,1 M Phosphatpuffer pH 7,4 mit Zusatz von 0,25 M NaCl für 120 min bei 39 °C in der feuchten Kammer inkubiert (Standardinkubation). In weiteren Versuchen wurden dem Standardinkubationsmedium für die verschiedenen Proteasenklassen spezifische Inhibitoren zugesetzt. Folgende Proteaseinhibitoren wurden verwendet (Konzentrationen s. Tabelle 1):

Trypsin-Inhibitor aus Sojabohne (SBTI), N-alpha-Tosyl-L-Lysin-Chlormethylketon (TLCK), Phenylmethylsulfonylfluorid (PMSF), 3,4-Dichlorisocumarin (DCIC), Ethylendiamintetraessigsäure (EDTA), Phenanthrolin, Leupeptin und Pepstatin.

Substrathistochemische Enzymnachweise, d. h. Nachweise verschiedener Peptidasen unter Verwendung von Aminosäure-4-methoxy-2-naphthylamiden als chromogene Substrate:

Folgende membrangebundene und lysosomale Enzyme wurden nachgewiesen:

Aminopeptidase M (APM, Gossrau 1985)
Dipeptidylpeptidase IV (DPP IV, Gossrau 1979)
Dipeptidylpeptidase II (DPP II, Gossrau und Lojda 1980)
Dipeptidylpeptidase I (DPP I, Sannes et al. 1986)
Cathepsin B (Sannes et al. 1986)

Befunde und Diskussion

Unspezifischer Nachweis neutraler Proteasen

Das Ergebnis der Inkubation mit NaCl-Phosphatpuffer war eine vollständige Auflösung des Tumorgewebes (vgl. Abb. 1 und 2). Häufig ließ sich auch eine weitgehende Zerstörung der basalen und der spinozellulären Epidermisschichten, besonders in unmittelbarer Nachbarschaft des Tumors, feststellen (Abb. 2).

An normaler Haut ließen sich derartige epidermale Veränderungen nicht nachweisen. Diese, das Tumorgewebe und die Epidermis betreffende Gewebsdestruktion, war durch Zusatz spezifischer Proteaseinhibitoren zum Inkubationsmedium hemmbar (Abb. 3). Eine gute Hemmung der Auflösung von Tumorparenchym und Epidermis gelang mit den verwendeten Serinproteaseinhibitoren PMSF, DCIC, TLCK und SBTI. Aber auch mit den Metalloproteaseinhibitoren EDTA und Phenanthrolin

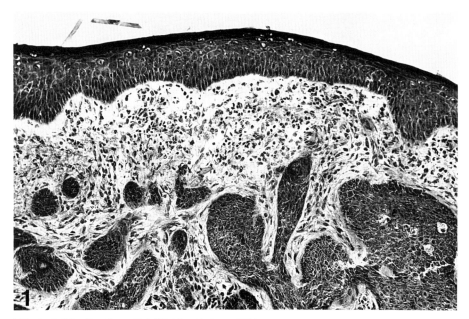

Abb. 1. Solides Basaliom, Toluidinblau-Färbung (TB)

Abb. 2. Solides Basaliom, TB. Inkubation mit 0,25 M NaCl-Phosphatpuffer: Tumorepithel und basale Zellagen der Epidermis sind aufgelöst; Pfeile markieren die dermo-epidermale Junktion

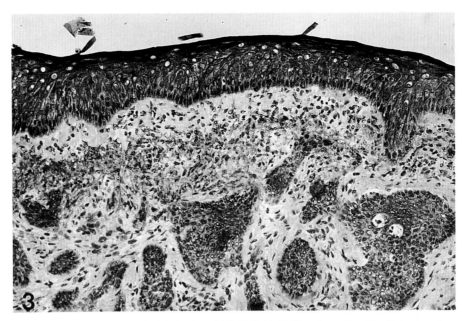

Abb. 3. Solides Basaliom, TB. Inkubation mit PMSF in NaCl-Phosphatpuffer: Deutlich erkennbare Inhibition der Auflösung von Epidermis und Tumorepithel

konnte eine Hemmung erzielt werden. Mit Leupeptin, einem Serin- und Cysteinproteaseinhibitor, sowie mit Pepstatin, einem Aspartatproteaseinhibitor, ließ sich keine Hemmung feststellen (vgl. Tabelle 1). Die Ergebnisse der Inhibitionsversuche lassen darauf schließen, daß mittels der dargestellten Inkubationstechnik überwiegend neutrale Serin- und Metalloproteasen erfaßt wurden. Außerdem wurde das gewebsdestruierende Potential dieser Proteasen deutlich.

Wie ist nun diese, offensichtlich auf die Wirkung von Proteasen zurückzuführende Gewebsdestruktion zu erklären? Aus biochemischen Untersuchungen ist bekannt, daß Proteasen mittels Pufferlösungen höherer Ionenstärke aus der Haut extrahiert werden können, indem sie aus inaktiven Komplexen oder aus der Bindung an Inhibitoren herausgelöst und somit aktiviert werden.

Tabelle 1

Inhibitor	Proteasenklasse	Konzentration	Inhibition
SBTI	Serin	0,5 mg/ml	+
TLCK	Serin	10^{-2}M	+
PMSF	Serin	2×10^{-3}M	+ +
DCIC	Serin	10^{-3}M	+ +
EDTA	Metallo	10^{-2}M	+
Phenanthrolin	Metallo	10^{-2}M	+ +
Leupeptin	Serin/Cystein	10^{-3}M	−
Pepstatin	Aspartat	10^{-3}M	−

Woodbury und Neurath (1980) demonstrierten diese Tatsache in Untersuchungen an Mastzellproteasen, wobei eine dieser Proteasen nur mittels höherer Salzkonzentrationen aus ihrer starken Bindung an Heparin herausgelöst werden konnte. Sayama et al. (1987) wiesen nach, daß die Bindung einer chymotrypsinähnlichen Protease der Haut an Glykosaminoglykane von der Ionenstärke abhängt.

Substrathistochemische Enzymnachweise

Die APM-Aktivität war außerordentlich hoch im den Tumor unmittelbar umgebenden bindegewebigen Stroma. Das Tumorgewebe selbst und die Epidermis reagierten dagegen negativ (Abb. 4). Diese Beobachtungen bestätigen die Ergebnisse histochemischer Untersuchungen von Wolff und Holubar (1966) zur Aminopeptidase M am Basaliom. Bei der Aufarbeitung von Serienschnitten der Tumorperipherie fielen an einigen Schnitten, welche kein Tumorepithel erkennen ließen, fokal erhöhte APM-Aktivitäten im Korium auf. Anhand aufeinander folgender Serienschnitte konnte gezeigt werden, daß es sich hierbei um die APM-Reaktion des peritumorösen Stromas eines Basaliomausläufers handelte.

Auch die DPP IV-Aktivität war im Basaliomgewebe gegenüber normaler Haut deutlich erhöht. Auffallend waren hier Lokalisation und Verteilung der Enzymaktivität: Fokal sehr hohe Aktivität in Stroma und Parenchym lag neben nur schwach positiv oder negativ reagierenden Tumorbereichen vor. Eine epidermale DPP IV-Aktivität wurde gelegentlich beobachtet, besonders in mit Tumorparenchym in Ver-

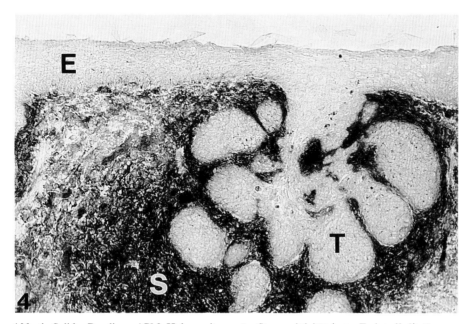

Abb. 4. Solides Basaliom, APM. Hohe peritumoröse Stromaaktivität (roter Farbstoff, S), Tumorepithel (T) und Epidermis (E) reagieren negativ

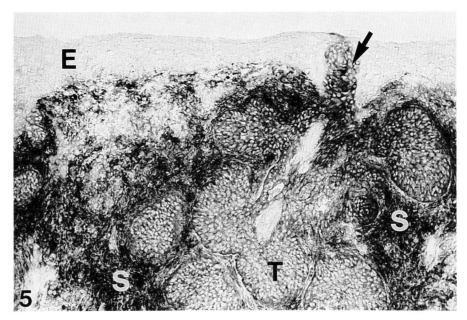

Abb. 5. Solides Basaliom, DPP IV. Positive Reaktion (roter Farbstoff) im Tumorparenchym (T) und im peritumorösen Stroma (S); die Epidermis (E) reagiert stellenweise positiv (Pfeil)

bindung stehenden Epidermisabschnitten (Abb. 5). DPP II stellte sich mit ähnlichem Verteilungsmuster dar wie DPP IV, jedoch mit geringerer Intensität. Eine hohe DPP I-Aktivität war innerhalb des Tumorparenchyms mit bevorzugter Lokalisation in zentralen Bereichen der Tumorinseln zu beobachten. Dasselbe gilt für Cathepsin B. Epidermisareale, die in Beziehung zum Tumorparenchym standen, reagierten gelegentlich stark positiv, während periphere Epidermisanteile schwächer reagierten. Die Epidermis normaler Haut stellte sich bei beiden Enzymen zum Teil schwach positiv, gelegentlich negativ dar.

Insgesamt betrachtet zeigten die mittels substrathistochemischer Technik nachgewiesenen Exopeptidasen eine deutlich höhere Aktivität am Basaliomgewebe im Vergleich zu normaler Haut. Ihre Lokalisation und Verteilung in Stroma und Tumorparenchym deuten auf eine wechselseitige Beeinflussung von Stroma und Parenchym, z.B. im Sinne von Enzymaktivierung und gegenseitiger Stimulation zur Enzymsynthese hin. Goslen et al. (1985) isolierten von Basaliomzellen stammende Zytokine, welche Fibroblasten zur Kollagenasesynthese stimulieren konnten. Ein vergleichbarer Mechanismus könnte auch für die hohe APM-Aktivität im Stroma angenommen werden. Dies insbesondere bei DPP IV zu beobachtenden fokalen Aktivitätsunterschiede am selben Schnitt lassen an unterschiedliche Aktivitätsstadien bezüglich Proliferation, Invasion und möglicherweise Regression in den verschiedenen Tumorabschnitten denken.

Die mit den verschiedenen histochemischen Techniken nachgewiesene hohe Proteasen-Aktivität im Basaliomgewebe ist vermutlich Ausdruck einer Verschiebung im physiologischen Proteasen-Proteaseinhibitoren-Gleichgewicht zugunsten der Proteasen. Erhöhte proteolytische Aktivität wurde vielfach in stark proliferierenden Geweben, wie z. B. Psoriasis (Fräki und Hopsu-Havu 1976) und maligne Tumoren (Goldfarb und Liotta 1986), nachgewiesen. Auch wurde gezeigt, daß Proteasen die Kontaktinhibition ruhender Zellen aufheben und somit die Zellteilung stimulieren können (Burger 1970). Die Fähigkeit mancher Proteasen, z. B. Kollagenase, Bestandteile der extrazellulären Matrix zu spalten, spielt vermutlich bei der Tumorinvasion eine wichtige Rolle. So dürfte auch das hier nachgewiesene proteolytische Potential in Tumorparenchym und Stroma sowie in Bereichen der Epidermis für die Proliferation und die invasive, destruierende Ausbreitung des Basalioms von entscheidender Bedeutung sein.

Danksagung: Aufrichtigster Dank gebührt Elke Maier für ihre technische Assistenz, Brigitte Wendt-Schneider für die Herstellung des Manuskripts und Manfred Mauz für die Anfertigung der photographischen Reproduktionen.

Literatur

Burger MM (1970) Proteolytic enzymes initiating cell division and escape from contact inhibition of growth. Nature 227:170–171

Dresden MH, Heilman SA, Schmidt JD (1972) Collagenolytic enzymes in human neoplasms. Cancer Res 32:993–996

Fräki JE, Hopsu-Havu VK (1976) Plasminoagenactivator and histone hydrolyzing proteases in psoriasis scales – possible role in increased cell division. Ann Clin Res 8:335–339

Goldfarb RH, Liotta LA (1986) Proteolytic enzymes in cancer invasion and metastasis. Semin Thrombos Hemostas 12:294–307

Goslen JB, Eisen AZ, Bauer EA (1985) Stimulation of skin fibroblast collagenase production by a cytokine, derived from basal cell carcinoma. J Invest Dermatol 85:161–164

Gossrau R (1979) Peptidasen II. Zur Lokalisation der Dipeptidylpeptidase IV (DPP IV). Histochemische und biochemische Untersuchungen. Histochemistry 60:231–248

Gossrau R (1985) Cytochemistry of membrane proteases. Histochem J 17:737–771

Gossrau R, Lojda Z (1980) Study on dipeptidylpeptidase II (DPP II). Histochemistry 70:53–76

Liotta LA (1986) Tumor invasion and metastasis – role of the extracellular matrix: Rhoads memorial award lecture. Cancer Res 46:1–7

Lojda Z, Gossrau R, Schiebler TH (1976) Enzymhistochemische Methoden. Springer, Berlin Heidelberg New York

Sannes PL, Schofield BH, McDonald DF (1986) Histochemical localization of cathepsin B, dipeptidylpeptidase I and dipeptidylpeptidase II in rat bone. J Histochem Cytochem 34:983–988

Wolff K, Holubar K (1966) Zur Enzymhistochemie des Basalioms. Arch Klin Exp Dermatol 223:483–500

Computergestützte Arztbriefe in der operativen Dermatologie

H. Breuninger und U. Wurfer

Einleitung

Durch den zunehmenden Einsatz von Schreibautomaten und der EDV werden Briefe aus Textbausteinen immer häufiger und finden zunehmende Akzeptanz. Da besonders in der Operativen Dermatologie eine Standardisierung der behandelten Krankheiten und auch der Therapieverfahren möglich ist, erscheint es sinnvoll, für dieses Spezialgebiet der Dermatologie die technischen Möglichkeiten der EDV zu nutzen. Im folgenden soll nun über den Aufbau und die Erfahrungen solcher EDV-gestützter Arztbriefe berichtet werden.

Material

Pro Jahr müssen über 1000 Arztbriefe von Patienten geschrieben werden, die auf der operativen Station der Univ.-Hautklinik Tübingen betreut wurden. Im wesentlichen handelt es sich dabei um folgende Erkrankungen:
1. Bösartige Tumoren der Haut (73%)
2. Primäre Varikose (16%)
3. Gutartige Hautveränderungen und kosmetische Eingriffe (11%).

An therapeutischen Methoden kamen zur Anwendung die Skalpellexzision mit diversen Möglichkeiten der Defektdeckung, hochtouriges Schleifen, Kryotherapie sowie weitere, weniger häufig angewandte Methoden.

Methode

Zunächst wurden für jeden einzelnen Schritt des Briefes Satzbausteine entworfen, die so gestaltet sein mußten, daß nach der Zusammenfügung durch den Automaten ein grammatikalisch und sinngemäß richtiger Brief zustande kam. Den vollen Umfang dieser Satzbausteine erhält der Leser beim Autor auf Anfrage.

Jeder einzelne dieser Sätze erhält einen Kurzcode unter dem er in den Computer eingespeichert wird. Man kann also allein durch diesen Code ganze Sätze abrufen. Die Zuordnung der Codes zu den entsprechenden Sätzen geschieht anhand eines Formblattes, welches von der Ärztin bzw. vom Arzt entsprechend der Diagnose und der Therapie ausgefüllt werden muß. Dabei ist es möglich, individuelle Datumsangaben, Maßangaben, Lokalisationsangaben und anderes individuell auf entsprechende Leerstellen hinzuzufügen (Abb. 1a, b).

Die Sekretärin bzw. der Sekretär überträgt nun lediglich die Codes und die zusätzlichen individuellen Angaben, die mit entsprechenden Leerstellen einprogrammiert sind, vom Formularblatt in den Schreibautomaten, der den Brief entsprechend zusammensetzt. Ein solches Formblatt, das alle diagnostischen und therapeutischen Kombinationsmöglichkeiten innerhalb der Operativen Dermatologie berücksichtigt, wäre doch recht umfangreich. Deshalb war eine Aufgliederung in sinnvolle Untergruppen günstig. Bewährt haben sich Formblätter für folgende 3 Gruppen:

1. Für die malignen Tumoren der Haut ohne das Melanom zusammen mit einigen häufigen, gutartigen Hautveränderungen.
2. Für die Melanome (Abb. 1a, b) und
3. Für die primäre Varikose.

Auf Wunsch kann der Leser die entsprechenden Formblätter vom Autor erhalten.

Diskussion

Wer innerhalb der Operativen Dermatologie längere Zeit Arztbriefe anfertigt, dem fällt unwillkürlich auf, daß sich einige Formulierungen ständig wiederholen. Dies kommt daher, daß sowohl die Diagnosen als auch die Therapieformen sich in einem engen Rahmen bewegen und z. B. durch eine histologische eindeutige Diagnosesicherung auch recht fest liegen. Weiterhin können auch Angaben über Lokalisation oder Größe der Läsion recht exakt gemacht werden. Diese Voraussetzungen bilden einen günstigen Rahmen für einen computergestützten Arztbrief.

Der wichtigste Vorteil solcher Briefe ist natürlich die Zeitersparnis sowohl auf ärztlicher, als auch auf schreibdienstlicher Seite. Ein weiterer Vorteil ist, daß der Brief alle wichtigen Informationen in einer gut gegliederten Form enthält. Auf der anderen Seite steht der Nachteil einer fehlenden Individualität, sowie z. B. das Entfallen der gesamten Anamnese, da eine individuelle Anamnese nicht schematisch abgehandelt werden kann. Da allerdings die Anamnese lediglich zur Diagnosestellung mit herangezogen werden kann, und die Diagnose ebenfalls in der Operativen Dermatologie nach der histologischen Untersuchung ohne weitere Diskussionen feststeht, ist dieser Nachteil nicht so gravierend. Im übrigen besteht die Möglichkeit, jederzeit ins Programm individuell geschriebene Abschnitte z. B. über besondere Verläufe oder wichtige Hinweise auf andere Erkrankungen mit einzufügen.

Das hier vorgestellte computergestützte Arztbriefsystem stellt die einfachste Stufe solcher Briefe dar. Selbstverständlich können, besonders in einem Netzsystem der Datenverarbeitung, wesentlich ausgefeiltere Programme erstellt werden, die von der Befunderhebung am Arbeitsplatz direkt zum programmgesteuerten Arztbrief führen.

Pat. Nr.   Hausarzt:

Nachrichtlich:
Melanomsprechstunde

⁴♀   o.   ⁵♂ Stationär vom ⌐ bis ⌐
⁶♀   o.   ⁷♂ Ambulant am:

8   **Diagnose:**

9	Superfiziell spreitendes Melanom	**Lokalisation**
10	Lentigo maligna Melanom
11	Noduläres Melanom
12	Akrolentiginöses Melanom
13	Nicht klassifizierbares Melanom

14   von⌐ mal⌐ mm Größe, Level⌐ Tumordicke⌐ mm

15   klinisches Stadium⌐ pT⌐ N⌐ M⌐ .

16   **Therapie:**

17   Exzision am⌐ durch Sie.
18   Exzision am⌐ durch Dr. ....

19   Nachexzision mit max.⌐ cm und min.⌐ cm SHA am⌐

21   Exzision zunächst mit⌐ cm und SHA in LA am⌐
22   Anschließend Nachexzision mit max.⌐ cm und min.⌐ cm SHA am⌐

23   Primär große Exzision mit max.⌐ cm und min.⌐ cm SHA am⌐

Die **Defektdeckung** erfolgte durch eine
24   Lappenplastik
25   Spalthauttransplantation
26   Vollhauttransplantation
27   Dehnungsplastik

28   Lokalanaesthesie
29   Regionalanaesthesie
30   Allgemeinanaesthesie

31   Histo-Nr.⌐
32   Postoperativer Verlauf bis zur Entlassung komplikationslos.
33   **Besonderheiten des postoperativen Verlaufes:**

Abb. 1 a

Literatur

1. Bundschuh B (1980) Einführung der Textverarbeitung in der Arztpraxis. In: Neue Methoden der Organisation und Kommunikation für die Arzt- und Zahnarztpraxis. Friedrichshafen
2. Eggerath A (1986) Automatisierte Befunderstellung – neue Möglichkeiten durch anwenderspezifische Software. In: Röntgen-Bl 39. Stuttgart
3. Giere W (1982) BAIK – Fragen und Antworten. In: Dokumentation des Projektes „Datenverarbeitung in der Medizin und Gesundheitswesen (DVM)" Nr DVM 256, Arbeitsgruppe „Automation im Krankenhaus". Frankfurt

⊠ 34   **Screeninguntersuchungen:**
☐ 35   Regionäre Lymphknoten palpatorisch unauffällig.
☐ 36   Lymphknotenbiopsie aus der[   ]ohne Tumorbefall.
⊠ 37   Die Laboruntersuchungen
☐ 38   BB.,
☐ 39   BSG
☐ 40   Elektrolyte,
☐ 41   Retentionswerte,
☐ 42   Enzyme,
☐ 43   Gesamteiweiß,
⊠ 44   normal.
☐ 45   Pathologische Ergebnisse:

⊠ 46   Die technischen Untersuchungen wie
☐ 47   Rö-Thorax,
☐ 48   Sono reg. LK
☐ 49   Sono Abdomen,
☐ 20   Schädel-CT
⊠ 50   o.B.
☐ 51   Pathologische Befunde:

☐ 52   Der Befund
☐ 53   Sono Abdomen,
☐ 54   Schädel-CT,
☐ 55   Knochenszintigramm,
☐ 56   steht aus. Bei patholog.Befund getrennter Bericht.

☐ 57   **Besonderheiten der Screening-Untersuchung:**

☐ 58   **Beurteilung:** low risk Melanom, regelmäßige klin.Kontrolle.
☐ 59   **Beurteilung:** Melanom wegen erhöhtem Metastasierungsrisikos
        engmaschige Kontrolle.[   ]
☐ 60   Immunstimulationsbehandlung mit:[   ]
☐ 61   Immunstimulationsbehandlung abgelehnt.

☐ 62 ♂ o. 63 ♀ Pat. über Krankheit aufgeklärt plus Lichtschutz.

☐ 64   Die 1/4-jährliche Kontrolle wird von **Ihnen** durchgeführt.
☐ 65   Die 1/4-jährliche Kontrolle wird von **uns** durchgeführt.
☐ 66   Im Rahmen der 1/2-jährlichen Tumornachsorge WV. bei uns.
☐ 67   Als nächster Termin wurde der[   ]vereinbart.
☐ 68   Wir bitten Sie, die genannte Nachbehandlung zu übernehmen.

☐ 69   **Besonderheiten:**

Abb. 1 b   Unterschrift

4. Möhr JR (1980) Einsatzmöglichkeiten und Bedeutung der Textverarbeitung in der Medizin. In: Rationale Praxis – Neue Methoden der Organisation und Kommunikation für die Arzt- und Zahnarztpraxis. Friedrichshafen
5. Rotermund H (1986) Professionelle Textverarbeitung mit Personalcomputern. Würzburg
6. Schurr R (1982) Spezifikation eines allgemeinen Dokumentations- und Informationsmanagementsystems für Arztpraxen. Diplomarbeit im Studiengang Med Informatik an der Universität Heidelberg/Fachhochschule Heilbronn
7. Wannenmacher H (1987) Unterschied spezieller Textprogramme für Ärzte und Standardtextprogramme unter besonderer Berücksichtigung von Kosten und Nutzen beim Einsatz in radiologischen und internistischen Praxen. Rationale Arztpraxis e.V. Stuttgart